最新
不正競争関係
判例と実務
［第3版］ 大阪弁護士会 友新会 編

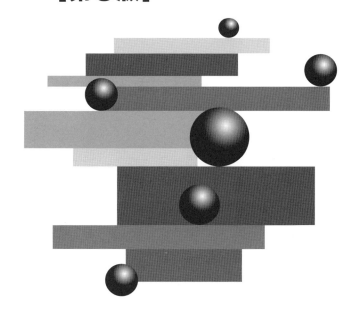

発行 民事法研究会

第3版　はしがき

　本書は、友新会創立100周年の記念事業として平成12年に初版が発行されました。友新会とは、明治32年（1899年）に大阪弁護士会所属の弁護士有志が設立した任意団体です。平成15年には、初版以降の判例の評釈といくつかの重要な法改正を反映した第2版が発行されました。

　今回、平成16年以降の法改正に対応し、最新の判例を盛り込み、全面的に改訂を行い、第3版を発行することになりました。

　不正競争防止法は、事業者間の公正な競争およびこれに関する国際約束の的確な実施の確保を目的とし（同法1条）、知的財産の保護や消費者の権利の確立に資するなど、現代の経済社会において多面的な役割を果たしています。

　また、経済のグローバル化により海外で生産したコピー品が容易にわが国に流入しやすくなっているだけでなく、コンピューター技術の発達にともない、上場企業においても秘密情報を容易かつ大量に持ち出すことが可能となり、被害金額の高額化やサイバー空間の拡大に伴う手口の高度化等が進行しています。このような事態に対応するため、営業秘密の保護の強化を図る法改正が数次にわたりなされており、不正競争防止法の役割は以前よりも増しています。

　本書は友新会の若手弁護士が中心となって、数年間にわたり継続して開催してきた「不正競争防止法判例研究会」の研究活動の成果をまとめたもので、類書に比べ最新の判例が多数掲載されている点が大きな特色です。

　本書が、不正競争防止法に関する案件を担当する弁護士、弁理士および企業法務関係者、とりわけ若手の方々にとって、少しでもお役に立てれば幸いです。

　末筆ながら、初版、第2版に続き、本書の刊行を快く引き受けて下さった民事法研究会に対し、深く感謝を申し上げます。

　　平成28年7月吉日

　　　　　　　　　　　平成28年度友新会幹事長　　針　原　祥　次

本書の利用の仕方

1 章立てについて

本書は、「第1編　解説編」と「第2編　判例コメント編」の2編に分かれています。

「第1編　解説編」では、不正競争防止法の概要を、条文ごとに、関係する判例を適宜紹介しつつ解説しています。

「第2編　判例コメント編」は、不正競争防止法に関する平成10年以降の判例のうち、重要と思われる60の判例について、個別に検討を加えています。

2 判例の紹介の方法について

本書では、次の3種類の方法で判例を紹介しています。

なお、巻末にこれらの判例をすべて網羅し、判決年月日順に並べた「年月日順判例索引」を付けています。

- **判例コメント**　上記のように、「第2編　判例コメント編」で個別に検討されている判例です。判決年の古い順に1〜60の番号が付してあります。

    なお、「第1編　解説編」においても、当該判例コメントと関係する箇所では適宜、注記を行い、クロスレファレンスの便を図っています。

- **関連判例**　「判例コメント」とは別に、「第1編　解説編」において、事案および判旨の概要を要説してある判例です。「第1編　解説編」における章番号、および当該章で登場する順番に基づき番号が付してあります。

    たとえば、「第1章　周知表示混同惹起行為」において1番目に紹介されている関連判例（NFLP事件）は、「関連判例1-1＝NFLP事件」と表示しています。

- **参考判例**　「第1編　解説編」において、「判例コメント」、「関連判例」以外に、事件名、判決年月日、出典のみを簡単に紹介した判例です。

3　凡　例

<法令>

・景品表示法　　不当景品類及び不当表示防止法
・独占禁止法　　私的独占の禁止及び公正取引の確保に関する法律
・日本農林規格法（JAS法）　　農林物質の規格化等に関する法律

<判例集・法律雑誌等>

・民　　　集　　最高裁判所民事判例集
・刑　　　集　　最高裁判所刑事判例集
・高　刑　集　　高等裁判所刑事判例集
・刑　　　月　　刑事裁判月報
・無　体　集　　無体財産権・民事行政裁判例集
・知　裁　集　　知的財産権関係・民事行政裁判例集
・下　民　集　　下級裁判所民事裁判判例集
・排除命令集　　公正取引委員会排除命令集
・判　　　時　　判例時報
・判　　　評　　判例時報別冊判例評論
・判　　　タ　　判例タイムズ
・特　　　企　　特許と企業
・審　取　集　　審決取消訴訟判決集
・判決速報　　　知的所有権判決速報
・裁判所HP　　最高裁判所のホームページ（http://www.courts.go.jp）内の裁判例情報
・LEX/DB　　TKC法律情報データベース LEX/DB判例データベース
・法　　　時　　法律時報
・ジュリ　　　　ジュリスト
・民　　　商　　民商法雑誌
・ＮＢＬ　　　　ＮＢＬ
・判例不正競業法　　不正競業法判例研究会編『判例不正競業法』（新日本法規出版、1978年）（加除式）

本書の利用の仕方

＜機関等＞
・最 高 裁　　最高裁判所
・高　　裁　　高等裁判所
・地　　裁　　地方裁判所
・経 産 省　　経済産業省

＜主要参考文献＞
・小野昌延編著『新・注解不正競争防止法〔第3版〕上巻・下巻』（青林書院、2012年）
　　　　　　　小野編・新注解(上)(下)
・小野昌延＝松村信夫『新・不正競争防止法概説』（青林書院、2011年）
　　　　　　　小野＝松村・新概説
・経済産業省知的財産政策室編著『逐条解説不正競争防止法〔平成23・24年改正版〕』（有斐閣、2012年）
　　　　　　　経産省・逐条解説
・通商産業省（現・経済産業省）知的財産政策室編著『営業秘密　逐条解説不正競争防止法』（有斐閣、1990年）
　　　　　　　経産省・逐条解説営業秘密
・小松一雄編著『競業訴訟の実務』（日本法規出版、2005年）
　　　　　　　小松編・実務
・渋谷達紀『知的財産法講義Ⅰ〔第2版〕』（有斐閣、2006年）、同『知的財産法講義Ⅱ〔第2版〕有斐閣、2007年）、同『知的財産法講義Ⅲ〔第2版〕』（有斐閣、2008年）
　　　　　　　渋谷・講義Ⅰ～Ⅲ
・田村善之『競争法概説』（有斐閣、2003年）
　　　　　　　田村・概説
・茶園成樹『競争防止法』（有斐閣、2015年）
　　　　　　　茶園・不競法
・中山信弘ほか編『商標・意匠・不正競争判例百選』（有斐閣、2007年）
　　　　　　　判例百選

・松村信夫『新・不正競業法の法理と実務――最新の判例・学説に基づく実務解説――』(民事法研究会、2014年)
　　　　松村・法理と実務

＜その他表記＞
　本書は、平成27年7月改正不正競争防止法に準拠している。本書籍で引用する判決や文献にて、平成27年7月改正前の条文が引用されている場合、現在の条項号数と異なるときは、括弧書にて現在の条項号数を記載している。
　また、不正競争防止法については法律名を略している場合もある。
　なお、判決中の著者による注記は、〔　〕内に記載している。

目　次

第1編　解　説　編

第1章　周知表示混同惹起行為 …………………… 2

第1　概　説 …………………………………… 井上周一・2
　1　はじめに ……………………………………… 2
　2　要　件 ………………………………………… 2

第2　商品等表示 ……………………………… 井上周一・3
　1　「商品等表示」の意義 ………………………… 3
　2　「人の業務」 …………………………………… 3
　3　「氏名、商号、商標、標章、商品の容器若しくは包装」 ………… 5
　　(1)　氏　名 ……………………………………… 5
　　(2)　商　号 ……………………………………… 5
　　(3)　商標、標章 ………………………………… 5
　　(4)　「商品の容器若しくは包装」 ……………… 6
　　(5)　その他の商品等表示 ……………………… 6

第3　周知性 …………………………………… 井上周一・9
　1　概　説 ………………………………………… 9
　2　地域的範囲 …………………………………… 9
　3　人的範囲 ……………………………………… 9
　4　周知性の程度 ………………………………… 10
　5　周知性の獲得時期 …………………………… 10

第4　類似性 …………………………………… 松田直弘・11
　1　判断主体 ……………………………………… 11
　2　判断方法 ……………………………………… 12
　3　外観・称呼・観念 …………………………… 12

	4	商標法との差異 ……………………………………………	13

第5 混同………………………………………………………… 松田直弘・14
 1 概　説 ……………………………………………………… 14
 2 混同のおそれ ……………………………………………… 14
 3 狭義の混同と広義の混同 ………………………………… 15

第6 混同惹起行為の適用除外（違法性阻却事由） ………… 榊原美紀・18
 1 概　説 ……………………………………………………… 18
 2 普通名称・慣用表示（19条1項1号） ………………… 18
  (1) 意　義 …………………………………………………… 18
  (2) 要　件 …………………………………………………… 18
  (3) 例　外 …………………………………………………… 21
 3 自己の氏名（19条1項2号） …………………………… 21
  (1) 意　義 …………………………………………………… 21
  (2) 要　件 …………………………………………………… 21
 4 先使用（旧来表示の善意使用）（19条1項3号） ……… 23
  (1) 意　義 …………………………………………………… 23
  (2) 要　件 …………………………………………………… 23
  (3) 適用範囲 ………………………………………………… 25
 5 混同防止表示付加請求（19条2項） …………………… 25

第2章　著名表示冒用行為 ……………………………… 阪口祐康・26

第1 総　説 ………………………………………………………… 26
 1 本条の特色 ………………………………………………… 26
 2 本条の趣旨 ………………………………………………… 26
  (1) 企業経営の多角化・グループ化傾向 ………………… 26
  (2) ブランドイメージの財産的価値 ……………………… 26
  (3) 従来の判例とその問題点 ……………………………… 27
  (4) まとめ …………………………………………………… 27
第2 要　件 ………………………………………………………… 28

1　自己の商品等表示として ……………………………………… 28
　　2　著名性 …………………………………………………………… 28
　　　(1)　全国的著名性が必要か………………………………………… 28
　　　(2)　どの需要者層に対して知名度の高さが必要か……………… 28
　　　(3)　どの業種において知名度の高さが必要か…………………… 29
　　3　商品等表示 ……………………………………………………… 30
　　4　「同一若しくは類似」 …………………………………………… 31
　　　(1)　類似性の判断基準……………………………………………… 31
　　　(2)　類似性の具体的な判断過程…………………………………… 31
　　5　適用除外 ………………………………………………………… 33

第3章　形態模倣行為 …………………………………… 面谷和範・34

第1　本号の趣旨 ………………………………………………………… 34
第2　「商品の形態」 ……………………………………………………… 35
　　1　意　義 …………………………………………………………… 35
　　2　商品の形態についての問題 …………………………………… 35
　　　(1)　商品の一部の形態……………………………………………… 35
　　　(2)　抽象的な特徴…………………………………………………… 35
　　　(3)　複数の物品を組み合わせてなる商品………………………… 35
第3　「模倣」 ……………………………………………………………… 36
　　1　概　要 …………………………………………………………… 36
　　2　「実質的に同一の形態」 ………………………………………… 36
　　　(1)　「実質的に同一」の意味………………………………………… 36
　　　(2)　判断手法………………………………………………………… 37
　　3　「依拠」 …………………………………………………………… 38
第4　「当該商品の機能を確保するために必要不可欠な形態」 ……… 39
第5　商品を譲渡等する行為 …………………………………………… 40
第6　請求の主体 ………………………………………………………… 41
第7　適用除外 …………………………………………………………… 42

1　保護期間 …………………………………………………………… 42
    (1)　概　要 ………………………………………………………… 42
    (2)　趣　旨 ………………………………………………………… 42
    (3)　「最初に販売された日」 ……………………………………… 42
    (4)　「販売」 ………………………………………………………… 43
    (5)　商品の形態が変更された場合 ……………………………… 43
  2　善意取得者の保護 ……………………………………………… 43
    (1)　概　要 ………………………………………………………… 43
    (2)　善意無重過失 ………………………………………………… 44
    (3)　「譲り受けた時」 ……………………………………………… 44

第4章　営業秘密　　　　　　　　　　　　　　　　　　藤原正樹・45

第1　不正競争防止法における営業秘密規制制定の経緯 ………… 45
第2　営業秘密の定義 ………………………………………………… 45
  1　「営業秘密」とは ………………………………………………… 45
  2　秘密として管理されていること（秘密管理性）……………… 46
    (1)　秘密管理性が要求される理由 ……………………………… 46
    (2)　秘密管理性が認められるための具体的要件 ……………… 46
    (3)　秘密管理性をめぐる裁判例 ………………………………… 48
    (4)　秘密管理性の判断要素 ……………………………………… 52
  3　事業活動に有用な技術上または営業上の情報であること（有用性）
     ………………………………………………………………………… 52
  4　公然と知られていないこと（非公知性）……………………… 53
    (1)　非公知性が要件である理由 ………………………………… 53
    (2)　非公知性の定義 ……………………………………………… 53
    (3)　非公知性の立証 ……………………………………………… 54
    (4)　リバース・エンジニアリングと非公知性 ………………… 54
第3　営業秘密不正使用行為の類型 ………………………………… 55
  1　不正取得行為と不正開示行為 ………………………………… 55

2　各不正使用行為の解説 …………………………………… 55
　　(1)　営業秘密の不正取得行為等（2条1項4号）………… 55
　　(2)　不正取得された営業秘密を悪意で転得する行為等（2条1項5号）
　　　　　……………………………………………………………… 56
　　(3)　不正取得された営業秘密を善意で取得後、不正取得の介在について悪意重過失で使用または開示する行為（2条1項6号）… 57
　　(4)　営業秘密の不正開示行為等（2条1項7号）………… 58
　　(5)　不正開示された営業秘密を悪意重過失で転得等する行為
　　　　（2条1項8号）…………………………………………… 59
　　(6)　不正開示された営業秘密を善意で取得後、不正開示行為もしくはその介在について悪意重過失で使用または開示する行為
　　　　（2条1項9号）…………………………………………… 60
　　(7)　技術上の営業秘密に関する不正行為によって生じた物の譲渡等
　　　　（2条1項10号）…………………………………………… 60
第4　立証責任の負担の軽減（5条の2）……………………………… 61
第5　訴訟手続における営業秘密の保護……………………………… 62
　1　営業秘密の訴訟手続上の保護制度 ……………………………… 62
　2　訴訟記録の閲覧制限（民事訴訟法92条1項2号）…………… 62
　3　秘密保持命令（10条）…………………………………………… 63
　4　当事者尋問等の公開停止（13条）……………………………… 63

第5章　原産地、品質等誤認惹起行為 ……………… 松村信夫・64

第1　はじめに…………………………………………………………… 64
第2　各行為類型の解説………………………………………………… 65
　1　「商品」「役務」「広告」「取引書類」の概念 ………………… 65
　　(1)　「商品」「役務」…………………………………………… 65
　　(2)　「広告」……………………………………………………… 65
　　(3)　「取引書類」………………………………………………… 65
　2　「誤認させる表示」の意義 ……………………………………… 66

(1) 商品の原産地、出所地の誤認惹起行為……………………………………… 66
　　(2) 商品の品質等誤認惹起行為……………………………………………………… 67
　　(3) 役務の質・内容に関する誤認…………………………………………………… 69

第6章　信用毀損行為　………………………………… 松村信夫・71

第1　はじめに…………………………………………………………………………… 71
第2　解　説……………………………………………………………………………… 71
　1　競争関係の存在 ………………………………………………………………… 71
　2　誹謗行為 ………………………………………………………………………… 72
　3　「他人の営業上の信用を害する」ものであること …………………………… 75

第7章　デジタルコンテンツの法的保護　……………… 坂本優・76

第1　著作権法および不正競争防止法におけるデジタルコンテンツの
　　　保護の概要…………………………………………………………………………… 76
第2　不正競争防止法上の「技術的制限手段」の意義……………………………… 77
　1　技術的制限手段の意義 ………………………………………………………… 77
　2　「検知→制限型」と「検知→可能型」 ………………………………………… 78
第3　技術的制限手段に関する不正競争行為………………………………………… 78
　1　2条1項11号（平成27年改正前10号）の行為類型 ………………………… 78
　2　2条1項12号（平成27年改正前11号）の行為類型 ………………………… 79
　3　「のみ要件」の撤廃 …………………………………………………………… 79
　4　適用除外（19条1項8号（平成27年改正前7号）） ………………………… 80

第8章　ドメイン名の不正取得行為　…………………… 室谷和彦・81

第1　ドメイン名とは…………………………………………………………………… 81
第2　本号の意義………………………………………………………………………… 81
　1　サイバースクワッティングの防止 …………………………………………… 81
　2　裁定制度 ………………………………………………………………………… 82
　3　平成13年改正 …………………………………………………………………… 82

第3 要件 ……………………………………………………………… 83
  1 「不正の利益を得る目的で、又は他人に損害を加える目的で」 … 83
  2 「他人の特定商品等表示」 ………………………………………… 86
  3 「同一若しくは類似」 ……………………………………………… 86
  4 「使用する権利を取得し、保有し、又は使用する行為」 ……… 87
第4 効 果 ……………………………………………………………… 88
  1 差止請求 ……………………………………………………………… 88
  2 損害賠償請求 ………………………………………………………… 89

第9章 不正競争防止法違反の効果 …………………………………… 90

第1 差止請求権（3条） ……………………………………… 井上周一・90
  1 概 説 ………………………………………………………………… 90
  2 差止請求権者 ………………………………………………………… 90
  3 差止請求権の内容 …………………………………………………… 91
  4 商号登記の抹消請求 ………………………………………………… 92
  5 差止請求権の行使期間 ……………………………………………… 92
  6 混同防止措置付加請求権 …………………………………………… 92
第2 損害賠償請求権（4条） ……………………………………… 清原直己・93
  1 概 説 ………………………………………………………………… 93
  2 要 件 ………………………………………………………………… 93
   (1) 請求権者 …………………………………………………………… 93
   (2) 不正競争行為 ……………………………………………………… 94
   (3) 故意または過失 …………………………………………………… 94
   (4) 営業上の利益 ……………………………………………………… 94
   (5) 損 害 ……………………………………………………………… 94
第3 損害賠償額の算定およびその他の制度（5条～9条）… 清原直己・95
  1 5条1項による損害額の算定（逸失利益の算定） ……………… 95
   (1) 趣 旨 ……………………………………………………………… 95
   (2) 適用対象行為 ……………………………………………………… 95

	(3) 侵害品の譲渡数量	96
	(4) 「被侵害者がその侵害の行為がなければ販売することができた物の単位数量当たりの利益の額」	96
	(5) 「被侵害者の当該物に係る販売その他の行為を行う能力に応じた額を超えない限度」	98
	(6) 「被侵害者が販売することができないとする事情」	98
2	5条2項による算定（損害額の推定）	99
	(1) 趣　旨	99
	(2) 適用対象行為	99
	(3) 「利益」	99
	(4) 寄与度	99
	(5) 推定を覆す事由	100
3	5条3項による算定（使用量相当額）	101
	(1) 趣　旨	101
	(2) 適用対象行為	101
	(3) 「受けるべき金銭の額」	101
	(4) 損害不発生の抗弁	101
4	5条4項（使用許諾料相当額を超える請求）	102
5	その他の制度	102
	(1) 具体的明示義務（6条）	102
	(2) 書類の提出等（7条）	102
	(3) 損害計算のための鑑定（8条）	103
	(4) 相当な損害額の認定（9条）	103

第4　信用回復措置請求（14条） …………………… 清原直己・103

1 趣　旨 …………………………………………………………… 103
2 要　件 …………………………………………………………… 104
3 効　果 …………………………………………………………… 104

目次

第2編 判例コメント編

- ●判例コメント・1　ドラゴン・ソードキーホルダー事件
  （東京高判平成10・2・26）………………………… 106
- ●判例コメント・2　タオルセット事件（大阪地判平成10・9・10）…… 111
- ●判例コメント・3　フレッドペリー並行輸入事件
  （東京地判平成11・1・28）………………………… 117
- ●判例コメント・4　正露丸糖衣A事件（大阪地判平成11・3・11）…… 124
- ●判例コメント・5　プリーツ・プリーズ事件
  （東京地判平成11・6・29）………………………… 130
- ●判例コメント・6　アリナビッグ事件（大阪地判平成11・9・16）…… 136
- ●判例コメント・7　日本ゼオン事件（東京地判平成11・12・28）……… 141
- ●判例コメント・8　ギブソンギター事件（控訴審）
  （東京高判平成12・2・24）………………………… 147
- ●判例コメント・9　コーヒーサーバー顧客名簿営業秘密事件
  （東京高判平成12・4・27）………………………… 152
- ●判例コメント・10　マンハッタン・パッセージ事件
  （大阪地判平成12・11・9）………………………… 158
- ●判例コメント・11　墓石販売顧客名簿不正持出事件
  （東京地判平成12・11・13）………………………… 165
- ●判例コメント・12　記者会見営業誹謗事件
  （東京高判平成14・6・26）………………………… 170
- ●判例コメント・13　ブックオフ事件（東京地判平成14・1・24）……… 175
- ●判例コメント・14　セラミックコンデンサー事件
  （大阪地判平成15・2・27）………………………… 182
- ●判例コメント・15　アフト事件（東京地判平成15・6・27）…………… 188
- ●判例コメント・16　サイボウズ虚偽陳述流布事件
  （東京地判平成15・9・30）………………………… 194

●判例コメント・17　サンゴ砂事件（東京地判平成15・10・16）………… 199
●判例コメント・18　人材派遣会社登録派遣スタッフ名簿事件
　　　　　　　　　（東京地判平成15・11・13）………………………… 205
●判例コメント・19　携帯接楽事件（第一審）
　　　　　　　　　（東京地判平成16・1・28）…………………………… 212
●判例コメント・20　セイジョー事件（東京地判平成16・3・5）……… 217
●判例コメント・21　ノックスエンタテインメント事件
　　　　　　　　　（東京地判平成16・4・13）………………………… 222
●判例コメント・22　「ヤマダさんより安くします！！」表示事件（第一審）
　　　　　　　　　（前橋地判平成16・5・7）…………………………… 229
●判例コメント・23　マクロス事件（東京地判平成16・7・1）………… 235
●判例コメント・24　ヌーブラ事件Ⅰ（大阪地判平成16・9・13）…… 241
●判例コメント・25　ミーリングチャック事件
　　　　　　　　　（大阪地判平成16・11・9）………………………… 247
●判例コメント・26　アートネイチャー事件
　　　　　　　　　（東京地判平成17・2・23）………………………… 253
●判例コメント・27　アザレ東京事件（控訴審）
　　　　　　　　　（東京高判平成17・3・16）………………………… 257
●判例コメント・28　マンホール用足掛具形態模倣事件
　　　　　　　　　（東京地判平成17・5・24）………………………… 263
●判例コメント・29　自動車用コーティング剤事件
　　　　　　　　　（知財高判平成17・8・10）………………………… 270
●判例コメント・30　ヌーブラ事件Ⅱ（大阪地判平成17・9・8）……… 277
●判例コメント・31　動く手すり事件（第一審）
　　　　　　　　　（東京地判平成17・12・13）……………………… 283
●判例コメント・32　エーザイ医薬品事件（第一審）
　　　　　　　　　（東京地判平成18・1・13）………………………… 289
●判例コメント・33　キシリトールガム比較広告事件（控訴審）
　　　　　　　　　（知財高判平成18・10・18）……………………… 296
●判例コメント・34　水門開閉装置用減速機事件

目次

　　　　　　　　　　　（大阪地判平成19・5・24）………………………… 302
●判例コメント・35　ローソク事件（東京地判平成19・5・25）………… 309
●判例コメント・36　めしや食堂事件（大阪地判平成19・7・3）……… 316
●判例コメント・37　氷見うどん事件（控訴審）
　　　　　　　　　　　（名古屋高金沢支判平成19・10・24）………………… 323
●判例コメント・38　バリ取りロボット設計図事件
　　　　　　　　　　　（名古屋地判平成20・3・13）………………………… 329
●判例コメント・39　マスカラ容器事件（大阪地判平成20・10・14）…… 337
●判例コメント・40　仕入先情報事件（東京地判平成20・11・26）……… 344
●判例コメント・41　黒烏龍茶事件（東京地判平成20・12・26）………… 351
●判例コメント・42　マジコン事件（東京地判平成21・2・27）………… 359
●判例コメント・43　ゴヤール事件（知財高判平成22・11・29）………… 364
●判例コメント・44　商品陳列デザイン事件（大阪地判平成22・12・16）… 369
●判例コメント・45　雄ねじ事件（知財高判平成23・2・24）…………… 375
●判例コメント・46　バスケット事件（大阪地判平成23・7・14）……… 380
●判例コメント・47　光通風雨戸事件（知財高判平成23・7・21）……… 388
●判例コメント・48　包丁研ぎ器形態模倣事件
　　　　　　　　　　　（大阪地判平成23・8・25）…………………………… 393
●判例コメント・49　水切りざる事件（大阪地判平成23・10・3）……… 400
●判例コメント・50　HEART事件（大阪地判平成24・6・7）………… 406
●判例コメント・51　アルミホイール形態模倣事件
　　　　　　　　　　　（大阪地判平成24・12・20）…………………………… 413
●判例コメント・52　コイル状ストラップ付タッチペン事件
　　　　　　　　　　　（東京地判平成24・12・25）…………………………… 419
●判例コメント・53　眼鏡タイプルーペ事件（知財高判平成24・12・26）　426
●判例コメント・54　有機EL素子事件（知財高判平成25・3・25）…… 432
●判例コメント・55　PSE表示事件（知財高判平成25・3・28）………… 435
●判例コメント・56　MCP事件（東京地判平成25・11・21）…………… 441
●判例コメント・57　マグセライド脱臭フィルター事件
　　　　　　　　　　　（東京地判平成26・5・16）…………………………… 447

●判例コメント・58　ハッピー★ベアー事件（大阪地判平成26・8・21）… 452
●判例コメント・59　ブルーレイディスク事件
　　　　　　　　　（東京地判平成27・2・18）……………………… 458
●判例コメント・60　レジスター販売先顧客情報事件
　　　　　　　　　（知財高判平成27・2・19）……………………… 465

●年月日順判例索引●…………………………………………… 472
・あとがき………………………………………………………… 484

第1編

解 説 編

第1章

【周知表示混同惹起行為】
2条1項1号

第1 概説

1 はじめに

　不正競争防止法は、さまざまな態様の行為類型を「不正競争」（2条1項1号～16号）として規制しており、改正により新しい不正競争が追加されている。その中でも周知表示混同惹起行為は昭和9年の同法制定当初から規定されており、その後の改正により現在は他人の商品等表示（商品表示、営業表示）として需要者に広く認識されているもの（周知表示）と同一もしくは類似の商品等表示を使用したり、周知表示を使用した商品を譲渡するなどして、他人の商品や営業の出所について混同を生じさせる行為（混同惹起行為）となっている。そして、この周知表示混同惹起行為には、①周知な「商品表示」により商品主体を混同させる行為と②周知な「営業表示」により営業主体を混同させる行為がある。

2 要件

　周知表示混同惹起行為に基づく差止請求の要件は、次のとおりである。
　①　原告の商品等表示が需要者の間に広く認識されていること。
　②　被告が上記①の商品等表示と同一または類似の表示を使用し、またはその表示を使用した商品を譲渡等していること。
　③　上記②の行為が原告の商品または営業と混同を生じさせるおそれがある

こと。
なお、損害賠償請求については、第9章第2を参照されたい。

第2　商品等表示

1　「商品等表示」の意義

　商品等表示とは、人の業務に係る氏名、商号、商標、標章、商品の容器もしくは包装その他の商品または営業を表示するものとされ（2条1項1号）、その範囲は広い。ただし、具体的に問題となる表示はいずれに該当するものであってもよいが、自他商品（役務）識別機能（他の商品と区別されて特定の出所のものであることが認識できる機能）、出所表示機能（特定の出所としての役割を果たす機能）を有する表示であることを要する。したがって、これらの機能を有しないありふれた表示や一般的な表示は「商品等表示」には該当しない。そして、訴訟ではこの点が争われることも多い。たとえば、商品の形態を商品等表示とする場合、その形態がありふれていたり、同種商品が通常有する形態であれば商品等表示には該当しないこととなる。

2　「人の業務」

　まず、「人の業務」のおける「人」とは、自然人に限らず、株式会社などの法人や法人格のない権利能力なき社団も含まれる。また複数人、企業グループであってもよい。関連判例1-1＝NFLP事件では、同一の商品化事業を行っているグループについて、その商品化事業のグループに属する関係があると誤信させることも含まれると判示された（広義の混同）。そして、当初、グループ全体で特定の表示を使用して事業を行っていたが、その後グループが分裂した場合、その表示は分裂後も元構成員は使用することができるか、その表示の主体は誰かが問題となることがある。**判例コメント27**＝アザレ東京事件（控訴審）では、グループ内で組織的かつ対外的に中核的な地位を占めていた構成員については分裂後もその構成員が表示の帰属主体となると判示し、中核的な地

位を占めていた構成員との間では互いに使用の差止めをすることはできないとした。

また、需要者が出所となる特定の企業名や正式な名称まで認識している必要はなく、当該商品が特定のブランド名や店舗名などにより特定の出所が製造販売等していることを認識していればよいとされる。

また、1つの商品について複数の出所が認められることもある。たとえば、有名な海外ブランド品について、海外の製造元だけでなく、わが国における独占的輸入販売業者も請求主体となり得る（大阪地判Ｓ56・1・30無体集13巻1号22頁「ロンシャン図柄ハンドバッグ事件」）。

次に「業務」とは、特定の主体が業として反覆継続的に行う行為をいい、営利を目的として行われる「営業」よりも広い概念であるとされる（小野編・新注解(上)160頁）。

【関連判例1−1】＝最判Ｓ59・5・29判タ530号97頁「NFLP事件」

米国のナショナル・フットボール・リーグ（NFLP）所属のチームの名称およびシンボルマーク30種の管理をし、これらの商業的利用に関する一切の権利を有するX_1、X_1から使用許諾を受けて、シンボルマーク等のわが国における使用権者となり、Ａら19社にシンボルマーク等の再使用を許諾したX_2が、ビニール製シートで被覆された箱状の組立ロッカーにシンボルマーク等を付して販売したＹに対して、ロッカーの販売の差止めを求めた。なお、X_1 X_2はシンボルマーク等を付した商品の販売を行っておらず、販売は専らＡら再使用権者が行っているため、X_1 X_2とＹの間には直接の競争関係はない。

これに対して、最高裁は、「不正競争防止法1条1項1号又は2号〔現2条1項1号〕所定の他人には、特定の表示に関する商品化契約によつて結束した同表示の使用許諾者、使用権者及び再使用権者のグループのように、同表示の持つ出所識別機能、品質保証機能及び顧客吸引力を保護発展させるという共通の目的のもとに結束しているものと評価することのできるようなグループも含まれるものと解するのが相当であり、また、右各号所定の混同を生ぜしめる行為には、周知の他人の商品表示又は営業表示と同一又は類似のものを使用する者が、自己と右他人とを同一の商品主体又

は営業主体と誤信させる行為のみならず、自己と右他人との間に同一の商品化事業を営むグループに属する関係が存するものと誤信させる行為をも包含し、混同を生ぜしめる行為というためには両者間に競争関係があることを要しないと解するのが相当である」と述べ、「X_1 X_2、およびAのグループは不正競争防止法1条1項1号又は2号〔現2条1項1号〕所定の他人にあたるものというべきであり、また、右グループの中にロッカーを販売する者がいないとしても、Yの本件ロッカーを販売する行為は、右グループとYとの間に同一の商品化事業を営むグループに属する関係が存すると誤信させるものと認められるから、右各号所定の他人の商品又は営業活動と混同を生ぜしめる行為に該当するものといわなければならない」と判示した。

3 「氏名、商号、商標、標章、商品の容器若しくは包装」

(1) 氏　名

「氏名」とは、戸籍上の氏名に限らず、雅号、略称、ペンネーム、芸名なども含まれ、家元名や寺院の名称などもこれに該当する。ただし、取引上、営業の主体として使用されている必要がある。

(2) 商　号

「商号」とは、商人が営業について自己を表示するために用いる名称である。ここでは商法上の登記された商号である必要はなく、略称などを含め、取引上、営業について自己の表示として使用されているものであればよい。なお、以前は商法19条・20条により類似商号が規制されていたが、平成17年の商法改正によりこれらの条文は廃止されたため、現在、類似商号の使用差止めについては不正競争防止法を根拠とすることとなる。

(3) 商標、標章

「商標」および「標章」は、商標法2条1項に規定されたものと同義であると規定されている（2条2項・3項）。

「標章」は、人の知覚によって認識することができるもののうち、文字、図形、記号、立体的形状もしくは色彩またはこれらの結合、音その他政令で定めるものである（商標法2条1項）。また、「商標」は、標章のうち①業として商

品を生産し、証明し、または譲渡する者がその商品について使用するものや②業として役務を提供し、または証明する者がその役務について使用をするものとされている（商標法2条1項）。ただし、不正競争防止法の対象となる「商標」には、商標法に基づく登録の必要はない。なお、商標法の平成26年改正により、従来の文字商標や図形商標などに加えて、新しく5つのタイプの商標、すなわち、①動き商標（文字や図形等が時間の経過に伴って変化する商標）、②ホログラム商標（文字や図形等がホログラフィーその他の方法によって変化する商標）、③色彩のみからなる商標（単色または複数の色彩の組合せのみからなる商標）、④音商標（音楽、音声、自然音等からなる商標であり、聴覚で認識される商標）、⑤位置商標（文字や図形等の標章を商品等に付す位置が特定される商標）が追加された。ただ、これらに該当するかどうかは、従前どおり不正競争防止法の趣旨に従い、事案に応じて判断されることとなろう。

(4) 「**商品の容器若しくは包装**」

「商品の容器若しくは包装」は、現実の市場において、商品の容器や包装が商品の自他識別機能や出所表示機能を有する場合もしばしば見られることから、商品表示の一類型として認められたものである。そして、「容器」は商品を入れるものであり、「包装」は商品を包むものであるが、それらの区別が困難な場合もあり、あえて区別する実益はない。

「商品の容器若しくは包装」が「商品等表示」に該当するためには、他の商品とは異なる特徴的な形とか模様などによって他人の商品と区別されるようなものであったり、多数の宣伝広告や販売などにより、容器や包装自体が識別力を獲得している必要がある。**判例コメント39**＝マスカラ容器事件は、マスカラの容器と包装について、容器本体とキャップの色の組合せ、容器の絵柄、台紙の色、透明な包装に特徴があるとして、識別力を認めているが、同種商品と比較して特徴的な点がない場合には識別力があるとはいえない。

(5) **その他の商品等表示**

上記に列挙した表示に該当しないものであっても、自他商品（役務）識別機能、出所表示機能を有する表示であれば「その他の商品等表示」に該当するものとして保護対象となりうる。そして、最近の裁判例において争われたものとしては、商品形態、色彩構成、トレードドレスなどがある。

(A) **商品形態**

　ヒット商品などの類似品について、商品の形態自体が特定の出所を表示するものとして争われる事案は多い。そして、裁判例における判断基準としては、商品の形態が「商品等表示」に該当するためには、①商品の形態が客観的に他の同種商品とは異なる顕著な特徴を有しており（特別顕著性）、かつ、②その形態が特定の事業者によって長期間独占的に使用され、または極めて強力な宣伝広告や爆発的な販売実績等により、需要者においてその形態を有する商品が特定の事業者の出所を表示するものとして周知になっていること（周知性）を要するとされる。なお、この周知性は後記第3における周知性とは異なるものであり、主として「商品等表示」たりえるかという観点、すなわち特定の者に独占的な使用を許してもよいかどうかという観点から判断されることとなる。ただ、実際に商品形態が「商品等表示」に該当し、「類似」すると判断された事案は多くはない。なお、商品形態については、形態模倣として2条1項3号として争われることも多い。

　裁判例において「商品等表示」であることを認めたうえで、類似性、混同のおそれも肯定したものとして、①**判例コメント5**＝プリーツ・プリーズ事件がある。衣類の形状について「商品等表示」を認めることは通常は難しいと思われるが、この事案では同種商品と識別し得る独自の特徴を有していると判断された。また、②東京地決H11・9・20判時1696号76頁「iMac事件」では、デスクトップパソコンの形状について、全体に曲線を多用し丸みを帯び、外装に半透明の白色と青色のツートンカラーのプラスチック素材を使用していることなどの特徴から「商品等表示」に該当するとした。さらに、③知財高判H27・4・14判時2267号91頁「TRIPP TRAPP事件」では、子供用椅子について2本脚であることやその形状等から「商品等表示」に該当することを認めている。なお、周知性も肯定されたものの、類似性は否定された。

　これに対し、「商品等表示」を否定した裁判例としては、①キーホルダー（**判例コメント1**＝ドラゴン・ソードキーホルダー事件）、②エレクトリックギター（**判例コメント8**＝ギブソンギター事件（控訴審）、以前は識別性があったがその後希釈化したとされた事案）、③取付用工具（**判例コメント25**＝ミーリングチャック事件）、④マンホール用足掛具（**判例コメント28**＝マンホール用足掛具形

態模倣事件、技術的な機能および効用に由来する形態として否定)、⑤ストラップレス・バックレス・ブラジャー(**判例コメント30**＝ヌーブラ事件Ⅱ、原告商品が周知となる以前に多数の類似品が出回ったために識別力を否定)、⑥変形可能な水切りざる(**判例コメント49**＝水切りざる事件、原告商品の特徴的な形態は機能そのものまたは機能を達成するための構成に由来する形態として否定)、⑦眼鏡タイプのルーペ(**判例コメント53**＝眼鏡タイプルーペ事件、特別顕著性がないとして否定)などがある。

　以上のように、商品形態が「商品等表示」に該当し得ることには争いがないが、典型的な商品等表示である商品名などと異なり、特別顕著性や周知性を備えている必要があり、また機能的な形態は除外されることがあるため、肯定例は少ない。

　　(B)　色彩構成

　色彩が有限であることや色彩は本来的には出所表示を目的とされていないことから、「商品等表示」に該当する場合は限定されることとなる。

　錠剤(医療品)のカプセルおよびPTPシートの色彩構成について、一般論としては上記商品形態と同様の要件(特別顕著性、周知性)をあげて「商品等表示」に該当し得るとしたが、いずれの要件も満たさないとして否定された事案がある(**判例コメント32**＝エーザイ医薬品事件(第一審))。

　　(C)　トレードドレス

　店舗の外観(全体)や商品の陳列デザインなどのいわゆるトレードドレスについても争われた事案はあるが、保護が認められた事案はない。店舗の外観なども本来は出所表示を目的として使用されるものではないので、上記商品形態と同様の要件(特別顕著性、周知性)を具備する必要がある(**判例コメント36**＝めしや食堂事件、店舗外観について否定。**判例コメント44**＝商品陳列デザイン事件、商品陳列デザインについて否定)。

　　(D)　その他

　上記以外についても「商品等表示」該当性が争われた事案は多数ある。

　中古品販売店舗内での「図書券の利用が可能である」の掲示については、「図書券」は原告(加盟店制度の主宰者)の加盟店のみでしか使用できないと認識されているとして「商品等表示」該当性を認めたが、チラシには旅行券、オ

レンジカード、ハイウェイカードと並べて「図書券」との記載となっていたことから、この記載は代物弁済の対象についての事実を記載したにすぎないとして否定した（**判例コメント13**＝ブックオフ事件）。

また、映画のタイトルについては、著作物である映画を特定するものであるとして否定されている（東京地判H15・11・11裁判所HP「マクロス事件（保全事件）」）。

第3　周知性

1　概説

当該商品等表示が特定の商品ないし営業を示す表示として、需要者の間に広く認識されている表示を「周知表示」という。そして、「広く認識されている」とは、混同を防止するという本条の趣旨から、混同によって営業上の信義則に反するような事態が生ずるほどであればよいとされる（小野＝松村・新概説160頁）。

2　地域的範囲

まず、日本国内で周知であればよいのが原則である。また、全国的に周知であるという必要はなく、一地域で周知であってもよい（最判S34・5・20刑集13巻5号755頁「ニューアマモト事件」）。そして、どの程度の地域で周知となっている必要があるかどうかは、請求主体（原告）の営業範囲と相手方（被告）の営業範囲との相対的な関係で決まることとなる。

次に、平成5年改正により「本法施行の地域内において」という文言が削除されたため、輸出が問題となる場合は国外（輸出先の地域）において周知である必要がある。

3　人的範囲

「需要者」とは、当該商品や当該サービスの消費者に限られるものではな

く、これらを取り扱う卸業者や小売業者なども含まれる。そして、「需要者」についても一義的に決することは困難であり、問題となる商品やサービスに応じて、対象商品の種類や取引形態、当該表示の主要な対象予定者などの具体的個別的事情を考慮して決せられることとなる。たとえば、通常は、一般大衆に広く提供される日用品などの商品等については一般消費者に知られている必要がある。他方、特定の年齢、職業、性別など限られた階層のみを対象とした商品等については、その予定された階層が認識している必要があり、それ以外の階層の者にとって周知か否かは問われない。

4　周知性の程度

　商品等表示が「広く認識されている」という状態についても明確な一般的基準はなく、事案に応じて判断されているのが実情である。そして、2条1項2号の「著名」、すなわち全国的に広く知られていることよりも低い程度で足りるとされ、上記のとおり混同によって営業上の信義則に反するような事態が生ずるほど知られていればよい。ただ、具体的な事案においては、請求主体（原告）と侵害者（被告）の関係において、取引秩序や競争政策の観点から表示の識別力が保護されるべき程度に至っているか否かという相対的・利益衡量的な判断となる。

5　周知性の獲得時期

　周知性は、差止請求に関しては第一審の口頭弁論終結時に認められる必要がある。また、損害賠償請求ではその対象期間中、継続して具備している必要がある（最判S63・7・19判時1291号132頁「アースベルト事件」）。

　また、先使用権（19条1項3号）との関係で、周知性の獲得時期以前から侵害者（被告）が不正競争の目的なく当該表示を使用していれば、請求主体（原告）からの請求は認められないことになるため、侵害者（被告）による使用前から周知性を獲得していたことも必要となる。

（第1～第3　井上周一）

第4　類似性

1　判断主体

　次に、2条1項1号の不正競争行為となるためには、「同一若しくは類似」の商品等表示の使用が要件となる。いわゆる「類似性」である。類似性の要件について、最高裁は、「取引の実情のもとにおいて取引者又は需要者が両者の外観・称呼又は観念に基づく印象、記憶、連想等から両者を全体的に類似したものと受け取るおそれがあるか否かを基準として判断すべき」であるとしている（関連判例1-2＝マンパワー事件）。

　このように、判断の主体は、「取引者又は需要者」とされており、一般人や専門家とはされていない。これは、周知な商品等表示に実際に接する者が当該商品等表示の出所を誤認するおそれがある場合に、これを不正競争行為として規制するのが2条1項1号の趣旨だからである。

　【関連判例1-2＝最判S58・10・7判タ513号145頁・判時1094号107頁「マンパワー事件」】

　「マンパワー・ジャパン株式会社」との商号、およびその通称である「マンパワー」という名称を用いて事務処理請負業を営むXが、同業の「日本ウーマン・パワー株式会社」の商号を持つYに対し、その商号の使用が2条1項1号所定の不正競争行為に当たるとして、その商号の使用差止めおよび抹消登記手続を求めた事件。

　2条1項1号の「類似性」の判断基準について、「ある営業表示が不正競争防止法1条1項2号〔現2条1項1号〕にいう他人の営業表示と類似のものか否かを判断するに当たつては、取引の実情のもとにおいて、取引者、需要者が、両者の外観、称呼、又は観念に基づく印象、記憶、連想等から両者を全体的に類似のものとして受け取るおそれがあるか否かを基準として判断するのを相当とする」との判断規範を示し、「両者の需要者層においては、右『マンパワー』と『ウーマン・パワー』は、いずれも人の能力、知力を連想させ、観念において類似のものとして受け取られるおそ

れがあるものというべきであるうえ、被上告人の商号の『ジャパン』の部分及び上告人の商号の『日本』の部分はいずれも観念において同一であるから、前記需要者層においては、被上告人の商号及びその通称である『マンパワー』という名称と上告人の商号とは全体として類似しているものと受け取られるおそれがあるものということができる」と判断した。

2　判断方法

類似性の「判断」にあたっては、「両者を格別に時と場所とを異にして観察」して判断する、いわゆる離隔的観察によるべきであるとされている（大阪高判S43・12・13判タ232号221頁・判時564号85頁「バイタリス事件」）。離隔的観察によるとされている理由は、「世人が取引において商品を選択するには同時同所において比較対照する方法によらず、過去において又は他の場所において経験した表示と記憶の上で比較対照する方法によるのが通例であるから」とされている（小野編・新注解(上)329頁）。

離隔的観察によるということは、需要者が現に接している商品等表示と、記憶の中に存在している商品等表示を比較対照するということである。そのため、両商品等表示について、その細部を詳細に比較対照することはできず、記憶の中の商品等表示の特徴的な部分を中心にして全体を思い起こし、それを現に接している商品等表示の特徴的な部分を中心とした全体と比較対照することとなる。

そのため、商品等表示が類似しているか否かは、「取引の実情のもとにおいて取引者または需要者」を判断主体として、原告の商品等表示と被告の商品等表示のそれぞれについて、自他識別機能または出所表示機能が生ずる特徴的な部分を抽出し、「外観・称呼又は観念」を検討し、これを離隔的に観察して、表示が全体的に類似のものと認識されるか否か判断するのである。

3　外観・称呼・観念

これら最高裁が示した判断方法に基づき、その後の下級審においては、原告および被告それぞれの商品等表示の外観、称呼、観念をそれぞれ比較し、これを離隔的に観察した場合に、原告の商品等表示と被告の商品等表示が類似して

いるといえるかどうかを判断している（**判例コメント15**＝アフト事件、**判例コメント20**＝セイジョー事件、**判例コメント41**＝黒烏龍茶事件）。また、これによる類似性の判断は総合判断であり、外観、称呼、観念のいずれかが非類似であったとしても、他の要素が強く類似していれば、全体として類似性が肯定される。

外観は、商品等表示についての視覚的な認識である。図形、ロゴ、商品等の形状についての比較検討が加えられる（**判例コメント36**＝めしや食堂事件、**判例コメント39**＝マスカラ容器事件、**判例コメント43**＝ゴヤール事件、**判例コメント56**＝MCP事件）。

称呼は、商品等表示を音にした場合の語感である。外観が視覚的なものであったのに対して、称呼は聴覚的なものといえる（**判例コメント7**＝日本ゼオン事件、**判例コメント50**＝HEART事件）。

観念は、原告の商品等表示から導かれる観念と、被告の商品等表示から導かれる観念とが同一あるいは類似しているかどうかが検討される。例として、前掲**判例コメント41**＝黒烏龍茶事件においては、原告の商品等表示、被告の商品等表示のいずれからも「黒色のウーロン茶」および「ポリフェノールが含有されたウーロン茶」という共通する観念が生じると判断されている。

4　商標法との差異

ところで、商標法においても指定商品または指定役務についての登録商標に類似する商標の使用等については、当該登録商標権を侵害するものとみなされ、規制されている（商標法37条1号）。商標法での「類似性」の判断について最高裁は、「商標の類否は、対比される両商標が同一または類似の商品に使用された場合に、商品の出所につき誤認混同を生ずるおそれがあるか否かによって決すべきであるが、それには、そのような商品に使用された商標がその外観、観念、称呼等によって取引者に与える印象、記憶、連想等を総合して全体的に考察すべく、しかもその商品の取引の実情を明らかにしうるかぎり、その具体的な取引状況に基づいて判断するのを相当とする」（最判S43・2・27判時516号36頁・判タ219号91頁「氷山印事件」）と判断している。

不正競争防止法における類似性の判断と商標権侵害の場面における類似性の判断において差異をもたらしているのは、商標権侵害の場面における類似性判

断での「商品の出所につき誤認混同を生ずるおそれがあるか否かによって決すべきである」との観点である。この観点は、2条1項1号の判断においては、明文で混同要件が規定されており、混同要件該当性の判断において考慮されるが、類似であることは、混同のおそれを惹起するとはいえよう。

第5　混　同

1　概　説

次に、2条1項1号の不正競争行為となるためには、「他人の商品又は営業と混同を生じさせる行為」であることが要件となる。本号の目的は、商品等についての肯定的評価が商品等表示を通じて、当該商品等表示の使用者の肯定的な信用に結びついているときに、当該商品等表示と混同される商品等表示を使用することによって、当該商品等表示の本来の使用者が有している肯定的な信用にただ乗りすることを不正競争行為とし、これを防止するところにある。したがって、本号にいう「混同」とは、商品等表示そのものについての誤認ではなく、商品・営業の出所に関する誤認、すなわち表示や商品ないし営業の出所についての誤認を意味するものとされている。

混同が生じているかどうかは、①周知な商品等表示の周知度、②周知な商品等表示と類似表示との類似性の程度、③周知な商品等表示主体の商品・営業と類似表示、④使用者の商品・営業の類似性の程度、等を考慮して、類似表示使用者の商品・営業の平均的な需要者を基準として判断される（茶園・不競法30頁）。

2　混同のおそれ

「混同」の要件が満たされるためには、実際に混同が生じていることまでは必要ではなく、混同のおそれが生じていれば足りるとされている（関連判例1-3＝摂津冷蔵事件）。ただし、混同のおそれがあるというためには、抽象的な混同の将来の危険、準備行為、可能性のようなものでは足りず、具体的な現

実の危険の発生が必要であるとされている（小野編・新注解(上)394頁）。

【関連判例1-3】＝最判S44・11・13判時582号92頁「摂津冷蔵事件」

Xが「摂津冷蔵製氷株式会社」との商号で冷蔵貨物保管および氷製造販売事業を行っていたところ、Yが「摂津冷蔵株式会社」との商号で原告と同様の事業を行った。XがYに対して、2条1項1号に該当する不正競争行為であるとして、類似商号の使用禁止、表示の抹消、他商号への変更登記手続を求めた。これについて最高裁は、「YとXの各商号の表示および両社の営業目的ならびに営業活動、両社の営業活動の混同された事例等原審の確定した諸般の事情のもとにおいては、Yの商号がXのそれと類似し、Yの営業活動がXのそれと混同を生ぜしめるおそれがある旨、およびYの商号使用によってXが営業上の利益を害せられるおそれがある旨の原審の判断は正当である」旨を述べて、原告の請求を認容した。

3　狭義の混同と広義の混同

「混同」には、いわゆる「狭義の混同」と「広義の混同」の2種類があり、このいずれについても2条1項1号の「混同」に含まれるとされている。

「狭義の混同」とは、出所の同一性が誤認される場合である。すなわち、被告商品等表示の真実の出所は被告であるにもかかわらず、被告商品等表示が原告商品等表示と同一もしくは類似であるがゆえに、被告商品等表示の出所が原告であると誤認される場合である（**判例コメント56**＝MCP事件）。

「広義の混同」とは、被告商品等表示の出所が被告であるとは認識されるものの、原告と被告との間に、親子会社関係、グループ会社関係等の密接な関連性があると誤認される場合である（**判例コメント13**＝ブックオフ事件）。

これについて、前掲関連判例1-2＝マンパワー事件は、「不正競争防止法1条1項2号〔現2条1項1号〕にいう『混同ヲ生ゼシムル行為』は、他人の周知の営業表示と同一又は類似のものを使用する者が同人と右他人とを同一営業主体として誤信させる行為のみならず、両者間にいわゆる親会社、子会社の関係や系列関係などの緊密な営業上の関係が存するものと誤信させる行為をも包含するものと解するのが相当である」と述べて、「広義の混同」が「混同」に含まれると判断している。また、「混同を生ぜしめる行為には、周知の他人の

商品表示又は営業表示と同一又は類似のものを使用する者が、自己と右他人とを同一の商品主体又は営業主体と誤信させる行為のみならず、自己と右他人との間に同一の商品化事業を営むグループに属する関係が存するものと誤信させる行為をも包含」するとも判断されている（関連判例1－1＝NFLP事件）。また、「混同を生ぜしめる行為というためには両者間に競争関係があることを要しないと解するのが相当である」とされている

なお、平成5年改正により、周知表示に関する2条1項1号に加えて、著名表示の冒用を不正競争行為とする2条1項2号が新設された。また著名表示の冒用には、「混同」は要件としないものとされた。このような法改正がなされたために、改正後においては、著名表示の保護は専ら2条1項2号によるべきであり同項1号に規定する「混同」は狭義の混同に限られると解する学説が存在した。しかし、平成5年改正以後においても、「広義の混同」が2条1項1号の混同に含まれることが最高裁によって確認されている（関連判例1－4＝スナックシャネル事件）。すなはち、2条1項2号に規定する著名表示は、同項1号に規定する周知表示のうち特に周知性が高いものを意味するから、著名表示について同項1号の要件を主張して差止め等を請求することは、何ら妨げられる理由のないこと、同項2号が新設された趣旨は、著名表示の保護を従来より徹底するものであり、2号が新設されたからといって同項1号に規定する周知表示の保護の範囲が従来より限定されることになると解すべき理由もないことがその理由とされている。

【関連判例1－4】＝最判H10・9・10判タ986号181頁・判時1655号160頁「スナックシャネル事件」】

　高級婦人服等で世界的に著名な「シャネル」の知的財産権を統括管理するXが、「シャネルスナック」等の表示を使用して小規模な飲食店を営業するYに対して、「シャネル」の営業表示が周知であり、Yがこれと類似する営業表示を使用してXの営業と混同を生じさせているとして、XがYに対し、不正競争防止法に基づき、Yの営業表示の使用差止めおよび損害賠償を請求した。

　これに対して最高裁は、「新法2条1項1号に規定する『混同を生じさせる行為』は右判例が旧法条1項2号の『混同ヲ生ゼシムル行為』につい

て判示するのと同様、広義の混同惹起行為をも包含するものと解するのが相当である」と判断した。そして、その理由について、「(1)旧法1条1項2号の規定と新法2条1項1号の規定は、いずれも他人の周知の営業表示と同一又は類似の営業表示が無断で使用されることにより周知の営業表示を使用する他人の利益が不当に害されることを防止するという点において、その趣旨を同じくする規定であり、(2)右判例は、企業経営の多角化、同一の表示の商品化事業により結束する企業グループの形成、有名ブランドの成立等、企業を取り巻く経済、社会環境の変化に応じて、周知の営業表示を使用する者の正当な利益を保護するためには、広義の混同惹起行為をも禁止することが必要であるというものであると解されるところ、このような周知の営業表示を保護する必要性は、新法の下においても変わりはなく、(3)新たに設けられた新法2条1項2号の規定は、他人の著名な営業表示の保護を旧法よりも徹底しようとするもので、この規定が新設されたからといって、周知の営業表示が保護されるべき場合を限定的に解すべき理由とはならないからである」と述べた。

　そして、「Yの営業の内容は、その種類、規模等において現にシャネル・グループの営む営業とは異なるものの、『シャネル』の表示の周知性が極めて高いこと、シャネル・グループの属するファッション関連業界の企業においてもその経営が多角化する傾向にあること等、本件事実関係の下においては、Y営業表示の使用により、一般の消費者が、Yとシャネル・グループの企業との間に緊密な営業上の関係又は同一の商品化事業を営むグループに属する関係が存すると誤信するおそれがあるものということができる。したがって、YがXの営業表示である『シャネル』と類似するY営業表示を使用する行為は、新法2条1項1号に規定する『混同を生じさせる行為』に当たり、Xの営業上の利益を侵害するものというべきである」として、Xの請求を認容した。

（第4・第5　松田直弘）

第6　混同惹起行為の適用除外（違法性阻却事由）

1　概　説

　不正競争防止法は、２条１項１号の混同惹起行為に該当する行為について、例外的に違法性を阻却する場合を同法19条１項１号ないし３号で規定している。いわゆる「適用除外」の規定である。かかる混同惹起行為に対する適用除外には、大きく３つの場合がある。不正競争行為者であると主張される者の使用する表示が、①普通名称・慣用表示（19条１項１号）に該当する場合、②自己の氏名（19条１項２号）に該当する場合、③先使用（19条１項３号）に該当する場合である
　なお、２条１項２号の著名表示についても同様である。以下、順次説明する。

2　普通名称・慣用表示（19条１項１号）

(1)　意　義

　本号は、普通名称または慣用表示については、特定人にその使用を独占させるべきではないから、かかる普通名称等の使用については、普通に用いられる方法での使用に限り、１号・２号・14号・16号は適用されないとするものである。

(2)　要　件

(A)　商品または営業の普通名称

(ア)　「普通名称」の意義

　「普通名称」とは、取引界において、商品または営業の一般的名称として通用しているものをいう。たとえば、「弁当」、「酒」、「醤油」等である。商品の性状、機能を説明的に表現したものも含む。「ラジカセ」、「板チョコ」、「アカチン」等の略称、「バイク」のような俗称等も特定人の独占に帰すべきでない点で同様であるから、普通名称に含まれる。
　洋菓子に「アマンド」という表示を使用したケースで、「アマンド」は単に

原材料の1つで、洋菓子の普通名称には該当しないとした判決がある（東京地判Ｓ42・9・27判タ218号236頁「アマンド事件」）。また、「氷見うどん」の「氷見」という原産地名が、「サツマイモ」や「佃煮」などのように当該商品を一般的または慣用的に示す名称になっているとまでいえないため、「普通名称」や「慣用表示」の抗弁には理由がないとした判決もある（**判例コメント37=氷見うどん事件（控訴審）**）。

　さらに、「five year diary」を日記帳の普通名称と認定した例では、「five year diary」のみならず「one year diary」や「six year diary」と称する日記帳が、多数の印刷会社等から長期にわたって製造販売されてきた実績を詳細に認定することにより、「five year diary」を日記帳の普通名称と認めた（大阪地判Ｓ41・3・30判時468号57頁「Five year diary事件」）。

　加えて、「タヒボ茶」なる表示について、名称の表示が必ずしも正確な地名や学名を用いていない場合であっても普通名称たりうるとして、お茶の原材料の正確な学名が「ノウゼンカズラ科タベブイア属アベラネダエ種」という樹木の内部樹皮である場合でも、相当期間にわたる多額の費用を掛けた宣伝広告等により、健康食品に関心のある需要者間に広く知られるようになったこと等から、南米産の樹木茶の原材料を指す普通名称と判断した（大阪高判Ｈ11・10・14裁判所ＨＰ「タヒボ事件」）。

　そのほか、「青山学院」が著名表示であると認めた事件ではあるが、「呉青山学院中学校」が営業の普通名称としてその使用が認められるか否かが争われ、「呉青山」は、中学校の所在地の短縮表記であり、「中学校」は学校を示す普通名称であるとしつつ、「学院」の語については、地名と組み合わせて用いられることもあるが、地名に「学院」の語を直接続けた「○○学院」の名称を用いている学校の数は約30校で、全国の学校の総数からみれば少なく、さらに、東北学院、関東学院、関西学院等、単に地域に所在する学校という意味を超えて、特定の経営主体により設置運営されている特定の学校を示す固有名称として社会的に認識されていることから、普通名称とは認められないとした（東京地判Ｈ13・7・19判時1815号148頁「呉青山学院中学校事件」）。

(イ)　普通名称でない表示の普通名称化

　本来的には普通名称でない表示が、長期間反復継続して使用された結果、取

引者において普通名称としての意味を有するに至った場合には適用除外に該当する。ある表示が普通名称化したか否かの認定は必ずしも容易ではない。以下の図に示すように、長期の使用の結果、著名表示と普通名称の区別の問題が生じる。

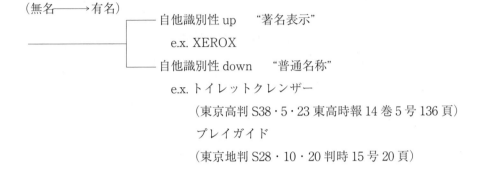

(B) **商品または営業の慣用表示**

「慣用表示」とは、普通名称にはいまだ至っていないが、取引社会において、商品または営業の表示として慣習上使用されているものをいう。たとえば、弁当の名称として「幕の内」、酒の名称として「正宗」、床屋の表示として「渦巻看板」、銭湯の表示として「温泉マーク」等である。

(C) **普通に用いられる方法**

「普通に用いられる方法」とは、取引上一般的に行われる使用態様であることをいう。本号に対応する平成5年改正前2条1項1号の「普通ニ使用セラルル方法」について、名古屋地判S40・8・6判時423号45頁「つゆの素事件」は、「『普通に使用される方法』とは、……普通名称使用の態様が、一般取引上普通行われる程度のものたることをいうものと解すべきところ、その認定については、当該商品の具体的取引過程の実情に基づきこれを判断すべきものであって、当該取引において、一般に他の文字、図形、記号ないしは附飾を使用すべき合理的理由ないし必要あるときは、これらのものを組み合わせて使用することは許さるべきもの」と判示している。

したがって、たとえば、取引者の注意を引く目的で奇抜な書体またはデザインを使用した場合などは、「普通に用いられる方法」には該当しない。福岡高

判S61・11・27判夕641号194頁「メガネの松田事件」は、「メガネ」という普通名称と「松田」という氏の使用であっても、それぞれ個別に使用するのではなく、組み合わせによって使用しており、かつ、その字体などにも特殊な技巧が加えられていることから「普通に用いられる方法」でないことを理由に本号の適用を否定した。

(D) 使用等の行為

「使用、表示又は使用、表示した商品を譲渡、引き渡し、譲渡若しくは引渡しのために展示し、輸出し、若しくは輸入」することをいう。

(3) 例　外

ぶどうを原料または材料とする物の原産地の名称、たとえば「コニャック」、「シャンパン」等については普通名称となっているが、本号は適用されない。これは、本号の立法当時、「コニャック」「シャンパン」等は特定の酒類を表す普通名称として用いられていたことに配慮した政策的規定である。

3　自己の氏名（19条1項2号）

(1) 意　義

本号は、自己の氏名を不正の目的でなく使用等する行為には、1号・2号・16号の適用はないとするものである。

人格権の行使の一環ともいえる自己の氏名の自然な使用を禁止することは、本人にとって酷であるのみならず、たまたま先に使用した者を優先することとなって当事者間の公平にも反すると考えられるからである（山本庸幸『要説不正競争防止法〔第4版〕』（発明協会、2006年）374頁）。

(2) 要　件

(A) 「自己の」

自己の氏名とは、原則として、自然人の氏名をいう。これに対し、法人については本号の適用を否定した「ヤマハ事件」（静岡地浜松支判S29・9・16下民集5巻9号1531頁）がある。「ヤマハ事件」では、Y社の代表取締役である山葉良雄が、X社の代表取締役である山葉寅楠の長男であり、「山葉」姓をY社商号中に使用したのは、山葉寅楠の意思と名誉を受け継ぐためであったという縁由を認定しながらも、「自然人と法人……は別個のものであるから……良雄が

自己の氏を被告の商号中に使用することを許容するのは、同人の立場から見て氏名権の行使であるとしても、これを以て直ちに被告が同人の氏を商号中で使用することが氏名権の行使であるとはいえない」と判示した。

　本人が利用する場合以外に、本人から許諾を受けて使用する場合については、大阪地決Ｓ56・3・30無体集13巻1号507頁「花柳流名取事件」（第一審）、大阪高決Ｓ56・6・26無体集13巻1号503頁同事件（控訴審）がある。日本舞踊の花柳流から分かれて独立した者が開いた分家において、その「花柳」の使用を許諾されていた者に対し、①許諾者が戸籍上、花柳との「氏」を有すること、および②被許諾者であった門弟の芸名は許諾者である宗家に従属すること、を理由にかかる表示の使用を自己の氏名の使用として適法とした。本件のような、家元制度の下では、家元は、一定水準の門弟に対して花柳姓を認許し、それによって得る名取料、受験料、移籍料等を収入源としている。したがって、本決定は、自己の氏名（花柳姓）の利用による利益（名取料等）は本人に享受させるべきであるとの本号の立法趣旨に合致する。

　(B)　「氏名」

「氏名」とは、「氏」のみ、「名」のみも含み（前掲「花柳流名取事件」は氏のみである）、芸名、雅号等についても含まれる。この点、大阪高判Ｈ9・3・25判時1626号133頁「音羽流家元事件」において、日本舞踊の芸名に当然適用されるものではないとし、流派における芸名（名取名）の位置づけ、当該芸名（名取名）を使用するに至る経緯等を検討する必要があるとしている。

　(C)　「不正の目的」がないこと

「不正の目的」とは、具体的には、不正の利益を得る目的、他人に損害を及ぼす目的をいう。本号が、周知表示使用者との利益調整規定であることからすれば、かような不正競争の目的を有する者が保護を受けないことは当然である。

　本要件のような主観的要件の有無の判断においては、客観的使用態様等を詳細に検討して決するより方法がないため、1号の「普通に用いられる方法」の判断と類似する。すなわち、診療所の名前にひらがな表記の姓を使用した事件について、医療法8条で診療所の届出には姓の使用を要請されていることや姓をひらがなで表記することで誤読を防止するとの主張には合理性があり、「不

正の目的」は認められないとしている（大阪地判H21・7・23判時2073号117頁「わたなべ皮ふ科事件」）。また、前掲「花柳流名取事件」で、事業のサブ表示として使用しており、事業表示は「芳門会」としていたとの客観的使用態様から、原告側の名声にただ乗りし、その事業の表示が著名であることを奇貨として、他人に両者の誤認混同を生じさせ、もって利得しようとする意図（主観的不正目的）を見出すことは困難であると認定している。

　　(D)　使用等の行為

　これについては、前記2(2)(D)で述べたので、その箇所を参照されたい。

4　先使用（旧来表示の善意使用）（19条1項3号）

(1)　意　義

　本号は、周知表示が周知になる以前から、周知表示と同一または類似の表示を使用していた場合には、不正競争の目的がない限り1号は適用されないとするものである。周知表示使用者と先使用者の既得権との利益調整を行うためである。商標法32条1項の規定と同趣旨である。

(2)　要　件

　　(A)　周知性獲得以前から使用

　(ア)　地域的要件

　2条1項1号は、全国的に周知である必要はなく、特定の地域で周知であれば、その限りで保護を受け得る。したがって、本号が同法2条1項1号の適用除外であることからすれば、周知表示として認められる地域内についてのみ、周知性が認められる以前から商品等表示を使用開始していれば足りる。しかし、他方で、周知性は時間の経過で周辺地域に拡大することが多いため、周知性がいまだ認められるに至らない地域での使用であれば常に既得権が認められるとすれば問題が生じる。たとえば、①A地域でXが周知性を獲得していれば、YはXの表示を使用しても先使用に該当しない。他方、②A地域に隣接したB地域で、XがX表示につきもうすぐ周知性を獲得する場合には、B地域でのYによるX表示の使用は、本来は先使用に該当しそうである。しかし、本号が両者の利益調整を目的としている以上、②の場合のYは、A地域でのX表示の周知性を知りつつB地域で同一表示の使用を開始しているであろうから、不

23

正目的の有無の判断に際してその点を考慮することで妥当な解決を図るべきであろう。

　(イ)　使用の継続

　既得権保護および周知表示使用者との利益調整という本号の立法趣旨からすれば、一度先使用すれば既得権となりうるというのではなく、原則として現在まで使用を継続している場合のみ、保護を要する程度の既得権が発生すると解すべきである。したがって、明文上は明らかではないが、使用の継続を要する。

　(B)　同一または類似の表示を使用

　周知表示と同一または類似の表示が使用された場合に、初めて両者の表示が競合するので調整が必要となる。したがって、周知表示と同一または類似の表示が使用された場合であることを要する。この点、先使用者が現在では従前使用していた表示と異なる表示を使用している場合に、従前使用していた表示に関して発生した既得権たる先使用権が、現在の表示にまで及ぶのかが問題となるが、従前使用していた表示と現在使用する表示との間に実質的同一性が認められればよい。この点を明確に判示したものとして、(東京地判S49・1・30判タ308号274頁「ユアサ事件」)がある。判旨は、先使用権について、「商号を固定したものとすることにより……成立している秩序を損なうことがない限度で認められるもの」であることを理由に、「変化の許容される範囲は、結局、社会通念上商号の同一性を損なわない限度が基準となる」としている。そのうえで、「湯浅貿易株式会社」が「株式会社ユアサ」と変更した点については、「株式会社ユアサ」は、「商号の中に『湯浅』『ユアサ』を用いた他のものとの関係においては、もっとも包括的な商号」であるとして、変更によって以前よりも「原告の商号と近似し、誤認混同を生じやすいものとなっている」として、同一性を損なわない限度内の変化とはいえないとした。

　この判旨からすれば、周知表示に近似する方向での変更については、厳格に判断されなければならないが、誤認混同から離れる方向での変更であれば、実質的同一性の範囲を若干緩和して判断することも許されよう。

　なお、「使用」とは、営業等での商品等表示の使用を必要とし、内部的に商品等表示を使用することを意思決定したり、行政機関に対する許認可手続の書

類に記載するのみでは、商品等表示を「使用」したことにはならない（東京地判H22・7・16判時2104号111頁「シルバーヴィラ揖保川事件」）。

(C) **不正の目的がないこと**

この点については、すでに3(2)(C)で述べたので、その箇所を参照されたい。

(D) **使用等の行為**

この点については、すでに2(2)(D)で述べたので、その箇所を参照されたい。

(3) **適用範囲**

先使用権者からの業務承継者や商品の譲受人も本号の保護を受けることができる。ただし、先使用権者が不正の目的を有しない場合、承継人は不正の目的があっても保護されるというものではなく、自らが不正目的ないことを要求される。

5 混同防止表示付加請求（19条2項）

適用除外の規定が適用され、商品等表示の使用が認められる場合（19条2項2号および3号）、表示の使用継続を受忍しなければならない者との利益の再調整を図るため、その表示の使用者に対して混同を防ぐのに適当な表示を付すことの請求を認めるものである。この点、混同が生じることを理論的前提とはしていないものの、実質的に周知表示混同惹起行為に限られるといえよう。

大阪地判H16・2・19裁判所HP「自由軒事件」では、「自由軒」という商品等表示とともに表示された「せんば」の表記につき、字の大きさや太さが少なくとも70％以上の比重を要するとして、「自由軒」に比してはるかに小さい「せんば」の表記はこれを満たさないことから、混同を防止するに足りないと判断した。

（第6　榊原美紀）

第2章

著名表示冒用行為
2条1項2号

第1 総説

1 本条の特色

　本条は、平成5年の改正で新設された規定であり、「自己の商品等表示として他人の著名な商品等表示と同一若しくは類似のものを使用し、又はその商品等表示を使用した商品を譲渡し、引き渡し、譲渡若しくは引渡しのために展示し、輸出し、若しくは輸入する行為」を不正競争行為としている（2条1項2号）。

　本条と商品主体等混同行為（1条1項1号）との違いは、「周知性」ではなく、「著名性」を要件とする代わりに、「混同のおそれ」を要件としておらず、この点が本条の大きな特色である。

2 本条の趣旨

このような不正競争行為の類型を認めたのは、次のような理由からである。

(1) **企業経営の多角化・グループ化傾向**

　現代社会においては、企業経営の多角化・グループ化の傾向が存することはいうまでもなく、これに伴い直接の競業関係がなくても、著名表示の不正使用により、被冒用者と冒用者間に、取引上、経済上もしくは組織上何らかの関係があるのではないかとの誤信が生じる弊害が出ていた。

(2) **ブランドイメージの財産的価値**

また、現代情報化社会においては、ブランドイメージ自体が顧客吸引力を有している。

このブランドイメージが保有する財産的価値を保護するという観点からは、たとえ混同が生じない場合であっても、著名表示を不正に使用する行為には、

① 著名表示の有する顧客吸引力に「ただ乗り」するという弊害（フリーライド）
② 長年の営業努力により高い信用・名声・評判を得た著名表示とそれを本来使用してきたものとの結びつきが薄められるという弊害（稀釈化、ダイリュージョン）
③ 冒用者が、「良質のイメージ」を有する著名表示を、一般に不健全と思われている業種（たとえば、風俗産業）の営業表示として使用されると、冒用された著名表示が有する「良質のイメージ」が汚染されるという弊害（ポリューション）

が存することになり、このような行為を不正競争行為として排除すべきだからである。

(3) 従来の判例とその問題点

従来の判例も、上記のような弊害を重視し、平成5年改正前の1条1項1号における「混同」概念に、「広義の混同」概念（被冒用者と冒用者との間に、直接の競業関係がなくても、両者間に、取引上、経済上あるいは組織上何らかの関係があるのではないかとの誤信が生ずる場合）を含めて解釈することで、上記弊害を除去しようとしていた。

しかし、本来の「混同」概念は、被冒用者と冒用者との間に競業関係が存在することを前提としているはずであり、判例の結論自体は是認できるとしても、その解釈手法は、解釈論の限界を超えているのではないかとの指摘がなされていた。

(4) まとめ

そこで、平成5年改正において、前記(1)(2)の弊害を除去するとともに、従来の判例の問題点を解決するために、「混同」の要件を要求することなしに、著名表示を保護する条文を新設することとなったのである。

第2 要　件

1　自己の商品等表示として

　本条は、冒用者が、著名表示を、「自己の商品等表示として」使用等する行為を規制している。
　したがって、著名表示を、自己の商品や役務を示すこと以外の方法で使用したとしても、本条の規制対象とはならない。

2　著名性

　本条は、2条1項1号と異なり、混同を要件としない代わりに、「著名性」を要件としている。
　そこで、「著名性」とは何かを検討する必要がある。「著名性」が認められるためには、2条1項1号において求められる「周知性」よりも高い知名度が要求されることについては見解が一致しているものの、それを超えてどの程度までの高い知名度を要求されるかについては必ずしも明らかではないからである。

(1)　全国的著名性が必要か

　この点については、争いはあるものの、立法担当者は、著名性の地域的範囲は、一地方において著名であることだけでは足りず、全国的に著名であることが必要であると考えており（経産省・逐条解説62頁）、裁判例においても全国的な著名が必要であることを前提としていると思われる（**判例コメント4**＝正露丸糖衣A事件、**判例コメント6**＝アリナビッグ事件）。なお、これまで著名性が認められたものとしては、「三菱」、「阪急」、「東急」、「JAL」、「J-phone」、「マクセル」、「シャネル」、「ELLE」、「伊勢丹」、「セイロガン糖衣A」、「アリナミン」、「青山学院」などがある。

(2)　どの需要者層に対して知名度の高さが必要か

　著名表示の冒用行為による不正競業は、取引者または最終需要者のいずれに生じても禁圧すべきであるから、著名性認定の対象は、取引者、最終需要者

(消費者)のいずれであってもよいとされている。

　また、取引者の全部もしくは最終需要者（消費者）の全部が知っていることも要求されておらず、取引者または最終需要者（消費者）のある階層で著名であればよいとすべきである。なぜなら、女性にとっては、女性向けファッション雑誌や女性向け商品として著名なブランドであったとしても、男性にとっては知らないブランドであるなど、当該商品・サービスに興味のある需要者層には知名度が高いが、当該商品・サービスに関心のない需要者層にとっては、当該ブランドを知らないということはよくあることであり、このような場合であっても本号による保護を与えなければ、本号の立法趣旨が生かされないからである。

(3) どの業種において知名度の高さが必要か

　前述したとおり、本規制は、著名表示がもつ顧客吸引力を保護するためのものであるが、他方において他者の表示選択の自由を規制するものである。

　それゆえ、知名度の高さは、当該事案が同業種か異業種かによって相違し、同業種の表示冒用事案における差止請求においては同業種内において全国的に著名であれば足りるが、異業種の表示冒用事案における差止請求においては、同業種における関係で全国的に知られているだけでは足らず、当該対象異業種の関係でも全国的に知られているぐらいの知名度が必要であるという見解は傾聴に値すると思われる（小野＝松村・新概説211頁）。

　この点、以下で述べる裁判例も、上記見解と同じ立場に立っているように思われる。

　たとえば、「呉青山学院中学校事件」（東京地判H13・7・19判時1815号148頁）は、「青山学院大学」「青山学院中等部」等の学校を設置運営する原告が、「呉青山学院中学校」等の名称を用いて中学校を設置運営している被告に対して、2条1項1号・2号、商標法36条1項に基づいて、上記名称の使用差止め等を求めた事件であるが、この事件において、裁判所は、「原告名称は、遅くとも平成11年3月までには、原告が行う教育事業及び原告が運営する各学校を表す名称として、学校教育及びこれと関連する分野において著名なものになっていたものと認めることができる」と認定し、教育事業以外の分野における著名性を検討することなく2条1項2号を適用している。それゆえ、この裁判例は、

同業種の表示冒用事案における差止請求においては同業種内において全国的に著名であれば足りるという見解に依拠しているものと思われる。

また、東京地判H12・12・21裁判所HP「虎屋、虎屋黒川事件」も、原告の「虎屋」および「虎屋黒川」の営業表示について、「和菓子を中心とする食品の製造・販売の分野において著名であったと認められる」として、被告が、その事業目的に「羊羹食品の製造及び販売」が含まれていた期間に、商号として「株式会社虎屋黒川」を用いた行為は、2条1項2号に該当するとしつつも、被告がその事業目的から「羊羹食品の製造及び販売」を削除した以降については、「原告の営業表示である『虎屋』及び『虎屋黒川』は、和菓子を中心とする食品の製造・販売の分野において著名な営業表示と認められるが、右分野を超えて著名なものであるとまでは認められない」との認定をしたうえで、2条1項2号ではなく、2条1項1号の該当性を検討している。この裁判例も、その判示内容からみて、同業種の表示冒用事案における差止請求においては同業種内において全国的に著名であれば足りるけれども、異業種の表示冒用事案の場合には、被告の営業表示等の使用分野において、原告の営業表示等が著名であることを要求しているものと思われる。

3 商品等表示

商品等表示とは2条1項1号に規定している「人の業務に係る氏名、商号、商標、標章、商品の容器若しくは包装その他の商品又は営業を表示するもの」であり、その商品・役務が、何人から出たものであるかということを示し、他の商品・役務の出所より区別せしむる認識手段である。

この点に関連して、映画のタイトルは、著作物たる映画を特定するものであって、商品やその出所ないし放映・配給事業を行う営業主体を識別する表示として認識されるものではないとして、「商品等表示」には該当しないとされた事例（**判例コメント23**＝マクロス事件）、商品陳列デザインの組合せの「商品等表示」性を否定した事例（**判例コメント44**＝商品陳列デザイン事件）などがある。なお、通常の消費者等の認識としては、看板等の屋号によって出所を特定するのが通常であって、商品陳列デザインや、店舗外装等が「商品等表示」に該当するケースというのは、かなり限定されたケースになるものと思われる。

4 「同一若しくは類似」

本条では、著名表示と「同一若しくは類似」の商品等表示を使用する行為を規制している。「同一」の場合は問題がないと思われるので、以下本条における「類似」とは何かを検討していく。

(1) 類似性の判断基準

本条において、著名表示と「同一表示」だけではなく、「類似表示」をも対象としたのは、著名表示と類似の表示についても、その冒用により、著名表示の持つブランドイメージが減殺または毀損され、冒用者は、自ら営業上の努力を払うことなく著名表示の財産的価値を利用する状況が考えられるためといわれている。

この点、**判例コメント6**＝アリナビッグ事件は、類似判断について、「不正競争防止法2条1項2号の『類似』に該当するか否かは、取引の実情の下において、需要者又は取引者が、両者の外観、称呼又は観念に基づく印象、記憶、連想等から両者を全体的に類似のものと受け取るおそれがあるか否かを基準に判断すべきである」と述べたうえで、「……原告表示と被告表示は、全体的、離隔的に対比して観察した場合には、その共通性から生じる印象が相違点から生じる印象を凌駕し、一般の需要者に全体として両表示が類似するものと受け取られるおそれがあるというべきである」と認定しており、外観・称呼・観念を検討したうえで、全体的、離隔的観察により類似性を判断するという基本的判断枠組みを示している。

(2) 類似性の具体的な判断過程

裁判事例において類似性判断が争われる事例の多くは、普通名称その他の理由により表示と特定表示主体との結びつきとの1対1の関係が弱いため、「原告の著名表示性の核となる要部をどこに求めるのか」、「原告表示と被告表示との相違点をどう評価するのか」という形で争点化することが多い。

たとえば、**判例コメント4**＝正露丸糖衣Ａ事件は、その類似判断において、「正露丸」については過去の裁判結果を理由に普通名称化していることを前提とし、かつ、「糖衣」、「Ａ」も普通名称としつつも、これらを組み合わせた「セイロガン糖衣Ａ」については、大量の販売、長期間にわたる強力な広告宣

伝、他に同種の商品名を持つ有力な競合商品が存在しなかったことなどから、「セイロガン糖衣Ａ」という表示をもって、著名な商品等表示に該当すると判断したうえで、原告表示である「セイロガン糖衣Ａ」と被告表示である「正露丸糖衣錠ＡＡ」とを比較し、「錠」の有無や、「Ａ」の次に「Ａ」が来るという相違点については、「……長い称呼の中でみれば大きな相違ということができず、先に認定した原告表示一（セイロガン糖衣Ａ）の著名性を考え併せれば、需要者は被告表示一（正露丸糖衣錠ＡＡ）の称呼に接した場合、聞き馴染んでいる『セイロガントーイ』と『エー』の部分の共通性により、原告表示一（セイロガン糖衣Ａ）を連想・想起し、両者を類似のものとして受け取るおそれがあるというべきである」と認定している。

　また、前述した「呉青山学院中学校事件」においては、「青山」「学院」ともに普通名称であるから、原告の「青山学院」「Aoyama　Gakuin」全体としてのみ識別表示としての称呼、観念を生じるものであり、しかも、著名性も有していることから、上記部分については強い自他識別力を有するとし、他方、被告の「呉青山学院中学校」「Kure　Aoyama　Gakuin　Junior　High　School」の名称のうち、「呉」「学院」「中学校」は普通名称であるが、青山は被告中学校の所在地（呉市青山町）からとったものであるとしても広島県の地名として「青山」の名称が使用されている地域があることは知られてないことを理由として、被告の識別表示として称呼、観念を生じさせるのは、「呉青山学院中学校」、「Kure　Aoyama　Gakuin　Junior　High　School」全体、「呉青山学院」「Kure　Aoyama　Gakuin」の部分および「青山学院」「Aoyama　Gakuin」の部分であると認定した。そして、原告の「青山学院」「Aoyama　Gakuin」の表示が著名であり、強い自他識別力を有することを理由として、被告名称を目にした者としては、「青山学院」「Aoyama　Gakuin」の部分が、特に被告漢字名称、被告ローマ字名称、被告英語名称を目にした者の注意を引き、強い自他識別力を有すると認定し、「青山学院」「Aoyama　Gakuin」の部分について外観が共通し、「アオヤマガクイン」の称呼を生じる点でも同じであって、「青山学院」「Aoyama　Gakuin」の表示が著名であることからすれば、両者は観点の点でも類似するとしている。

　このような裁判例の具体的な類似性の判断過程をみていくと、裁判所は、原

告表示のうち、著名性を有する要部を抽出したうえで、取引の実情ということから、著名表示がもつ自他識別力の強さを勘案しつつ、被告表示の要部を抽出し、両者の外観・称呼・観念の3つの観点から類否を決定するという枠組みをとっているように思われる。それゆえ、(普通名称の抗弁とも関連するところもあるが)、他に回避しうる方法があるにもかかわらず、著名表示に近づけようとする表示を選択したものに対しては、類似性が認められやすくなる傾向にあるものと思われる(前述の「呉青山学院中学校事件」においても、呉青山中学校という表示を選択するのではなく、呉青山「学院」中学校という表示を選択していることが重視されたように思われる)。

5 適用除外

著名表示冒用行為との関係で問題となる適用除外は、19条1項1号・2号・4号である。19条1項1号・2号の詳細は、第1章第6で述べられているので、そちらを参照いただきたい。ここでは4号について簡単に触れることとする(なお、著名表示冒用行為との関係で、19条1項1号が争点となった裁判例としては、**判例コメント4**＝正露丸糖衣A事件と前述の「呉青山学院中学校事件」とがある。19条1号1号との関連での「呉青山学院中学校事件」の判旨については、第1章第6参照)。

19条1項4号は、19条1項3号と同趣旨の規定であり、他人の商品等表示が著名性を獲得する以前から不正の目的なく当該表示等を使用している場合には、著名表示保護の要請と既得権保護との観点から、従来どおり当該表示等の使用を認める点にその趣旨がある。

この規定による適用除外を受けるためには、「著名となる以前」より、当該表示を使用していれば足り、著名表示が用いられる以前より当該表示を使用している必要はない。また、使用は継続的に使用している必要があるが、正当な事由により一時的に中断しているにすぎない場合には全体として継続されているものとして評価すべきといわれている(小野＝松村・新概説455頁)。

(阪口祐康)

第3章

形態模倣行為
2条1項3号

第1　本号の趣旨

　2条1項3号（以下、本章において「本号」という）は、「他人の商品の形態（当該商品の機能を確保するために不可欠な形態を除く。）を模倣した商品を譲渡し、貸し渡し、譲渡若しくは貸渡しのために展示し、輸出し、又は輸入する行為」を「不正競争」と規定する。

　本号の趣旨は、次のように説明されている。すなわち、近年の複製技術の発達や商品ライフサイクルの短縮化等によって模倣を極めて容易に行うことができ、模倣者は商品化のためのコストやリスクを大幅に軽減することができる一方で、先行者の市場先行のメリットは著しく減少し、模倣者と先行者の間には競争上著しい不公正が生じており、個性的な商品開発や市場開拓への意欲が阻害される。このような状況を踏まえれば、個別の知的財産権の有無にかかわらず、他人が商品化のために資金、労力を投下した成果を他に選択肢があるにもかかわらずことさら完全に模倣して、何らの改変を加えることなく自らの商品を市場に提供し、その他人と競争する行為（デッドコピー）は、競争上不正な行為として位置づける必要がある、と説明されている。

第2 「商品の形態」

1 意義

「商品の形態」については、2条4項で「この法律において『商品の形態』とは、需要者が通常の用法に従った使用に際して知覚によって認識することができる商品の外部及び内部の形状並びにその形状に結合した模様、色彩、光沢及び質感をいう」と定義されている。この2条4項は平成17年法律第75号による改正(以下、「平成17年改正」という)で追加された規定であるが、同改正前から裁判例によって示されていた定義が明文化されたものである。

この定義から、商品の内部の形状も「商品の形態」に該当し得るが、「需要者が通常の用法に従った使用に際して知覚によって認識することができる」ものに限られるため、通常の使用において認識しえない内部構造にとどまるものは「商品の形態」に該当しない。また、「模様、色彩、光沢及び質感」も「商品の形態」を構成し得るが、「形状に結合した」ものに限られるため、形状と切り離された模様等は「商品の形態」に該当しない。

2 商品の形態についての問題

このように、2条4項は「商品の形態」の意味を広く規定しているが、解釈上、次の点が問題となりうる。

(1) 商品の一部の形態

「商品の形態」は、商品全体の形態の意味であり、商品の一部の形態のみをもってこれに該当するということはできない(判例コメント28＝マンホール用足掛具形態模倣事件)。

(2) 抽象的な特徴

「商品の形態」は、商品の具体的な形態をいい、具体的な商品の形態から離れた商品のアイデアや商品の形態に関する抽象的な特徴は「商品の形態」に当たらない(東京地判H9・6・27判時1610号112頁「ミニチュアリュック事件」)。

(3) 複数の物品を組み合わせてなる商品

複数の物品を組み合わせて容器・包装に入れて販売されるセット商品の形態については、「商品の形態」に該当しうる。セット商品の形態について「商品の形態」に該当すると判断した裁判例として、タオルセット（小熊の人形、タオルハンガー、小熊の絵が描かれたタオル類、籐カゴの組合せからなり、特有の色彩が施された箱に詰められたもの）について「商品の形態」に該当するとした判決（**判例コメント2**＝タオルセット事件）、生鮮食品である宅配鮨について、一般論としては、使用する容器、ネタおよび添え物の種類、配置等によって構成されるところの1個1個の鮨を超えた全体としての形状、模様、色彩および質量感などが「商品の形態」となりうる、との判断を示した判決（東京地判H13・9・6判時1804号117頁「宅配鮨事件」）がある。

第3 「模倣」

1 概　要

本号の「模倣」については、2条5項で「この法律において『模倣する』とは、他人の商品の形態に依拠して、これと実質的に同一の形態の商品を作り出すことをいう」と定義されている。2条5項は平成17年改正で追加された規定であるが、それまでの裁判例（たとえば、**判例コメント1**＝ドラゴン・ソードキーホルダー事件など）の判断の蓄積を踏まえて、定義規定として明文化されたものである。

この2条5項の定義より、「模倣」か否かの判断は、①他人の商品形態への「依拠」と、②他人の商品形態との実質的同一性の有無で判断されることとなる。

2 「実質的に同一の形態」

(1) 「実質的に同一」の意味

「実質的に同一」とは、一般に、先行者の商品と模倣者の商品を対比・観察した場合に、商品の形態が同一であるか、または実質的に同一といえるほどに

酷似していることを意味する、とされる（平成17年改正前の事案であるが、**判例コメント1**＝ドラゴン・ソードキーホルダー事件でも同様の判断がなされている）。

したがって、商品全体の形態を対比した場合に、両商品の形態に相違点があったとしても、それが些細な相違にすぎないものであれば「実質的に同一」と判断される。たとえば、**判例コメント58**＝ハッピー★ベアー事件では、「前記商品形態の模倣を不正競争行為と定める趣旨は、資金、労力を投入して新たな商品の形態を開発した者を、資金、労力を投入せず、形態を模倣することでその成果にただ乗りしようとする者との関係において保護しようとする点にあるから、前記不正競争行為が成立するためには、保護を求める商品の形態が、従前の同種の商品にはない新たな要素を有し、相手方の商品がこれを具備するものであると同時に、両者の商品を対比し、全体としての形態が同一といえるか、または実質的に同一であるといえる程度に酷似していることが必要」との規範が示されている。「実質的に同一」について判断したその他の裁判例として、**判例コメント28**＝マンホール用足掛具形態模倣事件、**判例コメント30**＝ヌーブラ事件Ⅱ、**判例コメント51**＝アルミホイール形態模倣事件などがある。

(2) 判断手法

「実質的に同一」か否かの判断手法としては、まず、両商品の全体の形態をそれぞれ特定したうえで、形態の共通点および相違点を認定する。本号は先行者の商品形態を盗用したか否かが問題となるから、両商品の対比は、両商品を目の前に置いて観察を行う対比的観察の方法によるべきであるとされている。

そして、認定した共通点および相違点に基づき、両商品の形態が「実質的に同一」か否かが判断される。この際、一般的に、特徴的な形態の共通性は「実質的に同一」を肯定する方向に大きな影響を与え、それ以外の部分に多少の相違が存在しても、両商品の形態は「実質的に同一」と判断される傾向がある。それゆえ、商品の一部の形態が特徴的でその他の部分がありふれた形態の商品であっても、商品全体の形態を対比して実質的同一性が認められる場合は、「模倣」に該当し得る。先行者の商品における特徴的な形態がどの部分であるかはケースバイケースであるが、同種商品によく見られる形態であるか否か等の事情を考慮して判断される。

【関連判例3-1】＝東京地判Ｈ9・3・7判時1613号134頁・判タ952号284

頁「ピアス孔保護具事件」】

本件は、被告が製造販売するピアス孔の保護具は、原告らの販売する商品を模倣したものであるから、当該商品の販売行為が2条1項3号に該当するとして、原告らが、被告に対し、損害賠償などを求めた事案である。

裁判所は、商品の一部の形態に特徴がある商品の場合の判断手法について、次のように示した。

「このように、当該商品の基本的形態が同種商品が通常有する形態であり、細部にわたる具体的形態においてそうでないような場合においては、当該商品全体の形態としては、同法2条1項3号括弧書きの要件を具備するとはいえないから、同法2条1項3号の適用があることは当然であるが、当該他人の商品の形態の模倣に当たるかの判断に際しては、対比の対象となる模倣したとされる商品が同種商品が通常有する形態である基本的形態を共通にすることに重きを置くべきではなく、両商品の同種商品が通常有する形態ではない具体的形態が同一か又は酷似するか否かを判断すべきものである」。

3 「依拠」

「模倣」に該当するためには他人の商品形態への「依拠」が必要であるから、独自に創作した商品形態が偶然に他人の商品形態と実質的に同一であったとしても、「模倣」に該当せず、本号の不正競争には当たらない。

裁判においては、「依拠」したことを直接立証するのは難しい。そのため、「依拠」の有無については、一般的に、原告商品との類似性（類似する要素は本号の「商品の形態」に該当しない特徴でも構わない）、被告が原告商品を知っていた蓋然性（原告商品の市場におけるシェア、宣伝広告の量、メディア露出の量、原告被告が同業者か否か等の事実によって立証される）、被告商品が制作された経緯等の事情を総合的に考慮して判断される。たとえば、**判例コメント2**＝タオルセット事件では、原告商品の販売の開始が被告商品の販売開始の約11カ月前であり、被告はすでに販売されていた商品を参考としたこと、小熊をモチーフとするタオルセットの形態には、他に選択する余地があり得るにもかかわらず形態も取り合わせも実質的に同一の商品を販売したことを指摘し、被告が原告商

品を主観的に模倣したと推認されるとして「依拠」が肯定されている（他に「依拠」が争われた事案として、**判例コメント48**＝包丁研ぎ器形態模倣事件がある）。

第4 「当該商品の機能を確保するために不可欠な形態」

2条1項3号は、「当該商品の機能を確保するための不可欠な形態」を不正競争行為の対象となる「商品の形態」から除外している。このような形態をとらない限り商品として成立しえないことから、競争上不正と観念することはできず、また、このような形態のデッドコピーを規制すればかえって自由な競争を阻害することになりかねないためである。

本号は、平成17年改正前は「他人の商品……の形態（当該他人の商品と同種の商品（同種の商品がない場合にあっては、当該他人の商品とその機能及び効用が同一又は類似の商品）が通常有する形態を除く。）」と規定されていたが、その意義が明確でなかったため、裁判例において適用が除外されてきた形態を明確化する趣旨で改正された。そのため、同種の商品が通常有する形態、同種の商品に共通するありふれた形態についても、本号での保護の対象から除外されると考えられている（なお、**判例コメント52**＝コイル状ストラップ付タッチペン事件では、ありふれた形態は本号の「商品の形態」に該当しない、と位置づけて判断されている）。

その他「当該商品の機能を確保するために不可欠な形態」について争われたものとして、**判例コメント49**＝水切りざる事件、同種商品が通常有する形態について争われたものとして、**判例コメント30**＝ヌーブラ事件Ⅱがある。

また、同種の商品が通常有する形態か否かは、当該商品の全体の形状を基準に判断される。

【関連判例3-2】＝知財高判H17・12・5裁判所HP「フリル付きカットソー事件」】

本件は、衣料品の製造、販売等を行う控訴人（第一審原告）が、被控訴人（第一審被告）の販売した商品は控訴人の商品の形態を模倣したものであると主張し、被控訴人が被告商品を販売した行為が本号（平成17年改正

前）の不正競争行為に該当するとして、被控訴人に対し、損害賠償を請求した事案である。

裁判所は、控訴人の商品における各部の形状は、その1つまたはいくつかの形状を備えたノースリーブ型のカットソーが控訴人の商品の販売以前から存在しており、いずれも極めてありふれたものであり、その形状のすべてを組み合わせることは極めて容易に想到することができるから、控訴人の商品形態は全体としてもありふれたものであり、「同種の商品が通常有する形態」に該当する、との被控訴人の主張に対して、次のように判断して否定した。

「不正競争防止法2条1項3号は、商品形態についての先行者の開発利益を模倣者から保護することを目的とする規定であるところ、同号の規定によって保護される商品の形態とは、商品全体の形態であり、また、必ずしも独創的な形態である必要はない。そうすると、商品の形態が同号の規定にいう『同種の商品が通常有する形態』に該当するかどうかは、商品を全体として観察して判断すべきであって、被控訴人の主張するように、全体としての形態を構成する個々の部分的形状を取り出して個別にそれがありふれたものかどうかを判断した上で、各形状を組み合わせることが容易かどうかを問題にするというような手法により判断すべきものではない」。

第5　商品を譲渡等する行為

本号では、他人の商品の形態を模倣した商品を「譲渡し、貸し渡し、譲渡若しくは貸渡しのために展示し、輸出し、又は輸入する行為」を規制の対象としており、「引渡し」、「譲渡若しくは引渡しのために展示」する行為を規制対象とする2条1項1号および2号と相違する。そのため、単に占有を移転しただけでは本号には該当しない。かかる規制対象行為の相違は、本号は事業者の営業上の利益という私益を保護法益とするのに対し、1号および2号はかかる私益に加えて一般公衆の混同を防止するという公益をも保護法益とするからである、と説明されている（経産省・逐条解説68頁）。

また、本号では、他人の商品形態を模倣する行為自体は規制対象とされていない。試験研究のための模倣行為まで規制対象とすると過度な規制となり、妥当でないためである。

第6　請求の主体

　本号の不正競争行為をした者に対しては、差止請求（3条）および損害賠償請求（4条）が可能である。しかし、差止請求の主体については「不正競争によって営業上の利益を侵害され、又は侵害されるおそれがある者」（3条）とされ、損害賠償請求については「故意又は過失により不正競争を行って他人の営業上の利益を侵害した者は、これによって生じた損害を賠償する責めに任ずる」（4条）と規定されるのみで、請求することのできる主体を明確には規定していない。

　そのため、差止請求および損害賠償請求の主体については、解釈に委ねられることになる。商品を自ら開発・商品化した者が請求主体となり得ることについては問題がないが、請求主体がこのような者に限られる、とする判決もある（東京地判H11・1・28判時1677号127頁「キャディバッグ事件」、東京地判H13・8・31判時1760号138頁「エルメス・バーキン事件」）。

　他方、上記の者だけでなく、先行者から独占的な販売権を与えられている者のように、自己の利益を守るために、模倣による不正競争を阻止して先行者の商品形態の独占を維持することが必要であり、商品形態の独占について強い利害関係を有する者も請求主体となり得る、とする判決もある（**判例コメント24**＝ヌーブラ事件Ⅰ、**判例コメント49**＝水切りざる事件）。

　また、商品の開発・商品化に複数の者が関与した場合は、第三者との関係では請求主体となるが、これらの者の相互間では、「他人の商品」に該当しないこととなり、本号の請求権を行使することができない（東京地判H12・7・12判時1718号127頁「猫の恋愛シミュレーションゲーム事件」）。

第7 適用除外

1 保護期間

(1) 概　要

19条1項5号イは、「日本国内において最初に販売された日から起算して3年を経過した商品について、その商品の形態を模倣した商品を譲渡し、貸し渡し、譲渡若しくは貸渡しのために展示し、輸出し、又は輸入する行為」については本号の適用を除外する、と規定する。平成17年改正前は本号の中で規定されていたが、同改正によって適用除外規定として独立して設けられたものである。

この適用除外規定により、差止請求については、事実審の口頭弁論終結時にすでに3年が経過している場合は棄却されることとなり、損害賠償請求については、当該期間の経過前までの行為に基づく損害に限定されることとなる。

また、「国内において」と限定されており、外国での販売は含まれない。

(2) 趣　旨

本号の保護期間が限定された趣旨としては、先行商品を開発した者が投下した費用、労力の回収を終了し、通常期待し得る利益を上げた後は競争上の不公平が生じることはないこと、特許等の産業財産権にも一定の存続期間が規定されており、一定の期間に限定するべきであること、などと説明される。また、保護期間を3年とした理由としては、産業財産権の存続期間とのバランスや、短いライフサイクルの商品の保護期間として3年で十分であること、などと説明される（小野編・新注解(下)1300頁）。

(3) 「最初に販売された日」

「最初に販売された日」は保護期間の開始時期を定めたものか、それとも保護期間の終了時期の起算点としての意味を持つにすぎないのか、という問題がある。前者の意味であれば、「最初に販売された日」以前に行われた模倣行為について本号による保護を受けられないこととなり、後者の意味であれば保護を受け得ることになる。他人の投資した成果へのただ乗りを防止するという本

号の趣旨からすれば、最初の販売日以前の模倣行為についても本号による保護を及ぼすべきと考えられる（小野編・新注解(下)1304頁）。

(4) 「販売」

「販売」とは、業とする目的をもって対価を得て物を第三者に提供する行為であり、1回限りの売却でも「販売」に該当するとされ、「最初に販売された日」とは、市場での投下資金、労力の回収活動が外見的に明らかになった時点をいい、原則として商品の有償譲渡を開始した日をいう、と説明されている（経産省・逐条解説172頁）。本号の趣旨からすれば、投資の回収に着手したといえるか否かという観点で「販売」に該当するか否かを判断すればよい、と考えられる。

(5) 商品の形態が変更された場合

商品が最初に販売された後に、改良が加えられたりしてその形態が変更されることがあるが、このような場合「最初に販売された日」がいつか、という問題がある。

この点について、**判例コメント46**＝バスケット事件は、「最初に販売された日の起算点となる他人の商品とは、保護を求める商品形態を具備した最初の商品を意味するのであって、このような商品形態を具備しつつ、若干の変更を加えた後続商品を意味するものではないと解すべきである。そして、仮に原告が主張するとおり、原告商品が原告先行商品の改良品や部分的な手直し品ではなく、新しい商品であるとすると、この場合に法2条1項3号による保護を求め得るのは、原告商品の形態のうち、原告先行商品の形態と共通する部分を除外した固有の部分に基礎をおくものでなければならないというべきである」との判断を示したうえで、原告商品が原告先行商品と実質的に同一の形態であるとして、19条1項5号イを適用した（他に同様の判断を示した判決として、東京高判H12・2・17判時1718号120頁「空調ユニット事件」、大阪地判H12・10・24裁判所HP「カレンダー事件」がある）。

2 善意取得者の保護

(1) 概　要

19条1項5号ロは、「他人の商品の形態を模倣した商品を譲り受けた者（そ

の譲り受けた時にその商品が他人の商品の形態を模倣した商品であることを知らず、かつ、知らないことにつき重大な過失がない者に限る。）がその商品を譲渡し、貸し渡し、譲渡若しくは貸渡しのために展示し、輸出し、又は輸入する行為」については本号の適用を除外する、と規定する。本号の保護については公示制度がないことから、取引の安全の保護のために設けられた規定である（小野編・新注解(下)1308頁）。

(2) **善意無重過失**

19条1項5号ロの適用除外を受けるためには、模倣商品を善意無重過失で譲り受けることが必要である。善意無重過失の判断においては、模倣された商品についての広告宣伝の程度、マスコミへの露出度、販売量、模倣された商品を販売する者の知名度、模倣商品を譲り受けた者が専門業者か否か、適切な調査を行ったか否か、両商品の類似性等が考慮される。

善意無重過失について判断した裁判例としては、東京地判H11・6・29判時1692号129頁「シチズン腕時計事件」、大阪高判H16・7・30裁判所HP「イオンブラシ事件」がある。

(3) **「譲り受けた時」**

模倣商品を「譲り受けた時」に善意無重過失であればよく、その後に悪意となってもその譲り受けた商品を譲渡等することは構わない。もっとも、悪意となった後に新たに仕入れた商品については、本号の不正競争行為を構成することとなる（大阪地判H12・7・27裁判所HP「結露水掻取具事件」）。

（面谷和範）

第4章

営業秘密
2条1項4号ないし10号

第1　不正競争防止法における営業秘密規制制定の経緯

　営業秘密にかかる不正競争行為は、2条1項4号から10号に規定されている。

　平成2年の法改正時に、秘密管理性・有用性・非公知性の3要件を満たす「営業秘密」の不正取得・使用・開示行為に対する民事保護規定が創設された。

　その後も、平成16年改正では、民事訴訟における営業秘密保護のための秘密保持命令制度（10条）、当事者尋問等の公開停止規定（13条）が導入され、平成27年改正では、技術上の営業秘密の不正使用により生じた物の譲渡・輸出入等行為を不正競争行為とする規定（2条1項10号）、営業秘密の使用を推定する規定（5条の2）が新設され、営業秘密の保護を強化する改正が続いている。なお、平成27年改正では、抑止力向上の観点から、罰金刑の引上げ、非親告罪化（21条5項）、処罰範囲の整備など罰則規定も強化する方向での改正もなされている。

第2　営業秘密の定義

1　「営業秘密」とは

　営業秘密の定義として、2条6項は、「この法律において『営業秘密』と

は、秘密として管理されている生産方法、販売方法その他の事業活動に有用な技術上又は営業上の情報であって、公然と知られていないものをいう」と規定している。

したがって、事業者が秘密としたい情報であれば、不正競争防止法上の営業秘密として保護されるわけではなく、

① 秘密として管理されていること（秘密管理性）
② 事業活動に有用な技術上または営業上の情報であること（有用性）
③ 公然と知られていないこと（非公知性）

の3つの要件を充足して初めて不正競争防止法上の営業秘密として保護されるのである。

2 秘密として管理されていること（秘密管理性）

(1) 秘密管理性が要求される理由

秘密管理性を営業秘密の要件とした理由について、情報にアクセスする者に対して秘密の対象となる情報の識別を容易にする必要があるという点から秘密情報の特定とその認識可能性に求める見解と、営業秘密は自己管理が原則であり、保護されるためには適切な管理がなされている必要があるという点から秘密管理性を営業秘密に対する不正競争行為の違法性を基礎づける保護要件と位置づける見解が存在する。

もっとも、この両者の見解は両立しうるものであり、秘密管理性の内容や程度に影響を及ぼすものではないとする見解もある（松村信夫「営業秘密をめぐる判例分析——秘密管理性要件を中心として」ジュリ1496号（2014年）33頁）。

(2) 秘密管理性が認められるための具体的要件

(A) 客観的秘密管理

秘密管理性が要求される理由として、前述(1)のいずれの見解に立つとしても、「秘密管理性」が認められるためには、単に権利者が当該情報を秘密として管理しておく意思があっただけでは足りず、第三者からみても、当該情報が秘密として管理されていることが、ある程度客観的に明らかであることが必要とされている。

(B) 認識可能性とアクセス制限

では、どの程度の管理行為を行っていれば、秘密管理が客観的になされているといえるのか。

この点について、経産省・逐条解説営業秘密55頁では、①情報にアクセスした者に当該情報が営業秘密であることが認識できるようにされていること（認識可能性。たとえば、書類に「部外秘」と記載とか、特定の場所に保管しているものは営業秘密であるということが明確にされていること）、②情報にアクセスできる者が制限されていること（アクセス制限。たとえば、社員以外の者はアクセスできないような措置や当該情報にアクセスした者に権限なしに利用・開示してはならない旨の義務を課すなどの措置が講じられていること）が秘密管理の具体例としてあげられている。

そして、以下の裁判例においても、この①認識可能性と②アクセス制限が、秘密管理性の有無を判断する重要な要素として用いられてきている（**判例コメント14**＝セラミックコンデンサー事件、**判例コメント38**＝バリ取りロボット設計図事件、**判例コメント40**＝仕入先情報事件など）。

(C) 秘密管理性の相対性

もっとも、秘密管理性を充足するかは、具体的状況に応じて個別に判断されるものであり、部外者が企業の建物に侵入して営業秘密を窃取するような場合には、社員以外の者はアクセスできないような管理が行われていれば足りることもあれば、従業員が営業秘密を持ち出す場合には、当該情報にアクセスした者に当該情報が営業秘密であることを認識できるような管理が必要となる場合もある。

裁判例においても、「営業秘密管理の程度・内容を社内関係者とそれ以外の者とで同じくする理由はなく、営業秘密の不正取得者または不正使用者が競争関係にある他社の社内関係者に対し、営業秘密の持ち出しを働きかけている場合、社内関係者に対する営業秘密の管理として十分であれば、被侵害者の営業秘密であることが認識しうるように管理されているものとして、営業秘密の管理として欠けるところはない」としている（福岡地判H14・12・24判タ1156号225頁「半導体全自動封止機械装置設計図事件」）。

このように、秘密管理性は、情報の性質、アクセス可能性の人的範囲、侵害の態様との相関関係を有する相対概念として営業秘密の要件とされたのである

(前掲・松村35頁)。

(D) 営業秘密管理指針

なお、営業秘密管理指針では、①認識可能性と②アクセス制限について、「両者は秘密管理性の有無を判断する重要なファクターであるが、それぞれ別個独立した要件ではなく、『アクセス制限』は、『認識可能性』を担保する一つの手段であると考えられる。したがって、情報にアクセスした者が秘密であると認識できる（『認識可能性』を満たす）場合に、十分なアクセス制限がないことを根拠に秘密管理性が否定されることはない」としている。

もっとも、従前から、①認識可能性と②アクセス制限は、秘密管理性判断の重要な判断要素であり、②アクセス制限がなされていることにより、情報にアクセスした者が秘密の情報であると①認識可能であったといえるというように両者は密接に関連しており、上記の秘密管理指針の考え方が従前の考え方と大きく異なるものではないといえる。

ただ、裁判例の中には、①認識可能性と②アクセス制限は別個独立の要件であり、この両者を充足する必要があるとするものがあるが（東京地判H19・5・31裁判所HP「酒類顧客データ事件」）、秘密管理性の要件として厳格に過ぎるといえよう。

なお、上記の営業秘密管理指針は、あくまでも指針にすぎないので規範性や先例としての価値はないが、経産省が過去の裁判例を参考に望ましい営業秘密の管理のあり方を示したもので、営業秘密管理の１つの考え方として参考になる。

(3) 秘密管理性をめぐる裁判例

これまでの裁判例では、秘密管理性が主たる争点になったものが多く、秘密管理性が否定された裁判例が少なくない。

そして、多くの裁判例では、①認識可能性と②アクセス制限を秘密管理性の重要な要素としつつ、情報の具体的な管理状況を秘密管理に有利に働く事情と不利に働く事情を詳細に認定し、比較衡量したうえで、秘密管理性の有無を判断している。

以下では、これまでの秘密管理性に関して争われた裁判例を技術的情報に関するものと営業情報に関するものとに分けて紹介し、裁判例の傾向を概説する。

第2　営業秘密の定義

(A)　技術的情報に関する裁判例

　製品の設計図や薬品のレシピ等の技術情報は、有用性の高い情報であることが多く、保有者の従業員からすれば秘密保持の必要性や秘密の対象となる情報の範囲が比較的明確であるため、秘密として認識しやすい場合が多い。したがって、営業情報よりも比較的緩やかな管理でも秘密管理性が認められる場合が多い。

　もっとも、管理が不十分でも秘密管理性が認められやすいということではなく、通常要求されるような管理さえ行っていないような場合には秘密管理性は否定される。

　判例コメント34＝水門開閉装置用減速機事件では、水門開閉装置減速機の全体を示す図面である組立図とかかる減速機を構成する各部品の図面について、原告社内での保管や閲覧状況についてはほぼ同様と認定しつつも、組立図については、見積り時に顧客に対して交付することもあり、また、納入時には納入仕様書とともに当然に顧客に交付していたが、顧客との間で秘密保持契約を締結していなかった点をとらえて、組立図について秘密管理性を否定している。これは、通常、秘密情報は原則として外部に提供することはなく、提供する必要がある場合は秘密保持契約を締結するところ、組立図については、このような通常要求されるような管理を行っていなかったため、秘密管理性が否定されたものと思われる。

(ア)　秘密管理性肯定

【**判例コメント14**＝セラミックコンデンサー事件】

　本判決は、セラミックコンデンサー積層機および印刷機の設計図の電子データが、外部から遮断されたメインコンピュータに保存され、そのバックアップ作業は特定の責任者により特定のIDとパスワードを設定のうえなされており、相応のアクセス制限がなされていた事案である。

　ただ、設計担当の従業員が設計業務にあたり、メインコンピュータの設計図データにアクセスし、端末コンピューターにて作業するにあたっては、特にIDやパスワードが必要ではなく、秘密管理性に不利な事情があった。もっとも、この点については、同データが「原告の設計業務に使用されるものであり、設計担当者による日常的なアクセスを必要以上に制限することができない

49

性質のものである」として情報の性質に配慮しつつ、また、原告の規模等も考慮して、秘密管理性を肯定している。

【判例コメント38＝バリ取りロボット設計図事件】

本判決は、原告の各部品のプライスリストについて、パスワードを付与して閲覧できる従業員を限定している点と機械製造メーカーにとって一般的に重要という情報の性質の点から秘密管理性を認めた。

また、設計図については、設計室内キャビネットに保管され、設計部以外の者が室外に持ち出す場合には管理台帳への記入が必要で、CADデータはすべてサーバーに保管されアクセスを技術部従業員のみに限っていること、設計原図のコピーを交付するような外注先・仕入先の一部と秘密保持の念書を取り交わしていること、設計図等には機械製造メーカーにとって一般的に明らかに重要なロボットの設計製造技術情報が記載されていることから秘密管理性を認めた。

このように本判決は、情報の管理状況だけでなく、対象となる情報の性質に配慮している点に特徴があるといえる。

(イ) 秘密管理性否定

秘密管理性を否定した裁判例としては、**判例コメント34＝水門開閉装置用減速機事件**があるが、技術的情報に関する近時の裁判例では秘密管理性を否定した裁判例は多くない。

【関連判例4-1＝東京地判H24・4・26裁判所HP「水門凍結防止装置施工事件」】

本判決は、水門凍結防止装置の施工等に際し、被告らが、原告から開示された営業秘密であるノウハウを使用したことが、営業秘密の不正使用の不正競争行為（2条1項7号）に当たる旨主張して損害賠償を求めた事案である。

判決は、原告の秘密情報管理規程に、関係会社等に業務の必要上、秘密情報を貸与、使用・利用等させる場合には、秘密保持の履行を書面で確約させるとともに、秘密情報の漏洩を防止するための適切な措置を講じなければならない旨規定されているにもかかわらず、原告が、被告らに対し、本件情報を開示するにあたって、本件情報の内容を具体的に特定して秘

保持の履行を書面で確約させたり、口頭でその旨を伝えていなかったことや原告の本件情報の具体的内容及びその有用性についての考えが本件訴訟まで被告らに明らかにはされていなかったことから、本件ノウハウは、少なくとも被告らとの関係において、客観的にみて、秘密情報であることを認識し得る程度に管理されていたものと認めることはできないとして、秘密管理性を否定した。

(B) 営業情報に関する裁判例

(ア) 秘密管理性肯定

【判例コメント11＝墓石販売顧客名簿不正持出事件】

本判決では、原告の墓石販売顧客名簿などの営業資料について、ロッカーや机の引き出し、書棚に保管されるなどアクセス制限については緩やかな管理であったが、新規採用社員に対して、営業活動以外への使用の禁止を徹底していたことを認定したうえで当該資料の秘密管理性を認めており、従業員への教育により、従業員が上記営業資料が営業秘密であると十分に認識できたものとして秘密管理性を肯定した。

また、**判例コメント18**＝人材派遣会社登録派遣スタッフ名簿事件の中間判決（東京地判H14・12・26裁判所HP）においても、派遣スタッフおよび派遣先事業所の情報が記載されたスタッフカードなる紙ベースの情報について、キャビネットや机に保管されるなど物理的なアクセス制限については穏やかな管理であったが、上記情報の重要性やこれらを漏洩してはならないことを研修等を通じて従業員に周知させていたうえ、該当部署の従業員一般との間に秘密保持契約を締結してことなどから、秘密管理性を認めている。

(イ) 秘密管理性否定

【判例コメント21＝ノックスエンタテインメント事件】

本判決では、①顧客リストについては、プリントアウトしたものを原告代表者らが鍵を管理している扉付き書棚中の書類キャビネットの「持ち出し厳禁」、「社外秘」の表示のある引出しに収めるなどの秘密管理措置がとられていたが、①顧客リストや②登録アルバイト員リストの電子データは、原告従業員全員が閲覧可能な原告所有のパソコンに保存され、そのパソコンにはパスワードの設定もなく、また、リストデータをプリントアウトして全従業員に配布

し、従業員はこれを机の中に保管したり、かばんに入れて持ち歩いており、それを事後に回収していないことなどから、秘密管理性を否定しており、原告における秘密管理が実効性を失い形骸化していると評価された一例といえる。

【判例コメント40＝仕入先情報事件】

本判決では、アルバイトを含め従業員であればサーバー接続端末によりレコード・CD等の仕入先情報のファイルを閲覧可能で、従業員との間の秘密保持契約も対象が抽象的で仕入先情報が含まれる旨の明示がないなどの管理状況に加え、仕入先情報の内容の多くがインターネット等により一般に入手可能な情報をまとめたもので、仕入先情報はその性質上秘匿性が明白とは言い難いことなどから、原告従業員にとって、外部に漏らすことの許されない営業秘密であると容易に認識できる状況にあったとはいえないとして秘密管理性を否定した。

(4) 秘密管理性の判断要素

以上これまで述べてきたことを総合すると、秘密管理性の有無を判断するにあたってのメルクマールは、おおむね次のようなものといえよう。

① 技術情報か、営業情報か。
② 情報を保有する企業等の規模。
③ 当該情報を化体した文書、データが保存された媒体に「マル秘」、「部外秘」等の表示がなされていたか否か。
④ 当該情報にアクセスできる者が物理的に限定されていたか否か（当該情報の保管場所が他の情報の保管場所と区別され、施錠等の処置が講じられていたか、当該情報がコンピューターのデータの場合はパスワードにより保護されていたか等）。
⑤ 当該情報の取扱いについて、就業規則、秘密保持契約等の定めがなされていたか否か（契約等によるアクセス制限）。
⑥ 当該情報の秘密性について、朝礼や研修等で指導がなされていたか否か。

3 事業活動に有用な技術上または営業上の情報であること（有用性）

そもそも不正競争防止法の目的は、事業者間の公正な競争の確保にある（1

条)。したがって、秘密として管理されている情報であれば、何でも営業秘密として保護されるべきではなく、その情報が客観的に「財・サービスの生産・販売、研究開発、費用の節約、経営効率の改善などの現在又は将来の経営活動に役立てることができる」事業活動にとって有用なものでなければならない（経産省・逐条解説営業秘密56頁）。そこで、営業秘密として保護されるための第2の要件として、2条6項は、当該情報が、「生産方法、販売方法その他の事業活動に有用な技術上又は営業上の情報」であることを要求している。

また、ネガティブ・インフォメーション（ある方法を試みてその方法が役に立たないという失敗の知識・情報）であっても、この情報を取得した競争者は、同一の失敗を繰り返すことなく開発を進めることができ、開発期間を短縮し、無駄な研究開発費をかける必要がなくなるなど、競争上有利な条件を獲得できることから有用性が認められる。

もっとも、対象となる技術情報が従来知られていた技術情報と比較しても何ら新しい作用・効果を有するものでなく、競争業者がこれを知ったからといって競争上有利にならないものであるときは、このような情報に有用性は認められない（東京地判H14・10・1裁判所HP「クレープ原材料配合割合事件」）。

また、犯罪の手口や脱税の方法、麻薬・覚せい剤等の禁制品の製造方法や入手方法などの公序良俗的・反社会的情報は、法が保護すべき正当な事業活動とはいえないため、有用性は認められない。

4　公然と知られていないこと（非公知性）

(1) 非公知性が要件である理由

非公知性が営業秘密の要件の1つであるのは、経済的な価値がある情報であっても、公然と知られている情報は、特許法等の無体財産法で保護されない限り、法的保護の対象とするべきではないからである。

(2) 非公知性の定義

「公然と知られていないこと」とは、保有者の管理下以外では一般に入手できない状態にあることをいう。具体的には、書物、学会発表等から容易に引き出せることが証明できる情報は、非公知情報とはいえない。また、秘密は、人数の多少にかかわらず、当該情報を知っている者に守秘義務が課されていれ

ば、情報保有者の管理下にあるので、非公知情報といえる。

さらに、同じ情報を保有している者が複数存在する場合であっても、各自が秘密にしているなどの事情で当該情報が業界で一般に知られていない場合には、非公知情報といえる。

(3) 非公知性の立証

非公知性は、営業秘密として保護されるための要件であるから、被侵害者である原告に主張・立証責任がある。

しかし、原告が、当該情報が未公刊・未発表であること、原告以外の第三者全員が当該情報を知らないこと等のすべての事実を立証する必要があるとすると、いわゆる「ないことの証明」を強いることになる。

そこで、原告が、当該情報が一般に入手できないことを合理的な範囲で立証すれば、事実上、非公知の事実が推認され、被告においてそれが公知であることの反証を行わせるべきである（経産省・逐条解説61頁）。

(4) リバース・エンジニアリングと非公知性

市場に流通している製品を技術的に解析（リバース・エンジニアリング）することにより、技術情報を知ることができる場合、この技術情報は公知になったといえるのかが問題となりうる。

この点、平成2年改正当時の立法担当者は、「誰でもごく簡単に製品を解析することによって営業秘密を取得できる場合には、当該製品を市販したことによって営業秘密自体を公開したに等しいと考えられることから、非公知性を失った情報となると考えられる。これに対し、リバース・エンジニアリングによって営業秘密を取得できるといっても特殊な技術をもって相当な期間が必要であり、誰でも容易に当該情報を知ることができない場合には、製品をしたことをもって営業秘密が公知化することにはならない」（経産省・逐条解説155頁）と解説している。裁判例においてもこの解釈を踏まえて判断しており、**判例コメント14**＝セラミックコンデンサー事件においては、「電子データの量、内容及び態様に照らすと、原告のセラミックコンデンサー積層機及び印刷機のリバース・エンジニアリングによって、本件電子データと同じ情報を得るのは困難」であり、「仮にリバース・エンジニアリングによって本件電子データに近い情報を得ようとすれば、専門家により、多額の費用をかけ、長期間にわたっ

て分析することが必要であるものと推認される」として、原告による機器の製造販売によって原告の技術情報が公知になったとはいえないとしている。

これに対し、**判例コメント47**＝光通風雨戸事件では、問題となっている情報がすでに市場に流通している光通風雨戸の組立てに要する補助的な部品に関する図面にすぎず、かような補助的な部品は「一般的な技術的手段を用いれば光通風雨戸の製品自体から再製することが容易なものである」として、非公知性を否定した。

第3 営業秘密不正使用行為の類型

1 不正取得行為と不正開示行為

不正競争防止法は、営業秘密に関する不正競争行為として、2条1項4号ないし10号までの7類型を列挙している。以下、これらの類型について解説する。

2 各不正使用行為の解説

(1) 営業秘密の不正取得行為等（2条1項4号）

2条1項4号は、「窃盗、詐欺、強迫その他の不正な手段により営業秘密を取得する行為（以下『不正取得行為』という。）又は不正取得行為により取得した営業秘密を使用し、若しくは開示する行為」を規制している。なお、図中のX社は営業秘密の保有者、Yは不正競争行為者、Ⓨは当号の不正競争行為者である。

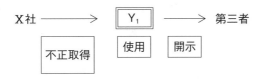

典型的には、X社の従業員Y_1がX社から無断で営業秘密である顧客名簿や技術情報を持ち出して、自身が立ち上げた事業で使用したり、転職先の企業で

使用したりする場合である。

　不正な手段として列挙されている「窃盗、詐欺、強迫」は例示にすぎず、たとえば、営業秘密に該当する情報の入力されたコンピュータに対し、インターネット等を通じて、不正な手段でアクセスし、当該情報を取得する行為なども本号に該当する。

　また、「営業秘密を開示する行為」には、秘密を一般公衆に公開する場合と、秘密を保持しながら秘密保持義務を負わない特定人にのみ開示する場合がある。4号括弧書の「秘密を保持しつつ特定の者に示すことを含む」という規定は、後者の場合のことを示している（小野＝松村・新概説325頁）。

　なお、不正取得行為は内密に行われるので、その特定は困難であり、訴訟では通常、事後の使用や開示についてさまざまな間接事実を積み上げて立証することになる（小松編・実務346頁）。

　判例コメント14＝セラミックコンデンサー事件では、原告会社の元従業員であった被告Bが、被告会社に入社後、取引先に見積りのためにファクシミリ送付した図面が、原告の図面と自由設計が許される部分を含めてすべて一致していることや、セラミックコンデンサー積層機の設計には少なくとも3カ月の期間がかかるところ、被告Aおよび被告Bが原告を退社してから上記の見積りを依頼するまでの期間が約40日であったことなどから、被告A、被告Bによる営業秘密の不正取得を認めている。

(2) **不正取得された営業秘密を悪意で転得する行為等（2条1項5号）**

　2条1項5号は、「営業秘密について不正取得行為が介在したことを知って、若しくは重大な過失により知らないで営業秘密を転得し、又はその取得した営業秘密を使用し、若しくは開示する行為」を規制している。

　典型的には、X社従業員Y_1がX社から無断で営業秘密である顧客名簿や技術情報を持ち出して、これを転職先の企業Y_2が不正取得を知りつつこの従業員からかかる情報を得て使用する行為がこれに該当する。

5号の場合、不正取得行為が介在したことについて、悪意・重過失が主観的要件として必要であるが、ある程度外形的な間接事実からその存在を証明することになる場合が多いであろう。たとえば、就業先から不正に取得した営業秘密を退職後、自らが立ち上げた競業会社で使用したような場合、その新設会社が悪意であることが認められよう。

判例コメント14＝セラミックコンデンサー事件では、原告から営業秘密を不正に取得した元従業員が、被告会社代表者に出資を依頼した直後から、従来被告会社が関与していなかったセラミックコンデンサー積層機等の製造を開始したことから、当該出資はセラミックコンデンサー積層機などに関してなされたものであることが推認でき、このような事実関係のもとでは、被告会社も元従業員らが元の会社から不正に取得したことを知っていたと認定している。

(3) 不正取得された営業秘密を善意で取得後、不正取得の介在について悪意重過失で使用または開示する行為（2条1項6号）

2条1項6号は、「その取得した後にその営業秘密について不正取得行為が介在したことを知って、又は重大な過失により知らないでその取得した営業秘密を使用し、又は開示する行為」を規制している。

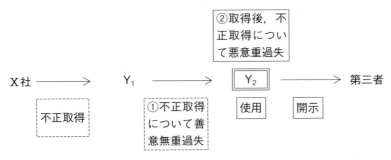

典型的には、X社の従業員Y_1がX社から無断で営業秘密である顧客名簿や技術情報を持ち出して、これを転職先のY_2が不正取得について善意無過失で取得したが、その後X社からY_1の不正取得した情報について使用を中止する旨の警告等が届いたにもかかわらず、その後もかかる情報を使用する行為がこれに該当する。

ただし、善意者保護と取引の安全を図るために、19条1項6号の適用除外規定によって、取引によって取得した権原の範囲内において、その営業秘密を使

用し、または開示する行為は許される。

　もっとも、19条1項6号の適用があるのは、「取引により」営業秘密を取得した場合であり、取引とは売買や実施許諾の場合であって、他企業の従業員の採用は取引ではないとされている（経産省・逐条解説115頁）。

(4) 営業秘密の不正開示行為等（2条1項7号）

　2条1項7号は、「営業秘密を保有する事業者（以下『保有者』という。）からその営業秘密を示された場合において、不正の利益を得る目的で、又はその保有者に損害を与える目的で、その営業秘密を使用し、又は開示する行為」を規制している。

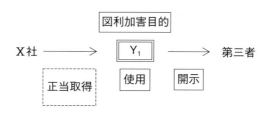

　典型的には、従業員Y_1が使用者Xから開示されていた顧客名簿や技術資料を退職時に持ち出し、その後、これを利用して、競合行為を行う場合である。

　従業員が使用者のもとでその業務に関して自ら創作した技術的ノウハウや、取得した顧客情報などは、保有者から示された営業秘密に当たるのかについては、当該情報の帰属の有無により不正競争行為の成否を判断する見解と当該情報は本号にいう使用者から「示された」といえるかの観点から不正競争行為の成否を論ずる見解が対立している。

　もっとも、関連判例4-2＝大阪地判H22・10・21裁判所HP「投資用マンション顧客情報事件」では、この問題点について、次のような規範を提示した。

　「原告の顧客情報は、予め事業者である原告のもとにすべてあって従業員に示すことになる顧客情報だけではなく、従業員が日々の営業活動において取得して原告に提供することにより原告が保有し蓄積する顧客情報となるものも含まれている。その上、その顧客情報を利用した営業活動においては、従業員が特定の顧客との関係で個人的な親交を深め、その関係が会社を離れた個人的な

交際関係も同然となる場合も生じ得る。そうすると、そのような情報を含む顧客情報をもって、退職後に使用が許されなくなる事業者の『営業秘密』であると従業員に認識させ、退職従業員にその自由な使用を禁ずるためには、日々の営業の場面で、上記顧客情報が『営業秘密』であると従業員らにとって明確に認識できるような形で管理されてきていなければならず、その点は、実態に即してより慎重に検討される必要がある」。

このように本判決は、従業員が収集・蓄積した情報であっても、本号の使用者から「示された」情報として保護を受けるためには、使用者が自ら収集・蓄積した情報を従業者に開示する場合と比べて、使用者の管理意思が従業者らにより明確に認識できるような形で管理していなければならないとしており、この考え方は従業者が創作・形成した技術情報にも当てはまるといえるであろう。

(5) **不正開示された営業秘密を悪意重過失で転得等する行為（2条1項8号）**

2条1項8号は、営業秘密を取得する際に、7号に規定する営業秘密開示行為または守秘義務違反による開示行為（以下、これらの開示行為を「不正開示行為」という）によるものであること、もしくは、そのような不正開示行為が介在したことについて、悪意重過失で営業秘密を取得する行為、その取得した営業秘密を使用・開示する行為を規制している。

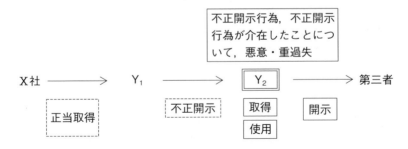

典型的には、従業員Y_1が使用者Xから開示されていた顧客名簿や技術資料を退職時に持ち出し、転職先の企業Y_2がこの従業員Y_1の不正取得を知りつつ、その情報の開示を受け、この情報を使用するような場合である。

8号の場合、7号の不正開示行為だけでなく、「秘密を守る法律上の義務に

違反」する場合、たとえば、保有者と守秘義務契約を締結した秘密情報をこの契約に反して開示された場合も含まれる。

(6) 不正開示された営業秘密を善意で取得後、不正開示行為もしくはその介在について悪意重過失で使用または開示する行為（2条1項9号）

2条1項9号は、「その取得した後にその営業秘密について不正開示行為があったこと若しくはその営業秘密について不正開示行為が介在したことを知って、又は重大な過失により知らないでその取得した営業秘密を使用し、又は開示する行為」を規制している。

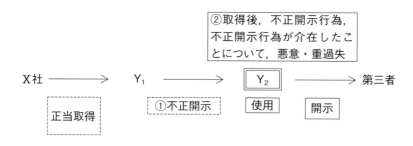

この行為類型は、不正取得について善意で取得した場合である6号に対応する類型である。そして、6号同様、19条1項6号の適用除外規定によって、取引によって取得した権原の範囲内において、その営業秘密を使用し、または開示する行為は許される。

(7) 技術上の営業秘密に関する不正行為によって生じた物の譲渡等（2条1項10号）

平成27年改正により追加された不正競争行為類型である。

2条1項10号は、技術上の営業秘密に関する4号～9号の不正競争行為のうち、当該技術上の営業秘密情報を使用する行為により「生じた物」を「譲渡し」「引き渡し」「譲渡若しくは引渡しのために展示し」「輸出し」「輸入し」「電気通信回線を通じて提供する行為」（以下、「譲渡等」という）を不正競争行為としている。

本行為類型は、営業秘密侵害行為に対する抑止力の向上を目的として、技術上の営業秘密の侵害行為により不正に生じた物の譲渡等も差止めおよび損害賠償の対象とすることを目的としている。

ただし、「生じた物」を譲り受けた者が、譲り受けた時に、当該「物」が不正使用行為によって生じた物であることについて善意無重過失である場合には、この者が行う譲渡等については不正競争争行為とならない（同号括弧書）。

第4　立証責任の負担の軽減（5条の2）

　本規定は技術上の秘密（生産方法その他政令で定める情報に係るものに限る）について2条1項4号・5号・8号に規定する営業秘密取得行為があった場合、その行為をした者が当該技術上の秘密を使用する行為により生ずる物の生産その他技術上の秘密を使用したことが明らかな行為として政令で定める行為（以下、「生産等」という）をしたときは、その者は、それぞれ当該各号に規定する営業秘密を使用する行為として生産等をしたものと推定する規定である。
　技術上の営業秘密（物の生産方法等）の使用に関する営業秘密侵害訴訟では、侵害の事実は原告側に立証責任があるものの、証拠は被告側に偏在し、被告側企業が不正取得した営業秘密を使用して物を生産したことの立証が極めて困難であるため、平成27年改正により、営業秘密侵害行為に対する抑止力の向上を目的として本規定が新設されたものである（経産省産業構造審議会知的財産分科会営業秘密の保護・活用に関する小委員会「中間取りまとめ」（平成27年2月）。以下、「中間取りまとめ」という）。
　本規定について、立法事務担当者（経産省）は、中間取りまとめの別紙「営業秘密侵害訴訟における立証責任の転換（制度イメージ）」にて、民事訴訟における立証負担を軽減するため、①被告が上記のような営業秘密を不正取得したこと、②当該営業秘密が物の生産方法に係るものであること、③被告がその営業秘密を使用する行為により生じる物の生産等を行ったことを立証する場合に限り、当該営業秘密の使用が疑われる被告の製品は、被告が当該営業秘密を使用して生産したものと推定され、被告に立証責任が転換すると解説している。
　また、上記別紙では、「物の生産方法」の営業秘密とは、物の生産を伴う技術のみならず、物の原材料の使用量や生産工程におけるエネルギーの投入量等の効率化を図る技術をも想定していると説明されている。なお、本条の対象と

なる営業秘密は、条文上、「物の生産方法」だけでなく、「その他政令で定める情報」と規定されており、今後、政令の指定により本条の態様となる営業秘密が追加される可能性がある。

さらに、上記別紙では、営業秘密を使用する行為により生じる物の生産等について、「使用する行為により生じる」とは、原告営業秘密と被告生産物との間の相当の関連性（当該物の機能、品質、またはコスト等において、競合他社との差別化要因となりうる営業秘密であること）を要求し、それが希薄な技術（たとえば、測定方法など）を排除する趣旨を有すると説明されている。

なお、本規定は平成27年改正法施行前に改正前の2条1項4号・5号または8号に該当する行為があった場合における当該営業秘密を取得する行為をした者については適用されない（改正法附則2条）。

第5　訴訟手続における営業秘密の保護

1　営業秘密の訴訟手続上の保護制度

営業秘密侵害訴訟など知的財産権にかかわる訴訟において、原告および被告から提出される証拠には、技術上または営業上の情報が含まれることが多いが、このような証拠に営業秘密が含まれている場合、営業秘密が公知となってしまう。

このような事態を回避するために、法律上、①訴訟記録の閲覧制限（民事訴訟法92条1項2号）、②秘密保持命令（10条）、③当事者尋問等の公開停止（13条）などの制度がある。

2　訴訟記録の閲覧制限（民事訴訟法92条1項2号）

訴訟記録中に当事者が保有する営業秘密が記載され、または記録されていることを疎明したときは、裁判所は、当該当事者の申立てにより、決定で、当該訴訟記録中当該秘密が記載され、または記録された部分の閲覧もしくは謄写、その正本、謄本もしくは抄本の交付またはその複製の請求をすることができる

者を当事者に限ることができる（民事訴訟法92条1項2号）。

3　秘密保持命令（10条）

　秘密保持命令は、不正競争による営業上の利益の侵害訴訟において、当事者が10条1項各号の事由に該当すること疎明したときは、その当事者の申立てにより、決定でその営業秘密について、当該訴訟の追行の目的以外の目的での使用や、秘密保持命令を受けた者以外の者への開示を禁止する制度であり（10条）、刑事罰の制裁を伴う（21条2項6号）。なお、10条1項の秘密保持命令の発令のための要件を欠くまたはこれを欠くに至った場合は、かかる命令は取り消される（11条1項）。

4　当事者尋問等の公開停止（13条）

　不正競争による営業上の利益の侵害に係る訴訟において、第三者が当事者尋問等を傍聴することによって、当事者の営業秘密が第三者に漏洩することがないようにするため、①当事者等が公開の法廷で当該事項について陳述することにより当該営業秘密に基づく事業活動に著しい支障が生ずることが明らかであることから当該事項について十分な陳述ができないこと、②当該陳述を欠くことにより他の証拠のみによっては当該事項を判断の基礎とすべき不正競争による営業上の利益の侵害の有無について適正な裁判をすることができないこと、という2つの要件を満たした場合において、裁判官の全員の一致により当事者尋問等を非公開にすることができることを定めた規定である。

　尋問を非公開とするのは、裁判所の決定によってなされるが、この決定について当事者には申立権が与えられていない。もっとも、裁判所は、この決定をするにあたり、あらかじめ当事者等の意見を聞かなければならない（13条2項）ことから、実務上は訴訟当事者が、公開停止の必要性を記載した上申書等の書面を提出し、裁判所に公開停止決定を促すことになろう（小野編・新注解（下）1180頁）。

（藤原正樹）

第5章

原産地、品質等誤認惹起行為
2条1項14号

第1　はじめに

　本号に掲げられた不正競争防止法は本来複数の不正競争行為類型を包含している。これを分説すると、以下のようになる。
①　商品の原産地等の出所地の誤認惹起行為　　商品もしくはその広告もしくは取引に用いる書類または通信（以下、「取引書類」という）に、その商品の原産地（出所地）に関して誤認をさせるような表示を付し、またはその表示をした商品を譲渡し、引き渡し、譲渡もしくは引渡しのために展示し、輸出し、輸入し、もしくは電気通信回路を通じて提供する行為。
②　商品の品質等の誤認惹起行為　　商品もしくはその広告もしくは取引書類に、その商品の品質、内容、製造方法、用途もしくは数量を誤認させるような表示を付し、またはその表示をした商品を譲渡し、引き渡し、譲渡もしくは引渡しのために展示し、輸出し、もしくは輸入する行為。
③　役務の質・内容等の誤認惹起行為　　役務もしくはその広告もしくは取引書類にその役務の質、内容、用途、もしくは数量について誤認させるような表示をし、もしくは表示をした役務を提供する行為。

　以下、まず①ないし③に共通する「商品」「役務」「広告」「取引書類」の概念について解説し、次にそれぞれの「誤認させる行為」の内容について解説する。

第2 各行為類型の解説

1 「商品」「役務」「広告」「取引書類」の概念

(1) 「商品」「役務」

ここで、商品とは、有体物に限らず、取引によって転々流通するものをいい、譲渡し、引き渡し、譲渡もしくは引渡しのため展示し、輸出し、輸入し、電気通信回路を通じて提供されるものをいう。

以前は、商品は有体物であることを要すると考えられていたが、不正競争防止法2条1項1号の「商品表示」における「商品」はフロッピーディスクに収納された活字フォントが含まれるという判決（東京高決H5・12・24判時1505号136頁「モリサワタイプフェイス事件」）もあり、「商品」の範囲が拡張的に解釈されるようになったこと、および平成15年改正で、本号にも「電気通信回路を通じて提供する行為」が追加されたこと等に鑑みれば、もはや「商品」を有体物に限定する必要はない。

また、「役務」とはサービスを意味し事業者によって提供されるものをいう。

(2) 「広告」

「広告」とは、営利目的で広く公衆に対してなされる表示を意味し、パンフレット、ビラのような文書の形態になるもののほか、口頭で行われる宣伝も含まれる。また、その方法も新聞、雑誌、ラジオ、テレビ、屋外広告物（広告塔など）、屋内広告物（ポスターなど）、インターネットを通じてアクセスできるデジタルサイトに掲載された広告やバナー広告などあらゆる媒体によって提供される「広告」が含まれる。

(3) 「取引書類」

「取引書類」も、およそ当該商品や役務の取引に関して作成されたものであれば、照会状、注文書、見積書、送り状、計算書、領収書、営業上の書状、電報、ファクシミリ送信書等一切の書類が含まれる。ただし、通常、取引に関して相手方に提示することを予定していない企業内部の会計処理に使用される伝票や社内通達文書等は除かれる。

2 「誤認させる表示」の意義

　上述のように、本号は不正競争行為として3つの異なる類型を包含している。そこで、どのような行為が誤認をさせる表示に当たるのかについてもそれぞれの類型によって異なっている。

(1) 商品の原産地、出所地の誤認惹起行為

　商品の原産地には、農産物の産地ほか、農作物の二次的加工製品（たとえばワイン、バター、チーズ等）の加工地や工業製品の製造地が含まれる。

　ところで、原産地の表示には、原産地を明示的に表示する直接的原産地表示と暗示的に表示する間接的原産地表示がある。たとえば、商品に「日本製」「Made in U.S.A.」「静岡産」などと表示するのは前者の表示方法であり（**判例コメント10**＝マンハッタン・パッセージ事件）、日本製であることを示すために富士山と表示したり、オランダ製であることを示すために風車を表示するのは後者の表示方法である。

　このうち、後者の表示方法もその表示によって需要者が原産地を誤認するおそれがあれば、本号の誤認的表示となる（東京高判S49・7・29高刑集25巻7号62頁「吉田株式会社事件」、大阪地判H8・9・26判時1604号129頁「ヘアピン事件」）。また、商品の名称として使用されていても、同時に取引者、需要者が当該商品の原産地を表示するものと認識するおそれがある場合には、原産地表示となることがある（**判例コメント37**＝氷見うどん事件（控訴審）、東京高判H12・8・6裁判所HP「魚沼産コシヒカリ事件」、否定例としては、東京地判H23・10・13裁判所HP「東京べったら漬事件」）。

　農作物の原産地は、通常自然的条件によって決定されるのに対して、農作物を加工した二次的製品や工業製品の場合には、いずれが「原産地」に当たるのか判定が難しい場合がある。この点に関しては、景品表示法4条1項3号に基づき公正取引委員会が定めた「商品の原産国に関する不当な表示」（昭和48年公取委告示34号）およびこの表示に関する運用細則を定めた「『商品の原産国に関する不当な表示』の原産国の定義に関する運用細則」（昭和48年12月5日事務局長通達14号）等が参考になる。

　ちなみに、「原産国に関する不当な表示」では、「原産国」について「その商

品の内容について実質的な変更をもたらす行為が行われた国」をいうとの一般的な解釈基準を示し（上記告示の備考１）、「原産国の定義に関する運用細則」では、上記のような一般的解釈基準でも一義的に「実質的な変更をもたらす行為」を決定し難い、食料品、衣料品、身の回り品、雑貨等に関して、個別について「実質的な変更をもたらす行為」の具体的な内容を例示している。

(2) 商品の品質等誤認惹起行為

この場合の「誤認される表示」の内容は、商品の品質、内容、製造方法、用途、数量である。このうち、過去の判例で多くみられるのは、商品の品質や内容に関するものである。

①清酒の等級表示に関して虚偽の等級を表示した行為（最判S53・3・22刑集32巻2号316頁「清酒特級事件」）、②ビールに該当しない発泡酒に「ビヤー」なる表示を付した行為（東京地判S36・6・30下民集12巻6号1508頁・判時369号30頁「ライナービヤー事件」）、③酒税法上本みりんの要件となるエキスを含まない調味料を「本みりん」部分を異色の目立ちやすく大きな文字で表記した「本みりんタイプ調味料」と表示を付した行為（京都地判H2・4・25判時1375号127頁「本みりんタイプ事件」）、④ビルの排煙ダクトおよび空調ダクト内の部材（フランジガスケット）について、実際の用途が、当該商品の用途の認定を受けた材料と異なるものであるため、不燃材料の認定を受けたものと評価できないにもかかわらず、そのパンフレットやカタログに不燃試験の合格を示す建設省認定番号を付する行為（大阪地判H7・2・28判時1530号96頁「フランジガスケット材事件」）、⑤ウレタン入り自動車用補修塗料としての塗膜性能を左右しない程度の微量のウレタンしか含有しない塗料に「ウレタン入り」「ウレタンフォーミュラ」等々の表示を行い、ウレタン入りであるから他の競争製品より優良である旨の表示を行った行為（大阪地判H11・7・29裁判所HP「自動車補修用塗料事件」）などは、いずれも、商品の品質、内容に誤認をさせる表示であるとされたものである。

このほか、品質誤認表示であることが認められた判例としては、①ろうそくの新製品やその広告に、燃焼時に発生するすすの量が90％に減少していることや火を消した時に生じるにおいが50％減少していること等を表示することが品質誤認行為にあたるとした判決（大阪地判H17・4・28裁判所HP「ろうそく事

件」)、②キシリトールガムについて「一般的なキシリトールガムに比べ約5倍の再石灰化に効果」との広告を行った表示について、上記効果を裏づける実験結果につき重大な疑義を抱かせる証拠が提出されたため、裁判所があらためて実験を行うことを勧告したにもかかわらず、上記表示を行った被控訴人(第一審被告)が自らの主張する特定の条件による実験に固執してこれに応じなかったため、上記実験の合理性について「必要な立証を放棄したものと同視し」、第一審判決を覆して品質誤認行為に該当するとした判決(**判例コメント33**＝キシリトールガム比較広告事件(控訴審))、③電気用品安全法所定の検査を受けていない電子ブレーカーにつき、同検査を受けた電気用品のみ許されるPSE表示を付して販売する行為が品質等誤認惹起行為に該当するとした判決(**判例コメント55**＝PSE表示事件)等において、「マグセライドの触媒作用を利用して臭い成分を分解している」旨の複数の表示がなされた事案について、脱臭装置に脱臭効果があることは認めつつ、この効果がマグセライドの触媒作用を利用した臭い成分の分解によってもたらされたものとはいえないことを理由として品質等誤認惹起行為に該当するとした判決(**判例コメント57**＝マグセライド脱臭フィルター事件)などがある。

　これに対して、否定例として、①自動車用コーティング剤について「施工後5年間新車時の塗装の輝きが維持される」旨の表示を行った事例で、第一審は、原告、被告が行った耐候性試験の結果を踏まえ、「被告が提出した耐候性試験等の信頼性に疑問があり上記表示が品質誤認表示に該当する」との判決を行ったのに対して(東京地判H16・9・15裁判所HP「自動車用コーティング剤事件(第一審)」)、控訴審において提出された同コーティング剤を使用した自動車における光沢度の測定例等も参酌しつつ、耐候性試験は試験方法、試験条件、試験片等による影響を受けやすいものであるうえ、同コーティング剤を使用した自動車の5年後における光沢度測定値は新車時の光沢度の93％～96％を維持しているものもあること等を考慮すれば、「被告製品には新車時の塗装面の光沢度を5年間維持する効果がないとまで的確に確定することはできない」等の理由により品質等誤認表示に当たらないとした判決(**判例コメント29**＝自動車用コーティング剤事件)、②自動車用つや出し剤に関して「鏡面つや出しワックス」「鏡面耐久ワックス」等の表示をした事例について、「前記認定のと

おり、『鏡面』との表示が自動車用つや出し剤に広く使用されていることからすれば、そこで用いられている『鏡面』とは、厳密に『鏡の面のような光沢・輝き』を出すことができることまで意味するものではなく、当該つや出し剤を使用した場合に、自動車の表面がかなりの程度『鏡の面のような光沢・輝き』を出すことができる製品であることを示す表示であると需要者は理解しているものと推認できる。被告製品がそのような意味での『鏡の面のような光沢・輝き』を出すことができない製品であることを認めるに足りる証拠はない」等の理由で品質誤認表示であることを否定した判決（東京地判 H16・7・28 裁判所 HP「自動車つや出し剤（鏡面ワックス）事件」）などがある。

　いずれの事件も、判旨からみる限り誤認的表示であることの立証責任を原告（誤認的表示であることを主張する者）の負担としたうえで、その立証がないことを理由にその請求を棄却しているようにもみえる。しかし、見方を変えれば、むしろ、表示の内容が具体的な数値等を基準とするものではなく、「新車時の塗装の輝きが維持される」「鏡面」といった抽象的な評価的事実を表示していることから、裁判所も、これを誤認的表示であると主張する原告に対して、より厳格な立証を求めたものとの理解も可能である。

　また、表示の内容が客観的な事実と相違しているとしても、それが取引者または需要者にとって当該商品の選択や購入動機とならない場合には、品質誤認表示に該当しないこともある（知財高判 H22・3・29 判タ 1335 号 255 頁「自動車部品コーティング塗料調整事件」）。

　この他、①表示と商品の品質、内容とが具体的な関連性が希薄な表示、たとえば自己の販売する香水が著名な香水メーカーの香水と「香りのタイプ」が同一であると対比を示した表示（東京地判 S55・1・28 無体集 12 巻 1 号 1 頁「香りのタイプ事件」）、②有名な映画の主題曲と異なる楽曲に付した映画の題名をイメージさせるような「エーゲ海のテーマ」および「『エーゲ海に捧ぐ』イメージソング」なる表示（東京地判 S58・6・27 判タ 499 号 166 頁「エーゲ海のテーマ事件」）などは、その品質・内容を「誤認させる表示」に当たらないとされている。

(3) 役務の質・内容に関する誤認

　役務（サービス）の質・内容・用途・数量等に関して、誤認をさせる表示が

対象となる。

「役務」については、商標法2条1項2号等と同じく業として提供されるサービスをいう。

役務の「質」「内容」は、提供させるサービスの具体的内容・質の他、これに影響を及ぼすもの（規格・有効期間に関する表示やサービスが属人的な性格を持つものであれば提供者の能力等）を含む。

たとえば、独占禁止法あるいは景品表示法違反として問題となった、①受験指導の通信教育を行う会社が、その入学案内に「専門の先生が控えております。大学生のアルバイトが添削することはありません」と表示しながら、実際にはアルバイトの学生が添削していた事例（公取委昭和47年1月11日排除命令・排除命令集6巻78頁）、②電話番号の問合わせサービスで「DIAL104お問合せの番号にそのままおつなぎするサービスをはじめました。これからは、かけ直していただくことなくそのままおつなぎします」と表示しているが、実際には接続手数料がかかるものであり、さらにDIAL104を利用して接続した先との通話料が区域内通話の場合には利用しない場合の通話料よりも割高になるものであるにもかかわらず、その旨を放送しもしくは記載しないか、明瞭に放送しもしくは記載しないことにより、あたかもDIAL104の利用には料金がかからず、かつ、DIAL104を利用しても利用しない場合と同じ通話料で通話できるように表示した事例（公取委平成20年3月13日排除命令・排除命令集26巻348頁）などは、本号でも「役務の質・内容」に関する誤認的表示といえるであろう。

（松村信夫）

第6章

信用毀損行為
2条1項15号

第1　はじめに

　商品・役務の原産地・品質等誤認惹起行為が、自己の商品や役務の原産地や品質・内容・数量等を誤認させることによって競争上優位に立とうとするのに対して、本号の行為は、競争関係にある他人の営業上の信用を害する虚偽の事実を告知・流布することによって、他人の営業上の信用を毀損して相対的に自己が競争上優位に立つ行為を不正競争行為としている。

第2　解　説

1　競争関係の存在

　競争関係は、通常、同一の商品・役務を取り扱う者の間において成立するが、このような者であれば、必ずしも具体的な業務の内容が同一でなくてもよい。したがって、同一の商品を製造する元請会社と下請会社との間にも競争関係は成立するし（大阪地判Ｓ49・9・10無体集6巻2号217頁「チャコピー事件」）、製品のメーカーと販売店の間（名古屋地判Ｈ5・1・29判時1482号148頁「ヤマハ特約店（第二）事件」）、ある商品について輸入し総販売元として販売する者と別の総販売元より同一の商品を購入して販売する者の間にも競争関係が成立する（大阪地判Ｓ55・5・30特企140号73頁「ミキプルーン事件」）。

また、2条1項15号の「競争関係」は、現実の市場における競合が存在しなくとも、「市場における競合が生じるおそれ」があれば足りるので、現在は異なる地域で営業をしているが、相互に相手の営業地域において営業活動を行う客観的能力を十分有している場合には、「競争関係」に立つと考えられる（大阪地判H11・8・31裁判所HP「建設用型枠ノップ事件」）。

2　誹謗行為

誹謗行為は、虚偽の事実を告知・流布することである。もっとも、告知・流布された事実が「虚偽」であるか否かは微妙なことも多く、実務ではこの点がしばしば争いになる。

この論点に関しては、特許権者等が、他人の商品が自己の特許権等を侵害する旨を当該商品を購入している取引先等に通知する行為は、当該商品が特許権を侵害していないとすれば「虚偽の事実」を告知・流布することになるという判決例が多い（東京地判S50・10・6判タ338号324頁「火災感知器付電器時計事件」、大阪地判S54・6・29特企129号33頁「階段すべり止め事件」、**判例コメント31＝動く手すり事件（第一審）**）。

ただし、競業者の取引先に対して知的財産権に基づく権利を真に行使することを前提として、権利行使の一環として警告行為を行ったのであれば、当該告知は知的財産権の権利行使として営業誹謗行為にはならない。それが、知的財産権の権利行使に該当するか営業誹謗行為となるか否かは「当該告知文書等の形式、文面のみによって決すべきものではなく、当該告知に先立つ経緯、告知文書等の配布時間、期間、配布先の数、範囲、告知文書の配布先である取引先の業種、事業内容、事業規模、競業者との関係、取引態様、当該侵害被疑製品への関与の態様、特許侵害訴訟への対応能力、告知文書等の配布への取引先の対応、その後の特許権者および当該取引先の行動等諸般の事情を総合的に判断するのが相当である」と判示する判例（東京地判H13・9・20裁判所HP「ビデオテープ特許営業誹謗事件（第一審）」、東京高判H14・8・29判時1807号128頁同事件（控訴審））をはじめとして、当該警告の目的（真に権利行使の一環としてなされたものか否か）や、行使の態様（権利行使として相当か否か）、あるいは警告を受けた者の判断能力や認識の程度（警告の内容から形成される認識、あるいは知

的財産権の侵害の有無を判断できる能力)や、その他の警告の際の事情等を勘案して当該警告が信用毀損行為に該当するか否かを実質的に判断する判決が多くなった(**判例コメント17**＝サンゴ砂事件、**判例コメント19**＝携帯接楽事件(第一審)、東京地判H14・12・12判時1824号93頁「無洗米特許事件」等)。

　他方、裁判手続を通じた権利行使であっても、その申立て等を利用して原告の取引先等に対してあたかも原告が被告の知的財産権を侵害しているかのごとき誤認を生じさせることを目的として行われていることが明らかな場合は信用毀損行為に該当すると判断されることもある(東京地判H18・3・24裁判所HP「液晶テレビ事件」)。

　このほか、権利侵害警告を行った後に、結果的に当該特許が無効にされるべきものとして権利行使が許されないため特許権侵害に該当しなくなったような事案に関して、告知者に対して信用毀損行為による損害賠償責任の有無を検討するにあたっては、「特許権者の権利行使を不必要に委縮させるおそれの有無や、営業上の信用を害される競争者の利益を総合的に考慮したうえで、違法性や故意過失の有無を判断すべき」であるとの観点から、当該特許の無効理由が告知行為の時点において明らかなものではなく、しかも無効理由も新規性欠如というような明確なものではないため、告知者が無効理由について十分な検証をしなかったという注意義務違反を認めることができないこと等の事情を考慮し、告知者には少なくとも故意、過失がないとして損害賠償責任を認めなかった判例も存在する(**判例コメント45**＝雄ねじ事件)。

　なお、係争中の事件や訴訟に関連して新聞・雑誌の取材に応じたり、記者会見の席上で当該係争につき自己の主張や意見を述べる行為が誹謗行為に当たるか否かも問題になる。一般的に、係争の存在や訴訟提起の事実あるいはこれに関する自己の請求や主張を客観的に解説する行為は誹謗行為とはいえないが、このような範囲を越えて自己の主張をあたかも真実であるかのように主張したり、ことさら相手方を誹謗・中傷する行為を行えば、本号の信用毀損行為に該当すると考えられる(**判例コメント12**＝記者会見営業誹謗事件)。なお、この観点から複数の新聞に掲載された「被告が特許権を侵害する類似品メーカー2社に警告状を発した」旨の記事がいずれも掲載時期・内容や表現が大同小異であることなどから、被告による積極的な情報提供によって掲載されたものである

と認め、被告が各新聞社に情報提供をすることによりこれらの事実を流布したものであると認定した判決も存在する（大阪地判H13・3・1裁判所HP「環状カッター特許権侵害警告事件」）。

　また、訴訟手続において、裁判所の和解が成立したことに関して、当事者Yが新聞社の取材に対して訴訟の「相手方〔X〕が非を認めた」旨の説明をし、それが新聞紙上で「Xが違法コピーを事実上認めた」と報道されたことが、Xの信用を毀損する虚偽の事実の告知・流布になるか否かが争われた事件が存在する。判決では「上記Yの説明は相手方が『非を認めた』という事実を述べたものではなく、あくまで和解に至った理由ないし動機について言及したものである」として信用毀損行為に該当しないと判示しているが、実際にも、往々にして和解に至った理由につき一方の当事者が自己の見解を第三者に告知・流布する例が後を絶たないことを考えると限界事例であるといえよう（**判例コメント16**＝サイボウズ虚偽陳述流布事件）。

　また、他人の商品・役務と自己の商品・役務とを比較してその優劣を主張するいわゆる「比較広告」も、その内容が事実に反していれば「虚偽の事実」の告知・流布に当たるという。もっとも、多くの事件では、比較の内容が「虚偽の事実を告知・流布したものとは認められない」との理由で、本号の適用が否定されている（大阪地判S57・12・21特企170号44頁「フルベール事件」、大阪地判S58・4・27判タ499号181頁「加圧式ニーダー事件」、大阪地判S58・11・16判タ514号266頁「バタフライバルブ事件」、東京地判S63・7・1判時1281号129頁「チェストロン事件」、東京地判H16・10・20裁判所HP「キシリトールガム比較広告事件（第一審）」。ただし、同事件の控訴審である**判例コメント33**＝キシリトールガム比較広告事件（控訴審）では、第一審で被告（告知者側）が提出した実験例に対して重大な疑義を生じる反対証拠が提出されたため、裁判所が第三者による再実験を行おうとしたが、被告が自己の主張する実験方法でなければ正確な結果が得られない等々主張し応じなかったため、「被告は自ら必要な立証を放棄したもの」として原判決を取り消し、広告の差止めを認めている）。

　なお、このほかに「おとり広告」に関する表示が本号の信用毀損行為に該当するかという論点がある。「おとり広告」に関する表示とは、取引の申出に係る商品やサービスについて、①取引を行うための準備がなされていない場合に

当該商品やサービスについて行われる表示、②その供給量が著しく限定されているにもかかわらず、その限定の内容が明瞭に記載されていない場合の当該商品・サービスについての表示、③その供給期間、供給の相手方または顧客1人あたりの供給量が限定されているにもかかわらず、その限定の内容が明瞭に記載されていない場合のその商品または役務についての表示、④合理的な理由がないのに取引の成立を妨げる行為が行われる場合、その他実際に取引する意思がない場合のその商品または役務についての表示、のいずれかに該当する広告に関する表示をいう（平成5年公取委告示17号）。

「おとり広告」自体は、直ちに、本号に該当するものではないが、おとり広告を見て店頭に来店した顧客に対して、「おとり広告」に使用した他人の商品の品質等について「虚偽の事実」を告げれば本号に該当する（名古屋地判Ｓ57・10・15判タ490号155頁「ヤマハ特約店（第一）事件」、前掲名古屋地判Ｈ5・1・29判時1482号148頁「ヤマハ特約店（第二）事件」）。

3 「他人の営業上の信用を害する」ものであること

第1で述べたように、本行為は、他人の営業上の信用を害する虚偽の事実を告知・流布することを本質とする以上、虚偽の事実の告知・流布が、不正競争行為者と競争関係に立つ「他人」の信用を害するに足りるものでなければならない。

ただ、ここでいう「他人」は、必ずしも虚偽事実の告知・流布の内容において具体的に名指しされ、特定されている必要はなく、少なくとも諸般の状況から具体的に特定されれば十分である（大阪地判Ｓ49・9・10無体集6巻2号217頁「チャコピー事件」、大阪地判Ｈ10・1・26裁判所HP「モデルガン事件」、大阪地判Ｈ11・7・29裁判所HP「自動車補修用塗料事件」、東京地判Ｈ13・2・27裁判所HP「予備校ビラ配布事件」）。

（松村信夫）

第7章

デジタルコンテンツの法的保護
2条1項11号、12号

第1 著作権法および不正競争防止法におけるデジタルコンテンツの保護の概要

　近年のインターネットをはじめとする情報通信網の発達は目を見張るものがあり、スマートフォンなどの個別端末の普及も相まって、動画映像、画像、テキスト、図表、音楽、ゲームソフト、各種アプリケーションといったサービス的価値のあるあらゆるコンテンツは、デジタルデータ化されて広く公衆に提供されるようになっている。

　こういったデジタルコンテンツを利用（使用）するにあたっては、多くはコンテンツホルダーがユーザーに対し有償で提供するなどしており、そういった商流を回避するかたちで不適切にデジタルコンテンツを利用（使用）されることがないように、デジタルコンテンツに一定の技術措置を組み込むこととなる。

　こうした「一定の技術的措置」については、類型的には、①当該データが著作物か否か、②制限の方法が、データの複製を技術的に制限する方法（いわゆるコピーコントロール）か、あるいはデータの使用（アクセス）を技術的に制限する方法（いわゆるアクセスコントロール）か、という観点で分類することができる。

　これらはいずれも、広く不正競争防止法上の「技術的制限手段」（2条7項）という枠組みで保護の対象となっているが、このうち、①当該データが著作物でかつ②制限の方法がコピーコントロールの場合、すなわち著作権法の保護対象（著作物を複製する行為）については、特に、著作権法でいう技術的保護手

段（著作権法 2 条 1 項20号）という枠組みでも保護されることになる（参考として、経産省・逐条解説79頁）。

　不正競争防止法では、平成11年改正により、上記の「技術的制限手段」の回避等が不正競争行為と位置づけられることになった（2 条 1 項11号・12号）。なお、2 条 1 項11号および12号は、平成27年改正により営業秘密に関する新たな不正競争行為類型が新10号として挿入される前は、10号および11号であったため、裁判例や文献を参照する際には注意を要する。

　この11号と12号との関係であるが、技術的制限手段のうち当該デジタルコンテンツを特定の者以外の者に提供することを制限するためのものについては12号が規制し、それ以外の一般的な技術的制限手段の回避については11号が規制する、という関係にある。

　なお、平成23年には、後述するとおり技術的制限手段を回避する装置やプログラムの範囲に関する改正が行われている。

第2　不正競争防止法上の「技術的制限手段」の意義

1　技術的制限手段の意義

　2 条 1 項11号および12号にて用いられている「技術的制限手段」なる用語の意義は、2 条 7 項によって定義されている。文言は複雑であるが、以下のように要件を整理することができる。

---

① 電磁的方法によってなされていること
② ⓐ影像・音の視聴、ⓑプログラムの実行、ⓒ影像・音・プログラムの記録（これらⓐ～ⓒを行うための機器を「視聴覚等機器」という）を制限する手段であること
③ 視聴覚等機器が特定の反応をする信号を影像・音・プログラムとともに記録媒体に記録しもしくは送信する方法か、あるいは、視聴覚等機器が特定の変換を必要とするよう影像・音・プログラムを変換して記録媒

体に記録しもしくは送信する方法、のいずれかを用いていること

技術的制限手段の具体例としては、
- 音楽CDに用いられているSCMS（一世代のみコピー可能とする）
- 映画DVDに用いられているCGMS（コピーの禁止、一世代のみコピー可、複製自由、と3通りの制限をする）
- DVDコンテンツに用いられているCSS（ファイルデータの暗号化によりコンテンツの再生・実行をコントロールする）

などがその典型である。

2 「検知→制限型」と「検知→可能型」

技術的制限手段該当性に関する数少ない裁判例として、**判例コメント42**＝マジコン事件があげられる。この事件では、「技術的制限手段」には、一定の信号を検知することによってプログラムの実行を制限する場合（「検知→制限型」）だけではなく、一定の信号を検知することによってプログラムの実行を可能とする場合（「検知→可能型」）も含まれるか、が重要な争点となっていた。

当該判決では、結論として、「検知→可能型」も技術的制限手段に含まれる、と判断された。

第3　技術的制限手段に関する不正競争行為

1　2条1項11号（平成27年改正前10号）の行為類型

条文の文言は複雑であるが、条文を整理してエッセンスをまとめると以下のとおりである。

① 営業上用いられている
② 技術的制限手段（12号による規制対象を除く）により制限されている
③ 影像・音の視聴、プログラムの実行、あるいは、影像・音・プログラムの記録を

第3　技術的制限手段に関する不正競争行為

④　当該技術的制限手段の効果を妨げることにより可能とする機能を有する装置（当該装置を組み込んだ機器・当該装置の部品一式であって容易に組み立てることができるものも含む）、あるいは、当該機能を有するプログラム（他のプログラムと組み合わされたものも含む）を記録した記録媒体・機器を
⑤　譲渡・引渡し・展示・輸出・輸入、あるいは、当該機能を有するプログラムを電気通信回線を通じて提供する行為

なお、④の装置あるいはプログラムを、単に「無効化装置等」と称することがある。

また、⑤の後段の提供行為は、インターネットにアップロードして配信することがその典型例である。

2　2条1項12号（平成27年改正前11号）の行為類型

本号の構成も基本的に2条1項11号と同様であるが、ただ、前記1①②について、「他人が特定の者以外の者に影像・音の視聴、プログラムの実行、影像・音・プログラムの記録をさせないために営業上用いられている技術的制限手段」という限定的な場合を規制している。つまり、12号は、特定の者以外の者がコンテンツにアクセス等することを防止する手段に関する規制である。

具体的には、たとえば有料の衛星放送において、契約者以外の者が視聴しようとしてもスクランブルがかかって視聴できない技術方式が、12号でいう「特定の者以外の者に……をさせないために営業上用いられている技術的制限手段」であり、この技術の効果を妨げるスクランブル解除装置（キャンセラー）などを販売するなどの行為が、12号の不正競争行為である。

3　「のみ要件」の撤廃

技術的制限手段に関する不正競争行為の要件は前記1・2のとおりであるが、平成23年改正までは、当該技術的制限手段の効果を妨げることにより可能とする機能「のみ」を有する装置、当該機能「のみ」を有するプログラムを記録した記録媒体・機器というように限定されていた（いわゆる「のみ要件」）。

前記**判例コメント42**＝マジコン事件は、この平成23年改正の施行前の事件であったため、この「のみ要件」充足性も争点の1つとなっていた。

この「のみ要件」は、単純な機構を持つがゆえに「特定の信号」に反応しないような無反応装置までも不正競争行為を構成するのは適切ではないとの趣旨で設けられていたものであるが、この要件ゆえに、あまり意味のない他の機能を付加してこの規制を潜脱する装置などについて規制の対象外となってしまうおそれがあった。

そこで、平成23年改正では、この「のみ要件」を撤廃し、代わって各号の末尾に括弧書で、「当該装置又は当該プログラムが当該機能以外の機能を併せて有する場合にあっては、影像の視聴等を当該技術的制限手段の効果を妨げることにより可能とする用途に供するために行うものに限る」との限定を付している。

この「当該技術的制限手段の効果を妨げることにより可能とする用途に供するため」とは、技術的制限手段を回避する用途に供するため、という意味であるが、これに該当するか否かは、回避機能とそれ以外の機能をあわせて有する装置等の提供の実態（たとえば、広告宣伝の方法や内容、装置等の提供先等の提供態様）、ユーザーの一般的な利用実態等を総合的に考慮し判断される（経産省・逐条解説87頁）。

4　適用除外（19条1項8号（平成27年改正前7号））

無効化装置等の譲渡等であっても、当該無効化装置が試験・研究のために用いられる場合には、不正競争行為とならない。

（坂本優）

第8章

ドメイン名の不正取得行為
2条1項13号

第1 ドメイン名とは

　不正競争防止法において、「『ドメイン名』とは、インターネットにおいて、個々の電子計算機を識別するために割り当てられる番号、記号又は文字の組合せに対応する文字、番号、記号その他の符号又はこれらの結合をいう」(2条9項)。

　ここで、「インターネットにおいて、個々の電子計算機を識別するために割り当てられる番号、記号又は文字の組合せ」とは、IPアドレス (Internet Protocol Address。たとえば「202.247.130.5」)を指し、このIPアドレスに「対応する文字、番号、記号その他の符号又はこれらの結合」をドメイン名と定義づけている(たとえば、「yu-shin.gr.jp」)。ドメイン名は、URL(たとえば「http://www.yu-shin.gr.jp」)およびメールアドレス(たとえば「bengoshi＠yu-shin.gr.jp」)に用いられる。その種類に限定はなく、「jp」ドメイン名だけでなく、「.com」ドメイン名も含まれる。さらには、他国の国別ドメイン名も含まれる。

第2 本号の意義

1 サイバースクワッティングの防止

　インターネットおよび電子商取引の普及に伴い、ドメイン名は、ビジネス上、消費者を特定のウェブサイトに引き寄せるうえで重要な機能を果たし、リ

アルワールドにおける商標や商号などと同等の経済的・社会的価値を有するようになっている。

しかし、ドメイン名が実質的審査なく、先着順に取得できることを利用して、第三者が、他人の商標等と同一または類似のドメイン名を取得し、①他人の顧客吸引力を不正に利用して事業を行ったり、②自らは使用せず商標権者等へ高額での転売を図ったり、③アダルトサイトを開設して商標権者等の信用を傷つける等の不正な行為が国際的に問題となっており、わが国でも顕在化していた。

このような行為を放置すると、商標権者等は有形・無形のビジネス上の損害を受け、電子商取引における公正な競争が著しく阻害されることになる。

2　裁定制度

これに対処するため、「.com」等の generic Top Level Domain（gTLD）を管理する組織である ICANN が統一ドメイン名紛争処理方針（UDRP: Uniform Domain Name Dispute Resolution Policy）を策定し、紛争処理機関として WIPO を認定し、紛争処理にあたっている（詳細について、小野昌延＝山上和則＝松村信夫『不正競争の法律相談Ⅱ』（青林書院、2016年）16頁〔市政梓〕）。

また country code TLD（ccTLD）の１つである「.jp」を管理する一般社団法人日本ネットワークインフォメーションセンター（Japan Network Information Center: JPNIC）が、UDRP をローカライズした「JP ドメイン名紛争処理方針」（JP-DRP）を策定し、紛争処理機関として日本知的財産仲裁センターを認定し、紛争処理に当たっている。

3　平成13年改正

紛争の解決は、もっぱら、費用も低廉で解決も迅速な上記裁定制度に期待するとしても、これを後ろ盾する実体法が必要である。

平成13年改正前においては、商標権侵害や不正競争防止法２条１項１号または２号に基づく請求による解決が可能であった。しかし、ドメイン名が登録されただけで使用されていない場合は、上記請求はできず、また、使用されている場合であっても、その態様が自己の「商標」「商品等表示」としての使用で

ない場合には、請求できない（詳細につき、経産省・逐条解説92頁）。このように、従来の実体法ではドメイン名をめぐる問題の対応には限界があった。

　そこで、国際的なルールを十分に踏まえた裁判規範の整備が必要であるとして、平成13年改正により、ドメイン名を不正に取得等する行為を不正競争の一類型として規制することとした（２条１項13号）。

　なお、JP-DRPにおいては、ドメイン名登録者が裁定を不服として訴え提起した場合、裁定結果に基づいた登録の移転または登録の抹消は行わないこととされている。そのため、本号の不正競争行為に基づく訴訟は、裁定に対する不服申立てとしての機能を有する（関連判例８−１＝mp３ドメイン事件参照）。

第3　要　件

　２条１項13号が禁止する行為は、「不正の利益を得る目的で、又は他人に損害を加える目的で、他人の特定商品等表示（人の業務に係る氏名、商号、商標、標章その他の商品又は役務を表示するものをいう。）と同一若しくは類似のドメイン名を使用する権利を取得し、若しくは保有し、又はそのドメイン名を使用する行為」である。

1　「不正の利益を得る目的で、又は他人に損害を加える目的で」

　「不正の利益を得る目的で」とは、公序良俗に反する態様で、自己の利益を不当に図る目的がある場合と解すべきであり、また、「他人に損害を加える目的」とは、他人に対して財産上の損害、信用の失墜等の有形無形の損害を加える目的のある場合と解すべき（関連判例８−１＝mp３ドメイン事件）とされている。

　なお、上記の図利または加害目的に関しては、UDRP、JP-DRPにおける「不正の目的」（bad faith）の考慮要因も参考となろう。

【関連判例８−１＝東京地判H14・７・15判時1796号145頁・判タ1099号291頁「mp３ドメイン名事件」】

　　被告は、MP３形式によって圧縮処理をした音声データをインターネッ

トを通じて配信するサービスを業とする会社であり、「mp3.com」の営業表示を用い、「http://www.mp3.com」というアドレスにおいてウェブサイトを開設している。

原告は、平成11年7月16日付けでJPNICにドメイン名「mp3.co.jp」を登録し、「http://www.mp3.co.jp」というアドレスにおいて、ウェブサイトを開設している。

被告は、平成13年3月5日、日本知的財産仲裁センターに対し、原告のドメイン名を被告へ移転登録することを求める紛争処理の申立てをし、同センター処理パネルは、同年5月29日、原告のドメイン名を被告に移転すべき旨の裁定をした。

原告は、裁定を不服として、被告の使用差止請求権不存在確認の訴えを提起した。

裁判所は、「不正の利益を得る目的」「他人に損害を加える目的」の意義について次のように判示したうえ、原告について上記目的を否定して、2条1項13号の不正競争行為を否定した。

「不正競争防止法が、……図利又は加害目的という主観的な要件を設けた上で、その行為を禁止したのは、①誰でも原則として先着順で自由に登録ができるというドメイン名登録制度の簡易迅速性及び便利性という本来の長所を生かす要請、②企業が自由にドメイン名を取得して、広範な活動をすることを保証すべき要請、③ドメイン名の取得又は利用態様が濫用にわたる特殊な事情が存在した場合には、その取得又は使用等を禁止すべき要請等を総合考慮して、ドメイン名の正当な使用等の範囲を画すべきであるとの趣旨からであるということができる。

そうすると、同号〔2条1項13号〕にいう『不正の利益を得る目的で』とは『公序良俗に反する態様で、自己の利益を不当に図る目的がある場合』と解すべきであり、単に、ドメイン名の取得、使用等の過程で些細な違反があった場合等を含まないものというべきである。また、『他人に損害を加える目的』とは『他人に対して財産上の損害、信用の失墜等の有形無形の損害を加える目的のある場合』と解すべきである」。

そして、図利加害目的の認められる場合として、「例えば、①自己の保

有するドメイン名を不当に高額な値段で転売する目的、②他人の顧客吸引力を不正に利用して事業を行う目的、又は、③当該ドメイン名のウェブサイトに中傷記事や猥褻な情報等を掲載して当該ドメイン名と関連性を推測される企業に損害を加える目的」を例示した。

　裁判所は、詳細な事実認定のうえ、「原告が原告ドメイン名を登録した平成11年7月の時点においても、原告が、将来被告に原告ドメイン名を不当に高額な値段で買い取らせたり、被告表示の顧客吸引力を不正に利用して原告の事業を行うなどの不正の利益を得る目的を有していたということはできない」と認定し、また、原告が被告に対して日本版被告サイトの共同運営を希望する旨提案した点について、「被告は、同提案が意向に沿わないと判断すれば、拒絶しさえすれば足りる（拒絶しても被告に何らの不利益があるわけではない。）」として図利加害目的を否定した。

【関連判例8-2＝大阪地判H16・7・15裁判所HP「マクセル事件」】
　原告（日立マクセル株式会社）が、自己が使用する「マクセル」、「MAXELL」および「maxell」の商品等表示が著名ないし周知であり、被告がこれと類似する商号、営業表示「マクセルグループ」「maxellcorporation」等およびドメイン名「maxellgrp.com」を使用していたと主張し、被告のこれらの行為が不正競争防止法2条1項2号ないし1号および13号の不正競争行為に該当するとして、損害賠償を請求した事案である。

　裁判所は、2号の不正競争行為の成立を肯定したうえ、13号の「不正の利益を得る目的」について、次のように認定して、同号の不正競争行為の成立を認めた。

　「『不正の利益を得る目的』とは、公序良俗に反する態様で、自己の利益を不当に図る目的をいうと解すべきである。ところで、原告商品等表示が、遅くとも、昭和50年ころには、原告及びその関連会社の営業ないし商品を表すものとして著名となっていたと認められ、……既に著名となっている原告商品等表示と類似する被告ドメイン名を使用してウェブサイトを開設して、その経営する飲食店の宣伝を行う行為は、著名な原告商品等表示が獲得していた良いイメージを利用して利益を上げる目的があったものと推認することができる。

したがって、被告には、不正競争防止法2条1項12号にいう『不正の利益を得る目的』があったものというべきである」。

【関連判例8-3】 = 東京地判 H25・7・10 裁判所 HP「CENTURY21事件」

本件は、「CENTURY21」の名称を用いてフランチャイズチェーンを営む原告が、「CENTURY21.CO.JP」なるドメイン名の登録名義を有する被告に対し、フランチャイズ契約または不正競争防止法2条1項13号・3条・4条に基づき、本件ドメインの使用差止め、登録抹消および損害賠償、その他の請求を求めた事案である。

裁判所は、原告被告間のフランチャイズ契約が、平成23年12月27日の経過をもって解除により終了している（平成24年3月14日まで本件ドメイン名を使用）ことを認定したうえ、契約終了後は、「『CENTURY21』の顧客吸引力にフリーライドして不当に自己の利益を図る目的で本件ドメインを保有しているものと認めるのが相当である」として、「不正の利益を図る目的」を肯定して、原告の請求を認めている。

2 「他人の特定商品等表示」

13号において、保護対象とされるのは、「他人の特定商品等表示」、すなわち、「人の業務に係る氏名、商号、商標、標章その他の商品又は役務を表示するもの」である。

1号・2号の場合と異なり、13号の保護対象は、周知性も著名性も要件としていない。13号の趣旨は、表示に化体した信用等の保護だけでなく、ドメイン名の先の登録によって営業妨害がなされることを防止することにある。後者の観点からは、保護対象を周知性のある表示に限定する必要はないからである。

なお、「特定商品等表示」は、自他識別機能・出所表示機能を有するものでなければならず、普通名称や慣用表示はこれに含まれない（小野＝松村・新概説368頁）。

3 「同一若しくは類似」

問題となるドメイン名は、他人の特定商品等表示と「同一若しくは類似」の

ものである。

　類似性の判断基準については、1号・2号を参考としつつも、ドメイン名の特徴を考慮すべきである。

　関連判例8-2＝マクセル事件では、「被告ドメイン名である『maxellgrp.com』のうち、『.com』は一般（汎用）トップレベルドメインネームであり、その属性を示すものに過ぎず、『.』は区切りを示す符号に過ぎず、『grp』は『グループ』の英字表記である『group』の母音を省略した略表記としてしばしば付加的に用いられる文字列であるから、上記被告ドメイン名の要部は『maxell』であるというべきである」と認定したうえで、これは原告商品等表示のうち「maxell」と同一であるとして、被告ドメイン名は、原告商品等表示と類似すると判断している。

　1号・2号の事案につき、富山地判H12・12・6判時1734号3頁「Jaccs事件」は、「http://www.jaccs.co.jp」のうち第3レベルドメインである「jaccs」が要部であるとして、「JACCS」と「jaccs」は類似すると判示した。また、東京地判H13・4・24判時1755号43頁「j-phone事件」においても、第3レベルドメイン「j-phone」について、「それ自体で商品の出所表示となり得る」として、これと原告表示「J-PHONE」「ジェイホン」「J―フォン」とは同一または類似と判示した。

4　「使用する権利を取得し、保有し、又は使用する行為」

　ドメイン名を「使用する権利を取得」するとは、ドメイン名の登録機関に対して登録申請をすることによってドメインネームの使用を認められることのほか、ドメイン名を使用する権利の移転を受けた場合や、ドメイン名の使用を許諾された場合も含むと考えられる。

　ドメイン名を「使用する権利を保有」するとは、ドメイン名を使用する権利を有していることをいう。「取得」に加えて「保有」を禁止行為としたのは、取得後に図利加害目的をもった場合を規制するためである。

　ドメイン名を「使用する」とは、ドメイン名をその本来の目的である、インターネット上で自己が管理するサーバーを識別するために用いることを意味し、具体的には、そのドメイン名でウェブサイトを開設する等の行為を指す。

自己が登録したドメイン名をインターネット上ではなくリアルワールドで用いる場合や、他人が登録したドメイン名を、その登録者のサイトを開くためにコンピュータ画面に打ち込む場合等は、ここでいう「使用」に含まれないと解される（松尾和子＝佐藤恵太編著『ドメインネーム紛争』（弘文堂、2001年）149頁〔鈴木將文〕）。なお、インターネット以外でたとえば新聞の広告で、「○○.com」などと用いる場合も「使用」に当たるとする見解もある（山本庸幸『要説不正競争防止法〔第4版〕』（発明協会、2006年）200頁）。

使用だけでなく、使用する権利の取得や保有までを規制する趣旨は、登録したのみでサイトは開設せず、高額での買取要求をなす行為についても、禁止するためである。

第4　効　果

1　差止請求

営業上の利益を侵害する者または侵害するおそれがある者に対し、「侵害の停止又は予防」およびこれにあわせて「侵害の停止又は予防に必要な行為」を請求することができる（3条）。

ドメイン名の登録抹消手続をとることを求めることができるかについて、登録者のみを被告とした場合、判決の効力は登録機関に及ばないのではないかという理論的問題（松尾＝佐藤編著・前掲153頁）が呈されていたが、関連判例8-4＝dentsu事件では、「登録抹消申請手続をせよ」との判決がなされている。

なお、ドメイン名登録の移転については、法案検討過程において検討されたが、結局、明文規定は置かれなかった。

【関連判例8-4＝東京地判H19・3・13裁判所HP「dentsu事件」】
原告は、「株式会社電通」なる商号であり、「DENTSU」または「dentsu」を含む登録商標を多数有している。被告は、平成18年11月21日、「dentsu.vc」「dentsu.be」など計8つのドメイン名（本件各ドメイン名）の

登録を行い、同年12月1日、原告に対し10億円以上の金員で買い受けるように通告した。そこで、原告は、「dentsu」の文字を含むドメイン名または本件各ドメイン名の取得、保有および使用の差止め、本件各ドメイン名の登録抹消申請手続並びに損害賠償を請求したところ、裁判所は、主文として「1　被告は『dentsu』の文字を含むドメイン名又は別紙ドメイン名目録記載のドメイン名を取得し、保有し、又は、使用してはならない。2　被告は、別紙ドメイン名目録記載のドメイン名の登録抹消申請手続をせよ」と判示して差止請求、登録抹消請求を認めたほか、損害賠償につき一部認容した。

2　損害賠償請求

　上記の要件を満たし、故意・過失ある場合には、損害賠償請求も可能である（4条）。損害賠償額は、侵害者の利益の額と推定され（5条2項）、また、使用料相当額をその損害として請求することもできる（5条3項4号）。

（室谷和彦）

第9章

不正競争防止法違反の効果
3条～9条、14条

第1　差止請求権（3条）

1　概　説

　不正競争によって営業上の利益を侵害され、または侵害されるおそれがある者は、その営業上の利益を侵害する者または侵害するおそれがある者に対し、その侵害の停止または予防を請求することができる（3条1項。差止請求）。また、差止請求の際に、侵害行為を組成した物の廃棄、侵害行為に供した設備の除却その他の侵害の停止または予防に必要な行為を請求することができる（同条2項。廃棄請求）。なお、差止めを請求する場合は、不正の競争の目的という主観的要件は必要なく、また損害賠償請求と異なり、相手方の故意過失も必要とされない。

2　差止請求権者

　差止請求の主体は、「不正競争によって営業上の利益を侵害され、または侵害されるおそれがある者」であるが、この「営業上」とは、広く経済上のその収支計算の上に立って行われるべき事業一般をいい、必ずしも営利を目的とする必要はない。商品の製造販売を行っている者や営業を行っている者が典型であるが、必ずしも営利を目的としていない宗教法人や日本舞踊の家元も主体となり得る。また、企業グループにおいては中核企業だけでなくグループに属する者も差止請求の主体となることができる。さらに、直接の権利者ではないも

のの、権利者から独占的な実施権を与えられている独占的通常実施権者が主体と認められることもある（**判例コメント24**＝ヌーブラ事件Ⅰ）。なお、競争関係にある事業者に限らず、消費者や消費者団体にも不正競争防止法上の差止請求権を認めるべきであるとする議論もなされているが、法改正には至っていない。

3　差止請求権の内容

　差止請求権（広義）には、①現に継続中の侵害行為の停止を求める狭義の差止請求権（不作為請求権）、②将来の侵害行為の禁止を求める予防請求権、③侵害組成物の廃棄や侵害行為に供した設備の除却などを求める除却請求権がある。このように差止請求権には、現在行われている不正競争に対する差止め（上記①）だけでなく、将来の不正競争の停止（上記②）や予防のために必要な処分（上記③）も認められている。そして、上記①や②の場合は、一般には「被告は別紙目録記載の標章を付した○○（商品）を製造又は販売してはならない」という請求の趣旨（主文）となる。また、上記③の場合は、「被告は別紙目録記載の標章を付した○○（商品）を廃棄せよ」という請求の趣旨（主文）となる。半製品の廃棄についても廃棄請求の対象となり得るものの、半製品の特定やその廃棄の必要性を主張・立証する必要があり、他の用途にも使用できるような物は廃棄の対象から除外される。また、差止めや廃棄の範囲が広範になると、相手方の正当な事業活動まで制約する結果となり過剰な負担となることから、商品等の表示物とは切り離して表示自体を抹消することができる場合には、表示物の廃棄請求までは認めず、表示の抹消のみに限定されることもある。さらに、侵害者（被告）が自主的に使用を止めている場合には、差止めの必要性がないとされることもある。

　したがって、差止請求を行う場合には、差止めの対象や範囲について、裁判例などを踏まえて過不足なく適切に選択する必要がある。

　また、最近ではインターネット上での宣伝や販売などの侵害行為（インターネットショッピングやインターネットオークションなど）が行われることも生じたため、「電気通信回線を通じて提供」する行為も規制の対象となった。そして、インターネット上での行為を差し止める場合には「○○の商品を電気通信

回線を通じて提供してはならない」という請求の趣旨（主文）となる。

そして、差止めの執行は、廃棄や除去は代替執行が可能な場合もあるが、使用の禁止などの狭義の差止めについては代替執行はできないので間接強制によることとなる。

4 商号登記の抹消請求

周知・著名表示の不正競争の事案では、当該表示が相手方の商号として登記されている場合があり、この商号登記の抹消請求がなされることも多い。そして、この商号抹消が認められると、特に設立当初からのいわゆる「原始商号」の場合には法人の名称がなくなり、法人の識別、特定ができなくなってしまうことから、このような請求が許されるか否かが問題となり、過去にはこのような抹消登記が裁判上、登記実務上、認められない時期もあった。しかし、現在では登記実務上も抹消前旧商号を特定方法として取り扱うこととされており、多くの認容例が出されている（大阪地判H2・3・29判時1353号111頁「ゲラン事件」、大阪地判H5・7・27判タ828号261頁「阪急電機事件」など）。

5 差止請求権の行使期間

差止請求権は原則として消滅時効や除斥期間による行使期間の制約はなく、一般的には侵害行為や侵害のおそれが存在すれば、いつでも行使することができる。ただし、2条1項3号の形態模倣については日本国内で最初に販売された日から3年を経過した後は適用除外となる（19条5号イ）。また、営業秘密の使用に関する2条1項4号〜10号の行為に対する差止請求については、秘密の保有者が侵害の事実およびその行為を知った時から3年の消滅時効、その行為の開始の時から20年の除斥期間が定められている（15条）。

6 混同防止措置付加請求権

19条2項2号（自己氏名の普通使用）・3号（周知表示に対する旧来の表示の善意使用）については適用除外により差止等の対象とはならない。しかし、同条2項により、自己の商品等との混同を防ぐのに適切な表示を付すべきことを請求することができる。

（第1　井上周一）

第2　損害賠償請求権（4条）

1　概説

　不正競争行為によって損害を被った者に対する救済手段として損害賠償請求が認められている。4条本文は、「故意又は過失により不正競争を行って他人の営業上の利益を侵害した者は、これによって生じた損害を賠償する責めに任ずる」と定めている。

　4条本文は、民法709条における「権利又は法律上保護される利益」に「不正競争防止法上の「営業上の利益」が該当することを確認するものである。なお、公示制度のある特許法や商標法などと異なり、過失の推定規定（特許法103条、商標法39条）は存在しない。

　また、4条但書は、15条によって差止請求権が消滅した場合に、その後の営業秘密の使用行為により生じた損害についての損害賠償請求権が生じない旨を規定している。損害賠償請求権が生じないのは、差止請求権が消滅した後であるので、差止請求権が消滅するまでの損害に関する損害賠償請求権は消滅するわけではなく、消滅時効は民法の規定に従う（民法724条）。

2　要件

　損害賠償請求権の発生が認められるための要件は、①不正競争行為の存在、②不正競争行為についての故意または過失、③不正競争行為による営業上の利益の侵害、④損害の発生および額、⑤③と④の因果関係、である。

(1)　請求権者

　損害賠償請求権の請求権者は、「営業上の利益を侵害された者」である。2条1項1号ないし3号については、各号の「他人」と「営業上の利益を侵害された者」との関係で、請求権者の範囲が問題となる（小野＝松村・新概説517頁〜518頁、田村・概説137頁〜152頁、茶園・不競法38頁〜40頁、58頁〜61頁参照）。

　まず、2条1項1号および2号においては、「営業上の利益を侵害された者」が同1号および2号の「他人」に限られるか否かという点が問題となるが、

「他人」すなわち、周知商品等表示や著名商品等表示の主体以外にも企業グループ（東京地判S41・10・11判タ198号142頁「住友地所事件」）や、フランチャイザー（東京地判S47・11・27判タ298号435頁「札幌ラーメンどさん子事件」）、商品化事業の許諾者（再許諾者）（最判S59・5・29民集38巻7号920頁「NFLP事件」）に請求主体性を認めた裁判例がある。

次に、2条1項3号においては、他人の開発した商品を販売する独占的販売権者が、「他人」との関係で「営業上の利益を侵害された者」に当たるか問題となるところ、請求主体性を認めなかった裁判例（東京地判H11・1・28判タ1001号236頁「キャディバッグ事件」）と認めた裁判例（**判例コメント24**＝ヌーブラ事件Ⅰ）がある。

(2) 不正競争行為

不正競争行為は、2条1項各号に定められた行為である。

(3) 故意または過失

「故意又は過失」は、民法709条における「故意」または「過失」と同義である。すなわち、「故意」とは、結果発生を認識しながら、結果発生を認容することであり、「過失」とは、結果発生の予見可能性を前提にした、結果回避するのに必要とされる措置を行わなかったことである。

(4) 営業上の利益

営業上の利益は、3条における「営業上の利益」と同義で、事業者が営業上得られる経済的価値（事実上の利益を含む）のことである。

(5) 損　害

損害賠償請求をするには、差止請求と異なり、損害が発生したことが必要である。また、損害の範囲は、民法709条の原則と同様に、不正競争行為と相当因果関係のある一切の損害であり、積極損害・消極損害、あるいは有形的損害・無形的損害も含まれる。

民法の不法行為に基づく損害賠償請求をするには、損害の発生のみならず、損害との因果関係や損害額まで被侵害者が立証する必要がある。

ところで、不正競争行為による損害の中心は、売上が減少したこと等の消極損害（逸失利益）であるが、これら消極損害の損害額の立証は極めて困難である。そこで、損害の立証については、後述するとおり、5条1項ないし3項に

よる損害額の推定によって立証の容易化が図られている。

なお、無形損害における営業上の信用については、後述する14条による信用回復措置請求が認められている。

第3 損害賠償額の算定およびその他の制度（5条～9条）

1 5条1項による損害額の算定（逸失利益の算定）

(1) 趣 旨

侵害品が販売されると、被侵害者の販売が減少し営業上の利益が損なわれる。被侵害者の製品の販売減少による損害は、侵害行為により被侵害者が喪失した販売数量に基づき算定される。しかし、この損害は、侵害者の営業努力や代替品の存在等の市場動向等、種々の事情によって影響を受けるため、被侵害者がどの程度の利益が損なわれたのかを立証をすることは非常に困難となり、被侵害者にこの立証を強いることは適切ではない。

そこで、一定の不正競争行為と被侵害者に生じた損害との因果関係および損害額について、被侵害者の立証責任の負担の軽減を図るために5条1項が設けられている。

同様の規定は、特許法102条1項等に存在するが、同様の趣旨と考えられている。

(2) 適用対象行為

5条1項は、2条1項1号ないし10号および16号に該当する不正競争行為を適用対象行為としている。すなわち、周知表示混同惹起行為、著名表示冒用行為、商品形態模倣行為、営業秘密に係る不正使用行為のうち技術上の秘密に関するもの、代理人等の商標無断使用行為である。

上記のような不正競争行為にしか適用されないのは、経験則上、侵害行為とそれによる損害との間に直接的な因果関係が定型的に成立しているとはいい難い不正競争行為にまで、5条1項の適用を及ぼすことは適当ではないからである。

(3) 侵害品の譲渡数量

「侵害の行為を組成した物」とは侵害品のことであり、「譲渡」とは、有償もしくは無償で移転することである。

「譲渡」以外の「貸渡し」等について、5条1項が類推適用されるかについては争いがある（小野編・新注解(下)930頁）。

(4) 「被侵害者がその侵害の行為がなければ販売することができた物の単位数量当たりの利益の額」

(A) 「被侵害者がその侵害の行為がなければ販売することができた物」

「被侵害者がその侵害の行為がなければ販売することができた物」とあることから、侵害者による侵害行為によって、被侵害者の販売する物（被侵害者商品）の需要が奪われることを前提としている。

したがって、被侵害者が、被侵害者商品の販売を行っていることが必要となる。

次に、「被侵害者がその侵害の行為がなければ販売することができた物」とは、市場において侵害品と市場において代替可能な被侵害者商品のことである。

「被侵害者がその侵害の行為がなければ販売することができた物」という文言から、補完関係（需要者が侵害品を購入しなかった場合に被侵害者商品を購入したであろうという関係）が認められるものであるか否かという点で、代替可能の意義が問題となる。

この問題は、商標権侵害や周知表示混同惹起行為の場合（標識法）と営業秘密の侵害や特許権の侵害の場合（創作法）とで同じように解釈してもよいか否かという点から来るものである。すなわち、権利自体が排他的独占性を有する特許権等と、表示（商標）それ自体に商品価値が認められるものではないとされる商標権等とで、権利の性格が異なることから生じる問題である。

特許権侵害の場合と同様に広く解する見解は、侵害品と代替可能な被侵害者商品における代替可能とは、代替可能性があることをいい、完全な代替性（同一性）までは必要ではなく、少しでも侵害品の需要が向かう性質を有している商品であればよいと考えられている。なぜなら、代替可能性がある商品であっても侵害品によって需要が奪われる関係が認められるからである。

第3　損害賠償額の算定およびその他の制度（5条〜9条）

　他方で、商標権等の侵害の場合と特許権等侵害の場合とで、異なるように考える見解もある。

　この見解は、特許権のような排他的独占権では（侵害者は本来当該権利を使用できないから）侵害品と被侵害者商品との間で補完関係が認められるのに対し、表示は、それ自体に当然に商品価値が存在せず、商品の出所たる企業の営業上の信用等と結びつくことによって一定の価値が生じる性質を有しているので、侵害品と被侵害者の商品との間には、必ずしも性能や効能において同一性が存在するとは限らないから、これらの商品の間に、市場において当然に補完関係が存在するとはいえないことを根拠とする。そして、商標権等の侵害の場合には、補完関係の有無は、商標権者が侵害品と同一の商品を販売しているか否か、販売している場合、その販売の態様がどのようなものであったか、当該商標と商品の出所たる企業の営業上の信用などとどの程度結びついていたかなどを総合的に勘案して判断される（東京地判H13・10・31判時1776号101頁「メープルシロップ商標権侵害事件」）。

　したがって、この見解によれば、商品等表示に関する不正競争行為の類型（2条1項1号・2号）における5条1項の「被侵害者がその侵害の行為がなければ販売することができた物」とは、侵害品と上記のような意味での補完関係（代替関係）のある商品に限られる（小野＝松村・新概説535頁〜538頁、第二東京弁護士会知的財産権法研究会編『不正競争防止法の新論点』（商事法務、2006年）167頁〜171頁〔三村量一〕）。

　なお、この見解によっても、形態模倣行為（2条1項3号）や技術上の営業秘密に係る不正競争行為（2条1項4号〜10号）は創作法と同様な側面があるので、広く解する見解と同様に、「被侵害者がその侵害の行為がなければ販売することができた物」とは侵害商品と代替可能性のある商品であれば足りると考えられている。

　　(B)　「利益」

　「利益」の意義については、売上高から製造原価を控除した額（粗利益）からさらに営業経費（人件費、宣伝広告費、運送費、保管費、地代など）を控除した利益の額（純利益）と考える見解もあるが、被侵害者は固定費をすでに支出しており控除する必要がないので、「限界利益」を指すと考えられている。

「限界利益」とは、被侵害者において侵害商品の個数だけ売上を増加させるのに必要な変動費をその販売価格から控除した後の利益のことであり、侵害行為がなければ被侵害者が商品を販売できた数量の侵害者の売上高から、その数量の製造または販売に支出が必要な費用（限界費用）を控除した額である。すなわち、被侵害者は、開発費用や人件費等はすでに投下し終わっており、それらをすべて加えて計算した平均的利益を問題とするのではなく、それらの投資を前提として、さらに製造する場合に必要となる追加的費用を控除して計算した利益を指している。

(5) 「被侵害者の当該物に係る販売その他の行為を行う能力に応じた額を超えない限度」

「被侵害者の当該物に係る販売その他の行為を行う能力」を限度としているのは、被侵害者の販売能力を超える譲渡数量を損害と考えることは不適当であるからである。

したがって、「販売その他の行為を行う能力」は、被侵害者が被侵害商品を譲渡する能力を意味する。ここにおける譲渡する能力は、侵害品の販売時の具体的な製造能力や販売能力だけではなく、新たな設備投資などによる一定量の製品の製造、販売を行う潜在的能力を含むと考えられている。

もっとも、前記(4)(A)において述べたとおり、周知表示（2条1項1号）に関する不正競争行為については、排他的独占権という性格を有しておらず、周知表示が保護される時間的限界・場所限界が不確実なことから、侵害行為時に有していた譲渡する能力を基準として考えるべきとされている（小松編・実務241頁、小野＝松村・新概説588頁～589頁）。

(6) 「被侵害者が販売することができないとする事情」

5条1項但書は、「譲渡数量の全部又は一部に相当する数量を被侵害者が販売することができないとする事情があるときは、当該事情に相当する数量に応じた額を控除する」と規定する。

1項但書は、侵害者の譲渡した侵害品の数量のすべてを被侵害者が販売することができない事情がある場合には、1項本文により算定された金額を損害とすることが妥当ではないとの趣旨から、侵害者に抗弁を認めた規定である。

「被侵害者が販売することができないとする事情」としては、侵害者の営業

努力、価格の相違、市場における競合品の存在など、被侵害者の譲渡する能力（前記(5)記載）以外の事情で、販売数量に影響を与える事情のすべてである。

2　5条2項による算定（損害額の推定）

(1)　趣　旨

5条2項は、不正競争行為によって営業上の利益を侵害された者が、損害額の立証を行うことを困難であることから、侵害行為による侵害者の利益の額を被侵害者が立証すれば、侵害者から推定を覆す反証をしない限り、侵害者の利益の額を損害額と推定することで、被侵害者の立証の負担の軽減を図ったものである。

(2)　適用対象行為

適用対象となる行為類型は、1項と異なり、不正競争行為のすべて（2条1項各号）である。

もっとも、2項は、損害額を推定する規定であり、損害の発生までは推定しないので、被侵害者は、損害が発生したことを立証する必要があり、侵害者の利益が被侵害者の逸失利益と観念されうる場合にのみ適用される（経産省・逐条解説119頁）。

したがって、被侵害者は、侵害者が侵害行為により得ている利益と対比されうるような同種同質の利益を現実に失ったという損害が発生したことを主張・立証することが必要である（小松編・実務101頁）。

(3)　「利益」

5条2項においては、侵害者が侵害行為によって得た利益が損害額と推定される。ここにおける「利益」については、上記の1項で説明したことと同じく粗利益、純利益、限界利益と考える見解があるが、限界利益と考える見解が通説である（茶園・不競法146頁、金井重彦＝小倉秀夫ほか編『不正競争防止法コンメンタール〔改訂版〕』（レクシスネクシスジャパン、2004年）315頁）。

(4)　寄与度

種々の要因により、侵害者が得た「利益」のうちの一部が、不正競争行為によってもたらされたものとはいえない場合があり、このような場合に侵害者の得た利益のすべてを被侵害者の損害と推定してしまうと、実際に被侵害者が

被った損害額よりも過大な額を損害額として推定することとなるという問題がある。

このような場合に、侵害者が上げた利益に対して不正競争行為が寄与した割合（寄与度）が考慮され、侵害者の上げた利益のうち不正競争行為の寄与度に応じた額を損害額と推定する（推定の一部覆滅）と考える見解が有力である。もっとも、他の知的財産権（特許法102条2項、実用新案法29条2項、意匠法39条2項、商標法38条2項）において論じられているのと同様に、5条2項が法律上の事実推定規定であることから推定の一部覆滅ということを観念できるのかという点や主張・立証責任の分配の点等の問題点がある（小野＝松村・新概説554頁〜555頁）。

なお、侵害品の一部のみが侵害に該当する場合等においては、5条1項の適用の場面でも寄与度が斟酌されるものと考えられるが、5条1項と同趣旨の規定である特許法102条1項においては、寄与度の考慮の可否、立証責任の分担、寄与度の条文上の位置づけ（本文「単位数量当たりの利益の額」の問題とする見解、但書「特許権者又は専用実施権者が販売することができないとする事情」の問題とする見解等）など、争いがある（中山信弘＝小泉直樹編『新注解特許法（下）』（青林書院2011年）1594頁〜1603頁、田村善之「特許権侵害に対する損害賠償額の算定」パテント67巻1号（2014年）140頁〜143頁）。

(5) 推定を覆す事由

5条2項は、被侵害者の損害額を推定する規定であるから、侵害者が推定を覆す事情を立証できれば、本項の推定を覆すことができる。たとえば、侵害者が侵害行為によって利益を受けていても、被侵害者に損害が生じなかったことや、被侵害者の現実の損害が侵害者の得た利益よりも少ないことを立証できれば、推定は覆ることとなる。

また、前記(4)で述べたとおり、5条2項は法律上の事実推定規定であるので、推定の一部覆滅が認められるかという点については理論上問題があるが、本項の推定の対象が損害額という量的な概念であるので、推定が量的に一部覆滅するということも許容されると考える見解が有力である（小野＝松村・新概説555頁）。

したがって、侵害者が推定を覆す事情を立証できれば損害額が減額され得

る。推定覆滅事由としては、侵害者の営業努力、侵害品のブランド力、競合品の存在等(他の寄与要因)の事情が考えられる。

3　5条3項による算定(使用料相当額)

(1)　趣　旨

5条3項は、一定の類型の不正競争行為によって営業上の利益を侵害された者が、侵害者に損害賠償請求を行う場合、最低限の損害額として、使用許諾料に相当する額を損害額として請求できるようにした規定である。

3項も、1項・2項と同様に、立証の負担の軽減を図るものである。5条3項の適用のある不正競争行為があった場合には、使用許諾料相当額を請求できることとし、被侵害者に対する実効的な救済を図るために設けられたものである。

5条3項における使用許諾料相当額は、被侵害者が適法に使用許諾を与えた第三者がいる場合に、第三者から支払われている使用許諾料と同額である必要はなく、客観的に相当な使用許諾料に相当する額とされている。

(2)　適用対象行為

5条3項は、2条1項1号～9号、13号および16号の不正競争行為について適用される(5条3項各号)。

(3)　「受けるべき金銭の額」

5条3項の損害賠償額は、「受けるべき金銭の額」を損害額として請求できる。「受けるべき金銭の額」は、一般的に「売上高」に「使用料率」を乗じて算出される。

上記したとおり、被侵害者が適法に第三者に対して使用許諾を与えていた場合、当該使用許諾料に5条3項の使用許諾料は拘束されない。

(4)　損害不発生の抗弁

5条3項が、損害の発生までも擬制した規定であるか否か、すなわち、損害不発生の抗弁が認められるか否かについては争いがある。

周知表示と近似する商標権について、商標法38条3項に関して、損害不発生の抗弁が認められている(最判H9・3・11民集51巻3号1055頁「小僧寿し事件」)ことから、5条3項1号の解釈上、影響を及ぼす可能性がある(小野＝松

村・新概説613頁)。

4 5条4項（使用許諾料相当額を超える請求）

5条4項前段は、5条3項に規定する使用許諾料相当額を超える損害の賠償の請求妨げないことを規定している。

5条4項後段は、侵害者に故意・重過失がなかったときは、裁判所がこれを参酌できることを規定している。侵害者が軽過失の場合に損害賠償額について、裁判所が減額できるということになる。

5 その他の制度

損害額の立証の容易化および審理の迅速化を図るために、不正競争防止法には、具体的態様の明示義務（6条）、書類の提出等（7条）、損害計算のための鑑定（8条）、相当な損害額の算定（9条）についての規定がある。

(1) 具体的明示義務（6条）

不正競争による営業上の利益の侵害に係る訴訟においては、被侵害者が、不正競争行為を特定し、侵害があった旨を主張しなければならない。6条は、被侵害者が主張した相手方の物または方法の具体的態様の特定について、相手方が否認する場合には、相手方は、自己の行為の具体的態様を明らかにしなければならない旨を定めている。

もっとも、相手方において明らかにすることができない「相当の理由」がある場合は、明示しなくてもよい（6条但書）。「相当の理由」がある場合とは、相手方行為の物または方法の具体的態様が相手方の営業秘密に該当するような場合である（小野編・新注解(下)984頁～985頁)。

審理の迅速化、争点の明確化を図る特許法104条の2と同様の趣旨である。

(2) 書類の提出等（7条）

7条1項は、立証の困難な侵害行為や損害額について、相手方の所持している文書について提出を求めることができることを定めた規定である。申立ての方式は、不正競争防止法上には規定されておらず、民事訴訟法が適用される。

もっとも、「書類の所持者においてその提出を拒むことについて正当な理由

がある」場合は、書類の提出を拒むことができる（7条1項但書）。

「正当な理由」には、対象書類に相手方の営業秘密が含まれる場合等が考えられるところ、「正当な理由」の有無を判断するために、イン・カメラ手続が採用されている（7条2項）。さらに、「正当な理由」を判断するために、対象書類を開示して当事者の意見を聞くことが必要であると裁判所が判断すれば、対象書類を当事者に開示することも認められる（7条3項）。

仮に、開示を受けた書類に営業秘密が記載されている場合等には、裁判所は秘密保持命令（10条）を発令することができる。

(3) 損害計算のための鑑定（8条）

特許法105条の2と同様の趣旨であり、計算鑑定人の制度を規定するものである。すなわち、損害の計算をするために必要な事項について、経理・会計の知識を有する計算鑑定人を活用するものである。

裁判所が、損害の計算をするために必要な事項について鑑定を命じた場合に、当事者は、選任された計算鑑定人に対して必要な事項の説明をしなければならない（8条）。

(4) 相当な損害額の認定（9条）

民事訴訟法248条と同趣旨の規定であり、9条は、「損害が生じたことが認められる場合において、損害額を立証するために必要な事実を立証することが当該事実の性質上極めて困難であるとき」は、相当な損害額を裁判所が認定することができる旨を規定する。

第4　信用回復措置請求（14条）

1　趣　旨

14条の趣旨は、不正競争行為により営業上の信用を害された者に対する救済として、差止めや金銭賠償で不十分な場合があり、そのような場合に信用回復措置という直接的な損害補填を認めることで、被侵害者の救済の実効を図る点にある。

たとえば、不正競争行為によって被侵害者の商品より粗悪な侵害品が市場で流通することにより、被侵害者の営業上の信用が害されるような場合が想定されたものである。

2 要 件

14条の要件は、①故意または過失、②不正競争行為、③営業上の信用が害されたこと、④営業上の信用を回復するのに必要な措置、である。

すなわち、不正競争行為によって、営業上の信用が害されたことが必要である。「営業上の信用」とは、営業活動に関する経済上の社会的評価のことであり、2条1項15号におけるものと同じである。

また、「営業上の信用を回復するのに必要な措置」とされているので、信用を回復する措置と信用毀損の程度が相応していなければならない。すなわち、営業上の信用毀損に対して、被侵害者が求める信用回復措置の必要性が認められることを要する。

したがって、損害賠償請求によって事実上害された信用が回復されたと認められる場合には、信用回復措置の必要性が認められず、信用回復措置請求は認められない。

3 効 果

14条の要件が満たされると、営業上の信用を回復するのに必要な措置を裁判所が命ずることができる。

信用を回復する措置について、限定はないものの、新聞紙等への謝罪広告の掲載が一般的である。これ以外に、個別通知や謝罪放送なども考えられる。

(第2～第4　清原直己)

第2編

判例コメント編

ドラゴン・ソードキーホルダー事件

▶判例コメント・1

【事件名】　ドラゴン・ソードキーホルダー事件
【判決裁判所】　東京高等裁判所（平成8年(ネ)第6162号）
　　　　　　　原審：東京地方裁判所（平成7年(ワ)第11102号）
【判決年月日】　平成10年2月26日
　　　　　　　原審：平成8年12月25日
【出典】　判時1644号153頁
　　　　　原審：知裁集28巻4号821頁
【不正競争行為】　2条1項3号
【請求内容】　損害賠償
【結論】　請求棄却

【事案の概要】
　本件は、被控訴人（第一審原告）が、控訴人（第一審被告）に対し、控訴人が製造、販売するキーホルダー（被告商品）は、被控訴人が製造、販売するキーホルダー（原告商品）の形態を模倣した商品であると主張し、被告商品の製造・販売行為が2条1項3号の不正競争行為であるとして、4条に基づき損害の賠償を求めた事案である。

　被控訴人は、被告商品の製造・販売行為の差止請求並びに被告商品およびその製造に供した金型の廃棄請求をしていたが、控訴審において取り下げられている。

　なお、被控訴人は、被告商品の製造・販売行為が2条1項1号の不正競争行為に該当する旨の主張もしているが、周知性要件が否定された原審判決が維持されている（以下では、2条1項3号に関する部分のみを取り上げる）。

【争点】
　被告商品は、原告商品の形態を模倣したものか。

【判旨】
　「ところで、不正競争防止法2条1項3号にいう『模倣』とは、既に存在する他人の商品の形態をまねてこれと同一または実質的に同一の形態の商品を作

り出すことをいい、客観的には、他人の商品と作り出された商品を対比して観察した場合に、形態が同一であるか実質的に同一といえる程に酷似していることを要し、主観的には、当該他人の商品形態を知り、これを形態が同一であるか実質的に同一といえる程に酷似した形態の商品と客観的に評価される形態の商品を作り出すことを認識していることを要するものである。

ここで、作り出された商品の形態が既に存在する他人の商品の形態と相違するところがあっても、その相違がわずかな改変に基づくものであって、酷似しているものと評価できるような場合には、実質的に同一の形態であるというべきであるが、当該改変の着想の難易、改変の内容・程度、改変による形態的効果等を総合的に判断して、当該改変によって相応の形態上の特徴がもたらされ、既に存在する他人の商品の形態と酷似しているものと評価できないような場合には、実質的に同一の形態とはいえないものというべきである。

3　これを本件についてみると、前記1の認定事実によれば、原告商品と被告商品とは、本体部分において、全体が金属製で偏平であり、柄及び刃体と鍔部とが交差して縦長の概略十字形をなし、表面側の十字の中心部分に宝石状にカットされた円い形状のガラス玉がはめ込まれている双刃の洋剣の刃先を下方に向けたものに、竜が、下方の洋剣の刃先部分から、刃体、鍔部、柄部と上方に向けて左巻きにほぼ二巻き螺旋状に巻きついた状態に表側、裏側共に浮彫りされており、本体部分の上端の孔に連結部の一端の環が挿通され、連結部の他端の環に鍵を保持する大きなリングが挿通されている点、本体部分の表面から見ると、柄上端部分にその頭部を表す竜は、鍔部の左端に右前足を、柄部と鍔部の交差部分の右側に左前足をかけ、頭部を柄上端部分に右上方から左斜め下方に向けて、同方向をにらみながら、威嚇するように口を開け、牙を見せており、胴体が洋剣の刃体の中程の手前側を左上から右下へS字状にうねり、刃体の裏側を回って洋剣に巻きついている点、全体の色彩が、金属的光沢を有する黒味を帯びた銀色である点で共通していることが認められるが、他方、原告商品では、洋剣に巻きついている竜は頭部が一個の通常の竜であり、表面側から見て、洋剣の刃先の左方に尾の先が表れているのに対し、被告商品では、洋剣に巻きついている竜は胴体の両端に頭部のある双頭の竜であり、表面側から見て、洋剣の刃先の左方にも頭部が表れており、左下から右斜上方に向いて柄部

分側の頭部と向き合ってにらみながら威嚇するように口を開け、牙を見せている点、本体部分の大きさが、原告商品では、縦約6.8cm、横最大幅は約2.7cmであるのに対し、被告商品では、縦約8cm、横最大幅は約4cmである点、竜の顔、鱗などの彫りの深さ、背鰭の形状の詳細、ガラス玉の色の点で異なっていることが認められる。

　右のとおり、原告商品は頭部が一個の通常の竜であるのに対し、被告商品は胴体の両端に頭部のある双頭の竜であるという相違点が存するところ、被告商品の製造、販売時において、双頭の竜を表したキーホルダーが存在したことを認め得る的確な証拠はなく（証人Aは、右のようなキーホルダーを見たことがある旨供述しているが、たやすく措信できない。）、また、双頭あるいは複数の頭を有する竜のデザイン自体がよく知られたものであることを認め得る証拠もないこと、原告商品、被告商品とも、基本的には、洋剣と竜のデザインを組み合わせたものであって、商品としての形態上、竜の具体的形態が占める比重は極めて高く、被告商品において洋剣の柄部分側と刃先側に表された竜の頭部が向き合っている形態は、需要者に強く印象づけられるものと推認されることからすると、被告商品における竜の具体的形態は、被告商品の全体的な形態の中にあって独自の形態的な特徴をもたらしているものと認められること、本体部分の大きさの違いもわずかであるとはいえ、表面部分の面積を対比しても、ほぼ1（原告商品）対2（被告商品）程度の違いがあり、量感的にも相当の違いがあること（検甲第1、第2号証）からすると、原告商品の形態と被告商品の形態との間に前記のとおりの共通点が存すること、及び、原告商品の製造、販売当時（平成6年1月）において、原告商品の基本的構成である、本体部分において、全体が金属製で偏平であり、柄及び刃体と鍔部とが交差して縦長の概略十字形で表面側の十字の中心部分に宝石状にカットされた円い形状のガラス玉がはめ込まれている双刃の洋剣に、竜が、洋剣の刃先部分から、刃体、鍔部、柄部と上方に向けて左巻きにほぼ二巻き螺旋状に巻きついた状態に表側、裏側共に浮彫りされている形態、あるいはこれに類似する形態を有するキーホルダーが存在していたことを認めるに足りる証拠がないことを考慮しても、被告商品の形態が原告商品の形態に酷似しているとまでは認め難く、実質的に同一であるとは認められない」。

【コメント】

1 「模倣」の意義

本判決は、2条1項3号の「模倣」の解釈が示された判決である。

本判決は、「『模倣』とは、既に存在する他人の商品の形態をまねてこれと同一または実質的に同一の形態の商品を作り出すことをいい、客観的には、他人の商品と作り出された商品を対比して観察した場合に、形態が同一であるか実質的に同一といえる程に酷似していることを要し、主観的には、当該他人の商品形態を知り、これを形態が同一であるか実質的に同一といえる程に酷似した形態の商品と客観的に評価される形態の商品を作り出すことを認識していることを要するものである」とし、「模倣」を「同一または実質に同一」のものとしている。

本判決の後、本判決などの判例の蓄積を踏まえ、平成17年改正により、本号の規定する「模倣する」について「この法律において『模倣する』とは、他人の商品の形態に依拠して、これと実質的に同一の形態の商品を作り出すことをいう」との定義規定（2条5項）が設けられ、文言の明確化が図られた。

2 本事案について

本事案では、原判決・本判決とも、主な相違点として、①竜の頭の数の違いに関する点、②商品全体のサイズの違いに関する点、および③形状の詳細やガラス玉の色の違いに関する点が指摘されている。

しかし、原判決では、これらの相違点が全体の形態に与える影響は小さいと判断され、「両者の形態は酷似しており、実質的に同一である」と判断されたのに対し、本判決では、相違点が与える影響が大きく判断され、「被告商品の形態が原告商品の形態に酷似しているとまでは認め難く、実質的に同一であるとは認められない」とされ、原判決とは反対の評価がなされている。

（面谷和範）

ドラゴン・ソードキーホルダー事件

原告商品  裏面部分 表面部分

被告商品   裏面部分 表面部分

▶判例コメント・2

【事件名】 タオルセット事件
【判決裁判所】 大阪地方裁判所（平成7年(ワ)第10247号）
【判決年月日】 平成10年9月10日
【出典】 判時1659号105頁
【不正競争行為】 2条1項3号
【請求内容】 損害賠償
【結論】 一部認容（確定）

【事案の概要】
　「BEAR'S CLUB」と題するタオルセット（小熊の人形、タオルハンガー、小熊の絵が描かれたタオル類、籐カゴの組合せからなり、特有の色彩が施された箱に詰められている）を販売している原告が、「DECOT BEAR'S COLLECTION」と題する類似のタオルセットを販売していた被告に対し、被告商品の販売行為が2条1項3号の不正競争行為に該当するとして、4条に基づき損害賠償を請求した。

【争点】
1　被告商品は原告商品を模倣したものか。〔肯定〕
2　原告商品の形態が第三者の商標権を侵害する場合でも、原告商品の形態は2条1項3号により保護されるか。〔肯定〕

【判旨】
　1　争点1——被告商品は原告商品を模倣したものか
(1)　比較の対象について
　原告商品と被告商品の具体的形態は、包装箱または籐カゴに収納された状態において別紙商品比較表（省略）のとおりであると認められる。なお、これらの商品は、いずれも包装箱または籐カゴに収納された状態で展示され、購入されるのであるから、その形態は右収納状態のものを中心に捉えるのが相当である。
(2)　実質的同一性についての判断

タオルセット事件

(A) 包装箱に収納された状態の原告商品を正面から見た場合に、形態上の最も大きな特徴として看取されるのは、小熊の人形と小熊の絵が描かれたタオルがそれぞれ大きなブロックを形成し、それらが組み合わされて全体としての商品を構成しているという点である。

(ア) 小熊の人形について

大きさ、色および表情においてほぼ同一であり、加えて、左耳の上に白いポンポンのついた赤色の三角錐状の帽子をかぶせている点、胸部分に丸い輪のタオルハンガーが取り付けられている点も同一であり、これらは小熊の人形を特徴づけており、見る者の注意を惹くところでもあるから、全体としてほぼ同一の形態であるということができる。

アクセサリーには違いがあるものの、いずれも小熊が両手で持つように配置されているうえに、いずれも色彩が赤と白からなっているものであって、全体的な同一性に照らすと些細な相違にとどまる。また、タオルハンガーについても、色彩において差異があるものの、その形状、大きさおよび取付場所はほぼ同一であり、全体的な同一性に照らすと、やはり些細な相違にとどまる。

(イ) 小熊の絵が描かれたタオルについて

白地のタオルに数頭のかわいい小熊の絵が描かれている点、小熊の色が茶色である点、その服と帽子の色が赤、青、緑および黄の組合せからなっている点、熊の絵の間には「BEAR」を中心とするロゴが記されている点が共通しており、これらの点は、タオルの柄を構成する基本的部分であって、形態上の印象の強い部分である。

小熊の絵、色、姿勢、服装および小熊の数並びにロゴの文字に異なる点があるが、基本的部分の共通点や小熊の人形の同一性に照らせば、小さな相違にとどまっているものというべきであり、タオル自体についても、類似性の強い形態である。

(ウ) 小熊の人形およびタオルの組合せについて

商品の構成が全く同一であり、大きさもほぼ同一である。もっとも、タオルと小熊の人形の配置が左右逆となっているが、形態上の大きな相違とはならない。

また、被告新商品は、原告商品と比べて、ピンク地に赤白のハートの模様が

多数散りばめられたキッチンクロスが小熊の人形の下部に配されている点が異なる。その余の部分と明らかに色彩や模様が異なり、その占める面積も比較的大きなことから、この相違を軽視することはできないように考えられなくもない。しかし、小熊とは形態上の関係がないキッチンクロスの比重は相対的に低くなるというべきであり、なお商品全体の形態上の同一性を失うまでには至らない。

その他、商品の外装として、包装箱の色彩がいずれも赤、白および青の三色からなる点も共通しており、籐カゴのついている商品については、包装箱の上面と前面が切り抜かれて、透明のプラスチックが貼られている点も共通している。

(B) 被告は、アクセサリーの色、タオルの柄およびキッチンクロスの存否の相違から、原告商品では全体として活発な男の子の印象を与えるのに対し、被告商品では全体としてかわいい女の子の印象を与えると主張する。しかし、(いずれの商品も) 第一印象は、小熊をモチーフとしたかわいらしいタオルセットというものであって、(前記) 印象の差は、両者を子細に見比べたうえでようやく理解できることであって、この点を重視することはできない。

(C) 以上を総合すれば、全体としてそれぞれ実質的に同一の形態であると認められる。

(3) アクセスについて

原告商品の販売の開始は、被告商品の販売開始の約11カ月前であり、被告は既に販売されていた商品を参考としたこと、小熊をモチーフとするタオルセットの形態には、他に選択する余地があり得るにもかかわらず形態も取り合わせも実質的に同一の商品を販売したことからすると、被告は原告商品を主観的に模倣したものと推認される。

(4) 結論

以上により、被告商品は、原告商品の形態を模倣したものと認められる。

2 争点2──原告商品の形態が第三者の商標権を侵害する場合でも、原告商品の形態は2条1項3号により保護されるか

(1) 判断枠組み

不正競争行為の被害者に他人の商標権を侵害する点があったとしても、それ

だけでは直ちに当該被害者が不正競争行為者に対して不正競争防止法上の権利を主張する妨げとはならないものと解すべきである。けだし、不正競争防止法は、事業者間の公正な競争を確保するために、一定の行為類型を不正競争行為とし、それを規制したものであって、この趣旨を実現するためには、右のように解することが必要であり、また、右被害者自身の商標権侵害行為は、不正競争行為とは別個の法律関係であって、商標権者と右被害者との間において別途規律されることが可能であり、それで足りるからである。

もっとも、不正競争防止法の前記趣旨からすれば、不正競争行為の被害者による商標権侵害行為自体が、単に第三者との間での別途の規律に委ねるだけでは足りず、被害にかかる不正競争行為を事実上容認することとなっても、なおかつ規制する必要があると考えられる程度の強い違法性を有する場合には、当該被害者が不正競争防止法上の権利の主張をすることが許されない場合もあるものと解される。

(2) **本件でのあてはめ**

本件で丸高衣料の商標権を侵害したのは原告商品の形態のうち「BEAR'S CLUB」のロゴの部分であり、原告商品の形態全体からすれば枝葉に属する部分であるにすぎず、また原告は、本訴提起後に丸高衣料からクレームが寄せられると、約2カ月後には和解契約を締結し、商品名およびロゴを変更するとともに和解金を支払っている。これらの事実からすれば、本件で原告が不正競争防止法に基づき原告商品の形態を保護を求めることは、なお妨げられない。

【コメント】

1 セット商品の商品形態性

本件で問題となった商品は、複数の商品を組み合わせたいわゆる「セット商品」である。この場合に、個々の商品ではなく、そのセット商品の形態が「商品形態」として保護されるかについては議論がありうる（この点を否定的に解するものとして、三村量一「商品の形態模倣について」牧野利秋ほか編『知的財産法の理論と実務3』（新日本法規出版、2007年）286頁）。

本件において、裁判所は、「これらの商品は、いずれも包装箱又は籐カゴに収納された状態で展示され、購入されるのであるから、その形態は右収納状態のものを中心にとらえるのが相当である」と述べて、この点を肯定的に解して

いる。

　この点、このようなセット商品においては、その企画開発にあたり各商品の取捨選択や配置等でさまざまな創意工夫がなされているのが通常であり、その点に資本や労力の投下がなされているうえ、消費者に受け入れられるかどうかの販売上のリスクも負っている以上、セット商品全体の形状に商品形態性を認めて保護を論じるのが妥当であるというべきで、判旨は正当である。

　なお、本判決では、「実質的同一性」の判断について、従前の裁判例と同様に、原告商品についての特徴的な部分を抽出し、被告商品が当該特徴的部分を備えている場合には、全体として実質的に同一であるとし、付随的な部分や、些細な部分の相違についてはこの同一性判断に影響を及ぼさないとの判断手法をとっている。極めて詳細な判示が行われており、このようなセット商品について、実際にその形態上の特徴をどのように把握し、評価すべきかという点について実務上参考になる。

　なお、参考判例として、宅配ずしの外観が問題となった東京地判H13・9・6判時1804号117頁「宅配鮨事件」も参照されたい。裁判所は、「宅配鮨については、一般論としては、使用する容器、ネタ及び添え物の種類、配置等によって構成されるところの1個1個の鮨を超えた全体としての形状、模様、色彩及び質量感などが商品の形態となり得るものであって、容器の形状や、これに詰められた複数の鮨の組合せ・配置に、従来の宅配鮨に見られないような独自の特徴が存するような場合（例えば、奇抜な形状の容器を用いた場合や、特定の文字や図柄など何らかの特徴的な模様を描くように複数の鮨を配置した場合）には、不正競争防止法による保護の対象たる『商品の形態』となり得るものと解される」と判示したが、結論においては、原告商品の形態は、同種の商品が通常有する形態であるとして、不正競争に該当しないとしている。

2　商標権侵害と不正競争防止法の適用について

　自らが他人の商標権の侵害者であった場合に、不正競争防止法上の請求権の行使を制限されるか。

　本判決は、原告となった不正競争行為の被害者の商標権侵害が強い違法性を有する場合でない限り、権利行使は妨げられるものではないと判示した。結論は妥当である。ただ、どのような場合に「強い違法性を有する場合」といえる

タオルセット事件

か（例えば、商品中のタオルに著名なキャラクターを無断で利用している場合や、小熊の人形が他人の意匠権を侵害している場合などが考えうる）という点については、なおも検討の余地がある。

（川村和久）

原告商品

被告商品

▶判例コメント・3

【事件名】　フレッドペリー並行輸入事件
【判決裁判所】　東京地方裁判所（平成8年(ワ)第8625号、平成8年(ワ)第12105号、平成8年(ワ)第15011号）
【判決（決定）年月日】　平成11年1月28日
【出典】　判時1670号75頁、判タ995号242頁
【不正競争行為】　2条1項1号・2号・15号
【請求内容】　（甲事件）広告等の差止め、損害賠償
　　　　　　　（乙・丙事件）輸入等の差止め、廃棄、損害賠償、謝罪広告の掲載
【結論】　（甲事件）一部認容
　　　　　（乙・丙事件）各請求棄却

【事案の概要】

　被告は、「FRED PERRY」の英文字、月桂樹の図形またはその組合せからなる各商標に係る商標権（以下、これらを「本件商標権」といい、その登録商標を「本件登録商標」という）の商標権者である。原告らは、中国において製造された原告ら標章が付されたポロシャツ（以下、「本件商品」という）を輸入し、日本国内で販売した（以下、「原告行為」という）ところ、被告は、①本件商品が偽造品である旨の新聞広告を行い、②原告らが本件商品を納入していた小売店に対し、その販売中止を求める旨の文書を送付した（以下、①②を総称して「被告行為」という）。本件は、原告らが被告に対し、被告行為が2条1項15号に該当すると主張して、広告等の差止めおよび損害賠償を請求し（甲事件）、被告が原告らに対し、原告行為は商標権侵害並びに不正競争防止法2条1項1号および2号に該当すると主張して、本件商品の輸入等の差止めおよび廃棄、損害賠償並びに謝罪広告の掲載を請求（乙・丙事件）した事案である。

　本件では、本件商標権の前権利者であり、シンガポールにおける各登録商標（以下、「シンガポール商標」という）の商標権者である英国法人が、訴外シンガポール法人A社との間で、シンガポール商標の使用を許諾する旨の契約（以下、「本件許諾契約」という）を締結していたが、A社は、本件許諾契約におけ

る製造地域制限条項に違反して、許諾地域外である中国において本件商品を製造した。

なお、原告ら標章が本件登録商標と同一または類似であることは当事者間で争いがなく、本件商品が本件商標権の指定商品に含まれることは明らかである。

【争点】
1 本件商品の輸入販売行為が、いわゆる真正商品の並行輸入として、商標権侵害および不正競争行為としての違法性を欠くか。
2 許諾契約に定める許諾地域外において製造された商品であっても、真正商品と解することができるか。
3 被告行為の信用毀損行為該当性

【判旨】
　1　並行輸入の商標権侵害等該当性（実質的違法性を欠く場合の要件）

裁判所は、被告の請求に関し、原告行為が外形的には本件商標権の侵害行為および2条1項1号および2号の不正競争行為に該当し得ることを前提として、いかなる場合に真正商品の並行輸入として違法性を欠くこととなるかを検討した。

まず、商標の本質が出所表示機能および品質保証機能（以下、「出所表示機能等」という）にあることをあげたうえで、「形式的には商標権侵害に当たると認められる行為であっても、出所表示機能等を害さない場合には、実質的に商標権侵害の違法性を有」しないことを明らかにした。

次に、実質的違法性を欠くというためには、「我が国の登録商標と同一又は類似の標章を付した商品が輸入された場合であっても、それがいわゆる真正商品の並行輸入である場合、すなわち、当該標章が輸出元国における商標権者又は商標権者から契約等によって使用を許諾された者（以下「被許諾者」という。）等によって適法に付されたものであり、我が国の商標権者と輸出元国における商標権者が同一人であるか又は法律的若しくは経済的に見て一体といえる関係にあって実質的に同一人であると認められ、商品の品質が実質的に同一であるといえる」ことを要する旨判示した。

さらに、2条1項1号および2号は周知著名表示について、登録商標に対す

るものと同趣旨の法的保護を与えるものであることを理由として、「商標権侵害としての実質的な違法性を有しない真正商品の並行輸入は、不正競争行為ということもできず、同法上の違法性を有しない」と述べ、商標権の場合と判断枠組みを同じくすることを明らかにした。

2 許諾契約違反行為により製造された商品の真正商品性

裁判所は、本件商品が許諾地域外で製造され、本件許諾契約に違反するとしても、当該事実は、並行輸入として実質的違法性を欠くかどうかの判断に影響しない旨述べた。すなわち、「本件において契約違反とされているのはA社が製造場所の制限に違反したという点のみであるところ、右のような契約条項違反の有無は、いわゆる真正商品の並行輸入として商標権侵害の実質的違法性を欠くものかどうかの判断に影響しないものというべきである。けだし、許諾の対象となった種類の商品を被許諾者が許諾契約に定められた地域において製造したかどうかは、商標権者と被許諾者の間の内部関係というべきものであって、許諾契約における右のような個々の条項について違反があったからといって、第三者（取引者、需要者）に対する関係では、当該商品の出所表示機能等が害されたということはできないからである」と述べ、製造地域制限違反を理由とする、本件商品は真正商品に当たらないとの被告の主張を排斥した。

そして、裁判所は、商標権者の同一性および品質の実質的同一性をいずれも認め、結論として、被告の請求（乙・丙事件）をいずれも棄却した。

3 信用毀損行為について

これに対し、甲事件に係る原告の請求については、被告行為は、「その内容に照らし、原告らの営業上の信用を害する虚偽の事実を告知し、流布する行為」である旨判示し、差止めおよび損害賠償を認めた。

【コメント】

1 本件における不正競争行為の位置づけと判断手法について

本件では、不正競争防止法との関係では、本件商品の輸入販売行為の2条1項1号および2号該当性並びに被告行為の信用毀損行為該当性が問題となっているものの、裁判所は、商標権侵害の成否を中心的に検討している。そして、商標権侵害が成立しないために、登録商標に対するものと同趣旨の法的保護を与える規定である2条1項1号および2号の不正競争行為も成立しないという

ように、商標権侵害と不正競争行為に係る判断を連動させている。また、信用毀損行為該当性の判断においても、いわゆる従来型の判断手法をとっているため、その結論は商標権侵害に係る判断と事実上連動させている（この点については、後記4参照）。

そこで、本稿は、本判決における不正競争防止法上の争点についてのコメントではあるものの、実質的には商標権侵害の成否についてコメントする形となっている。

2 並行輸入について

並行輸入とは、海外メーカーの日本法人や正規代理店といった正規のルートとは別のルートで真正品を輸入することをいう。並行輸入がなされた場合、当該輸入行為およびこれに基づく販売行為は、形式的にはわが国商標権の侵害を構成しうるところ（商標法2条3項2号）、上記各行為が真正商品の並行輸入と評価されるのであれば、実質的にみて違法性はないと考えることができる。そこで、いかなる場合に実質的違法性が阻却されるのか、その要件につき従前から議論されてきた。この論点に関するリーディングケースは、「パーカー事件」（大阪地判S45・2・27無体集2巻1号71頁）であり、同事件以来、「商標権侵害に形式的に該当する行為であっても、当該行為により商標の本質的機能が害されない場合は、当該行為は実質的違法性を欠くものとして許される、とする法理」（いわゆる商標機能論。宮脇正晴「並行輸入〔フレッドペリー事件〕」判例百選72頁）により処理されてきた。

商標の機能としては、出所表示機能、品質保証機能、宣伝広告機能をあげるのが一般ではあるが、いずれの機能を本質的とみるかについては争いがある。本判決は、出所表示機能および品質保証機能に触れたうえで、違法性を阻却する要件としては、①標章を付すことの適法性、②輸出元国とわが国の商標権者の実質的同一性、③商品の品質の実質的同一性をあげた。①の要件が要求される理由は、標章を付すことにつき権限が認められない場合には出所表示機能を害するという点にあると思われる。

本件で問題となったのは、①の要件において、本件商品は許諾地域外で製造されたという契約違反をどのように評価するかである。本判決は、上記契約違反は出所表示機能等を害しないことを理由として、原告ら標章は適法に付され

たものと認定した。後記のとおり、この点については異なる考え方もあり得よう。

3　フレッドペリー最高裁判決との関係について

フレッドペリー標章が問題となった並行輸入の事案としては、本件（東京ルート）の他に、輸入業者が異なるものの、東京ルートと事実関係はほぼ共通する大阪地判H12・12・21判タ1063号248頁（大阪ルート）が存在し、大阪ルートについては控訴審を経て上告がなされた。これに対する最高裁の判断が、最判H15・2・27裁判所HPである。

最高裁は、「(1)当該商標が外国における商標権者又は当該商標権者から使用許諾を受けた者により適法に付されたものであり、(2)当該外国における商標権者と我が国の商標権者とが同一人であるか又は法律的若しくは経済的に同一人と同視し得るような関係があることにより、当該商標が我が国の登録商標と同一の出所を表示するものであって、(3)我が国の商標権者が直接的に又は間接的に当該商品の品質管理を行い得る立場にあることから、当該商品と我が国の商標権者が登録商標を付した商品とが当該登録商標の保証する品質において実質的に差異がないと評価される場合には、いわゆる真正商品の並行輸入として、商標権侵害としての実質的違法性を欠く」との判断基準を示した。

そして、許諾地域外において製造され標章が付されたことから出所表示機能を害すること、並びに、製造地域制限および許諾者の同意を得ることなく下請業者に製造させたことから品質保証機能が害されるおそれをそれぞれ認定し、真正商品の並行輸入とは認められないため、実質的違法性を欠くことはない旨判断した。

このように、上記最高裁判決と本判決とは結論が異なる。その理由としては、大阪ルートの事案では、製造地域制限だけでなく下請制限違反も問題になっていたという事実関係の差異が挙げられる。もっとも、これのみならず、出所表示機能についての考え方が異なるようにも思われる。すなわち、出所表示機能を実質的にとらえ、出所表示主体による品質管理が排除されるような商品の輸入・販売行為は出所表示機能を害すると考えれば、本件商品のように、本件許諾契約の製造地制限条項に違反して製造されたときは、もはや標章が適法に付されたものとはいえないことになる。最高裁はこのような見解に基づい

て出所表示機能を害すると判断しているように思われる。これに対し、本判決は、出所表示機能を「単に誰が商標を付したかに関わるものと捉えている」と推測される（茶園成樹「判例評釈ライセンス契約における製造地・製造者制限条項の違反と並行輸入の許否」発明100巻2号（2003年）96頁）。ただし、本判決の考え方に依ったとしても、許諾地域制限条項以外のライセンス契約違反をどのように評価するかは必ずしも明らかでない。

なお、およそ契約違反があれば常に前記2の①の要件を欠くわけではなく、問題となるのは、あくまで出所表示機能（または品質保証機能）に関係する契約違反に限られるものと思われる。

4　信用毀損行為該当性について

本判決は、本件商品の輸入販売行為が商標権侵害並びに2条1項1号および2号所定の不正競争行為を構成しない旨判断したうえで、被告行為は「虚偽の事実を告知し、流布する行為」に該当すると判断した。このように、権利者が取引先等に対し、競業者が自己の権利を侵害している旨の通知等を行った場合において、結果的に権利侵害が否定されたときは、当該通知の内容が「虚偽」となり、信用毀損行為を構成しうると解するのが従来の通説であり、本判決はこれに依ったものと思われる。これに対して、**判例コメント31**＝動く手すり事件（第一審）のように、知的財産権の正当な権利行使といえる場合には不正競争行為を構成しないとする新傾向の裁判例も存在する。

5　本件の控訴審判決について

控訴審判決（東京高判H12・4・19裁判所HP）は、商標権侵害並びに2条1項1号および2号所定の不正競争行為の成否に関し、本判決の判断枠組みを是認した。そのうえで、新たに、本件許諾契約の解除という事実を認定しつつも、当該解除時以前の原告行為は遡及的に違法となることはなく、今後、原告において同様の輸入販売行為をするおそれが証拠上認められないこと等を理由として、乙・丙事件に係る被告の各請求を棄却した。

信用毀損行為該当性に関しては、被告は、被告行為について、極めて高度の法的評価の問題であり、商標権者に対し、新聞広告や通告書の送付等による自己の権利を守るための行為を差し控えるよう期待するのは不可能であるため、故意または過失を欠く旨主張した。しかし、控訴審裁判所は、司法手続によら

ず、また本件許諾契約の解除を確認することもなく、一方的に広告掲載等を行っている以上、少なくとも過失が認められる旨判示し、本判決を支持した（もっとも、上記のとおり、本件許諾契約は解除されているため、当該解除後の輸入に係る本件商品が偽造である旨等の広告および通知を禁止することはできないとの限度で、甲事件について、原告勝訴部分を縮小する旨の原判決の変更を行った）。

(松田誠司)

▶判例コメント・4

【事件名】　正露丸糖衣Ａ事件
【判決裁判所】　大阪地方裁判所（平成8年(ワ)第4074号）
【判決年月日】　平成11年3月11日
【出典】　判タ1023号257頁
【不正競争行為】　2条1項1号・2号
【請求内容】　製造販売・展示の差止め、廃棄、損害賠償
【結論】　損害賠償請求のみ一部認容
【事案の概要】
　「セイロガン糖衣Ａ」という表示（原告表示一）または当該表示を使用した商品パッケージデザインを使用した一般消費者向け胃腸薬を製造販売する原告が、当該表示は原告商品を示す商品表示として周知性または著名性を獲得しているとして、「正露丸糖衣錠ＡＡ」という表示（被告表示一）および当該表示を使用したパッケージデザインを使用した一般消費者向け胃腸薬を製造販売する被告らに対し、これらの行為は2条1項1号または2号に該当するとして、被告商品の製造販売等の差止め、廃棄および損害賠償を求めた事案。
【争点】
1　被告表示を使用した被告製品の販売は、2条1項2号に規定する不正競争行為に該当するか。
　(1)　原告表示は、同号の著名な商品表示に該当するか。
　(2)　被告表示一は、原告表示一と類似するか。
2　被告表示は、普通名称を普通に用いられる方法で使用したもの（19条1項1号）に該当するか。
【判旨】
　　1　被告表示を使用した被告製品の販売は、2条1項2号に規定する不正競争行為に該当するか
　(1)　原告表示は、同号の著名な商品表示に該当するか
(A)　「セイロガン」

過去の裁判において「正露丸」の語は普通名称にすぎないと判断され、「正露丸（セイロガン）」の商標登録が無効とされている（東京高判Ｓ46・9・3判タ269号204頁）。

「ある標章が普通名称であるか否かはもっぱら取引界の実情との関係で相対的に判断されるべきものであるから、ある時期において普通名称であるとされた標章であっても、その後の取引の実情の変化により、特定の商品を指称するものとして取引界に認識され、自他識別性を獲得するに至る場合がある」。

しかし、本件では、自他識別性の獲得についての立証活動がないため、「『正露丸』自体はなお普通名称であると前提して判断せざるを得ない。そして、この理は、「正露丸」の片仮名人記である「セイロガン」についても同様である」。

(B) 「糖衣」

「糖衣」の語自体は、製剤の一類型を指称する普通名称であるから、これに自他識別力を認めることはできない。

(C) 「Ａ」

「『Ａ』は、アルファベット最初の文字にすぎず、それ自体では自他識別力を認めることはできない」。

(D) 「セイロガン」「糖衣」「Ａ」の結合

「セイロガン」、「糖衣」、「Ａ」の各要素自体については自他識別力を認めることができない。そこで次に、それらが結合した原告表示一の著名商品表示性について検討する。

「原告は、クレオソートを主剤とする胃腸丸薬（正露丸）に糖衣コーティングを施した製剤について、昭和56年11月に原告表示一の使用を開始し、以後一貫して原告表示一を使用してきている」。

「『クレオソートを主剤とする胃腸薬の糖衣錠』に関する売上は、原告製品が約95パーセント」と、「原告製品が同種の製品中で圧倒的なシェアを有している」。

「原告は、原告製品について、平成２年11月から平成７年10月までの間に、新聞、テレビ及びラジオを通じた宣伝広告費用として、計約24億5000万円（これには、原告が別途販売している『正露丸』が混在するものは含まれていない。）を投下した」。「新聞広告においては、通常、原告が別途販売している『正露丸』

と並べて原告製品の広告がなされており、そこでは原告表示一が表示され、同時にラッパのマーク及び『わたしにはラッパのマークがついています』との記載がある。

また、テレビ広告においては、種々のバリエーションがあるが、いずれにおいても『セイロガントーイエー』と商品名が連呼され、原告表示二の包装箱が映し出されている。また、それとともに、『大幸薬品です』又は『ラッパのマークの大幸薬品です』とのナレーションが挿入されている」。

「原告製品についての以上のような大量の販売、長期にわたる強力な広告宣伝、他に同種の商品名を持つ有力な競合商品も存しなかったことからすれば、原告製品は、被告製品が発売された平成7年4月以前の時点において、すでに『セイロガン糖衣A』の商品名で広く国民の間に浸透していたということができる。」そして、需要者が「セイロガントーイエー」(テレビの場合)なる「原告表示一の称呼を聞いたときには、原告製品を連想・想起させる状況に至っていたといえ、原告表示一は原告商品を識別する周知著名な商品表示となっていたものというべきである」。

「宣伝広告において商品名とともに自社の名称や標章をも宣伝することは通常行われるところであるから、ラッパのマークが宣伝中で強調されているからといって、原告表示一自体の識別力を否定する理由とはならない。むしろ、先に指摘した原告製品の販売実績と宣伝広告実績からすれば、原告表示一は、原告の標章であるラッパのマークとは独立して、原告製品を示す商品表示としての識別性を獲得しているというべきである」。

以上より、原告表示一は2条1項2号の「著名な商品等表示」に当たる。

(2) **被告表示一は、原告表示一と類似するか**

「両者の外観は、原告表示一が『セイロガン糖衣A』の文字に固有のデザインを施してなるのに対し、被告表示一は、いずれも明朝体又はゴシック体で『正露丸糖衣錠ＡＡ』と横書にしてなるのを中心とし」ている。

「次に、両者の称呼は、原告表示一が『セーロガントーイエー』又は『セーロガントーイ』であるのに対し、被告表示一は、『セーロガントーイジョウエーエー』であると認められ、後者が『セーロガントーイ』の次に『ジョウ』が加わり、さらに、『エー』の後に『エー』が加わる点で異なる。しかし、こ

のような差異は、原告表示一や被告表示一のような長い称呼の中で見れば大きな相違ということはできず、先に認定した原告表示一の著名性をも考え併せれば、需要者は、被告表示一の称呼に接した場合、聞き馴染んでいる『セーロガントーイ』と『エー』の部分の共通性により、原告表示一を連想・想起し、両者を類似のものとして受けとるおそれがあるというべきである」。

以上より、原告表示一と被告表示一は類似しており、被告表示一の使用は、2条1項2号の各要件を満たすものと認められる。

2 被告表示は、普通名称を普通に用いられる方法で使用したもの（19条1項1号）に該当するか

「被告らは、被告表示一の『正露丸糖衣錠ＡＡ』は、いずれも識別力のない『正露丸』、『糖衣錠』及び『ＡＡ』を普通に用いる方法で組み合せたにすぎないから、普通名称を普通に用いる方法で使用したものにすぎないと主張する。

確かに、前記のように『正露丸』、『衣錠』及び『ＡＡ』の各部分には識別力かないことは、被告ら指摘のとおりである。そして、前記のように『正露丸』をクレオソートを主剤とする丸薬の普通名称であると前提し、『糖衣錠』は製剤の一類型を指称する普通名称であるとした場合、それらを結合した表示である『正露丸糖衣錠』は、『クレオソートを主剤とする丸薬を糖衣で被覆した錠剤』という医薬品の性質を表示する域を出ないから、なお普通名称であるというを妨げない。しかし、それに『ＡＡ』を付加した『正露丸糖衣錠ＡＡ』についていえば、前記のような『クレオソートを主剤とする丸薬を糖衣で被覆した錠剤』という医薬品の性質を表示するために『ＡＡ』を付加しなければならない事情や、付加するのが通常であるという事情を見出すことができないから、『正露丸糖衣錠ＡＡ』を全体として普通名称であるということはできない。また被告らは、医薬品の末尾にアルファベットを付加するのは一般的行われていると主張するが、右は一般論にすぎず、既に原告表示一のような周知著名な表示を用いた同種の医薬品が存在する状況の下において、他に種々の表示態様を採り得るにもかかわらず、あえて『ＡＡ』を加えることによって、より原告表示一に接近させる表示方法は、『正露丸糖衣錠』という普通名称を普通に用いられる方法で使用するものとはいえない。

したがって、本件では、被告表示一につき、普通名称を普通に用いられる方

法で使用したものとはいえない」。

【コメント】

1　他の同種訴訟の状況

本件原告は、「正露丸」「正露丸糖衣Ａ」等を製造販売している大幸薬品株式会社である。本件は、被告が販売する「正露丸糖衣錠ＡＡ」が原告の周知・著名な商品等表示である「正露丸糖衣Ａ」と類似し混同を生じさせるとして、販売の差止め等と損害賠償を求めたものである。原告は、複数の被告を相手に本件以外にも複数の訴訟を提起している。

たとえば、原告が「ラッパの図柄」を商品に表示して「正露丸」を製造販売していたのに対して、Ｉ社は、「瓢箪の図柄」を商品に表示して「正露丸」を製造販売していた。原告はＩ社に対して、2条1項1号・2号の不正競争行為に該当すると主張したが、「正露丸」「SEIROGAN」の表示は、それだけでは現在においてもなお原告製品を示す商品表示性を取得したものとはいえない、「ラッパの図柄」と「瓢箪の図柄」は明確に異なるとして、請求が棄却された（大阪高判H19・10・11判時1986号132頁）。

Ｓ社が製造販売する「正露丸糖衣Ｓ」が原告の製造販売している著名な「正露丸糖衣Ａ」に類似しているとして、表示の使用差止め等を求めた裁判では、外観に相違があるとして、請求が棄却されている（大阪高判H25・9・26裁判所HP）。

2　適用除外

19条1項1号は、商品または営業の普通名称や慣用表示は、特定人の独占に適さないことから、これを普通に用いる方法で使用した商品の譲渡等をすることを適用除外として定めている。

「普通名称」とは、商品または営業の一般的な名称として使用されているものであるとされており、普通名称の単なる組合せも、普通名称になるとされている。ただし、商品との関係で出所識別力を有する場合には普通名称とはならない。本件においては、「正露丸」「糖衣錠」「ＡＡ」はそれぞれ普通名称であり、これを結合させた「正露丸糖衣錠」も普通名称であるとされた。しかし、「正露丸糖衣錠ＡＡ」は、結合しなければならない事情も、結合するのが通常であるという事情もないとして、普通名称ではないとされた。

「普通に用いられる方法」とは、普通名称等の使用の態様が、一般取引上普通に行われる程度のものをいうとされている。本件においては、他に種々の表示態様があるにもかかわらず、あえて著名な商品等表示である「セイロガン糖衣Ａ」に近づけることは普通に用いられる方法ではないとされた。

(松田直弘)

(原告表示一)　　　　　　(被告表示一)

セイロガン糖衣Ａ

A. セーロガントーイジョウ
　　正露丸糖衣錠ＡＡ

B. 正露丸糖衣錠ＡＡ

C. 正露丸糖衣錠ＡＡ

D. セイロ ガントウ イ ジョウ
　　正露丸糖衣錠ＡＡ

プリーツ・プリーズ事件

▶判例コメント・5

【事件名】　プリーツ・プリーズ事件
【判決裁判所】　東京地方裁判所（平成7年(ワ)第13557号）
【判決年月日】　平成11年6月29日
【出典】　判時1693号139頁、判タ1008号250頁
【不正競争行為】　2条1項1号
【請求内容】　損害賠償、謝罪広告の掲載
【結論】　損害賠償請求認容（2条1項1号）、謝罪広告棄却（確定）

【事案の概要】
　原告は婦人服のシリーズ商品「プリーツ・プリーズ」（以下、「原告商品」という）のデザインを考案し、子会社に原告商品を製造・販売させていたところ、被告Y_1は婦人服のシリーズ商品「ルルド・エレガンス」（以下、「被告商品」という）を被告Y_2に納入し、Y_2は被告商品をその店舗で販売した。
　原告は、被告商品のデザインは原告商品のデザインに酷似しており、被告らによる被告商品の販売は、2条1項1号および3号の不正競争行為に当たるなどとして、これらを選択的に主張して損害賠償請求と謝罪広告を求めた。

【争点】
1　衣類の形態に商品の出所表示性が認められるか。
2　発売後1年余りの衣類の形態について周知性が認められるか。

【判旨】
　1　商品形態の出所表示性
　商品の形態には、商品の機能や効用のための形態や美観をよくするための形態などがあり、必ずしも商品の出所を表示するものではないことから、原告商品の形態が出所表示となっているかが争われた。
　本判決は、次のとおり判示して、商品形態が出所表示となり得ることを認めた。すなわち、特定の商品形態が同種の商品と識別し得る独自の特徴を有し、かつ、その商品形態が、長期間継続的かつ独占的に使用されるか、または短期間でも強力な宣伝等が伴って使用されたような場合には、商品の形態が商品の

出所表示の機能を有するとした。

そして、原告商品の形態について、「滑らかなポリエステルの生地からなる婦人用衣服において、縦方向の細かい直線状のランダムプリーツ（幅が一定しないひだ）が、肩線、袖口、裾などの縫い目部分も含めて全体に一様に施されており、その結果、衣服全体に厚みがなく一枚の布のような平面的な意匠を構成する」という共通した特徴があるとして、原告商品の形態には出所表示機能があると判断した。

これに対し、被告らは、原告商品の形態は、女性用衣類に要求される軽さ、しわになりにくいこと、型くずれしないことなどの機能をよりよく発揮するために、衣類全体にプリーツを施すという加工方法を選択した結果生じた形態で、技術的機能に由来する必然的な形態であるから、商品表示とはなり得ないと主張していた。しかし、このような機能を達成するための形態は、原告商品のようなものに限られないのであり、原告商品では、このような機能面のみならず、衣服としての美しさの観点から、一つのデザインとして上記のような形態を選択したものであることは、外形的なデザインが需要者から最も重視される婦人服という商品の性質上明らかというべきであるから、原告商品の形態は、その技術的機能に由来する必然的な形態とはいえないとして排斥した。

2 周知性

次に、原告商品は平成5年2月から一般に販売されたが、被告商品が販売され始めたのはその1年余り後の平成6年4月からであった。そこで、被告商品が販売された平成6年4月時点で、原告表示が出所表示として周知になっていたかが争われた。

この点、原告商品の形態が他の業者の同種商品には見られない独自の形態であったことを前提に、原告商品の発表・販売の経過、原告商品の雑誌・新聞への掲載、原告商品が、婦人服の分野において、全国的なヒット商品として一般に認識されていたことから、原告商品の形態は、遅くとも平成6年4月ころまでに、全国の服飾関係業者および一般消費者の間において、服飾ブランド「イッセイ・ミヤケ」を運営する営業主体の商品であることを示す商品表示としての機能を有するに至るとともに、商品表示として周知性になっていたと判示した。

3　結論

類似性については、原告商品の特徴的な形態は、被告商品も備えているとし、また販売・陳列方法が類似していること、販売価格帯がほぼ共通することから、混同のおそれもあるとした。なお、原告は、1号と3号を選択的に主張していたため、3号については判断されなかった。

そして、損害賠償請求については、被告らが販売により得た利益（10万円）全額を損害額と認めた。なお、信用回復措置として謝罪広告の掲載も請求していたが、原告の営業上の信用が現実に低下したことが認められないことや被告商品の販売期間が約2ヵ月と短かったことなどから必要がないとして認めなかった。

【コメント】

1　商品形態の商品表示性

(1)　技術的形態

商品形態が商品表示となるかについては、昭和30年代から訴訟でも争われ、一般論としては商品形態が商品表示となり得ることは認められていたが、具体的な事案においては認められることはなかった。そうしたところ、「ナイロール眼鏡事件」（東京地判S48・3・9無体集10巻2号509頁）において、初めて差止請求および損害賠償請求が認められることとなった。

商品形態を商品表示として保護を肯定する場合、いかなる形態であっても保護の対象となるのか、特に商品の技術的機能に由来する必然的な形態であっても保護されるのかという問題があった。技術的機能に由来する必然的な形態を保護から除外すべきと解する見解（技術的形態除外説）は、このような形態についてまで保護を認めると、本来、特許法、意匠法などで保護期間が限定されている権利について、実質的にその保護の延長を認める結果となり、他の産業財産権制度との整合性を欠くとする。この見解は昭和40年代ころの裁判例の傾向でもあったが、この見解に対しては、これを否定する（技術的機能に由来する必然的な形態についても保護を肯定する）裁判例も存在し、また機能性の概念が不明確なことから不正競争防止法による保護が低下するなどの批判もあった。

そして、現在では、技術的機能に由来する形態は保護されないという単純な

考え方はとられておらず、①商品形態が専らその技術的機能に由来するのか、②長年の使用などにより商品表示としての能力を獲得したか、③当該形態の選択が回避可能か、回避不可能か、④回避不可能な場合であっても、混同防止義務を果たしているかが問題となると指摘されている（小野編・新注解(上)154頁〔芹田＝三山〕）。

(2) 原告の加工方法に由来する形態

本裁判例では、原告商品の形態の独自性を商品表示を肯定する際の根拠としてあげている。そして、原告商品の形態の独自性を認定するにあたり、原告が出願したプリーツ加工の方法の存在を重視している。すなわち、本裁判例は、原告商品の形態的特徴は、ランダムプリーツを、布地を裁断・縫製して衣服を成形した後に施すという加工方法をとることによって、衣服の肩線、袖口、裾などの縫い目部分の上にも他の部分と同様に形成し、その結果、衣服全体に厚みがなく1枚の布のような平面的な意匠を構成するという点に強く看者の注意をひく特徴があるとし、このような形態的特徴をもたらすプリーツ加工の方法は、原告が特許出願して、出願公告された特許に係る方法であり、このプリーツ加工の方法は、特許庁によって出願当時において新規な加工方法であったと判断され、かつ、出願公告以降は、原告がこれを実施する権利を専有するとされるものであると判示している。

これだけであれば、技術的機能除外説からの特許権の保護期間を延長することとなるとの批判がそのまま当てはまるが、本裁判例ではさらに、現に昭和50年代半ばころから平成6年までの多数の他業者のプリーツ製品の形態をみても、これと同様のプリーツ加工の方法を採用し、その結果、原告商品と同様の特徴を有すると認められるものが見当たらないことや原告商品はその商品の性質上外形的なデザインの美しさや新しさが需要者から特に重視される婦人服の分野において、発売後短期間のうちにヒット商品として定着したものであったこともあわせて認定されている。

このように、原告の商品形態は原告の加工方法に由来する形態であるということができるものの、プリーツ加工を行った婦人服において不可避な形態ではなく、原告商品はデザインが重視される婦人服であり、加工方法にかかわりなく原告商品のデザインとして出所表示機能を獲得している。他方、婦人服のデ

ザインであるから他に選択の余地は多数あり、被告が何らかの混同防止措置をとることも十分に可能である。むしろ、被告は原告の販売方法と類似の方法で販売を行っていたとされている。

したがって、本裁判例では、商品形態の商品表示性において、原告が特許出願していた加工方法も考慮しているものの、不正競争防止法上の保護としては適切な判断であると思われる。

2 周知性

本裁判例では、原告商品の発売後1年余りしか経過していなかったため、周知が争われた。

周知であるとは、特定の者の商品あるいは営業であることを示す表示であることが、相当範囲の需要者の間に広く知られている客観的な状態をいうとされる（小野編・新注解(上)268頁〔芹田＝三山〕）。そして、「相当範囲」（地理的範囲）は、輸出の場合には日本国内に限られておらず、また日本全国までは必要なく一地域であってもよい場合がある。そして、一般に少なくとも一地域の需要者に広く知られるためには、ある程度の時間を要することとなる。しかし、強力な宣伝が行われたり、爆発的なヒット商品の場合には、短期間に周知性を獲得する場合もある。

本件では、原告商品が発売直後から数多くの全国的なファッション雑誌や新聞に写真付きで頻繁に取り上げられていたこと、全国的なヒット商品となっていたこと、原告商品が著名な服飾デザイナーによるものであったことから、原告商品の発売から1年2カ月後には、全国の服飾関係業者や一般消費者において周知性を獲得したと判断されたが、この点についても妥当な判断であったと思われる。

なお、**判例コメント41**＝黒烏龍茶事件では、発売から約2カ月後の原告商品（商品名「黒烏龍茶」）について、周知性は肯定されたものの、著名性については「一定程度の時間の経過を要する」として否定された。

判例コメント・5

原告商品1（タンクトップ）　　**被告商品1（タンクトップ）**

（いずれも平面において上から撮影したもの）

（井上周一）

アリナビッグ事件

▶判例コメント・6

【事件名】 アリナビッグ事件
【判決裁判所】 大阪地方裁判所（平成10年(ワ)第5743号）
【判決年月日】 平成11年9月16日
【出　典】 判タ1044号246頁
【不正競争行為】 2条1項2号
【請求の内容】
　不正競業行為差止（被告表示の使用禁止、被告表示を付した製品の製造、販売及び販売のための展示の禁止、被告表示を付したビタミン製剤の包装箱・ラベルの廃棄）および損害賠償
【結論】　差止請求認容、損害賠償請求一部認容
【事案の概要】
　Xは、昭和40年11月25日以降、「アリナミンA25」という商品名（原告表示）で、肉体疲労時の栄養補給等を用途とするビタミン製剤を販売している。
　Yは、平成9年5月下旬ころから、「アリナビッグA25」という商品名（被告表示）のビタミン製剤を製造し、Yの関連会社である訴外Aに対し販売し、同商品は、Aから訴外Bに販売されていた。
　そこで、Xは、Yが「アリナビッグA25」なる表示の使用等をなすことは、著名表示の冒用行為であり、不正競争防止法2条1項2号の不正競争行為に該当するとして、本件訴訟を提起した。
【争点】
1　原告表示は著名であるか。
2　被告表示は原告表示に類似するか。
【判旨】
　　1　争点1——著名性について
　(1)　「アリナミン」商品の販売実績等
　　①　原告は、ビタミンB1誘導体製剤を昭和29年以来「アリナミン」の名称で販売している。

原告商品　　　被告商品2　　　被告商品1
　　　　　　平成10年1月以降　平成9年9月まで

　②　昭和40年11月25日、「アリナミンA25」、製造販売開始

　　　「アリナミンA」シリーズは、すでに販売開始していた。

　　　平成6年、「アリナミンEX」の製造、販売開始。

　③　「アリナミンA」シリーズ及びアリナミンEX　薬局取り扱い率99％以上

　　　販売金額は、店頭向け医薬品の第4位

　④　原告商品は、「アリナミンA」シリーズの中で90％以上の売り上げを占める主力商品

　　　原告商品の販売実績は、31年間で3439億3700万円

　　　（年間平均約110億9474万円）

(2)　広　告

・原告商品の製造、販売開始以降、「アリナミンA」の広告

・昭和55年ころからは、原告商品単独の広告

・原告は、新聞紙・雑誌・テレビ・ラジオの各媒体において広告

(3)　まとめ

「右認定事実からすると、原告商品は、その製造、販売開始以来日本全国において多数販売され、その結果同種医薬品の代表的な商品となっていたこと、その広告も各種媒体を通じて多額の費用を投じてなされていたこと、その広告のうち視覚的なものにおいては原告表示が見えるように行われていたことが認

められるから、被告商品の製造、販売が開始された平成9年5月下旬の時点で、原告商品の商品名である原告表示が著名であったことは明らかである」。

2 争点2——被告表示は原告表示に類似するかについて

(1) 判断基準

「不正競争防止法2条1項2号の『類似』に該当するか否かは、取引の実情の下において、需要者又は取引者が、両者の外観、称呼又は観念に基づく印象、記憶、連想等から両者を全体的に類似のものと受け取るおそれがあるか否かを基準に判断すべきである」。

(2) 外観について

「原告表示は、カタカナ文字の『アリナミン』とローマ字の『A』と数字の『25』からなり、被告表示は、カタカナ文字の『アリナビッグ』とローマ字の『A』と数字の『25』からなるものであり、両者は『ミン』の文字と『ビッグ』の文字の部分で外観が相違するが、その余の部分は共通している。

原告商品と被告商品の各包装箱に付された原告表示と被告表示の実際の使用態様を見ると、別紙原告商品及び被告商品1、2記載のように、店舗で陳列したときに最も目立つと考えられる包装箱正面では、中央部に白地に黒色の太字で各表示が記載され、『A25』の文字が大きく、原告表示及び被告表示1では『A25』の上に『アリナミン』又は『アリナビッグ』の文字が、被告表示2では『A25』の左側に二段にして『アリナビッグ』の文字が記載されている。右外観の対比では、『ミン』の文字と『ビッグ』の文字の部分で外観が相違することは明らかであるが、表示全体の字体や文字の色、配列等においては、外観の印象上類似しており、特に原告表示と被告表示1とでは極めて類似しているといえる」。

(3) 称呼について

「原告表示は、『ありなみんえーにじゅうご』と称呼され、被告表示は、『ありなびっぐえーにじゅうご』と称呼されるから、両者は、語頭部分である『ありな』と語尾部分である『えーにじゅうご』が共通し、語中部分『みん』と『びっぐ』が異なる称呼である。

そして、原告表示は11音であるのに対し、被告表示は12音と、被告表示の方が1音多いが、その1音は促音であるから、両者の音数の差から異なる印象は

それほど生じない。

また、両者は、そのうち9音が共通し、しかも共通する部分は、語頭部分3音と語尾部分6音であるから、その単語を発音した際の印象を決める輪郭部分が共通しているということができる」。

(4) **観念について**

「需用〔ママ〕者は、被告表示中の『アリナビッグ』から著名なビタミン製剤のシリーズ名である『アリナミン』を、また、被告表示全体からもビタミン製剤を容易に想起、連想するものと認められる」。

(5) **結　論**

「以上の事実と既に判示した『アリナミンA25』の著名性を併せ考慮すれば、原告表示と被告表示は、全体的、離隔的に対比して観察した場合には、その共通点から生じる印象が相違点から生じる印象を凌駕し、一般の需用〔ママ〕者に全体として両表示が類似するものと受け取られるおそれがあるというべきである。したがって、被告表示は原告表示に類似しているものと認められる。不正競争防止法2条1項2号の不正競争行為にあっては、誤認混同のおそれは要件とされていないが、前記認定事実からすれば、原告表示と被告表示とは、被告商品が原告商品の関連商品あるいは徳用商品であると一般需要者に誤認されるおそれがある程度に相紛らわしいというべきであり（甲49、58によれば、現に消費者にそのような誤認が生じた実例があることがうかがわれる。）、両表示が類似していることは明らかである」。

【コメント】

1　**本件における著名性について**

著名性については、地域的範囲（どこで）、対象（だれの間で）、程度（どのくらい）知れられていればよいかが問題とされる場合が多いが、本件において、「アリナミンA25」が全国的に消費者にとって著名であることについては、異論はないであろう。

もっとも、判決中の証拠の記載からも明らかなように、本件訴訟においては、販売実績、薬局取扱率、広告実績、宣伝費用等について、多量の証拠が提出されている。

2　**表示の類似**

(1) 2号の「類似」

2号の趣旨は、ダイリューションやポリューション、フリーライドの防止である（第1編第2章第1・2(2)参照）。

それゆえ、類似であるか否かは、当該表示が著名表示を「容易に想起させる表示」（経産省・逐条解説63頁）、「容易に著名表示を想起させるほどに似ている表示」（田村・概説246頁）、「当該表示が著名表示を認識させるか」（小野＝松村・新概説225頁）などにより判断されるべきといわれている。

(2) 本件へのあてはめ

本判決においては、原告表示、被告表示の類似性について、外観、称呼、観念を検討したうえ、全体的・隔離的観察により、「その共通点から生じる印象が相違点から生じる印象を凌駕し、一般の需要者に全体として両表示が類似するものと受け取られるおそれがある」として類似性を肯定している。

(3) 本判決の位置づけ

2号の事案では、原告表示と同一の表示が冒用される例（東京地判H13・4・24判時1755号43頁・判夕1066号290頁「j-phone事件」、大阪地判H16・7・15裁判所HP「マクセル事件」、東京地判H19・9・26裁判所HP「エーザイ事件」）、および、被告表示の一部に原告表示が含まれる例（東京地判H13・7・19判時1815号148頁・判夕1123号271頁「呉青山学院中学校事件」、東京地判H20・3・12裁判所HP「スナック　シャネル事件」）が多く、類似性が問題となることは稀である。その意味で、本判決は、2号における類似性判断について参考となる裁判例である。

（室谷和彦）

▶判例コメント・7

【事件名】　日本ゼオン事件
【判決裁判所】　東京地方裁判所（平成10年(ワ)第28675号）
【判決年月日】　平成11年12月28日
【出典】　裁判所HP
【不正競争行為】　2条1項1号
【請求内容】　表示の使用差止め、仮登記の抹消、損害賠償
【結論】　一部認容

【事案の概要】

　原告（日本ゼオン株式会社。東証1部上場）が、被告に対し、被告（國際航業株式会社。東証1部上場）がその営業表示として「アーゼオン」の表示を使用する行為につき、被告表示は原告の周知な営業表示である「日本ゼオン」および「ゼオン」の各表示と類似し、2条1項1号所定の不正競争行為に該当すると主張して、同法3条1項に基づきその使用の差止めを、同条2項に基づきその文字の除去および商号の仮登記の抹消登記手続を、同法4条本文に基づき損害賠償を求めた事案である。

【争点】

1　原告表示が「需要者の間に広く認識されている」といえるか。〔肯定〕
2　原告表示と被告表示とが「類似」しているか。〔肯定〕

【判旨】

1　事実経緯

(1)　原告について

(A)　原告の企業規模・業務実績等

　原告は、昭和25年に設立された株式会社であり、平成11年3月決算期における売上高は年間約1220億円、資本金は約240億円、従業員は約2600名で、その株式は東京証券取引所第1部に上場されている。原告の主たる業務分野は合成樹脂および合成ゴムの製造販売であり、主要な取引先は、販売が伊藤忠商事、ニチメン、三菱商事、仕入れが三菱商事、三井物産である。原告は、日本国内

各地に工場および営業所を有するほか、子会社および関連会社を約30社（その過半数は商号の一部に「ゼオン」の文字を含んでいる）有するのに加え、耐油性特殊ゴムの分野で世界一の座を占めるなど、世界屈指の生産量および技術水準を誇っている。

(B) 「ゼオン」について

原告の商号に含まれる「ゼオン」とは、ギリシャ語で大地を意味する「GEO」と永遠を意味する「EON」とを組み合わせたものであって、「大地から原料を得て製品を創り出し、人類の永遠の繁栄に貢献すること」を表現したものである。また、原告は、自社のことを単に「ゼオン」と呼ぶことがあり、昭和30年代から、社内報や取引先に配布する小冊子に、「ゼオンだより」、「ゼオン会ニュース」等の名称を用いていた。

(C) 原告の業務の多角化と企業広報活動等

原告は、「環境資材」の分野の業務を強化しており、各種資材や、浄化槽、焼却装置等を製造し、販売している。右の資材等の中には、「ゼオン」の文字を含む商品名が付されたものもいくつかある。

原告は、その知名度を向上させることなどを目的とする企業広報活動の実行計画を立てて、平成7年から、「ゼオン」の3文字を基本的な表示として使用してこれを全国的に浸透させる試みを開始した。右計画に基づき、原告は、朝日、読売および毎日の各全国紙の一面等に、「ゼオン」の文字を目立たせた広告を月1回程度継続的に掲載し、また、最後の部分に「ゼオン」の文字が画面に大きく表示されるテレビコマーシャルをテレビ東京系の各局および地方のテレビ局で流しており、徐々に宣伝広告の規模を拡大している。原告が企業広報活動のために支出した費用は、平成7年度が約1億円、同8年度が1億3000万円で、その後もこれを増加させる計画となっている。

原告の事業活動については、業界の専門紙に頻繁に掲載されているだけでなく、一般紙等の紙面でもたびたび取り上げられている。平成5年から同10年3月13日までの間に掲載された原告に関する記事の数は、朝日新聞が8本、読売新聞が9本、毎日新聞が4本、日本経済新聞が109本、産経新聞が11本、東京新聞が2本、日経産業新聞が157本である。これらの記事の中には、原告を単に「ゼオン」と表記したものもある。

(2) **被告について**

(A) **被告の企業規模・業務分野等**

被告は、昭和22年に設立された株式会社であり、その株式は東京証券取引所第1部に上場されている。同29年に商号を現在のものに変更した。平成10年3月決算期における売上高は年間約540億円、資本金は約170億円、従業員は約1500人である。主たる業務分野は、測量・調査、地図情報サービス、建設コンサルタント、地質調査、海洋調査等であり、政府機関、地方公共団体、電力会社等に対し、これまでに極めて多数の業務実績を上げている。

(B) **被告表示の展開**

平成9年、被告は、創立50周年の記念事業の一環として社名を変更する方針を立て、コミュニケーションネーム（企業の通称、愛称、営業上のブランド名）として、「EARTHEON（アーゼオン）」を今後使用することを決定し、同年10月にこれを社外に発表した。「EARTHEON」という語は、英語の「EARTH」（地球）と「EON」（永遠）とを組み合わせたものであり、「地球情報のスペシャリストとして、社会資本づくりに貢献し、豊かな地球を次代に伝えるという夢を表現して」いるものである。

被告は、平成9年8月に、商号「アーゼオン」につき、被告の本店所在地を営業所として、商号の登記をした。同10年4月、被告は、右の商号を廃止したうえで、変更により定めるべき商号を「株式会社アーゼオン」とする商号の仮登記をした。さらに、被告が、被告表示について保護を受けるため、「EARTHEON」と「アーゼオン」とを二段に表記している商標について商標登録出願をしたところ、商標登録の査定を受けた。

(3) **紛争の経緯**

原告は、被告が被告表示を使用すると発表した直後から事態を憂慮し、被告に書簡を送付し、また、被告表示の使用をやめるよう繰り返し要請した。原告は、「EARTHEON」との表示および被告表示から濁点を取った「アーセオン」の表示であれば使用は差し支えないとの解決案を提示したが、被告がこれを拒絶したため、原告は被告に対し、被告表示の使用の差止めを求める仮処分を申し立てた。

2 争点1——原告表示の周知性について

原告の商号は、原告の企業規模、業務実績等に照らし、合成樹脂および合成ゴムの製造販売に関する業務の需要者、すなわち、その取引先である総合商社や、原告が製造した合成樹脂および合成ゴムを素材として使用する製造業者の間に周知であるということができる。これに加え、平成６年に環境資材事業部を発足させた前後からの事業内容の多角化並びにこれに関する原告の企業広報活動および新聞報道の態様を考慮すると、遅くとも被告が被告表示の使用を開始した平成９年10月までには、廃棄物処理場、公園等の建設や地盤補強、河川改良、道路舗装等の工事に使用される資材の販売並びにこれに関連する工事の計画および施工という業務の需要者に対しても、広く知られるようになっていたものと認めることができる。

　そして、原告表示のうち「日本ゼオン」は、原告の営業を表示するものとして、右の需要者の間に広く認識されていると認めるのが相当である。さらに、原告表示のうち「ゼオン」は、新聞報道や原告による企業広報活動において、原告が「ゼオン」の三文字のみで表記される場合があること、原告の商品名や子会社の名称の一部として「ゼオン」が用いられていることに照らすと、原告表示「日本ゼオン」と同様に、原告の営業表示として、右に述べた需要者の間に広く知られていると認めることができる。

　以上によれば、原告表示は、原告の営業を表示するものとして、需要者の間に広く認識されているものであると認めるのが相当である。

3　争点２――原告表示と被告表示との類似性について

　原告表示「ゼオン」は、常に一体として称呼され、それ自体としてこれを聞く者に対し強い印象を与える、識別力の高い表示であり、その全体が称呼上の要部であると認められる。被告表示「アーゼオン」においては、「ゼオン」の部分がこれを聞く需要者の……注意を特に強く引くものであり、その印象に残る特徴的な部分であるというべきである。

　右によれば、原告表示のうちの「ゼオン」と被告表示「アーゼオン」は、いずれもこれを聞く者の注意を引く要部は「ゼオン」であるというべきであるから、両者は称呼が類似すると認められる。

　したがって、被告表示はいずれの原告表示にも類似していると認められる。

【コメント】

1 周知性要件――周知性の程度・範囲

本件は原告会社の商号に由来する「日本ゼオン」「ゼオン」との表示の周知商品等表示該当性が一応争われているが、原告は東証1部上場の企業であり、その会社規模や業務実績、宣伝広告等に照らしても、本業の分野のみならず、近年新たに進出した分野に関しても、周知性は認められてしかるべきであろう。事実認定の部分についてはやや詳しく引用したが、特に異論のない判断と思われる。

商標（表示）の周知・著名性につき、実際の訴訟における立証については、どの程度のものが要求されるのか頭を悩まされることも多いと思われる。「需要者の間に広く認識されている」表示であることを直接的に立証できる資料はない。基本的には、表示の顕著性、営業規模の大小、市場占有率、使用期間や使用地域、広告宣伝の量および内容、第三者の評価、需要者の認識等を各種資料で証明して間接的に立証することとなる。

なお、これまで周知商品等表示性が問題となった裁判例では、原告が、商標法の防護標章登録制度における登録防護標章の登録例の事実を立証したり、一般社団法人日本国際知的財産保護協会（AIPPI・JAPAN）が発行している「日本有名商標集」における掲載事実を立証したりしているものもみられ、参考になる（たとえば、東京地判H16・7・2判時1890号127頁「ラヴォーグ南青山事件」、大阪地判H16・1・29裁判所HP「日本マクセル事件」など）。なお、平成27年3月にサービスが終了した「特許電子図書館」に代わり新たに独立行政法人工業所有権情報・研修館が提供している「特許情報プラットフォーム（J-PlatPat）」においても引き続き「日本国周知・著名商標検索」サービスがあり、防護標章として登録されている商標および異議決定・審判・判決において周知・著名な商標と認められた登録商標のデータを検索できるようになっているので利用するとよいだろう。

2 被告商号の抹消請求

本件では被告の商号変更は未了であったが、仮に、すでに被告が「アーゼオン株式会社」なる商号に変更されていた場合はどうか。

3条2項の除却請求として、相手方商号の変更登記の抹消登記手続請求を行うことになる（ちなみに、本件のような変更商号でなく原始商号の場合には抹消

登記請求は許されないと古い裁判例では解されていたが、現在では、そのような請求も可能であると一般に解されている。この場合、原始商号の抹消後は、「抹消前旧商号……株式会社」などという形で登記簿上会社を特定するものとされている)。

なお、本件は控訴されたが、控訴審においてもほぼ同様の理由で控訴棄却がなされている（東京高判H12・9・28裁判所HP）。

（川村和久）

▶判例コメント・8

【事件名】　ギブソンギター事件（控訴審）
【判決裁判所】　東京高等裁判所（平成10年(ネ)第2942号）
【判決年月日】　平成12年2月24日
【出典】　判時1719号122頁
【不正競争行為】　2条1項1号、民法709条
【請求内容】　被告製品の製造販売輸出輸入の差止め、廃棄、損害賠償
【結論】　控訴棄却

【事案の概要】
　米国の楽器メーカーであるX社（ギブソン・ギター・コーポレーション、原告・控訴人）が、その製造販売する3種類のエレクトリックギター（レス・ポール、フライング・ブイ、エクスプローラー。以下、「X製品1〜3」という）の形態と類似する製品（以下、「Y製品」という）を製造販売するわが国の楽器メーカーY社（被告・被控訴人）に対し、Y社の行為が2条1項1号に該当するとして、Y製品の製造販売の差止め等を求め、予備的に不法行為に基づく損害賠償を求めた事案（控訴審では特にX製品1について争われたため、以下、X製品1に関する判断について記載する）。

【争点】
1　X製品1の形態が周知商品等表示性を取得していたか。〔肯定〕
2　X製品1の形態の出所表示性が希釈化により消滅したか。〔肯定〕
3　不法行為の成否。〔否定〕

【判旨】
1　争点1――X製品1の形態が周知商品等表示性を取得していたかについて

　判決は、海外における状況とわが国における状況、そして模倣品の販売状況等を検討したうえで、「控訴人製品一〔X製品1〕は、アメリカ合衆国やイギリスにおいて、ロック音楽の演奏家やファンの間で、著名なロック音楽の演奏家も愛用するエレクトリックギターの著名な名器として周知となっていたこ

と、このことは各種音楽情報等を通じて、我が国にも伝わり、我が国においても、ロック音楽のファンの間で、控訴人製品一は、著名なロック音楽の演奏家が愛用するエレクトリックギターの著名な名器であると認識されていたものの、高額で、輸入される数量も少なかったため、容易に入手することができないいわば高嶺の花であったこと、ところが、昭和43年（1968年）ないし昭和44年（1969年）ころから、控訴人製品一の名器としての著名性に便乗して利益を挙げようとして、控訴人製品一を模倣した国産のエレクトリックギターが多数市場に出回るようになったことで、いわば控訴人製品一の代用品として、需要者に一応の満足を与えることになったこと、しかし、プロのロック音楽の演奏家やこれを目指している者など一部の者は、これに飽きたらず、控訴人製品一の入手に尽力していたことが認められ、そうすると、控訴人製品一は、遅くとも昭和四八年（1973年）ころには、我が国のロック音楽のファンの間で、エレクトリックギターにおける著名な名器としての地位を確立し、それとともに、控訴人製品一の形態も、控訴人の商品であることを示す表示として周知となったものと認めることができる」とし、遅くとも昭和48年ころには、X製品1の形態もXの商品であることを示す表示として周知となったものと認定した。

2 争点2——X製品1の形態の出所表示性が希釈化により消滅したかについて

判決は次のように判示し、いったん得たX製品1の商品等表示性についても希釈化により消滅していると判断した。

「このようにしていったん獲得された控訴人製品一の形態の出所表示性は、遅くとも平成五年より前までには、事実経過により既に消滅したものというほかない。すなわち、控訴人製品一の形態が出所表示性を獲得した前後のころから、現在に至るまで20年以上にわたって、数にして多い時には10数社の国内楽器製造業者から30以上ものブランドで、類似形態の商品が市場に出回り続けてきたという事実がある以上（しかも、この事実に対し、平成5年（1993年）までの間は、控訴人によって何らの対抗措置を執られていないことは、控訴人自身認めるところである。）、需要者にとって、商品形態を見ただけで当該商品の出所を識別することは不可能な状況にあり、したがって、需要者が商品形態により特定の出所を想起することもあり得ないものといわざるを得ないからであ

る」。「需要者が、控訴人製品一の形態の商品の中には、控訴人製品一を模倣したものも多数あることを認識しているということは、需要者が、控訴人製品一の形態の商品の形態を見て控訴人を含む複数の出所を想定することを意味するものであって、これは、とりもなおさず、控訴人製品一の形態自体は特定の出所を表示するものとして機能していないことを物語るものである」。

3　争点3──不法行為の成否について

不正競争行為に該当しない場合で不法行為が成立する基準として、判決は、「商品形態の模倣行為は、不正競争防止法による不正競争に該当しない場合でも、取引界における公正かつ自由な競争として許される範囲を著しく逸脱し、それによって被控訴人の法的利益を侵害する場合には、不法行為を構成するものというべきである」と判示し、本件について以下のような判断をした。

「被控訴人は、エレクトリックギターの著名な名器である控訴人製品一の顧客吸引力に便乗して利益を挙げようとして、これに似せた精巧な模倣品であることを売り物として被控訴人製品一の製造、販売をしたものであり、このような種類の模倣行為が、被模倣者の意思に反しないものと考えさせる状況があるときなど例外的な場合を除き、取引界における公正かつ自由な競争として許される範囲を著しく逸脱するものであることは明らかというべきである。そして、このような種類の模倣行為は、原則としては、被模倣者の意思に反するものとみるべきであることも明らかであるから、被控訴人が行ってきた模倣行為は、その当初の段階においては、不法行為の要件としての違法性を有するものとして開始され、継続されていたものというべきである」。「しかしながら、同様の模倣行為が続いた場合、それが公正かつ自由な競争として許される範囲から逸脱する度合いは、時の経過とともに生ずる状況の変化に応じて変化することがあり得るのも当然というべきである。右度合いは、行為に関連するあらゆる事柄を総合して判定すべきものであるからである」。「本件において極めて重要な意味を有するのは、被控訴人を含む多数の楽器製造業者による右認定の態様の模倣行為が長年にわたって継続されてきており、その結果、控訴人製品一の形態は、控訴人創作の名器に由来することが知られつつ、控訴人を含むどの楽器製造業者のものとしても出所表示性を有さないものとなって、その意味で、原判決にいうエレクトリックギターの形態における一つの標準型を示すも

のとして需要者の間に認識されるに至っているとの事実、及び、控訴人が、平成5年（1993年）までの20年以上にわたってこれを放置し続けてきたという事実である」。

「前者の事実が、前記態様の模倣行為に対する公正かつ自由な競争からの逸脱の度合いを軽くするものである……」、「後者の事実は、模倣行為についての控訴人の知不知や主観的意図のいかんにかかわらず、客観的には、控訴人が右状態を黙認、さらには容認しているとの評価を許す要素を有するものであり……」「このようにみてくると、本件で控訴人が不法行為としてとらえ損害算定の根拠としている期間……の被控訴人による模倣行為については、たといそれが控訴人から対抗措置を執られた後のものであったとしても、もはや不法行為の要件としての違法性を帯びないものというべきである」。

【コメント】

1　はじめに

本判決は商品形態の商品等表示性について具体的事例の一つとして参考となるだけでなく、海外における周知性とわが国における周知性の関係、一度獲得した商品等表示性が消滅する場合の具体例、商品形態の模倣行為と不法行為の関係についても参考となるものである。

2　商品形態の周知商品等表示について

商品形態が周知商品等表示性を獲得したといえるかという判断について、多くの裁判例が用いる基準としては、商品形態が自他識別力を発揮するような特徴を有しているか、当該商品の形態が長く独占的に使用されるかまたは短期的にではあっても大量かつ集中的に販売・広告宣伝がされた結果、二次的出所表示機能を取得したといえるかというものとされる（松村・法理と実務182頁）。

本判決は、X製品1について輸入数量が少なかったことを認めながら海外において周知であるという情報がわが国に伝わったことを理由にその形態がいったんは周知商品等表示となったと判断しており、マスコミ報道等による海外の情報の流入によって商品等表示として周知となる一例として参考になる。

そして、このように一度周知商品等表示性を獲得しながらも、模倣品の存在により周知商品等表示性が消滅したと判断された点も実務上参考となる。本件では20年以上にわたり30以上のブランドで類似品が市場に出回り続けており、

もはや商品の形態として他の同種商品と識別しうる独自の特徴を有していないといえるような状況となったといえ、本判決の判断は妥当であるといえる。もちろん模倣品の販売が小規模である間は大きな影響はないといえるが、実務上重要な点は、類似品・模倣品が出回ったときには放置せず早期に差止めを求める警告状の送付や訴訟提起等の適切な対応が必要となることである。

3　不法行為の成否について

模倣品の製造・販売行為の不法行為該当性については、東京高判Ｈ３・12・17判時1418号124頁「木目化粧紙事件」と同様の基準を用い、Ｙ社の行為は当初は不法行為に該当するとしたものの、周知商品等表示性の希釈化とＸ社の長期間による放置を理由にＸ社が請求を行った期間についての不法行為該当性を否定している。

商品形態の模倣行為については、２条１項３号が平成５年に新設されているが、判例の傾向として２条１項１号および３号の対象とならない他人の商品形態の冒用行為が不法行為に該当するとされるためには、上記各号が規制する公正な競業秩序維持とは別途の違法要素が必要とされていると思われる（松村・法理と実務902頁）。

（永田貴久）

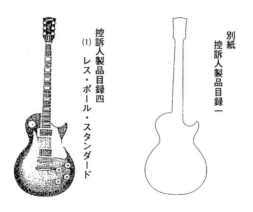

別紙
控訴人製品目録一

控訴人製品目録四
(1)　レス・ポール・スタンダード

▶判例コメント・9

【事件名】 コーヒーサーバー顧客名簿営業秘密事件
【判決裁判所】 東京高等裁判所（平成11年(ネ)第5064号）
　　　　　　　　原審：横浜地方裁判所（平成7年(ワ)第2513号、平成8年(ワ)第145号）
【判決年月日】 平成12年4月27日
　　　　　　　　原審：平成11年8月30日
【出典】 裁判所HP
　　　　原審：LEX/DB28052748
【不正競争行為】 2条1項7号
【請求内容】 差止め、損害賠償
【結論】 差止請求棄却、損害賠償一部認容

【事案の概要】

　本件は、コーヒーサーバーの設置・維持・管理等を行う、所謂「オフィス・コーヒー・サービス事業」（以下、「OCS事業」という）を営む被控訴人Xの代表取締役であった控訴人Y_2と取締役であった控訴人Y_3が、新会社（控訴人Y_1）を設立し、①被控訴人Xが保有するコンピュータに保存された顧客情報（顧客番号、名称、住所、訪問する際のルート）および顧客ごとに作成された管理カードを販売ルートごとに綴じたファイル（以下、「管理顧客情報」という）、②業務を通じて従業員が体験的に知った顧客情報（以下、「体験的顧客情報」という）について、控訴人Y_2らが在職中に持ち出し、控訴人Y_1において使用するなどして被控訴人Xの顧客を奪ったことについて、3条・2条1項7号に基づきその情報の使用の差止めを、4条・2条1項7号または不法行為を理由に、損害賠償等を求めた事案である。原審判決では、損害賠償請求が認容されたが、使用差止めについては顧客らの具体的氏名の主張立証が不十分であるとして棄却されている。

【争点】

1　被控訴人Xの顧客情報が営業秘密に該当するか。

2 被控訴人Xを退社した控訴人Y_1・Y_2が、その退社前後に設立した控訴人Y_1において上記顧客情報を利用する等して行った顧客勧誘が不正な競業に該当するか。
3 損害額

【判旨】

本控訴審判決は、原審判決の理由を適宜訂正の上引用しているので、本解説でも、原判決を適宜引用して説明する。

1 争点1——顧客情報の営業秘密該当性

(1) **顧客情報の有用性について**

控訴審判決は、有用性について、原判決を引用し、「顧客となる事業所は……事業所の職員自身でコーヒーを作ることもあるから、そのような顧客候補……にOCSを導入するように勧誘して顧客を獲得するには、OCSのセールスが不可欠で、相当の営業努力を要するものである」。「したがって、獲得した顧客がどういう事業所かという情報自体が極めて重要なものであ」るとして、顧客情報の有用性を認めた。

また、体験的顧客情報については、原審判決でも有用性を認定しているが、控訴審判決ではより詳細に、「被控訴人従業員は、定期的に、被控訴人から顧客管理カードを渡されて顧客方にコーヒー豆等の補給に訪問するから、その際に、顧客の住所氏名等管理カードに記載された内容とともに顧客方の実際の場所をも知ることになる。このような業務を通じて従業員が知った顧客情報も、管理カードに記載されたりコンピュータ管理されたりしている顧客情報と同様に重要である。例えば、管理カードに記載されていた正確な顧客名や『何丁目何番地』などという地名は忘れてしまっても、訪問した際の顧客方への道順・目印・顧客の看板等を記憶していて再度右顧客方へ行くことができるとすれば、右道順・目印・顧客の看板等による顧客の記憶も、管理カードの記載と同様、重要な顧客情報ということができる」と認定している。

(2) **非公知性について**

原判決、控訴審判決ともに、非公知性について積極的に認定していないが、本件顧客情報の有用性や秘密管理性から本件顧客情報に非公知性があることを前提にしているものと思われる。なお、控訴人らのOCS事業者の顧客情報

は、ある地域で営業活動を行う OCS 事業者であれば、その地域の顧客がどの事業者の顧客か容易に知りうるとして非公知性を欠くとの主張については、そのような主張を認めるに足りる証拠はなく、控訴人自身も「顧客名簿に記載されている情報が秘密であることを認め、控訴人会社の顧客リストの提出には否定的な態度をとるところである」として、控訴人の主張に理由がないものとしている。

(3) 秘密管理性について

秘密管理性について、原審判決では簡潔にしか触れていないが、控訴審判決では、就業規則上、従業員が職務上知り得た会社および会社の取引先の情報を外部に漏洩した場合は懲戒事由とするとともに、業務上の重要機密を漏洩する行為は解雇事由とするだけでなく、控訴人Y_2およびY_3が、被控訴人在職中、「原告の顧客名簿等は他社に漏らしたり見られたりすることがないようにとの注意指導を朝礼において訓戒するなど、右の注意を周知徹底して指導していた事実が認められる」として秘密管理性を認めている。

なお、控訴人らの体験的顧客情報について秘密保持義務が課されたことを示す証拠はないとの主張については、体験的顧客情報とは、「顧客が誰であるかという情報」であり、「顧客名簿等を他社に漏らしたり見られたりしてはならないということは、その内容を記憶している場合には、それを秘密にしなければならないという意味である」として、体験的顧客情報についても秘密保持義務が課されていた旨認定している。

2 争点2——顧客情報を利用する等して行った顧客勧誘が不正な競業に該当するか

(1) 顧客情報の使用について

原判決は、控訴人Y_1の設立後、被控訴人Xから控訴人Y_1のコーヒーサーバーが切り替えられた数を認定し、控訴人Y_1の設立後、「比較的短期間内にかつ大量に」顧客が被控訴人Xから控訴人Y_1に切り替えられていることから、控訴人Y_1の者(控訴人Y_2や被控訴人Xから控訴人Y_1に移籍した従業員)が被控訴人Xの営業秘密である顧客情報を使用した旨認定している。

また、控訴審判決では、控訴人Y_1が「平成7年2月中に216台、同年3月中に118台などというように、短期間に被控訴人Xの顧客を自己の顧客に切り替

えることに成功しているのであって、控訴人会社の従業員の人数を考えれば、これだけの結果を発生させるためには相当効率的な方法を採らなければならないことは明らかであるから、何らかの形で整理された顧客情報を、そのようなものとして使用したものと推認せざるを得ない」として、控訴人Y_1が、会社設立直後に被控訴人Xの顧客を自己の顧客に切り替えていることをもって、控訴人Y_2が被控訴人Xの顧客情報の使用したことを認定している。

以上のような事実から、原審判決および控訴審判決は、控訴人Y_2らによる被控訴人Xの顧客情報の使用行為は、2条1項7号の「不正競争」に該当するとし、控訴人Y_2が代表取締役である控訴人Y_1も賠償責任（旧商法261条3項（会社法349条4項））を負うとした。

(2) **控訴人らによる顧客情報利用時の行為について**

控訴審判決は、控訴人Y_2が、控訴人Y_1の代表者として被控訴人Xの顧客に送付した控訴人Y_1設立時の挨拶状の「かねてより、皆様のご援助のもとに新会社設立を準備しておりましたが　この度コフィア・システム〔X〕より左記の通り新会社発足の運びとなりました」との記載や「事業所新設のお知らせ」の「さて、このたび事業所を下記のとおり新設することとなりました。社員一同、心も新たにより一層皆様のご期待に沿うよう努力いたす所存でございますので」との記載について、「顧客をして、あたかも被控訴人が新会社ないし子会社として控訴人会社を設立したかのように錯覚させる可能性のある記載というべきである」と認定した。

さらに、控訴審判決は、控訴人Y_1の役員または従業員の顧客切替行為に際しては、控訴人Y_2らが、「被控訴人の社名、電話番号又は事業所が控訴人会社のそれに変更されたとか、あるいは被控訴人が倒産しそうであるといった虚偽事実を告知し、相手の顧客には同一のOCS事業者と取引をしていると誤解させたり、あるいは被控訴人の信用に不安を感じさせるという方法を用いたことがあったことが認められる」と認定した。

そして、これらの行為は、「相俟って、自由競争の範囲を超える競業行為というべき」とした。

(3) **控訴人らの行為に対する法的評価**

控訴審判決は、①控訴人Y_2、Y_3らが被控訴人Xの取締役在職中に行った競

業避止義務違反の行為、②控訴人らの2条1項7号違反の行為、③被控訴人Xの顧客をして被控訴人Xと控訴人会社の関係について誤解をさせたり、被控訴人Xの信用に不安を感じさせたりする行為、④コーヒーサーバーの付属品の流用行為が認められるとし、「これらは、結局は、被控訴人における立場や顧客情報等を利用して被控訴人の顧客を控訴人会社に切り替えることに向けられており、全体として一個の不法行為に該当するというべきである」として、被控訴人Xが選択的請求とした不法行為に基づく損害賠償請求を認めた。

3　争点3——損害額について

原判決では、推定総売上減少額に粗利益率を乗じた金額で算出しているが、控訴審判決では、「失われた売上額からその売上を得るための変動経費のみを控除した限界利益とでもいうべきものと解すべきである」として、推定総売上減少額から変動経費を控除した金額を逸失利益とした。

もっとも、原判決および控訴審判決は、控訴人Y_2・Y_3が実質的に被控訴人Xを立ち上げ、両名にて被控訴人Xを切り盛りしていたのに対し、控訴人の親会社の当時の代表取締役が、平成6年秋ころに突然合理的な理由を説明することなく、親会社のOCS事業部門を独立させ、親会社傘下にOCS部門を二つ設けるという構想を持ち出してきただけでなく、その両会社の調整について特段の考えを持たず、その説明もしなかったことなどから、控訴人Y_2、Y_3両名が親会社やその代表取締役に著しい不信の念を抱き、原告にいても展望がないと考えるようになったことなどから、被控訴人Xやその親会社に相当の落ち度がある等の理由により、5割の過失相殺を認定した。

【コメント】

本判決は、①被控訴人X元役員の在職中の競業避止義務違反の行為、②2条1項7号の営業秘密の不正使用行為、③被控訴人Xの顧客をして被控訴人Xと控訴人会社の関係について誤解をさせたり、被控訴人Xの信用に不安を感じさせたりする行為などの行為は、すべて被控訴人Xの顧客を控訴人Y_1に切り替えることに向けられものであるとして、一個の不法行為を構成するとしたことに特徴がある。

本判決では、「本件で控訴人らの責任の根拠とされているのは、顧客情報の不正使用のみではなく、これを一部として含む一連の違法な行為であることは

前述のとおりであり、これらは総体として一個の不法行為をなすものと評価することが可能であるから、控訴人らが用いた顧客情報の中に控訴人らの主張する意味で『示された』ものでないものが含まれていたとしても、そのことをもって控訴人らの責任を否定する根拠とすることはできない」として、②の不正使用行為を単独で問題にした場合よりも被告の違法行為をより広く認めているといえ、同種事案の参考になると思われる。

　また、本判決では、顧客情報のファイル等情報の化体物にマル秘と記載するなど営業秘密であることがわかる物理的措置がとられていない事案であったが、社内での注意指導等の情報管理体制を考慮して秘密管理性を肯定している。このように情報が秘密であることがわかる物理的措置をとっていない場合でも、社内教育をする等の情報管理により、従業員が秘密情報であると客観的に認識できる措置をとることにより秘密管理性が認められた一例として参考になると思われる。

　さらに、実際の事件では、営業秘密の不正使用の事実の立証は難しいことが多いが、本判決では、短期間に被控訴人Xの顧客が控訴人Y_1に切り替わっている事実を重視して不正使用の事実を認定しており、この点も同種事案での主張・立証の参考になると思われる。

　なお、地裁判決で、差止請求はその対象となる顧客を特定できていないため棄却されている一方、損害賠償請求では被控訴人Xが控訴人に奪取された顧客をすべてあげて請求しているため、損害賠償請求では顧客の特定は問題となっていない。

　これは被控訴人Xとしては、奪取された顧客を含む被控訴人Xのすべての顧客を対象にする意図であったが、そのためには被控訴人Xのすべての顧客の会社名や氏名が特定できる程度の情報を開示しなければならないところ、そうすると控訴人Y_1らが把握していない情報まで開示するおそれがあるため、被控訴人Xは差止めの対象とする顧客の情報を開示しなかったものと思われる。

（藤原正樹）

▶判例コメント・10

【事件名】　マンハッタン・パッセージ事件
【判決裁判所】　大阪地方裁判所（平成12年(ワ)第943号）
【判決年月日】　平成12年11月9日
【出典】　裁判所 HP
【不正競争行為】　2条1項14号
【請求内容】　被告製品の販売等の差止め、廃棄、損害賠償
【結論】　一部認容（一部差止認容、損害賠償一部認容（弁護士費用のみ））

【事案の概要】

　原告および被告は、ともにカバン・袋物の製造等を業とする株式会社である。

　被告は、「MANHATTAN　PASSAGE」の標章を付したカバン（以下、「被告商品」という）を製造販売しており、被告商品またはその商品説明書に別紙表示目録1ないし5の記載の表示（以下、「本件表示1」等という）を表示している。

　被告は、被告肩掛けカバンに取り付けた商品説明書に、「600 Denier Polyester Fablic, P.U. Coating:」という表示（以下、「被告肩掛けカバン表示」という）を表示している。

　原告は、被告が被告商品に本件表示1ないし7を付し、被告肩掛けカバンに本件表示8を付してそれぞれ販売する行為は、不正競争行為に該当するとして差止め、廃棄、損害賠償を求めた。

【争点】

1　本件表示1ないし6は、原産地誤認表示に該当するか。〔一部肯定〕
2　本件表示1、3、4、5および7は、商品開発者を偽るものであり、品質誤認表示に該当するか。〔否定〕
3　被告肩掛けカバン表示は、品質誤認表示に該当するか。〔肯定〕

【判旨】

　　1　争点1——**本件表示1ないし6は、原産地誤認表示に該当するかに**

について

本件表示1ないし6の使用状況を認定し、各表示について以下のように判示した。

(1) **本件表示3、6①について**

「被告商品に取り付けられている商品説明書等には、特に被告商品の原産地を明示する記載がない一方で、被告商品のうちベーシックシリーズの商品自体、シリーズ商品説明書、各商品説明書、及び被告商品の広告には、本件表示3の記載、すなわち『Manhattan Passage』の記載の下に『NEWYORK CITY, N.Y., U.S.A.』の記載があるのであるから、本件表示3に接した被告商品の需要者である一般消費者は、被告商品の原産地は米国であると誤認するおそれがあるというべきである」。

(2) **本件表示1、2、4、5について**

「本件表示1は長文の英文であるので、一般消費者が、被告商品を購入する際、本件表示1の全文を読んだ上で購入するとは認められないが、その文章自体が英語で記載されていること、その文章のうち比較的目立つ冒頭には『KIFFE U.S.A., established in 1875』（キッフェUSA、一八七五年に設立された）との記載がある。また、各商品説明書には、本件表示2の記載があり、その冒頭には『We are a member of the Outdoor Recreation Coalition of America.』（我々は、米国アウトドア・レクリエーション連盟の会員です。）との記載がある。また、各商品説明書には、本件表示5、すなわち『Manhattan Passage division of kiffe U.S.A. P.O. Box 438. New York NY 10021』との記載がある。さらに、被告商品のタグには、本件表示4が記載されており、その左欄下部には、本件表示5とほぼ同じ記載がある」。「本件表示1、2、4及び5の各記載自体は、被告商品の製造者が、米国のメーカーであることを記載又は示唆しているにすぎないが、……被告商品に取り付けられている商品説明書等には、特に被告商品の原産地を明示する記載がないことからすれば、右表示に接した一般消費者は、被告商品の原産地が、米国であると誤認するおそれがあるというべきである。今日において、カバン等の衣料品関連業界においては、メーカーの所在地とその製造に係る商品の原産地とが異なることは往々にしてあることではあるが、その場合には、真の原産地を表示すべきであって、そうでない以

上、一般消費者は、当該商品の原産地を、当該商品のメーカーの所在地と誤認するおそれがあるといわざるを得ない」。「したがって、本件表示1、2、4及び5は、いずれも原産地誤認表示に該当するというべきである」。

(3) **本件表示6②について**

「本件表示6②と実質的に同一の表示である『MANHATTAN PASSAGE』との記載は、甲1（シリーズ商品説明書）の記載によれば、被告商品の統一的な商品名として用いられていることが認められるのであって、当該表示に接した一般消費者も、当該表示は被告商品の商品名であると認識すると認められ、当該表示を原産地表示と認識するおそれがあるとは認められない」。

2 争点2——本件表示1、3、4、5および7は、商品開発者を偽るものであり、品質誤認表示に該当するかについて

原告は、被告商品は米国市場において高品質のバッグを供給し続けているキッフェ社によって製造された商品であるとの認識を生じさせる点で品質誤認表示に該当すると主張したが、本判決は被告の使用状況に照らし以下のような理由によっていずれも被告商品の品質を誤認させるような表示には該当しないと判示した。

「被告商品は被告の製造、販売に係る商品であるにもかかわらず、本件表示1、3、4及び5に接した一般消費者は、被告商品が米国のメーカーであるキッフェ社の製造に係るかばんであると認識するものと認められる」。「しかしながら、日本において、一般消費者の間で、キッフェ社が高品質のかばん類を提供するメーカーであるとの信用が形成されていると認めるに足りる証拠はないから、そのような表示だけで被告商品について品質誤認が生じるとは認められない」。

3 争点3——被告肩掛けカバン表示は品質誤認表示に該当するかについて

「被告肩掛けかばんの素材が、600デニールポリエステルでないことについては当事者間に争いがなく、……被告肩掛けカバンの素材は、225デニール以下のナイロンであることが認められ……被告肩掛けカバンに取り付けられている商品説明書には、被告肩掛けカバン表示、すなわち『600 Denier Polyester Fablic, P.U. Coating.』（600デニールポリエステル布地、P・Uコーティング）とい

う表示が太字で他の記載と色を変えて目立つように記載されている」。「同表示に接した一般消費者は、被告肩掛けカバンの素材が600デニールポリエステル布地ではないにもかかわらず、そのように誤認するおそれがあるというべきである」。「そして、デニールとは、生糸やナイロン糸などの太さ、すなわち繊度を表すのに用いる単位であって、長さ450メートルで重さ0.05グラムのものを1デニールとするものであるから（広辞苑第五版）、被告肩掛けカバン表示は、被告肩掛けカバンの素材が、実際の素材よりも太い、すなわち耐久性等が優れているとの印象を与えるものであって、被告肩掛けカバンの品質を誤認させるおそれがあるというべきである」。

【コメント】

1 原産地表示について

特定の商品については関係法令により原産地・原産国の表示が義務付けられることがあるが、その他の商品については原産地の表示は義務付けられておらず原産地の表示を行うか否か、どのような方法で表示を行うかは業者に任されている。そして、原産地の表示方法としては、直接的原産地表示（「日本製」のように明示的に表示する方法）と間接的原産地表示（当該産地を代表する図柄を記載するなど、暗示的に表示する方法）がある。

本件は、原産地表示についてこの間接的原産地表示が誤認的表示に該当するか否かが問題となった事案であり具体的事例として参考となる裁判例である。

明確な原産地表示がない状態で、商品自体や商品説明書等に「NEWYORK CITY, N.Y., U.S.A.」や「Manhattan Passage division of kiffe U.S.A. P.O. Box 438. New York NY 10021」といった表示が存在している以上、需要者として当該商品がアメリカで製造されていると誤認するおそれがあるとの判断は妥当であろう。

なお、原産地表示については、景品表示法やJAS法（日本農林規格法）などによっても規制がされている。

2 商品開発者を偽った点について

判決は、被告商品が被告の製造・販売に係る商品であるにもかかわらず、本件表示1、同3～5に接した一般消費者は被告商品が米国のキッフェ社製であると認識すると認められるとしながら、日本における一般消費者の間でキッ

フェ社が高品質のかばんを提供するメーカーであるとの使用が形成されておらず品質誤認は生じないとしている。

　商品の品質、内容等についてはいかなる表示をすれば誤認的表示になるのかという点について明確な基準を示すことは困難であるが、平均的な取引者において当該表示により実際に当該商品が有しているものと異なった要素を有すると誤信するおそれがある場合に誤認的と評することができるといえる（松村・法理と実務616頁）。

　判決の認定のように、キッフェ社の商品であるということから、特定の品質であるとの認識が生じないのであれば、品質の誤認ということにはならないのであろう。

3　素材表示について

　カバンについて「600 Denier Polyester Fablic, P.U. Coating:」（600デニールポリエステル布地、P・Uコーティング）との表示に接した一般消費者は素材について誤認するおそれがあるとの判断は妥当であろう。このように具体的な数字や素材を記載していれば、当該商品はその素材を使用していると消費者は考えるのが通常と思われるからである。

（永田貴久）

表示目録1

THE VERY BEST PACKS IN THE WORLD

KIFFE U.S.A., established in 1875, has a name and reputation for top quality products that spans more than 100 years, as a supplier of U.S. military specification products and outdoor clothing. With this thought in mind, we began in 1975 making only top quality packs which have the MANHATTAN PASSAGE logo. Our packs are designed and constructed to exceed the highest performance standards of the serious demands from sportsmen, businessmen, and travelers.

Our philosophy of manufacturing is to provide durable and functional equipment to the specialty markets, at a reasonable price. We pride ourselves in the MANHATTAN PASSAGE name and follow an unswerving policy of offering only top quality goods produced by our experienced craftsmen to last forever. These products are brought to you by the skill and pride of people that care to make the very best packs in the world and you can see our endless craftsmanship and attention to details throughout each product.

世界中で正に最良のバッグ

　1875年に設立されたキッフェ USA は、米国ミリタリー仕様商品及びアウトドア衣類の供給者として、100年以上にわたる最上品質の商品についての名声を有しています。このことを念頭において、我々は、1975年に、マンハッタンパッセージのロゴをもつ最上の品質のみをもつバッグを製作し始めました。我々のバッグは、スポーツマン、ビジネスマン、そして、旅行者のもつ真剣な要求の最高の機能基準を超えるものとしてデザインされ、製作されています。

　我々の製造哲学は、特別の市場に対し、耐久的かつ機能的装備を、合理的な価格で提供することです。我々は、マンハッタンパッセージの名称に誇りをもっており、我々の経験ある職人により製造された永久に続く最高品質の商品のみを提供するという一貫したポリシーを実行します。これらの製品は、世界中で正に最良のバッグを作ることに意を用いる人々の技術と誇りにより、貴方に届けられており、貴方は、各商品にわたって限りのない技巧と細部の配慮を窺うことが出来ます。

表示目録2

We are a member of the Outdoor Recreation Coalition of America. The mission of ORCA is to promote particpation in,and protection of,human powered outdoor activities.

ORCA

　我々は、米国アウトドア・レクリエーション連盟の会員です。ORCA の使命は、人の力によるアウトドア活動への参加及び保護の推進です。

表示目録3

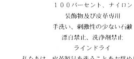

100パーセント、ナイロン
装飾物及び皮革専用
手洗い、刺激性の少ない石鹸
漂白禁止、洗浄剤禁止
ラインドライ
私たちは、皮革製品を洗うことをお奨めしません。
キッフェ・プロダクツの部門であるマンハッタン パッセージの独占的製品
郵便番号438　ニューヨーク市、ニューヨーク州　10021
売主番号：76800

マンハッタン・パッセージ事件

表示目録4

```
100% NYLON
EXCLUSIVE OF DECORATION
AND LEATHER
HAND WASH. MILD SOAP
NO BLEACH. NO DETERGENT
LINE DRY
WE DO NOT RECOMMEND WASHING
LEATHER PRODUCTS
EXCLUSIVE PRODUCTS OF
MANHATTAN PASSAGE
DIV. OF KIFFE PRODUCTS
P.O. BOX 438. NEW YORK CITY. N.Y. 10021
VENDOR NR: 75800

NAME _____
ADDRESS _____
_____
TELEPHONE _____
```

表示目録5

Manhattan Passage
division of kiffe U.S.A
P.O.Box 438. New York NY 10021

マンハッタンパッセージ
キッフェ U. S. A の部門
私書箱438ニューヨーク市
ニューヨーク州、米国 10021

表示目録6

① New York City N.Y. U.S.A との表示

② Manhattan Passage との表示

表示目録7

製造元又はライセンス元としてのキッフェ（Kiffe）社またはマンハッタンパッセージ（Manhattan Passage）社との表示

表示目録8

商品の素材が「６００デニールポリエステル布地」であることを示す一切の表示

▶判例コメント・11

【事件名】　墓石販売顧客名簿不正持出事件
【判決裁判所】　東京地方裁判所（平成10年(ワ)第18253号）
【判決年月日】　平成12年11月13日
【出典】　判時1736号118頁、判タ1047号280頁
【不正競争行為】　2条1項4号・5号
【請求内容】　損害賠償
【結論】　一部認容

【事案の概要】
　墓石販売業者である原告が、原告の従業員であった被告Y_2・Y_3・Y_4が原告の営業資料（「暫定顧客名簿（電話帳抜粋）」、「お客様情報」、「(予約)聖地使用契約書」、「来山者名簿」、「加工図・パース」、「墓石原価表」）に含まれる営業秘密を不正に持ち出した行為は2条1項4号の不正競争行為に、被告Y_2らが設立した同種目的の会社である被告Y_1がこの営業秘密を使用した行為は2条1項5号の不正競争行為に当たるとして、被告らに対し、5条1項に基づく損害賠償の支払を求めた事案である。なお、原告は、被告Y_2・Y_3・Y_4に対する債務不履行ないし不法行為に基づく損害賠償と、被告Y_1に対する不法行為に基づく損害賠償も求めた。

【争点】
1　原告の営業資料は「営業秘密」に該当するか。
2　被告らの行為は2条1項4号・5号の不正競争行為に該当するか。
3　損害の成否およびその額

【判旨】
1　原告の営業資料の「営業秘密」該当性について
(1) 秘密管理性
　以下①②の事実を認定したうえで、営業資料はすべて、原告において秘密として管理されていたと認めることができると判断した。
　①　原告において、「暫定顧客名簿（電話帳抜粋）」および「お客様情報」は

テレアポ専用の部屋にある施錠可能なロッカーに保管されており、「(予約)聖地使用契約書」および「来山者名簿」は営業課長の机の引き出しに保管されており、「加工図・パース」は事務室内の書棚にファイルして保管されており、「墓石原価表」は事務室内の机の中に保管されていた。
② 原告においては、新規採用社員に対して、原告が保管する営業資料について、営業活動以外への使用の禁止を徹底指導していた。

(2) 有用性

以下のような事実を認定し、「暫定顧客名簿(電話帳抜粋)」、「お客様情報」、「(予約)聖地使用契約書」および「来山者名簿」はいずれも効率的な営業活動にあたり有用な情報ということができると判示し、「加工図・パース」および「墓石原価表」も、一応、有益な情報といって差し支えないと判断した。

「暫定顧客名簿(電話帳抜粋)」および「お客様情報」には、同一顧客への再三にわたる電話での勧誘や事情調査を経て得られた顧客情報が記載され、「暫定顧客名簿(電話帳抜粋)」には、①全く無反応の者、②何らかの反応があり、中・長期にわたり勧誘すれば成約に至る可能性のある者、③好反応があり、短期間のうちに成約に至る可能性がある者かどうかの情報が、「お客様情報」には、成約見込み客に定期的に電話して得られた購入計画状況等に関する情報が含まれている。原告において無差別に行った電話帳による顧客勧誘の成約率は約0.015%と極めて低い。

「(予約)聖地使用契約書」および「来山者名簿」には、顧客の住所、氏名、電話番号等の情報が記載され、「来山者名簿」には、原告の折り込み広告を見て墓に関心を持って寺院を来訪した顧客に関する情報が、「(予約)聖地使用契約書」には、最終的に契約を断念した顧客に関する情報が記載されており、このような顧客は、墓に高い関心を持った顧客であり、成約に至る可能性が高いグループということができる。

「加工図・パース」および「墓石原価表」は、それぞれ墓石の外観と単価等が記載されている。

(3) 非公知性

「暫定顧客名簿(電話帳抜粋)」、「お客様情報」、「(予約)聖地使用契約書」および「来山者名簿」は、原告独自の営業活動によって得られた事項が記載さ

れ、その管理状況に鑑みると、非公知であったと認めることができると判断した。

「加工図・パース」および「墓石原価表」は、記載された事項の性質、内容に照らして、非公知であったとはいえないと判断した。

2 被告らの行為が不正競争行為に該当するか

被告Y_2およびY_3は、原告が所有していた「暫定顧客名簿（電話帳抜粋）」、「お客様情報」、「（予約）聖地使用契約書」、「来山者名簿」、「加工図・パース」および「墓石原価表」の全部または一部の資料をコピー機を使用して複写して、社外に持ち出し営業秘密を窃取したとの事実を認定し、被告Y_2およびY_3の行為は2条1項4号所定の不正の手段により営業秘密を窃取する行為に該当すると判断した。

被告Y_4は、原告が管理していた「来山者名簿」を自宅に持ち帰り、被告Y_1あてにファックス送信し、被告Y_2から謝礼として現金30万円を受領したとの事実を認定し、被告Y_4の行為は2条1項4号所定の不正の手段により営業秘密を特定の者に示す行為に該当すると判断した。

被告Y_1は、被告Y_2およびY_3が不正に持ち出したり、被告Y_4から入手した「暫定顧客名簿（電話帳抜粋）」、「お客様情報」および「来山者名簿」を利用して営業活動を行った事実を認定し、被告Y_1の行為は2条1項5号所定の不正取得行為が介在したことを知って営業秘密を使用する行為に該当すると判断した。

3 損害の成否およびその額

証拠によって、被告Y_1が、「暫定顧客名簿（電話帳抜粋）」、「お客様情報」および「来山者名簿」を使用して5件の契約を成立させたと認定し、5件の契約による被告Y_1の売上高（1154万5500円）に、被告Y_1における売上高から製造原価を控除した金額の売上高に占める割合（54.9％）を乗じ、販売費および一般管理費のうちの経費として被告Y_1が設立直後であったことから10％のみを減じて、損害額を570万円と算定するとともに弁護士費用60万円も損害と認定した。

【コメント】

1 秘密管理性について

不正競争防止法により営業秘密として保護されるためには、①秘密管理性、②有用性、③非公知性の３つの要件を満たす必要があるが、このうち①秘密管理性の要件が最も重要な役割を果たしており、訴訟においても①秘密管理性の有無が争点となることが多い。

　秘密管理性の要件は、ⓐ情報にアクセスできる者が制限されていること（アクセス制限）、ⓑ情報にアクセスしたものに当該情報が営業秘密であることが認識できるようにされていること（認識可能性）の２つが判断の要素になると解されている。

　そして、本判決においては、事務室内の机の引出しや書棚に保管されていた営業資料について、営業活動以外への使用の禁止を徹底指導していたことから、秘密管理性を肯定している。

　本判決においては、秘密管理性をいかなる規範に基づいて判断するかについては言及されていないが、十分なアクセス制限がなされていない情報についても秘密管理性を肯定していることからすると、従来の要件でいうとⓑ情報にアクセスしたものに当該情報が営業秘密であることが認識できるようにされていること（認識可能性）を重視し、ⓐ情報にアクセスできる者が制限されていること（アクセス制限）という要件を厳密に適用しなかったものと考えられる。

　なお、営業秘密管理指針においては、秘密管理性を判断する上記２つの要素は、「秘密管理性の有無を判断する重要なファクターであるが、それぞれ別個独立した要件ではなく、『アクセス制限』は、『認識可能性』を担保する一つの手段であると考えられる。したがって、情報にアクセスした者が秘密であると認識できる（『認識可能性』を満たす）場合に、十分なアクセス制限がないことを根拠に秘密管理性が否定されることはない」と説明されている（営業秘密管理指針５頁脚注５）。この営業秘密管理指針においては、秘密管理性の要件を満たすためには、営業秘密保有企業の秘密管理意思（特定の情報を秘密として管理しようとする意思）が、具体的状況に応じた経済合理的な秘密管理措置によって、従業員に明確に示され、結果として、従業員が当該秘密管理意思を容易に認識できる（換言すれば、認識可能性が確保される）必要があると説明されている（営業秘密管理指針５頁）。

　営業秘密管理指針において示されている秘密管理性の考え方に従ったとして

も、原告の営業資料については、営業活動以外への使用の禁止を徹底指導していたというのであり、状況に応じた経済的合理的な秘密管理措置がとられており、従業員が当該秘密管理措置を認識していたのであるから、秘密管理性は肯定されるので、結論において妥当であると考える。

2 有用性について

有用性が認められるためには、その情報が客観的にみて、事業活動にとって有用であることが必要であるとされており、公序良俗に反する内容の情報には有用性は認められないと解されている（営業秘密管理指針15頁）。

有用性の要件は、公序良俗に反する内容の情報など法的保護に値しない情報を除外したうえで、広い意味で商業的価値が認められる情報を保護することに主眼があると考えられている。

そのため、秘密管理性および非公知性を満たす情報は、有用性が認められることが通常である。

本判決においては、「暫定顧客名簿（電話帳抜粋）」、「お客様情報」、「（予約）聖地使用契約書」および「来山者名簿」はいずれも効率的な営業活動に当たり有用な情報ということができると判示し、「加工図・パース」および「墓石原価表」も、一応、有益な情報といって差し支えないと判示しており、有用性を広く捉えて判断しているものと考えられ、結論としては妥当であろう。

3 非公知性について

非公知性が認められるためには、一般的には知られておらず、または容易に知ることができないことが必要と解されている（営業秘密管理指針16頁）。

本判決においては、非公知性の判断基準は示されず、「暫定顧客名簿（電話帳抜粋）」、「お客様情報」、「（予約）聖地使用契約書」および「来山者名簿」は、原告独自の営業活動によって得られた事項が記載されていたこと、一応原告において管理されていたことから、非公知であると判断され、「加工図・パース」および「墓石原価表」は、墓石の外観と単価等が記載されていたにすぎず、非公知であったとはいえないと判断された。「加工図・パース」は顧客に示すためのものであることから非公知性はないと判断されたと考えられるが、「墓石原価表」には墓石の原価等が記載されており非公知性がないとはいえないのではないかとも考えられる。

（山岸正和）

> ▶判例コメント・12

【事件名】　記者会見営業誹謗事件
【判決裁判所】　東京高等裁判所（平成13年(ネ)第4613・5552号）
　　　　　　　　原審：東京地方裁判所（平成12年(ワ)第19078号）
【判決年月日】　平成14年6月26日
　　　　　　　　原審：平成13年8月28日
【出典】　判時1792号115頁
　　　　　原審：判時1775号143頁
【不正競争行為】　2条1項15号
【請求内容】　差止め、損害賠償、信用回復措置（謝罪広告）
【結論】　差止却下、損害賠償棄却、信用回復措置棄却
【事案の概要】

　Xは、パチンコ型スロットマシン（以下、「パチスロ機」という）製造業者の間で特許権等をめぐる紛争が頻発したため、業界におけるその種の紛争を調整するために、パチスロ機製造業者が参加し設立された会社である。Xは、パチスロ機の特許権等を保有する者から再実施許諾権付きで実施許諾を得て、同業界の製造業者（以下、「パチスロ機製造業者」という）に対して有償で再実施許諾して、その実施料を特許権者等に還元するという方法（パテントプール方式）で、パチスロ機をめぐる特許権の管理を行っていた。

　パチスロ機業界の1社であり、Xの株主でもあるY社の代表者Y_1は、同社が訴外A社に対して提起した特許権侵害訴訟に関する事情を説明するとして開催した記者会見で、以下のような発言をし、かつ、以下のような内容の記事が雑誌に掲載された。

発言①　（Y社はXを）脱退しました。
発言②　Xとは全然関係ありません。あそこ（X）にお金を払っているのは、何の意味か。全然意味がありません。Xはもう異常な会社です。みんなからお金を取っていること自体が。特許を持っていない人がお金を取っているんです。払っている人もおかしい。異常なことです。

発言③　Xに絡んでいるから何となく安心していられるなんていうのは、考え方が一つおかしいということです。詐欺的行為ですよ、Xなんて。別に中傷・誹謗で言おうという話ではないんですけど。今お金を集めていることが責任持てるか、ということが一番重要なことです。Xが行っていることは、非常に怖いことを平気で行っている。こう見ていいんじゃないんでしょうかね。あるいは私どものパテントの関係しないところで払っているなら、いいんですよ、問題ない。

発言④　Xがおかしいんですよ。解約しているんですから。Xがお金を回収しちゃおかしいんです。私どもの回収機関でも何でもありません。

記事　Y_1は「保有する特許がないにも係わらず、あたかも有るようにふるまい、さらにはメーカーから会費を徴収するというのは詐欺的行為にも等しい」とXを厳しく非難している。

本件は、Y_1の発言および記事を掲載させた行為は2条1項15号所定の営業誹謗行為に当たるとして、Y社およびY_1に告知・流布の差止め、損害賠償、謝罪広告を求めたものである。

【争点】

1　Y_1の発言は「虚偽の事実」に該当するか。〔否定〕
2　本件記事はY社およびY_1による「虚偽の事実」に該当するか。〔否定〕

【判旨】

判決は、「『虚偽』であるかどうかは、その受け手が、陳述ないし掲載された事実について真実と反するような誤解をするかどうかによって決すべきであり、具体的には、受け手がどのような者であって、どの程度の予備知識を有していたか、当該陳述ないし掲載がどのような状況で行われたか等の点を踏まえつつ、当該受け手の普通の注意と聞き方ないし読み方を基準として判断されるべき」との判断基準を示し、Y_1発言の受け手や記事の受け手について、「Y_1発言の受け手は、本件記者会見に出席した遊技機業界関連のマスコミ関係者であり、本件記者会見が、別件……訴訟を提起するに至ったY社側の言い分を説明するための場として持たれることを前提に、その取材という明確な目的をもって参集した者である。そして、……〔証拠〕に示された質問者の質問内容等に照らせば」、背景事情の「基本的流れは、……予備的知識として有してい

たものと推認される。また、本件雑誌……の主な読者は、パチスロ機の製造販売業者等の関係者であると認めるのが相当である。そして、このような本件雑誌の読者にとって、控訴人会社による別件……訴訟の提起が重大な関心事として受け止められていたことは前示のとおりであり、その背景事情を含め、予備的知識として有していたものと推認される」と認定したうえで、Y_1の発言と記事につき、以下のとおり判断した。

1　争点1——Y_1の発言は「虚偽の事実」に該当するか

「発言①は、本件記者会見の冒頭近く、出席者からの質問に直接答える形で行われたものであること、本件記者会見が別件……訴訟を提起するに至ったY社側の言い分を説明するために開かれたものであり、別件……訴訟の提起が本件パテントプール方式からの離脱問題と密接不可分と考えられていたこと等……を併せ考えれば、当該陳述の受け手である本件記者会見の出席者において、発言①を、単に本件パテントプール方式からの離脱を表明したY社の立場を説明する陳述として受け止めるであろうことは明らかであり、本件実施契約の解消という事実自体に関して、真実と反する誤解をするようなものであるとは到底いうことができない」。「そして、……発言①において陳述された事実……が虚偽であると言えないことは明らかである」。

「発言②～④中には、Xを『異常な会社』、その活動を『詐欺的行為』ないし『非常に怖いこと』であると表現する意見ないし論評にわたる部分はあるものの、Y_1発言全体の中でとらえた場合、別件……訴訟に関するY社の主張、すなわち、本件実施契約の解消に伴いXは本件実施契約に係る特許権等の再実施許諾をする権限を喪失したとの主張を、やや俗な言葉で説明したものと理解することは、少なくとも」、背景事情「のおおまかな流れを予備知識として有する者にとって、さほどの注意を払うことなく容易になし得るものと解される。そして、Y_1発言の直接の聞き手が一般大衆であれば格別、本件においては、本件記者会見が別件……訴訟を提起するに至ったY社側の言い分を説明するために開催されていることを当然の前提として、しかも当該問題について一定の前提知識を有し、取材という明確な目的を持ってこれに出席した遊技機業界関連のマスコミ関係者であったことを考えると、そのような出席者の普通の注意と聞き方とを基準として判断した場合、発言②～④は、別件……訴訟に関する

Y社の主張、すなわち、本件実施契約の解消に伴いXは本件実施契約にかかる特許権等の再実施許諾をする権限を喪失したとの主張を、やや俗な言葉で説明したものと理解されるにとどまると解され、本件実施契約の解消という事実自体に関して、あるいは、Xが『詐欺的な行為を行う異常な会社である』かどうかという事実に関して、真実に反する誤解をするような陳述であると解することはできない。

　したがって、発言②〜④において陳述された事実が『虚偽』であるということはできない」。

2　争点2——本件記事はY社およびY₁による「虚偽の事実」に該当するか

　「Y₁発言中には『今回の会見の中で、Xは詐欺的だとおっしゃいました。それは、我々が文章にしてよろしいでしょうか。』との質問に対し、『構わないんじゃないでしょうか。』と答えている部分があること、本件雑誌に掲載された記事は、この応答を踏まえたものと解される上、その引用自体、おおむね正確であること等を考えると、……これらをY₁らによる『本件記事を掲載させた』行為として把握すること自体は可能であると解される」と判示したうえで、以下のように判示した。

　「本件記事の記載からすると、本件記事中のY₁の発言を引用する……部分は『パチスロ特許紛争勃発』、『Y社がA社をCT機能の特許権侵害で42億円の賠償を求め提訴』という本件記事のテーマに関し、その一方当事者として登場するY₁の言い分にすぎないことを明確にする形で引用するものであるし、その前後の記載において、Y₁の上記発言の背景には、パチンコ機製造業界におけるパテントプール方式の公正取引委員会勧告を受けての本件パテントプール方式の存続をめぐる問題があったこと等を正確に指摘するとともに、他方当事者であるA社の主張も簡単ながら併記している。すなわち、本件記事中のY₁の発言を引用する……部分は、単に引用という形式が採られているにとどまらず、本件記事全体の趣旨や前後の文脈に照らしても、本件パテントプール方式からの離脱をめぐって係争中の一方当事者の言い分として紹介されているものであって、その言い分が真実であることを断定的に主張するものでないことは、容易に理解し得るものである。加えて、本件雑誌の主な読者であるパチス

ロ機の製造販売業者等の関係者において、Y社とA社とが係争中であって、双方に言い分に対立があるという程度の予備知識は有していたことは前示のとおりであるから、そのような読者の普通の注意と読み方を基準にした場合、上記記載部分に引用されたY_1の発言内容、すなわち、Y社が本件パテントプール方式から離脱した結果、Xには『保有する特許が無い』状態となったかどうかという事実に関して、あるいは、Xが『詐欺的行為にも等しい』行為を行っているかどうかという事実に関して、真実に反する誤解をするような内容であるということはできず、本件記事をもって掲載された事実が『虚偽』であるとはいえない」と判示した。

【コメント】

本判決は、2条1項15号所定の「虚偽」該当性について、「その受け手が、陳述ないし掲載された事実について真実と反するような誤解をするかどうかによって決すべきであり、具体的には、受け手がどのような者であって、どの程度の予備知識を有していたか、当該陳述ないし掲載がどのような状況で行われたか等の点を踏まえつつ、当該受け手の普通の注意と聞き方ないし読み方を基準として判断されるべき」との判断基準を示した点で、この基準に基づいて該当性を詳しく判断している点で実務上参考になると思われる。

なお、原審は、発言②③は「虚偽の事実」に該当すると判断しているが、これは、原審が、本件発言の受け手が背景事情の基本的流れを予備的知識として有している遊戯機業界関連のマスコミ関係者であるという受け手の属性について考慮しなかったことによるものと考えられる。

(大塚千代)

▶判例コメント・13

【事件名】　ブックオフ事件
【判決裁判所】　東京地方裁判所（平成13年(ワ)第11044号）
【判決年月日】　平成14年1月24日
【出典】　判時1814号145頁、判タ1120号282頁
【不正競争行為】　2条1項1号
【請求内容】　表示の使用差止め、廃棄、損害賠償
【結論】　一部認容
【事案の概要】

　原告（日本図書普及株式会社）は、後記記載の加盟店制度を主宰するとともに、同加盟店制度の下で全国共通図書券および全国共通図書カード（以下、「図書券等」という）の発行、販売等を行っている株式会社である。原告の運営する図書券等の加盟店制度の概要は、次のとおりである。加盟を希望する書店は、書店、指定取次会社および原告の三者間の加盟店契約を締結することで加盟店となる。原告は、上記の加盟店契約の定める方法による図書券等の販売、図書との引換えを原告加盟店に限り認めている。本件加盟店契約が新刊図書のみを扱っている指定取次会社を含めた三者間契約である結果、原告加盟店は、新刊図書を扱う書店のみとなっている。原告加盟店は、平成13年7月31日現在で1万2343店であった。

　被告（ブックオフコーポレーション株式会社）は、中古書籍、コンパクトディスク等の販売並びに中古書籍のフランチャイズチェーンの加盟店の募集およびその業務の指導等を業としている株式会社である。被告は、図書券等に関する上記加盟店契約の加盟店ではない。

　本件は、原告が、被告に対し、被告がその店内において「図書券の利用が可能である」旨の掲示をし、同内容のチラシを商圏内に配布し、顧客の持参する全国共通図書券と図書との引換えをする行為は、不正競争防止法2条1項1号所定の不正競争行為に該当すると主張して、①全国共通図書券と図書との引換えの差止め、②店舗内に「図書券の利用が可能である」旨の掲示をし、同内容

のチラシを配布することの差止め、③領収書への図書券による領収の欄を印刷することの差止め、④前記②の掲示およびチラシの廃棄、⑤弁護士費用等の損害の賠償をそれぞれ求めた事案である。

【争点】
1 「図書券の利用が可能である」旨の表示が原告の周知の商品等表示に当たるか。〔肯定〕
2 被告の行為が、2条1項1号所定の不正競争行為に当たるか。〔一部肯定〕

【判旨】
　1　争点1——原告の周知の商品等表示に当たるかについて

　「新聞広告、雑誌広告やテレビコマーシャルにおいて、原告加盟店において図書券の利用が可能である旨の表示がされ、また、原告加盟店の各店舗においても当該店舗において図書券の利用が可能である旨を表示したポスターなどが掲示されていたことを併せ考慮すれば、『図書券の利用が可能である』旨の表示は、遅くとも平成6年ころには原告加盟店を示す表示として一般消費者の間に広く認識されていたものというべきである。

　すなわち、特定の種類の商品券、プリペイドカードやクレジットカードを利用しての商品の購入が、当該商品券等の代金決済システムを行う特定の組織に加盟する店舗においてのみ可能であるような場合には、ある店舗において当該商品券等の利用が可能であることを表示することは当該店舗が当該組織の加盟店であることを顧客に示すものであり、このような場合には、当該商品券等の利用が可能である旨を表示することが、特定の組織に属する店舗の営業であることの表示となるものである。この場合には、そのような特定の商品券等による代金決済を行う組織の加盟店であることが、当該店舗の社会的な信用を高めることも少なくないのであって、このような点を考慮すれば、当該商品券等の利用が特定の組織に属する店舗のみにおいて可能であることが需要者の間に広く認識されている場合には、当該商品券等の利用が可能である旨の表示が不正競争防止法2条1項1号にいう周知の『商品等表示』に該当し得るものというべきである。

　本件においては、前記認定のとおり、『図書券』は、原告、指定取次会社及び書店（加盟店）の三者を契約当事者とする本件加盟店契約に定められた方法

により決済される図書のみを対象とする商品券であって、この決済システムにより図書券を換金することができるのは原告加盟店のみであり、かつ、図書券が原告加盟店において利用可能であることが一般消費者の間で広く認識されていたのであるから、『図書券の利用が可能である』旨の本件表示は、不正競争防止法2条1項1号にいう周知の『商品等表示』に該当するものと解するのが相当である」。

「被告は、本件表示は抽象的な内容にとどまり、それ自体特定の営業を表示するものではないと主張するが、前記認定のとおり、図書のみを対象とする商品券は本件加盟店契約の下における図書券のみであり、当該図書券が原告加盟店においてのみ利用可能であったのであるから、『図書券』の語は、図書の購入が可能な商品券一般を意味する普通名称ではなく、本件加盟店契約の下において原告加盟店においてのみ利用可能な特定の種類の商品券を指す名称であり、したがって、これの利用が可能であることを示す表示は、本件加盟店契約により結束した原告、指定取次会社および書店（加盟店）のグループに属する店舗の営業を示す商品等表示となり得るものである」。

「また、被告は、仮に図書券そのものは周知であるとしても、本件表示が周知であるとは認められない旨主張する。

しかし、原告による新聞、雑誌及びテレビによる宣伝広告には『図書券を利用すれば全国の加盟店で書籍、雑誌が購入できる。』という内容のものがあり、これに接した者は、図書券は特定の加盟店でのみ使用できること、原告の具体的な名称はともかく図書券の代金決済を目的とする加盟店を一員とした特定の組織が存在することを認識するに至ったものと認められる。このような状況の下で、原告加盟店各店においては、図書券の利用が可能である旨のポスター等の掲示をしていたのであるから、本件表示自体も周知性を獲得するに至っていたものと認めることができる」。

「そして、……原告、指定取次会社及び書店（加盟店）の三者は本件加盟店契約の契約当事者として、図書券等を用いての図書の代金決済という目的のもとに結束しているグループというべきであるから、その構成員である原告は、本件表示に基づく差止め及び損害賠償を求めることができる」。

2　争点2──不正競争行為にあたるかについて

(1) 「図書券の利用が可能である」旨の掲示について

「被告は、その店舗内に本件表示と同趣旨を記載した……掲示をして、図書を販売していたものであるところ、被告の店で図書を購入する顧客が、上記の掲示を見たときには、当該店舗が原告加盟店の店舗であるとの認識を抱くものと認められる。

したがって、被告の上記行為は、原告、指定取次会社及び加盟店からなるグループに属する店舗の営業を示すものとして需要者の間に広く知られた本件表示と類似する表示を使用して、同グループに属する店舗の営業と混同を生じさせるものであるから、不正競争防止法2条1項1号所定の不正競争行為に該当するというべきである。

この点につき、被告は、新刊書店の業界と古書店の業界は明確に区別されているから、顧客が被告を原告加盟店と誤認することはないと主張する。しかし、……被告の取り扱っている書籍は、通常の古書ではなく、新品に近い古書であるいわゆる『新古書』であり、被告の店頭には最新のベストセラー本が置かれることもあることが認められるものであり、また、本件加盟店契約を締結している書店が新刊書を扱う書店に限定されていることは知られているものではないから、出版業界の内情に必ずしも詳しくない一般の顧客としては、上記の掲示をしている被告の店舗を本件加盟店契約の加盟店と誤認混同するおそれが十分に存在するというべきである」。

(2) 被告が前記チラシを配布する行為について

「チラシの記載は、旅行券・オレンジカード・ハイウェイカード・切手・印紙に続けて図書券を挙げた上でその利用が可能である旨を記載したものであるから、現金の代わりに代物弁済として受け入れる対象として、旅行券・オレンジカード・ハイウェイカード・切手・印紙と並列的に図書券を掲げたにすぎず、単に代物弁済の対象についての事実を記載したにすぎないものと認められる。したがって、前記のチラシの記載は、営業主体と何らかの関連をもった記載ということができず、商品等表示の使用に当たらないから、被告が前記チラシを配布する行為は、不正競争防止法2条1項1号所定の不正競争行為に該当しない」。

(3) 図書券と図書とを引き換えること、代金を図書券で受領した場合にその旨を

レシートに記載することについて

「図書券と図書とを引き換えること自体は、代物弁済として行い得る行為であり、需要者に対して何らかの表示をしているものともいえないから、それ自体は不正競争行為に該当するものではない。代金を図書券で受領した場合にその旨をレシートに記載することも、単なる弁済方法に関する事実の記載であり、需要者に対する表示ということができないから、不正競争行為に該当しない」。

【コメント】

　本件については、「図書券の利用が可能である」旨の表示が、図書券に関する加盟店契約により結束した原告、指定取次会社および書店（加盟店）のグループに属する店舗の営業を示す表示として、2条1項1号にいう周知の商品等表示（営業表示）に該当すると判断されたものである。

　すなわち、図書券が利用可能な加盟店ではないかとの誤信による広義の混同を認めたものであるが（小野編・新注解(上)200頁）、加盟店契約に定められた図書券等を用いた図書の代金決済という営業内容や営業方法を表示するかのような記載にもグループの表示性を認めたものであるとされている（小野編・新注解(上)258頁）。

　本件の判断に対しては、図書券は特定の加盟店でのみ使用できることや、図書券の代金決済を目的とする加盟店を一員とした特定の組織が存在することの認識については、営業活動の内容（加盟店である新刊書店における付随的なサービスの類である）についての認識にすぎず、「営業の表示」とみるには飛躍があるという指摘も存在する（小松陽一郎「『図書券の利用が可能である』との表示について不正競争防止法の営業主体混同行為を認めた事例」知財管理54巻2号（2004年）266頁）。また、本件のような表示は、むしろ2条1項13号の品質等誤認表示ではないかという指摘もなされている（牧野利秋監修・飯村敏明編『座談会　不正競争防止法をめぐる実務的課題と理論』（青林書院、2005年）33頁）。

　営業方法が2条1項1号の営業表示に該当するか問題となった裁判例としては、大阪高判S58・3・3判時1084号122頁「通信販売カタログ事件」や、神戸地判S61・12・22判例不正競業法874ノ136頁「完全チケット制事件」がある。

また、本件は、原告の損害の内容および額について、「原告の請求の内容、訴訟手続の経緯、訴訟追行の難易度、訴訟期間等の事情を考慮すると、原告の主張する事実調査費用および弁護士費用の損害については、そのうち弁護士費用の一部である50万円を限度として、被告の不正競争行為と相当因果関係のある損害と認めることができる」と判示している。

なお、本件については、控訴審で和解が成立している。

(渡辺充博)

原告加盟店表示

原告加盟店店舗での掲示の一例

被告店舗での掲示の一例

撮影者

撮影場所　　被告会社　大井町阪急店

撮影年月日　平成13年 1月28日

> ▲判例コメント・14

【事件名】　セラミックコンデンサー事件
【判決裁判所】　大阪地方裁判所（平成13年(ワ)第10308号）
【判決年月日】　平成15年2月27日
【出典】　裁判所HP
【不正競争行為】　2条1項4号・5号
【請求内容】　差止め、損害賠償
【結論】　差止認容、損害賠償一部認容

【事案の概要】

　セラミックコンデンサー積層機および印刷機の製造販売を主な事業とする原告は、原告の従業員であった被告Aおよび被告Bに対し、被告Aおよび被告Bが原告在職中、原告の営業秘密であるセラミックコンデンサー積層機および印刷機の合計6000枚に及ぶ設計図の電子データ（以下、「本件電子データ」という）を不正に取得して使用しまたは転職先の被告会社に開示したとして、2条1項4号・3条1項に基づき、本件電子データの使用の差止めを求め、3条2項に基づき、上記データおよび上記データを印刷した設計図の廃棄を求めた。

　また、被告会社に対しては、被告Aおよび被告Bが本件電子データを不正に取得したことを知りながら、両者から同データを取得し、これを使用してセラミックコンデンサー積層機および印刷機の製造販売を行っている（2条1項5号）として、3条1項に基づき本件電子データを使用してセラミックコンデンサー積層機および印刷機を製造販売することの差止めを求め、3条2項に基づき、本件電子データおよび同データを印刷した設計図および上記データを使用して製造した上記機器の廃棄を求めた。

　さらに、被告会社並びに被告Aおよび被告Bに対し、4条・5条1項にもとづき、連帯して5000万円の損害賠償等を支払うよう求めた。

　これに対し、裁判所は、本件電子データは原告の営業秘密に当たるとし、かつ、被告Aおよび被告Bが同データを不正取得し、被告会社がこの不正取得を知りつつ使用したことを認め、上記差止請求と損害賠償請求の一部を認容し

た。

【争点】

1 営業秘密該当性——秘密管理性、非公知性
2 不正取得および不正使用行為の有無

【判旨】

1 争点1——営業秘密該当性

(1) 秘密管理性

判決では、秘密管理性について、「当該情報にアクセスした者に当該情報が営業秘密であることを認識できるようにしていること、当該情報にアクセスできる者が制限されていることなどが必要であり、要求される情報管理の程度や態様は、秘密として管理される情報の性質、保有形態、企業の規模等に応じて決せられるものというべきである」として、秘密管理性が認められるためには、いわゆる「認識可能性」や「アクセス制限」などが必要であるが、情報管理の程度や態様は、対象となる情報の性質、保有形態、企業規模に応じて決まるとした。

そして、まず、本件電子データの管理態様について、①本件電子データは、原告においてメインコンピュータのサーバにおいて集中して保存されており、そこには設計担当の従業員のみがアクセスし、設計業務には、社内だけで接続されたコンピュータが使用され、設計担当の従業員のみが設計業務に必要な範囲内でのみ本件電子データにアクセスし、その時々に必要な電子データのみを取り出して設計業務が行われていたこと、②本件電子データのバックアップ作業は、特定の責任者だけに許可されており、その作業には、特定のユーザーIDとパスワードが設定され、バックアップを取ったDATテープは、設計部門の総括責任者の机上にあるキャビネットの中に施錠して保管されていたと認定した。

そのうえで、「原告の従業員は全部で10名であったから、これらの本件電子データの取扱いの態様は、従業員の全員に認識されていたものと推認される」として、「本件電子データは、当該情報にアクセスできる者が制限され、アクセスした者は当該情報が営業秘密であることを認識できた」と認定した。

さらに、本件電子データの性質について、同データが「原告の設計業務に使

用されるものであり、設計担当者による日常的なアクセスを必要以上に制限することができない性質のものである」とし、本件電子データの保有形態について、同データが「コンピュータ内に保有されており、その内容を覚知するためには、原告社内のコンピュータを操作しなければならない」として、「原告の規模等も考慮すると」本件電子データについては、秘密管理性の要件が充足されていた旨判示した。

(2) 非公知性

判決は、非公知性について、「原告は、セラミックコンデンサー積層機及び印刷機が円滑に稼働するように、多数の汎用部品の中から使用部品を選定した上、選定した部品に独自の加工を施して所定の形状、寸法としていること、本件電子データに係る設計図は、単なる汎用品としての部品の形状、寸法等を記載したものにとどまるものではなく、本件電子データには、各部品の形状、寸法、選定及び加工に関する技術情報が集積されていること、これらの技術情報は、原告が独自に形成、蓄積してきたものであり、刊行物に記載されておらず、公然と知られていない」として、本件電子データの非公知性を認めた。

被告による、原告の技術情報は、原告が製造販売した機器をリバースエンジニアリングすることにより知り得るから公知となった旨の主張については、「本件電子データの量、内容及び態様に照らすと、原告のセラミックコンデンサー積層機及び印刷機のリバースエンジニアリングによって、本件電子データと同じ情報を得るのは困難」であり、「仮にリバースエンジニアリングによって本件電子データに近い情報を得ようとすれば、専門家により、多額の費用をかけ、長期間にわたって分析することが必要であるものと推認される」として、原告による機器の製造販売によって原告の技術情報が公知になったとはいえないとした。

また、被告らの本件電子データのうち、2件の特許発明の出願公開により公開された技術情報については公知となっている旨の主張については、公開された特許発明の技術思想は、「本件電子データに係るセラミックコンデンサー積層機及び印刷機の各部品の具体的な形状、寸法、選定及び加工に関する情報などの技術情報とは異なり」、また公開特許広報においては、「各部品の詳細な形状までは明らかにされていないし、具体的な寸法、選定及び加工に関する情報

は明らかにされていないから、本件電子データが公知になっているとはいえない」とした。

さらに、本件事件に先行する仮処分事件の申立書に添付された原告のセラミックコンデンサー積層機の図面により、原告の技術情報が開示されており公知である旨の被告らの主張については、「セラミックコンデンサー積層機の各部品について、本件電子データに係る設計図のように詳細な形状までは明らかにされていないし、具体的な寸法、選定及び加工に関する情報は明らかにされていないから、本件電子データが公知になっているとはいえない」として、原告の技術情報が公知ではないとした。

2　争点2——不正取得および不正使用行為の有無

本判決は、

① 精密機械の製造と関係のなかった被告会社が、被告Aおよび被告Bが原告会社を退職した約2週間後に、商業登記簿上の目的に「電子部品製造機械の企画開発、設計、加工、販売及び輸出入」等を加えたこと、

② 被告会社の従業員となった被告Bが取引先に見積りのためにファクシミリ送付した「ボールネジ図面」、「エアーシャフト図面」が、原告の本件電子データに含まれる「ボールネジ図面」、「エアーシャフト図面」と文字のフォント等が異なるのみで、設計技術上、画一的な設計を要せず、自由設計が許される部分を含めてすべて一致していること、

③ セラミックコンデンサー積層機の設計には少なくとも3カ月、電気関係の設計については少なくとも1カ月半の期間がかかる一方で、被告Aおよび被告Bが原告を退社してから上記の見積りを依頼するまでの期間が約40日であったこと、

④ 原告のセラミックコンデンサー積層機と被告会社のセラミックコンデンサー積層機は、設計者が自由に決めることができる部分も含めて、多くの点で一致または酷似すること、

⑤ セラミックコンデンサー積層機および印刷機の設計図は機械全体の設計図がなければ利用価値がほとんどないこと、

⑥ 本件電子データは容易に複製できること、

などを「総合すると、被告A及び被告Bは、原告を退社する際に、本件電子

データを原告に無断で複製して取得し、これを自ら使用し、又は被告会社に開示し、被告会社は、……被告A及び被告Bから、原告の営業秘密である本件電子データを取得し、同被告らを雇用し、本件電子データを使用してセラミックコンデンサー積層機及び印刷機の設計を開始し、その後、セラミックコンデンサー積層機及び印刷機の製造販売を行っているものと推認することができる」と認定した。

そして、「上記事実に照らせば、被告A及び被告Bには、このような不正競争を行うにつき故意があった」と認定した。

また、被告会社が休眠会社であったことや、被告会社の商業登記簿上の目的の変更の事実、その他弁論の全趣旨から、被告Aおよび被告Bは、「被告会社代表者に対し、原告の営業秘密である本件電子データを用いて短期間に原告と同様なセラミックコンデンサー積層機及び印刷機を完成し、これを原告の顧客であった者に販売することにより利益を上げられる旨申し向けて出資を要請し、被告会社代表者がそれに応じて出資をしたことが推認される」として、被告会社は、本件電子データを取得するにあたり、被告Aおよび被告Bが本件電子データを不正に取得したことを知っていたものと推認され、また、不正競争を行うにつき故意があったものと推認されると認定した。

以上のように判決は、被告Aおよび被告Bについて、2条1項4号の不正競争行為を認め、被告会社について、2条1項5号の不正競争行為を認めた。

【コメント】

本判決は、秘密管理性が認められるためには、いわゆる「アクセス制限」、「客観的認識可能性」などが必要であるとしつつ、その要求される情報管理の程度や態様は、対象となる情報の性質、保有形態、企業の規模等に応じて異なる旨の規範を立てている。

対象となる情報が技術情報の場合、技術情報は有用性の高い情報であることが多く、また、秘密の対象となる情報の範囲が比較的明確であるため、従業員が秘密情報であると認識する可能性が高い。これに対し、顧客情報などの営業情報の場合は、顧客名簿のように集合体となった情報自体には非公知性があっても、これを構成する個別の情報は公知情報であり、また、従業員自身が収集し日常的にアクセスしている情報であることから、情報の性質上従業員が秘密

情報であると認識する可能性は一般的に高くない。

　また、企業の規模が小さく人的な関係が強いなどの場合は、対象となっている情報が秘密情報であることを認識しやすい側面もあることから、企業規模が小さい場合、厳格な管理をしていなくても秘密管理性が認められる場合もあろう。

　以上のことから、情報の性質や保有形態、企業規模により要求される情報管理の程度や態様が異なるとした本判決の規範は妥当なものといえよう。

　そして、本件では、本件電子データについて、パスワードによるアクセス制限はなされていないが、インターネットから隔離した社内LAN上のコンピュータ内だけで扱えるよう限定し、かつ、この電子データのバックアップに際してはパスワード等による管理がなされており、一定のアクセス制限がなされているといえる。そして、このような本件電子データの取扱いの態様を知る者は、本件電子データが秘密情報であると認識できるものといえ、原告のような10名程度の小規模会社であれば、全従業員はこのような取扱いの態様を知っているものと推認できるので、本件において秘密管理性を認めた本判決は妥当といえよう。このように、本判決は原告の企業規模の点を強調しており、小規模の企業であれば、ある程度緩やかな要件のもとに、秘密管理性を認めてもらえる余地があることを再確認した判決ともいえよう（山本英雄「営業秘密侵害を原因とする差止請求及び損害賠償が認められた事例」知財管理54巻1号（2004年）75頁）。

　また、営業秘密侵害事件の場合、被告の不正競争行為の立証が困難であることが多いが、本件では、被告会社が取引先に見積りのためにファクシミリ送付した「ボールネジ図面」、「エアーシャフト図面」が原告の図面と同じであったことが重要な間接事実となっており、このファクシミリで送った図面を取引先から入手できたことが立証の成功につながったものといえよう。

（藤原正樹）

▶判例コメント・15

【事件名】　アフト事件
【判決裁判所】　東京地方裁判所（平成14年(ワ)第19714号）
【判決年月日】　平成15年6月27日
【出典】　判時1839号143頁、判タ1143号293頁
【不正競争行為】　2条1項1号
【請求内容】　標章の使用差止め、標章の抹消、商号の使用差止め、商号の抹消登記手続、損害賠償
【結論】　請求認容

【事案の概要】
　本件は、原告が、被告（アフトシステム株式会社）に対し、原告羽田事業部AFTO（以下、「原告アフト事業部」という）が使用している「AFTO」の文字標章（以下、「原告標章」という）が周知であるにもかかわらず、被告が「アフトシステム株式会社」との商号（以下、「被告商号」という）を使用するとともに営業用運送トラックや社員の名刺等に末尾に掲載した①ないし⑦の各標章（以下、「被告標章」という）を使用して営業をしたことから、被告標章の使用差止め・抹消、被告商号の使用差止め・抹消を請求するとともに（なお、予備的に、商法21条に基づき、被告商号に関する請求を行っている）、原告が被った営業上の損害の賠償として、1000万円の支払いを請求する事案である。
　なお、原告は、食料品等の売買および輸出入業等を目的とする株式会社であるが、平成12年3月、訴外ユニオンフードから営業譲渡を受けて、主に集荷、配送業を扱うための原告アフト事業部という事業所を設立したところ、被告は、これに先立つ平成11年8月3日、自動車運送取扱業、自動車のリース業およびこれらに付帯する一切の事業を目的として設立された。

【争点】
1　原告標章の周知性の有無（周知性の承継）
2　原告標章と被告標章の類否
3　原告の請求主体性

【判旨】

1　争点1——原告標章の周知性の有無について

　裁判所は、訴外ユニオンフード羽田事業部が原告標章を使用して、水産物および青果物等の集荷、配送業務等を行っていたこと、並びに平成12年3月、原告が訴外ユニオンフードから営業譲渡を受けて、主に集荷、配送業を扱うための原告アフト事業部という事業所を設立したこと等の前提事実を認定したうえで、原告への営業譲渡前である平成11年8月ころまでには、関東地方の取引者ないし需要者において、原告標章は訴外ユニオンフード羽田事業部の営業表示として周知となっていたことを認定した。

　これに続いて、原告における原告標章の周知性については、「営業譲渡の後は原告アフト事業部が原告標章を使用しているところ、ユニオンフード羽田事業部と原告アフト事業部とは、水産物及び青果物等の集荷、配送業務を行うという点で営業形態が同一であり、事務所の所在地も同一であって、営業活動の継続性が認められるから、原告は、ユニオンフードから営業譲渡を受けることによって上記周知性を承継し、その後も売り上げを伸ばして、原告標章は、原告の営業表示として現在に至るまで周知であるということができる」と述べ、これを肯定した。

2　争点2——原告標章と被告標章の類否について

　原告標章と被告標章との類似性については、被告標章①、⑥および⑦記載の「各標章は、いずれも『AFTO』という文字表示そのものであり、同②及び③記載の各標章は、『AFTO』という文字表示の背景にデザインがあるもので、いずれも原告標章と同一又は類似であると認められる。同④及び⑤記載の各標章は、『AFTO』という文字表示を大きく表示し、『アフトシステム株式会社』等の文字が小さく付されているものであって、『AFTO』という部分が最も目立つことからすると、いずれも原告標章と類似であるということができる」と判示した。

　次に、被告商号については、「『株式会社』および『システム』という部分には識別力がなく、「その余の『アフト』という部分が、識別力を有」しており、称呼および観念が同一であるから、被告商号は、原告標章と類似すると判断した。

3　争点3——原告の請求主要性について

被告の「原告は、ユニオンフードから営業の譲渡を受けたにもかかわらず、貨物運送取扱事業法17条の認可を得るまでの期間は無許可営業を営んでいたものであって、その間の原告の営業は不正競争防止法の保護対象とはならず、この間の被告らの行為が原告に対する不正競争行為となる余地はない」との主張について、裁判所はこれを排斥した。

すなわち、貨物運送取扱事業法は、「貨物運送取扱事業の運営を適正かつ合理的なものとすることにより、貨物運送取扱事業の健全な発展を図るとともに、貨物の流通の分野における利用者の需要の高度化及び多様化に対応した貨物の運送サービスの円滑な提供を確保し、もって利用者の利益保護及びその利便の増進に寄与することを目的とするものである（同法1条）。このような同法の趣旨からすると、上記認可に関する規定も、利用者の利益の保護を図るためのいわゆる取締規定と解するべきであり、上記認可を受けずに行った運送契約の締結等の取引行為の私法上の効力が直ちに否定されるものではない」と述べた。そして、不正競争防止法における取扱いについては、「不正競争防止法は、事業者間の公正な競争及びこれに関する国際約束の的確な実施を確保するため、不正競争の防止及び不正競争に係る損害賠償に関する措置等を講じ、もって国民経済の健全な発展に寄与することを目的とするものである（同法1条）。そして、他人の不正競争によって営業上の利益を侵害された者は、差止請求権及び損害賠償請求権を有するところ（同法3条、4条）、上記のとおり、原告は、貨物運送取扱事業法所定の許可を得て事業を行っていたユニオンフードから営業譲渡を受け、その後第一種利用運送事業の譲渡譲受認可を受けたものであって、営業譲渡の後上記認可を受けるまでの間に取引行為を行ってきたことの一事をもって、不正競争防止法上の請求主体性を欠くということはできない」との判断を示した。

そして、結論としては、原告の請求を全部認容した。なお、本判決は確定している。

【コメント】

1　周知性の承継について

本判決は、2条1項1号における周知表示に関し、周知性の承継を認めた事

案である。周知性の承継の可否については、特に営業表示について議論されているが、現在の営業主体における事実関係のみでは周知性を否定されるような場合や、先使用の抗弁が成立しうる場合に議論の実益がある。

　本論点については、「不正競争防止法上の保護される地位の譲渡可能性を明確に否定しつつ、営業譲渡を伴った商品等表示の譲渡あるいは営業譲渡の一環としてなされた場合に限り、自ら周知性を獲得したと評価しうるとする見解」や、「企業の主体が実質上変更しない限り、企業の信用にも変化なく表示の承継により周知性も承継する」との見解等、さまざまな見解がある。不正競争防止法は、表示を通じた規制により、営業活動によって形成された無形の価値を保護しようとするものであるから、承継を認めるためには、単なる表示の移転では足りず、少なくとも営業活動そのものの移転を伴うことを要するように思われる（以上につき、小野編・新注解(上)283頁以下）。

　本件では、原告は、訴外ユニオンフードから営業譲渡を受けていることに加え、訴外ユニオンフード羽田事業部と原告アフト事業部の営業形態の同一性、および事務所所在地が同一であることから営業活動の継続性が認められることから、周知性の承継を認めたことは妥当である。なお、本判決は、「周知性を承継」と述べているが、判決文による限り、被告は積極的に本論点を争点として設定していなかったようである。

　周知性を基礎づける事実として、①名刺や請求書における標章の使用、②インターネット記事における紹介、③運送用貨物トラックの車両本体に原告標章を表記し、これを集荷・配送業務において利用していたこと、④取引先や配送先の地理的範囲、⑤売上高およびシェア等を認定しており、実務上参考になる。ちなみに、本判決では、①②⑤の要素を重視しているように思われる。

2　請求主体性について

　不正競争防止法における「営業」の意義については、「経済上の収支計算を行う事業という限定はあるものの判例の流れは営業の概念を拡大する方向」にある（小野編・新注解(上)157頁）。本件では、原告は、本訴提起後になって、貨物運送取扱事業法に基づく運送事業の譲受認可を受けているが、このことによって、不正競争防止法上の請求主体性を欠くものではないと判断されている。これは上記認可に関する規定はいわゆる取締規定であるから、認可を受け

ない状態での取引行為も私法上の効力を否定されるものではなく、不正競争防止法によって保護すべき「営業」といって差し支えないからである。

3 類否判断について

営業表示の類否については、最高裁が「ある営業表示が不正競争防止法1条1項2号にいう他人の営業表示と類似のものか否かを判断するに当たつては、取引の実情のもとにおいて、取引者、需要者が、両者の外観、称呼、又は観念に基づく印象、記憶、連想等から両者を全体的に類似のものとして受け取るおそれがあるか否かを基準として判断する」との判断を示しており（最判S58・10・7民集37巻8号1082頁「マンパワー事件」）、多くの裁判例も上記基準に依っている。本判決は、上記最判を引用していないが、同様の基準を用いているものと思われる。

（松田誠司）

被告標章①

被告標章②

被告標章③

被告標章④

被告標章⑤

被告標章⑥

被告標章⑦

A F T O

▶判例コメント・16

【事件名】　サイボウズ虚偽陳述流布事件
【判決裁判所】　東京地方裁判所（平成15年(ワ)第15890号）
【判決年月日】　平成15年9月30日
【出典】　判時1843号143頁、判タ1144号276頁
【不正競争行為】　2条1項15号
【請求内容】　虚偽陳述流布の差止め、損害賠償、謝罪広告
【結論】　請求棄却
【事案の概要】

　原告（株式会社ネオジャパン。以下、「X社」または「ネ社」という）と被告（サイボウズ株式会社。以下、「Y社」または「サ社」という）は、いずれもコンピュータソフトウェアの開発・販売等を業とする会社である。

　Y社は、X社に対し、平成13年8月、X社が製作販売するX社ソフトが、Y社が製作販売するY社ソフトの画面表示等に関してY社が有する著作権を侵害したとして、X社ソフトの製造販売等の差止めおよび損害賠償を求めて提訴した。

　平成14年9月、Y社の請求をすべて棄却する第一審判決が言い渡された。

　Y社が控訴したが、控訴審では、平成15年5月、裁判上の和解が成立した。

　裁判上の和解が成立した日、甲新聞社は、本件和解に関する記事（「ネ社は一審でサ社に勝訴したが、違法コピーを事実上認めた」、「後発のネ社製品がサ社製品にそっくりなことから、業界内部では、勝訴したネ社に対する風当たりが強まっていた」等の記事）を甲新聞社のウェブページに掲載するとともに、甲新聞社の提供する電子メールによるニュースサービス（メールマガジン）に配信した。

　その後、X社からの本件記事に対する訂正要請がなされたため、本件和解の翌日、甲新聞社は本件記事のうち問題となった記載を削除するとともに、「ネ社によると、和解条項では違法性を認めなかった」等の記載を付け加え、本件記事を書き換えた（甲新聞社は、その2日後には、誤報訂正のメールを配信した）。

　本件は、Y社が、本件和解においてX社が違法コピーを事実上認めた旨およ

び非を認めた旨の虚偽の事実を甲新聞社に流布したことが、2条1項15号所定の不正競争行為に該当し、その結果、本件記事が掲載されてX社の営業上の利益を侵害したとして、X社がY社に対し、虚偽陳述流布の差止め、損害賠償および謝罪広告を請求した事案である。

【争点】
1　Y社が、甲新聞社に対し、本件和解においてX社が違法コピーを事実上認めた旨の虚偽の事実を告知したか否か。
2　Y社が、甲新聞社に対し、本件和解においてX社が非を認めた旨の虚偽の事実を告知したか否か。

【判旨】
1　争点1――X社が違法コピーを事実上認めた旨の虚偽の事実を告知について

本判決は、和解当日、Y社は、甲新聞社から本件和解の内容について取材を受けたため、Y社の担当者が、甲新聞社に、メールを送信したことを認定している。当該Y社メールには、「『下記リリースは、まだ途中のため、おかしな言い回しがいっぱいありますが、』とあらかじめ断った上で、『和解に至った理由は、X社が非を認めたと判断したためです。これにより、このような悪徳行為が業界で当然のように繰り返されることが少しでも防げればと思います。』」と記載されていた。他方、本判決は、当該Y社メールには、「本件記事中に記載されている『違法コピーを事実上認めた』及び『Y社は既存ユーザーの保護を理由に、X社の現行商品の販売を認めた』との記載は存在しない」と認定している。

また、本件和解当日、Y社は、プレスリリース文書を各報道機関に公表したが、本判決は、「プレスリリース文書には、本件記事中に記載されている『違法コピーを事実上認めた』との記載は存在しない」と認定している。

本判決は、本件和解当日、甲新聞社は、「本件和解の事実を報道すべく、Y社に対して取材をし、Y社からY社メール、及びプレスリリース文書を受領したものの、X社及びX社訴訟代理人には一切取材することなく」本件記事を報道した旨認定した。

本判決は、このような認定を踏まえ、「本件全証拠によっても、Y社が甲新

聞社に対し、本件和解においてX社が違法コピーを事実上認めた旨の事実を告知したことを認めるに足りない」と判断した。

さらに、本判決は、「本件和解後の経過、とりわけ、Y社は、甲新聞社の取材に対し、Y社メール及びプレスリリース文書を送付したことにとどまること、上記Y社メール及びプレスリリース文書には、X社が本件和解において違法コピーを事実上認めたとの事実は記載されていないこと、乙弁護士〔Y社の元訴訟代理人〕が、Y社の虚偽説明を非難するX社訴訟代理人の2通のファクシミリ文書に対して、直ちに抗議文を発し、Y社が甲新聞社に対し、X社が違法コピーを事実上認めたとの事実を含む虚偽の説明をしたことを明確に否定していること、以上の認定事実に照らせば、Y社は、甲新聞社に対し、X社が本件和解において違法コピーを事実上認めたとの事実を告知していないというべきである」と判断した。

2　争点2――本件和解においてX社が非を認めた旨の虚偽の事実を告知について

本判決は、「X社が本件和解において『非を認めた』という事実を述べたものではなく、あくまで、Y社の和解に至った理由ないし動機について言及したものである。すなわち、その理由として、Y社としてはX社が非を認めたと判断したからこそ和解に応じた旨のY社の主観的な見解ないし判断を述べているにすぎないものと解される。そして、Y社の主観的な見解ないし判断を述べている限りにおいて、Y社メールの上記記載をもって、虚偽の事実の告知ということはできない」と判断した。

また、X社の、本件和解条項の解釈上、X社が「非を認めた」と解釈する余地は全くないことを前提として、主観的見解だからといって免責されるものではなく、それを外部へ陳述するのは不正競争行為であるとの主張については、以下のとおり判示した。

まず本判決は、「本件和解条項上、X社がX社ソフト（筆者注：『iOffice2000 V2.43』および『iOffice V3』）の基になる『iOffice2000 V1.0』の開発に当たりY社ソフトを『参考』にした点があることを認め、えん曲な言い回しではあるが『参考の仕方に行過ぎた点があった』とのY社の『主張を真摯に受け止め』とも記載されており、さらに、著作権侵害を理由とするものではないとの限定は

付されているものの、X社は『iOffice2000 V2.43』の新規顧客への販売を今後も行わないと定められている」と認定した。

そのうえで、「本件和解条項において、上記のような文言が入っていることを考慮すると、X社に対して著作権侵害を理由としてX社ソフトの製造等の差止め等を求めたY社の立場からすれば、本件和解において、X社が非を認めたものと主観的に判断するに至ったとしても、そのこと自体は不合理とはいえない」として、「Y社が、報道機関の取材に対し、訴訟の一方当事者としてこのような主観的判断を述べたことをもって、虚偽の事実の告知ということはできない」と判断した。

【コメント】

本判決は、Y社が、甲新聞社に対し、本件和解においてX社が違法コピーを事実上認めた旨の虚偽の事実を告知しておらず、また、Y社が、X社と裁判上の和解に至ったのはX社が非を認めたと判断したためである旨、甲新聞社に告知したことが、2条1項15号の「虚偽の事実」の告知には当たらないとされた事案である。

記者会見等において係争中に事件について意見を述べる場合に、係争の存在や訴訟提起の事実、あるいはこれに関する自己の請求と主張を客観的に解説する行為は誹謗には当たらないが、このような範囲を逸脱し自己の主張があたかも真実であるかのように主張したり、ことさら相手方を誹謗する場合には営業誹謗行為に該当する（松村・法理と実務640～641頁）。

本判決は、告知内容（「和解に至ったのはネ社が非を認めたと判断したためです」とのY社メール）をその他の告知事項および告知された状況を含めて、全体として評価し、Y社としては、X社が「非を認めたと判断したからこそ和解に応じた旨のY社の主観的な見解ないし判断を述べているにすぎない」と認定したものである。

本判決は、告知内容を告知がなされた状況を含めて全体として評価し、告知内容に事実関係が含まれていても、全体として当該告知が主観的な見解ないし判断を述べている場合には2条1項15号の「事実」の告知ということはできないとの判断を示しているのであって、告知内容に主観的な見解ないし判断を述べている部分がある、あるいは告知者が主観的見解と説明しているからといっ

て、「事実」の告知には当たらないと単純に判断するものではない（島田康男「告知者の主観的判断の告知〔ソフトウェア違法コピー和解事件〕」判例百選214頁）。

　本判決においては、上記Y社メールやプレスリリース文書の内容もさることながら、Y社の元訴訟代理人が、Y社の虚偽説明を非難するX社訴訟代理人の2通のファクシミリ文書に対して、直ちに抗議文を発し、Y社が甲新聞社に対し、X社が違法コピーを事実上認めたとの事実を含む虚偽の説明をしたことを明確に否定していることといった事情（本判決中で「本件和解後の経過」として取り上げられている事情）や本件和解条項の内容が結論に大きな影響を与えているものと思われる。

　実務的には、本判決の趣旨を踏まえて、事前に社内で検討したうえで、ウェブページ上での発表に統一するといった対応（個別の問合せに対しては、ウェブページ上での発表を案内する等）が重要であると思われる。

（國祐伊出弥）

▶判例コメント・17

【事件名】 サンゴ砂事件
【判決裁判所】 東京地方裁判所（平成14年(ワ)第1943号）
【判決年月日】 平成15年10月16日
【出典】 判時1874号23頁、判タ1151号109頁
【不正競争行為】 2条1項15号
【請求内容】 営業誹謗行為の差止め、損害賠償
【結論】 差止認容、損害賠償一部認容

【事案の概要】

　原告（日本法人）は、日本国内で造礁サンゴ化石を粉砕したサンゴ化石微粉末（原告製品）を製造し、健康食品として販売し、米国にもこの製品を輸出、販売しており、被告（日本法人）は、サンゴ砂を利用した健康増進のための組成物等の発明につき米国特許権を有している。

　原告は、原告製品は、被告の米国特許権の技術的範囲に属さず、被告の米国特許権には無効事由があるから、米国内において原告製品を販売することは被告の米国特許権を侵害しないと主張して、被告が被告の米国特許権に基づく差止請求権を有しないことの確認を求めた。

　同時に、被告が米国における原告の取引先に対して原告製品が被告の米国特許権を侵害するなどと記載した警告書等を送付した行為が、2条1項15号所定の虚偽事実の告知・流布に該当するとして、3条1項に基づき、原告による米国内における原告製品の販売が被告の米国特許権を侵害する旨の告知・流布の差止め、および原告の取引先による米国内における原告製品の販売が被告の米国特許権を侵害する旨の告知・流布の差止めを求めるとともに、4条に基づき損害賠償を求めた。

【争点】

1　営業誹謗行為の差止請求および損害賠償請求の準拠法
2　被告の行為は2条1項15号の不正競争行為に該当するか。
3　損害額

【判旨】

1 営業誹謗行為の差止請求および損害賠償請求の準拠法

本判決は、原告の被告に対する営業誹謗行為の差止請求および営業誹謗行為を理由とする損害賠償請求は、被告の普通裁判籍の所在するわが国に国際裁判管轄が存することは明らかである（被告もこの点について争っていない）としたうえで、原告が主張する営業誹謗行為が、被告から原告の米国内の取引先に対する行為であるという点で、渉外的要素を含む法律関係ということができるから準拠法の決定が必要となると判示した。

そのうえで、営業誹謗行為の差止請求権は、営業誹謗行為の発生を原因として競業者間に法律上当然に発生する法定債権であり、営業誹謗行為を理由とする損害賠償請求権は不法行為により生ずる債権であるが、これらの適用関係については、いずれも法例11条１項（当時）により規律されているものであって、請求権の原因事実の発生地の法が準拠法となると判示した。

本件については、原告は、被告がその本店所在地である東京都から、原告の米国における取引先に対して、電子メールおよび郵便書簡により警告を行ったなどと主張して、被告が日本国内から原告の米国内の取引先に対して行う告知・流布行為の差止めおよび損害賠償を求めているものであるから、原因事実の発生地は、被告が電子メールおよび郵便書簡を発信ないし発送した地である我が国の法が準拠法となると判示した。

2 被告の行為は２条１項15号の不正競争行為に該当するか

(1) 特許権者等が競業者の取引先に対して行う告知についての規範

本判決は、「特許権者が競業者の取引先に対して行う告知は、競業者の取引先に対して特許権に基づく権利を真に行使することを前提〔として、権利行使の一環〕として警告行為を行ったのであれば、当該告知は知的財産権の行使として正当な行為というべきであるが、外形的に権利行使の形式をとっていても、その実質がむしろ競業者の取引先に対する信用を毀損し、当該取引先との取引ないし市場での競争において優位に立つことを目的としてされたものであるときには、当該告知の内容が結果的に虚偽であれば、不正競争行為として特許権者は責任を負うものと解するのが相当である」と判示した。

そして、「当該告知が、真に権利行使の一環としてされたものか、それとも

競業者の営業上の信用を毀損し市場での競争において優位に立つことを目的としてされたものかは、当該告知文書等の形式・文面のみによって決すべきものではなく、当該告知に先立つ経緯、告知文書等の配布時期・期間、配布先の数・範囲、告知文書等の配布先である取引先の業種・事業内容、事業規模、競業者との関係・取引態様、当該侵害被疑製品への関与の態様、特許侵害訴訟への対応能力、告知文書等の配布への当該取引先の対応、その後の特許権者及び当該取引先の行動等、諸般の事情を総合して判断するのが相当である」と判示した。

(2) **本件へのあてはめ**

本判決は、以下の①から⑤の事実を認定し、①から⑤の事実に照らせば、被告が原告の米国内の取引先に対して電子メールを送信し、書簡を送付した行為は、これらの取引先に対する権利行使の一環として行われたというよりも、むしろ、原告の取引先に対する信用を毀損し、当該取引先との取引ないし米国市場での競争において優位に立つことを目的としてされたものと認めるのが相当であると判示し、被告が日本国内から原告の米国内の取引先に対して電子メールないし書簡により行った警告行為は、2条1項15号所定の不正競争行為に該当すると結論づけた。

① 被告が警告をした時期は、被告は被告の米国特許権の特許権者ではなく、当時の特許権者から特許権の譲渡を受けるとか、専用許諾を受けていた事実もない。

② 被告から最初の警告を米国顧客が受けたことを知った原告は、直ちに被告に対し、原告製品は被告の米国特許権のクレームに記載された粒度とは粒度が異なることを伝えるとともに、粒度の分析結果や原告製品のサンプルを送付したにもかかわらず、その2カ月後に、再度、被告は原告の取引先に対して、原告製品が被告の米国特許権を侵害している旨を直接伝えた。

③ 被告は、原告から、被告の一連の行為は虚偽告知に該当するから中止するよう要請する警告を受けながら、さらに、再度の警告を発し、その警告においては、被告が原告に訴訟提起すれば確実に勝訴できるとしたうえで、訴訟には数十万ドルの費用がかかり、原告にはそれを払う資力のない

ことから、被告と取引をすることがよい解決策であるなどとして、原告の取引先に対し、自己と取引することが有利である旨を積極的に示している。
④　最初の警告と再度の警告を受けた原告の取引先は、原告との取引を継続するについて動揺し、特に再度の警告を受けた後に、原告の取引先は、原告に対し、このままでは原告との取引をやめざるを得ない旨を伝えてきた。
⑤　被告は、これらの警告の後、原告あるいは原告の取引先に対し、原告製品が被告の米国特許権を侵害しているとして、訴訟を提起した事実は認められない。

3　損害の成否およびその額

本判決は、原告製品の1kgあたりの単価3000円から、1kgあたりの原材料費114円、製造費1183円、諸経費778円を控除した925円を1kgあたりの利益と認定し、被告の警告行為によって取引が継続できなくなった取引先との1カ月あたりの販売量を180kgと認定し、少なくとも1年程度は取引を継続できたと判断して、損害額を199万8000円と算定するとともに弁護士費用100万円も損害と認定した。

【コメント】

1　国際裁判管轄について

本件においては、米国特許権に基づく差止請求権の不存在確認請求の国際裁判管轄については判断しているものの、不正競争防止法に基づく差止請求および損害賠償請求の国際裁判管轄については、被告が争わなかったこともあり、詳細に判断することなく、被告の普通裁判籍の所在するわが国に国際裁判管轄が存することは明らかであるとのみ判示している。

しかし、仮に被告が不正競争防止法に基づく差止請求および損害賠償請求の国際裁判管轄について争っていたとしても、本判決の米国特許権に基づく差止請求権の不存在確認請求の国際裁判管轄についての判示である「我が国の裁判所に提起された訴訟事件につき、我が国の民事訴訟法の規定する裁判籍のいずれかが国内に存する場合には、我が国において裁判を行うことが当事者間の公平、裁判の適正・迅速の理念に反するような特段の事情が存在しない限り、当

該訴訟事件につき我が国の国際裁判管轄を肯定するのが相当である」との規範からすると、不正競争防止法に基づく差止請求および損害賠償請求についても日本の国際裁判管轄が肯定されていたものと考えられる。

2　準拠法について

本判決は、不正競争防止法に基づく差止請求権は、営業誹謗行為の発生を原因として競業者間に法律上当然に発生する法定債権であり、損害賠償請求権は、不法行為により生ずる債権であるが、これらの適用関係については、いずれも法例11条1項により規律されているものであって、請求権の原因事実の発生地の法が準拠法となると判示して、原因事実の発生地は被告が電子メールおよび書簡を発信ないし発送したわが国であるとしてわが国の法が準拠法となると判示している。

かかる本判決の結論は妥当であると考えるが、平成19年1月1日から施行されている法の適用に関する通則法17条においては、「不法行為によって生ずる債権の成立及び効力は、加害行為の結果が発生した地の法による」とされているため、現行法のもとにおいては、加害行為の結果が発生した地は原告の本店所在地である日本であるという理由から、日本法が準拠法となると判断されるものと思われる（**判例コメント59**＝ブルーレイディスク事件参照）。

3　特許権者が競業者の取引先に対して行う告知について

本判決は、特許権者が競業者の取引先に対して行う告知について、【判旨】2(1)記載のとおりの規範を定立しているが、この規範は、「ビデオテープ特許営業誹謗事件（第一審）」（東京地判H13・9・20判時1801号113頁・判タ1115号272頁）で定立されているものと同じ内容である。

「ビデオテープ特許営業誹謗事件」においては、被告が競業者の取引先に対して一連の書簡を送付したのは、真に競業者の取引先に対して特許権等の権利を行使すること前提として、訴訟提起に先立って直接交渉を持つために行ったものであるとして、2条1項15号の不正競争行為に該当しないとの判断がなされている。

他方、本件においては、【判旨】2(2)記載の①ないし⑤のような事情が存していたために、被告が原告の取引先に対して電子メールないし書簡を送信ないし送付した行為は、真に原告の取引先に対して特許権等の権利行使をすること

を前提としたものというより、むしろ、原告の取引先に対する信用を毀損し、当該取引先との取引ないし市場での競争において優位に立つことを目的としてされたものと捉えられたために、2条1項15号の不正競争行為に該当するとの判断がなされたものである。

　本件と「ビデオテープ特許営業誹謗事件」の両者において認定されている事情を比較してみると、いかなる場合が2条1項15号の不正競争行為に該当するのかをある程度把握することができる。

(山岸正和)

▶判例コメント・18

【事件名】　人材派遣会社登録派遣スタッフ名簿事件
【判決裁判所】　東京地方裁判所（平成12年㈹第22457号）
【判決年月日】　平成15年11月13日（中間判決平成14年12月26日）
【出典】　裁判所HP、判例百選196頁
【不正競争行為】　2条1項7号・8号
【請求内容】　面会・勧誘等の差止め、スタッフ管理名簿等の廃棄、損害賠償
【結論】　差止および廃棄請求棄却、損害賠償一部認容

【事案の概要】

　原告および被告会社は、いずれも人材派遣会社であるところ、原告は、原告が平成11年2月ないし5月当時保有していた派遣スタッフに関する情報および派遣先事業所に関する情報が、2条6項所定の「営業秘密」に該当し、原告の元取締役である被告Aおよび被告Bらがこれらの情報をメモして持ち出した行為が、2条1項7号所定の不正競争行為に該当し、被告会社は、被告Aおよび被告Bらによる不正開示行為があったことを知って営業秘密を取得し、これを使用して派遣スタッフの勧誘等を行っているから、2条1項8号所定の不正競争行為に該当すると主張し、被告らに対して、3条に基づき、これらの情報により知り得た派遣スタッフに対し面会・勧誘等を行うことの差止めおよび原告の派遣登録スタッフ管理名簿等の廃棄を求めるとともに、主位的に4条・5条1項に基づき1億6000万円余りの損害賠償を求めた事案である。

【争点】

1　派遣スタッフに関する情報および派遣先の事業所に関する情報が「営業秘密」（2条6項）に該当するか。
2　2条1項7号・8号の不正競争行為に該当するか。
3　差止め、廃棄の必要性

【判旨】

　1　派遣スタッフに関する情報および派遣先の事業所に関する情報が「営業秘密」（2条6項）に該当するか

中間判決は、「秘密管理性の要件を満たすため、すなわち営業秘密として管理されているというためには、当該情報にアクセスした者に当該情報が営業秘密であることを認識できるようにしていること、当該情報にアクセスできる者が制限されていることが必要である」としたうえ、上記情報は原告のコンピュータにおいて管理され、情報にアクセスするためには専用CD-ROMが必要であり、かつ、パスワード、ユーザーIDが必要であったことから、このコンピュータにおける管理状況については、秘密であることの認識およびアクセス制限のいずれの点でも、秘密管理性の要件を満たすものと認められると判示した。

そのうえで、中間判決は、「原告会社においては、派遣スタッフ及び派遣先の事業所の情報は、コンピュータのみで管理されていたものではなく、スタッフカードという形式でも管理されていたものであるから、スタッフカードの管理が秘密管理性の要件を満たすものであったかどうかを検討する必要がある」としたうえで、「スタッフカード原本は紙を綴るファイルに綴られて３つに分類されて保管されていたものであり、このうち派遣先事業所に派遣中の派遣スタッフのものは営業課の営業事務職が保管し、即時ないし近日中に就労可能な派遣スタッフのものは人材開発課のコーディネータが机の中に入れて保管し、当面就労の可能性のない派遣スタッフのものはキャビネットに収納されていたとのであり、これらは秘密として管理されていたものと認めることができる。これらのスタッフカードについては、利用の必要のある都度、コーディネータあるいは営業課員により複写機でコピーが作成されて、営業課員がこれを持ち歩くこともあったというのであるが、これらのコピーの作成とその利用は、スタッフカードのうちの数名分について一時的に行うものであって、多人数分のコピーが同時に作成されるものではなく、また営業課員がこれらのコピーを保有し続けることは予定されていなかったものであって、業務の必要上やむを得ない利用形態と認めることができる。また、営業課員が自分の手帳等に自己の担当する派遣スタッフや派遣先事業所に関する情報を転記して携帯していたことも認められるが、これらも派遣スタッフや派遣先事業所の一部についての情報を一時的に転記するものにすぎず、営業課員の業務の内容に照らせば、その必要上やむを得ない利用形態と認められる。他方、……原告会社では、派遣ス

タッフや派遣先事業所の情報の重要性やこれらを漏洩してはならないことを研修等を通じて従業員に周知させていたうえ、該当部署の従業員一般との間に秘密保持契約を締結して秘密の保持に留意していたものである。なお、被告B及び被告Aは、誓約書を差し入れていないが、他の従業員との間に秘密保持契約を締結した当時、被告Bら両名は既に取締役であったためにたまたま誓約書を差し入れていないというにすぎず、上記情報の重要さについては一般の従業員以上に知悉していたというべきであるから、このことをもって秘密として管理されていないとはいえない。上記の事情を総合すれば、原告会社においては、派遣スタッフ及び派遣先事業所に関する情報は、秘密として管理されていたものと認めることができる」とし、原告が平成11年2月ないし5月当時保有していた派遣スタッフに関する情報および派遣先の事業所に関する情報が2条6項の「営業秘密」に該当すると判示した。

2　2条1項7号・8号の不正競争行為に該当するか

中間判決は、被告Bおよび被告Aが、「コンピュータに不正にアクセスして原告会社の派遣スタッフ及び派遣先事業所に関する情報を得たとは認められない」ものの、「他の営業課員と同様に、被告B及び被告Aは、原告会社に在職中、派遣スタッフや派遣先事業所に関する詳しい情報を、手控えとして自分の手帳にメモしておき、これを日常の業務において利用していたものである。そして、被告会社が原告会社の派遣スタッフ及び派遣先事業所に関する情報を得たのは、被告B及び被告Aの手控えによるものである」、そして、「被告B及び被告Aは、原告会社を辞めて被告会社に移る前後の時期に、主として上記の手控えに基づいて原告会社の登録派遣スタッフに連絡を取ったり移籍を勧誘したものと認められる。被告B及び被告Aは上記情報をその職務上知ったものであるから、営業秘密を保有する事業者である原告会社から示されたものであるところ、上記認定のように原告会社の派遣スタッフ及び派遣先企業を被告会社において獲得するため、すなわち不正の競業をし、保有者たる原告会社に損害を与える目的で、これらの情報を使用して派遣スタッフに連絡するなどし、また、これらの情報を被告会社に開示したものである。したがって、被告B及び被告Aの行為は、いずれも、2条1項7号所定の不正競争行為に該当する」と判示した。

また、中間判決は、「被告会社は、設立以降、まず被告Ｂが代表者を務め、その後、被告Ａが代表者を務めているものであり、被告会社の行為は、営業秘密について被告Ｂ及び被告Ａによる不正開示行為があったことを知って営業秘密を取得し、これを使用して原告会社の登録派遣スタッフ対して勧誘等を行っているものであるから、同法２条１項８号所定の不正競争行為に該当する」と判示した。

3 差止め、廃棄の必要性

原告は、被告らに対し「日本人材サービス株式会社（原告）登録派遣スタッフ名簿」記載の者に対する面会、勧誘行為等の差止めおよび保有する原告の登録派遣スタッフ管理名簿等の廃棄を求めた。

しかし、判決は、「労働者派遣の分野においては、派遣契約の期間は１か月ないし数か月程度の期間が定められることが多く、加えて、派遣先企業において、契約期間満了後に契約を更新せず、他の派遣会社に変更することもしばしば行われるなど、派遣会社と派遣先企業との関係は安定的なものとはいい難く、また、派遣スタッフにしても、複数の派遣会社に重複して登録する例が少なくないなど、必ずしも特定の派遣会社と強固な結びつきを有するものではないのであって、労働者派遣業界におけるこのような事情に照らせば、平成11年２月ないし５月の時点における原告の派遣スタッフや派遣先企業に関する情報は、現時点においては、既に営業上の有用性を大幅に喪失しているものというべきであり、これらの情報は、原告の現在における派遣スタッフや派遣先企業の内容とは相当程度異なり、被告会社の現在における派遣スタッフや派遣先企業の内容とも相当程度異なるものと容易に推認される。上記によれば、現時点においては、被告らに対し『日本人材サービス株式会社登録派遣スタッフ名簿』記載の者に対する面会、勧誘行為等の差止め及び保有する原告の登録派遣スタッフ管理名簿等の廃棄を求める原告の請求については、差止めの利益を認めることが困難というほかはない」として、原告の上記各請求を認めなかった。

また、判決は、なお書きで、「原告は『被告らを来訪し、又は被告ら宛てに連絡をしてくる者に対して被告らが契約締結行為等を行うことの差止め』を求めているが、自ら積極的に被告らとの取引を求めて自発的に来訪等してくる第

三者に対して、被告らが対応することの差止めを求める請求は、そもそもそれ自体過大な請求として差止めの必要性を欠くものであり、理由がないというべきである」と判示した。

【コメント】

1 営業秘密

不正競争防止法上の「営業秘密」として保護されるためには、秘密管理性、有用性、非公知性の3つの要件が必要であり（2条6項）、本件では、主として、秘密管理性について争いになった。秘密管理性の要件は、従来、①情報に触れることができる者を制限すること（アクセス制限）、②情報に触れた者にそれが秘密であると認識できる手段を講じていること（客観的認識可能性）の2つが重要な判断要素になると説明されてきたところ、本判決も、上記①②の2つの要素から秘密管理性について判断を行った。

一般的に、上記①に関する事実として、アクセスする者を必要最小限に制限、管理体制、管理責任者、監査体制の明確化、守秘義務の負担、行動基準の作成、社内教育等があげられ、上記②に関する事実として、規程の整備、覚書、誓約書等の作成による営業秘密の明確化、「極秘」、「部外秘」等、それが秘密文書であることの表示、保管場所の特定、施錠、コピーの制限、秘密文書等の廃棄方法の特定等があげられる。

しかし、中間判決は、原告がスタッフカードによる派遣スタッフ名簿等の保管を行っていたことに関して、スタッフカードを保管していたキャビネットは施錠されておらず、スタッフカードのコピーが許され、コピー枚数の記録や返還を求められず、キャビネット等に「部外秘」、「持出禁止」等の記載などもなく、営業課員の手控えに派遣スタッフ等に関する情報が転記されていたにもかかわらず秘密管理性を認めており、従来の裁判例と比較すると緩やかに秘密管理性を認めたと評価できる。中間判決がこのような判断を行ったのは、原告が担当部署の従業員に派遣スタッフ情報等の秘密保持に関する誓約書を書かせ、社団法人日本人材派遣会社からの派遣スタッフの情報等の管理に十分注意するように呼びかける文書を社内で回覧させ、派遣元責任者研修会を被告らに受講させていた事実等を重視したからと考えられる。

なお、平成27年1月28日に改訂された経産省による営業秘密管理指針では、

「秘密管理性要件の趣旨は、企業が秘密として管理しようとする対象（情報の範囲）が従業員等に対して明確化されることによって、従業員の予測可能性、ひいては、経済活動の安定性を確保することにある」とし、「アクセス制限」は、「認識可能性を担保する一つの手段にすぎず、「情報にアクセスした者が秘密であると認識できる〔「認識可能性」を満たす〕場合に、十分なアクセス制限がないことを根拠に秘密管理性が否定されることはない」と説明されている。

2 差止め、廃棄の必要性

(1) 差止めの必要性の事後的消滅

2条1項1号の事案で、当初は周知性の要件を満たしていなかったが、口頭弁論終結時には満たすようになった場合について、最判S63・7・19民集42巻6号489頁は、「差止請求については現在〔事実審の口頭弁論終結時〕、損害賠償の請求については乙が損害賠償請求の対象とされている類似の商品表示の使用等をした各時点において、周知性を備えていることを要す」と判示した。

本件は、上記最高裁判決の事例とは反対に、当初は差止めの必要性があったものの、口頭弁論終結時において差止めの必要性が消滅した場合の問題であるところ、上記最高裁判決の考え方からすれば、口頭弁論終結時において差止めの必要性が消滅した以上、差止請求が棄却されるものといえる。もっとも、情報が日々少しずつ営業上の有用性を失っている場合において、有用性を失った時点を特定することは難しく、しかも、被告らは、原告の派遣スタッフに関する情報および派遣先の事業所に関する情報を継続して保持する権原を何ら持っていないことからすれば、反対の結論もあり得る（市川正巳「差止の必要性〔人材派遣業顧客名簿事件〕判例百選197頁）。

(2) 過度の差止めの禁止

「男性用かつら顧客名簿事件」（大阪地判H8・4・16知裁集28巻2号300頁）において、大阪地裁は、原告が請求の趣旨第2項で求めた請求（「被告らは、被告らを来訪し、又は被告ら宛に電話若しくは郵便物により連絡してくる〔原告の〕『登録派遣名簿スタッフ名簿』記載の者に対して、派遣社員契約を締結し、又は締結を勧誘する行為をしてはならない」）と同旨の請求を認容した。

確かに、一般論としては、競争を不必要に抑止することを回避するために、過剰な差止めを回避し、被害者の救済を損害賠償にとどめなければならないと

いえる。しかし、個別事例においては、「男性用かつら顧客名簿事件」が示したように、侵害抑止の必要性が高く、侵害態様に鑑みて被害者との利益衡量の下で過剰に差し止められる部分があってもやむを得ない場合には、例外的に、過剰差止めを認めてもよい場合があるといえる（田村・概説361頁）。

　もっとも、その場合でも、過剰な差止めにならないような事実関係があるといえるかが重要になるところ、上記大阪地裁判決においても、「被告宛来店あるいは電話連絡をしてくる別紙顧客目録記載の者は、特段の反証のない限り、被告が一度は原告の営業秘密である原告顧客名簿を使用して勧誘を行った顧客であると推認することができ、これらの者に対し、被告が男性用かつらの請負若しくは売買契約の締結、締結方の勧誘又は理髪等同契約に付随する営業行為をすることは、先に行った原告顧客名簿を使用しての原告の顧客に対する勧誘によってもたらされる必然的な結果を利用する行為であるということができ、不正競争防止法3条2項の立法趣旨をも考慮すると、右の勧誘と一体をなすものとして営業秘密の使用に当たると解するのが相当である」と事実認定を行っている（市川・前掲197頁）。

　本判決では、「平成11年2月ないし5月の時点における原告の派遣スタッフや派遣先企業に関する情報は、現時点においては、既に営業上の有用性を大幅に喪失している」ことなどを理由に、差止めの利益を否定しているところ、判決の認定した事実を前提にするならば、本件では、侵害抑止の必要性が高いとまではいえないので、差止めを認めない判決の結論は妥当であるといえる。もっとも、事案によっては、差止めを認めるべき場合もあるので、判決がいかなる場合であっても「男性用かつら顧客名簿事件」が認めたような差止めを行うべきでないとする趣旨であれば妥当でない。

（前田英倫）

▶判例コメント・19

【事件名】 携帯接楽事件（第一審）
【判決裁判所】 東京地方裁判所（平成14年(ワ)第18628号）
【判決年月日】 平成16年1月28日
【出典】 判時1847号60頁、判タ1157号255頁
【不正競争行為】 2条1項15号
【請求内容】 損害賠償
【結論】 一部認容（控訴棄却、東京高判H16・8・31裁判所HP）

【事案の概要】
　原告および被告は、いずれもソフトウエアの開発、販売、コンピュータ機器および周辺装置の販売等を業とする会社である。

　被告は、登録商標「常時接楽」という商標権（以下、「本件商標権」という）を有していたところ、原告が携帯電話のデータをパソコンで編集するなどの機能を有するソフトウエアを「携帯接楽7」との商品名で販売しようとしたので、その販売が被告の有する本件商標権の侵害である旨を原告の取引先（大手の流通卸売業者2社）に告知し（商標権侵害に係る告知行為1）、結局、原告は、「携帯接楽7」の販売を中止した。

　その後、被告が、同種のソフトウエアを「携快電話6」との商品名で販売していたところ、原告は、上記「携帯接楽7」を作り直し、新たに商品名を「携帯万能8」と変えてソフトウエアの販売を始めたので、被告は、「携帯万能8」は「携快電話6」の著作権を侵害する製品である旨を原告の取引先（複数の小売店）に告知した（著作件侵害に係る告知行為2）。

　そのため、原告が、被告の商標権侵害に係る告知行為1および著作権侵害に係る告知行為2が2条1項15号所定の不正競争行為（虚偽事実の告知流布行為）または不法行為に該当するとして、4億9915万円余りの損害賠償請求を求めた。

【争点】
1　商標権侵害に係る虚偽事実の告知流布行為の有無。〔否定〕

2 著作権侵害に係る虚偽事実の告知流布行為の有無。〔肯定〕
3 損害額
【判旨】
　1　争点1——商標権侵害に係る虚偽事実の告知流布行為の有無
　判決は、本件商標の要部を「常時接楽」、原告商標の要部を「携帯接楽」と認定し、双方の要部は、称呼、観念、外観のいずれも異なるから、原告標章は本件商標に類似せず、原告が携帯接楽7を販売することは本件商標権の侵害とはならないので、被告が大手の流通卸売業者2社の担当者にした携帯接楽7の販売は本件商標権の侵害となる旨の説明は、商標権侵害の成否に関する虚偽事実の告知行為に該当すると判断した。

　そのうえで、判決は、2条1項15号の不正競争行為の成否について、「①前示のとおり、原告標章は本件商標に類似するものではないが、『常時接楽』（本件商標）と『携帯接楽』（原告標章）とは、両者とも造語である『接楽』の部分が共通し、異なるのはいずれも一般名詞である『常時』及び『携帯』の部分であることからすれば、被告が、原告標章が本件商標に類似するとして、原告商品1の発売が本件商標権の侵害となると判断したことには、相応の根拠があること、②被告の上記告知行為は、本件通知書を原告に送付した後に、その内容を特定の取引先に説明するために行われたものであること、告知の内容は、被告が本件商標権を有すること及び本件商標と原告標章とを具体的に示して両者が類似する点を指摘し、概要その点に限られていたことに照らすと、被告の上記の告知行為は、その態様及び内容において、社会通念上、著しく不相当と解することはできないこと、③被告の上記告知行為の対象は、多数の小売店に対してではなく、大手の流通卸業者であるソフトバンクコマース社等の2社に限られていたこと、④同2社は、いずれも、大手のパソコンソフト製品の流通卸業者であるため、上記告知に係る商標権侵害に関しては、当然に訴訟の相手方になることも想定できる立場の者であること等の諸事情が認められる。これらの諸事情を総合考慮すると、被告が行った上記告知行為は、本件商標権に基づく権利行使の目的で行われた行為であると評価して差し支えない」として、被告の商標権に係る告知行為は、2条1項15号所定の不正競争行為には当たらないと判示した。

なお、判決は、被告の商標権に係る告知行為が一般不法行為にも当たるか否かという点についても、「前記(ア)に認定判断したとおり、被告の行為は本件商標権に基づく正当な権利行使と評価できるから、不法行為を構成しない」と判示した。

2 争点2——著作権侵害に係る虚偽事実の告知流布行為の有無

判決は、原告が携帯万能8を販売する行為が、被告が携快電話6について有する著作権の侵害とはならないと判断した上、「原告と被告とはともにパソコン用ソフトウエアを販売する競業者であるから、被告が、原告の取引先であるヨドバシカメラ及び別紙『ソースネクスト社妨害行為履歴』記載No.2ないしNo.21の小売店に対し、原告商品2は被告の携快電話6についての著作権を侵害している旨告知したことは、その内容、態様等を総合考慮すると、不正競争防止法2条1項14号〔現15号〕所定の不正競争行為に当たると解すべきである」と判示した。

3 争点3——損害額

判決は、著作権侵害に係る告知行為2が2条1項15号に当たるとしたものの、原告の主張する宣伝費、逸失利益について損害を認めなかった。

無形損害については、被告の著作権を侵害している旨の告知により九十九電気、石丸電気、デオデオ等において、携帯万能8の取引が停止されたものの、数日後には取引が再開されたこと、「弁論の全趣旨によれば、原告は、平成14年12月に、原告商品2（携帯万能8）の後継製品である『携帯万能9』を発売したが、被告の本件告知行為2が、同製品の販売に対して、特段の影響を及ぼしているとの事情は窺えない」として、「被告の本件告知行為2の態様、回数及び内容、……原告の業務に対する影響等、本件記録から窺われる諸事情を総合考慮すると、原告の被った無形損害は500万円と認めるのが相当である」と判示した。

【コメント】

競争者の製造販売する製品等に対して、自己の知的財産権を侵害している旨を競争者の取引先等に警告したものの、事後的に、知的財産権を侵害していないことが明らかになった場合には、虚偽事実の告知・流布といえ、2条1号15号の営業誹謗の構成要件該当性を認めるのが通説的見解である（小野編・新注

解(上)783頁〔木村修治〕)。

　本件と同様の競争者の取引先に対する警告事案において、東京地判H13・9・20判時1801号113頁「ビデオテープ特許営業誹謗事件（第一審）」は、いわゆる権利行使論（事後的に知的財産権を侵害しないことが明らかになったとしても、知的財産権の正当な権利行使といえる場合には、正当行為として許される）を採用し、同事件の控訴審判決（東京高判H14・8・29判時1807号128頁）は、権利行使論を是認したうえで、「特許権者によるその告知行為が、その取引先自身に対する特許権等の正当な権利行使の一環としてなされたものであると認められる場合には、違法性が阻却される」とした。本判決も、同事件と同様に、権利行使論を採用した裁判例であり、被告による商標権に係る告知行為が正当な権利行使であると判断した。

　しかし、本判決と同様に権利行使論を採用した「無洗米特許事件」（東京地判H14・12・12判時1824号93頁）では、誹謗者（被告）の通知書の発送先は、競業者（原告）の設備の導入を検討していた業者であって、当該設備をいまだ保有していなかったことなどから、通知書の発送は、権利行使の一環として行われたというより、むしろ、原告の取引先に対する信用を毀損し、当該取引先との取引ないし市場での競争において優位に立つことを目的としたものと認定された。本件でも、被告により商標権に係る告知行為がなされた2社（大手の流通卸売業者）は、原告から新たに原告製品を販売する旨の通知を受けただけにとどまっていたことから、被告の行為は、原告の取引先に対する信用を毀損し、市場において優位に立つことを目的としていたと認定するのが自然であると思われるので、判決の判断には疑問が残る（小野・前掲789頁。同文献では、「ビデオテープ特許営業誹謗事件」の控訴審で示された判定基準に照らしても疑問があるとする）。

　なお、権利行使論（違法性阻却論）に対しては、「知的財産権の権利侵害が認められず、その権利の範囲外であるとの判断が前提にあるのに、警告書送付等の権利行使が正当であるとの認定は、その行使に関する経緯等にいかなる事情があるにせよ背理である」（小野・前掲790頁）、正当な権利行使という名の下に誹謗された側の利益を軽視する結果につながりかねない、諸般の事情を前提に違法性阻却事由により判断するとなると結果の予測可能性を害するので不当との

指摘がある。また、競争者の取引先に対する警告事案において、誹謗者に対して損害賠償請求を行う場合、確かに、権利者にとって知的財産権侵害の有無の判断が微妙であるという問題が残るので、侵害の判断が困難な事情が存する場合には、過失（4条）を否定することにより、事案に即した妥当な結論を求めるべきであり、2条1項15号の要件を絞る必要はないとの見解もある（田村・概説447頁）。

（前田英倫）

▶判例コメント・20

【事件名】 セイジョー事件
【判決裁判所】 東京地方裁判所（平成15年(ワ)第19002号）
【判決年月日】 平成16年3月5日
【出典】 判時1854号153頁、判タ1160号259頁
【不正競争行為】 2条1項1号、19条1項1号
【請求内容】 被告営業表示の使用差止め、表示の抹消、損害賠償
【結論】 請求棄却

【事案の概要】

　原告表示「セイジョー」を使用してドラッグチェーンを展開する原告が、被告表示「成城調剤薬局」を使用して調剤薬局を経営している被告に対し、原告表示が周知であるところ、被告表示が原告表示に類似し原告の営業と混同を生じさせていると主張して、不正競争防止法2条1項1号、3条に基づき、被告表示の差止めおよび損害賠償の支払いを求めた事案。

【争点】

1　原告表示（セイジョー）の周知性の有無
2　被告表示と原告表示の類似性
3　被告の営業と原告の営業の混同のおそれの有無
4　12条1項1号（現19条1項1号）の適否

【判旨】

1　表示の類似性の判断基準

「ある営業表示が2条1項1号所定の他人の営業表示と類似のものに当たるか否かについては、取引の実情の下において、取引者、需要者が両者の外観、称呼または観念に基づく印象、記憶、連想等から両者を全体的に類似のものとして受け取るおそれがあるか否かを基準として判断すべきである」（最判S58・10・7民集37巻8号1082頁）。

2　原告の表示と被告の表示

(1)　原告の表示

原告は、昭和26年、東京都世田谷区に「成城薬局」という名称で薬局を開設し、昭和44年に商号を現商号に変更し、「セイジョー」という営業表示を使用して、関東、東海一円に180店舗のドラッグチェーンを展開している。

　原告は、被告が「成城調剤薬局」を開設している世田谷区成城に3つ（「セイジョー薬局」、「くすりセイジョー成城二番店」、「ビューティーストアセイジョー」）、周辺の調布市に1つの店舗（「セイジョー調剤薬局1号店」）を開設している。

(2) **被告の表示**

　被告は、平成15年4月ころ、東京都世田谷区に「成城調剤薬局」を開設した。

3　類似性の判断

　原告表示は、「セイジョー」の文字から構成され、被告表示は「成城」および「調剤薬局」の文字から構成されている。

　本判決は、被告表示のうち「成城」は、「被告薬局の所在地の地名であり、一般に何らかの営業の表示に店舗・営業所等の所在地の地名を付すことは経験則上頻繁に行われることが明らかであるから、当該営業表示中の地名部分には格別の識別力がな」く、「調剤薬局」は、「薬剤師が薬を調合する営業を表す普通名称である」ことから、被告表示は、「成城調剤薬局」全体として営業主体の識別表示としての称呼、観念が生じるというべきであるとした。

　そのうえで、以下のとおり判示して、原告表示「セイジョー」と被告表示「成城調剤薬局」の類似性を否定した。

　外観は、原告表示がカタカナ表記で「セイジョー」と語尾が長音になっているのに対し、被告表示が「成城」と漢字表記されて、「調剤薬局」が加わっている点で異なる。

　称呼も一部共通する部分があるが、音数が異なり、全体として異なる。観念は、原告表示からは「正常」、「性状」、「清浄」等のほか、地名の「成城」が生じる可能性がある。被告表示からは「成城にある調剤薬局」という観念が生じる。

　原告は、ドラッグストアとして、「セイジョー」という営業表示を需要者の視覚に訴えて宣伝し、医薬品、化粧品、日用品を販売し、処方箋を受け付けて

薬を調合する業務も行っている。被告は、処方箋を受け付けて薬を調合するという営業を行っているが、大部分は近接する特定の医院からの処方箋に基づく調剤である。このような取引の実情の下において、取引者または需要者が上記のとおりの相違点が認められる両営業表示を観察した場合、両営業表示の外観、称呼または観念に基づく印象、記憶、連想から両営業表示を全体的に類似のものと受け取るおそれがあるということはできない。

「取引者又は需要者が原告表示と被告表示とを全体的に類似のものと受け取るおそれがあるということができない以上、両表示は類似しない」。

4　19条1項1号の適否の判断

「被告表示のうち『成城』の部分は、被告薬局の所在地の地名であり、『調剤薬局』の部分は、被告が営む営業の普通名称である」。

「そして、一般に、調剤薬局に限らず、ある地域に店舗等を開設して一定の営業を行う場合、当該営業の普通名称に当該店舗等の所在地の地名を組み合わせた営業表示を採用することは、経験則上頻繁に行われることである。現に、東京世田谷区成城の地において、成城ファーマシー、成城外科、成城歯科室、成城コーポ等、それぞれの営業の普通名称に『成城』という地名を冠した営業表示を採用している店舗等が多数存在する。

そうすると、営業の普通名称に店舗等の所在地の地名を付した営業表示は、本来的に特定人の独占になじまないものであって、特段の事情がない限り、その使用は自由というべきである。その趣旨は、商品又は営業の普通名称を普通に用いられる方法で使用する行為を不正競争防止法2条1項1号に掲げる不正競争の適用除外とする同法12条1項1号〔現19条1項1号〕の規定と同旨である。もっとも、かかる営業表示であっても、特定人がそれを長年にわたり使用し続けることにより、需要者において当該特定人の営業を表示するものとして広く認識されるに至っている場合においては、当該営業表示を当該特定人の独占にかからしめることが不当とはいえず、もはや同法12条1項1号〔現19条1項1号〕の趣旨を及ぼすことができない特段の事情があるというべきである。

したがって、上記のような特段の事情のない限り、営業の普通名称に店舗等の所在地の地名を付した営業表示を普通に用いられる方法で使用する行為は、同法12条1項1号〔現19条1項1号〕の趣旨に照らし、同法2条1項1号の不

正競争行為に当たらないと解すべきである」。

「本件において、被告は、調剤薬局を東京都世田谷区成城の地で開設し、『調剤薬局』という営業の普通名称に、被告薬局の所在地である『成城』の地名を冠した被告表示を使用しているものであり、上記のような特段の事情を認めることもできない」。

「被告は、被告表示を被告が経営する薬局の名称とし、店舗前の看板、店舗入口等に、普通に用いられる方法、すなわち一般取引上普通に行われる態様で被告表示を使用していることが認められる」。

「よって、被告の行為は、不正競争防止法12条1項1号〔現19条1項1号〕の趣旨に照らし、同法2条1項1号所定の不正競争行為に当たらないものというべきである」。

5 結 論

裁判所は、原告表示と被告表示は類似せず、また、被告の行為は19条1項1号の趣旨に照らして2条1項1号の不正競争行為には当たらないとして、原告の請求を棄却した。

【コメント】

本件は、「セイジョー」という表示で関東、東海一円に180店舗のドラッグチェーンを展開している原告が、東京都世田谷区成城で「成城調剤薬局」の表示で調剤薬局を営業する被告に対し、原告表示が周知であり、被告表示が原告表示に類似し、原告の営業と混同を生じさせているとして、被告表示の使用の差止め等を求めた事件である。

裁判所は、原告表示と被告表示の類似性を否定したうえで、19条1項1号の趣旨により、2条1項1号の不正競争に当たらないため、被告表示は不正競争とならないとした。

1 19条1項1号と2条1項1号

本件では、裁判所が原告表示と被告表示の類似性を否定していることから、19条の趣旨を待つまでもなく、不正競争行為にはならない事案であるため、19条の趣旨の適否を判断する必要があったかは疑問である。

2 特段の事情と周知性

2条1項1号は不正競争の成立に、他人の商品等表示として需要者の間に

広く認識されているものとして、周知性を要件としている。他方、裁判所は19条1項1号の趣旨が妥当しない特段の事情として、特定人が長年表示を使用し続け、需要者に特定人の表示と認識されるに至った場合としている。

そこで、2条1項1号の周知性の内容と、19条1項1号の趣旨が排除される特段の事情の内容とが、同じであるのか、広狭があるのか、が問題となる。周知性と特段の事情の内容が同じであれば、周知性があれば、特段の事情があることになり、19条1項1号の趣旨によって不正競争ではないとされることがない。周知性がなければ、2条1項1号の不正競争の要件を満たしておらず、19条を検討するまでもない。

裁判所は、原告表示の周知性について判断をせずに、19条の趣旨を排除する特段の事情がないとしているため、周知性が認められる事案においても19条の趣旨で不正競争とならないとされる場合があるのか不明である。

（神川朋子）

▶判例コメント・21

【事件名】　ノックスエンタテインメント事件
【判決裁判所】　東京地方裁判所（平成15年(ワ)第10721号）
【判決年月日】　平成16年4月13日
【出典】　判時1862号168頁、判夕1176号295頁、判例百選192頁
【不正競争行為】　2条1項4号・5号・7号・8号
【請求内容】　顧客情報等使用差止め・廃棄・消去・損害賠償
【結論】　請求棄却

【事案の概要】

1　原告について

　原告は、音楽制作、音楽家の養成、音楽著作権管理、コンサートや各種イベントの企画・制作等を業務とする有限会社である。

　原告は、イベントを実施する主催者ないしその元請からイベント現場の運営や管理について下請を受注し、アルバイト情報誌により現場へ派遣する実働員のアルバイト員を募り、その応募者を登録し、その中から現実のイベント日に実働できる者を選んで現場に派遣していた。

2　原告が保有する情報

原告は、下記の情報（以下、「本件各情報」という）を保有していた。

・本件情報①　顧客リスト（パソコン内）

　　顧客名、担当者名、電話番号、FAX番号の情報

・本件情報②　登録アルバイト員リスト（パソコン内）

　　登録アルバイト員の氏名、生年月日、最寄り駅、連絡先、携帯電話番号、スーツ保有の有無、運転免許保有の有無、髪型・髪色・ピアスの有無等の情報

・本件情報③　履歴書・登録表（紙媒体　ファイルに綴っている）

　　アルバイト員の氏名、生年月日、住所、経歴、運転免許保有の有無の情報

・本件情報④　見積書（パソコン内）

　　見積書に記載された顧客名、会場名、催物名、見積金額、催物の日時・時

間帯、受注事項の情報

3 被告について

被告Aは、原告の元従業員であり、被告BCDは、原告の元アルバイト員として登録されていた。被告Aが原告を退職後、被告ABCDが被告会社を設立し、原告と競合する行為を開始し、原告の顧客からイベント業務（アイドル握手会、出展車両誘導業務、顧客誘導業務、大会運営業務）を受注し、原告に登録されているアルバイト員を派遣した。

4 本件訴訟

原告は、被告Aが、本件情報①②をプリントアウトした顧客リスト、登録アルバイト員リストを不正の利益を得る目的で使用し（7号）、被告会社・被告BCDが、被告Aによる上記情報の開示が営業秘密の不正開示行為であることを知って上記情報を取得し、それを使用した（8号）と主張し、さらに、被告Aが、原告所有のパソコン内の本件情報①②④およびファイル内の本件情報③を不正の手段により取得して使用し（4号）、被告会社、被告BCDが、上記情報の不正取得行為が介在したことを知って上記情報を取得し、それを使用した（5号）と主張し、被告らに対し、本件各情報の使用の差止め・記録媒体の廃棄、情報の消去を求めるとともに、損害賠償を請求した。

【争点】

本件各情報の秘密管理性

【判旨】

本判決は、「情報が営業秘密として管理されているか否かは、具体的事情に即して判断されるものであり、例えば、当該情報にアクセスした者に当該情報が営業秘密であることを認識できるようにしていること及び当該情報にアクセスできる者が制限されていることなどといった事情や、パソコン内の情報を開示した場合はこれを消去させ、又は印刷物であればこれを回収し、当該情報を第三者に漏洩することを厳格に禁止するなどの措置を執ることなどといった事情がある場合には、当該情報が客観的に秘密として管理されているということができる」と判示したうえで、次のとおり認定して、本件各情報の秘密管理性を否定した。

1 本件情報①について

「本件情報①については、そのデータが原告従業員全員が閲覧可能な原告所有のパソコンに保存され、そのパソコンにはパスワードの設定もなく、原告は、本件情報①をプリントアウトした顧客リストを全従業員に配布しており、被告Ａら原告の従業員は、このリストを机の引出しに保管していたかあるいはかばんに入れて持ち歩いており、原告代表者は、被告Ａが自己所有のパソコン及び携帯電話に本件情報①を保有することを許諾していたものである。他方、原告が、原告所有のパソコンにアクセスできる者を制限する措置を執ったり、各従業員に配布した顧客リストのコピー数を確認し同数のコピーを事後回収するといった措置を執ったり、配布した顧客リストに関する情報あるいは被告Ａが自己所有のパソコン及び携帯電話に入力した上記情報を第三者などに漏洩することを厳格に禁止するなどの措置を執ったことを認めるに足りる証拠はない。そうすると、原告は、本件情報①を客観的に秘密として管理していたとはいえない。

なお、本件情報①をプリントアウトした顧客リスト１部が、原告代表者及びＥが鍵を管理している扉付き書棚中の書類キャビネットの『持ち出し厳禁』、『社外秘』の表示のある引出しに収められていたことは、前記……認定のとおりであるが、それ以外にプリントアウトされた顧客リストが各従業員に配布され、それについて秘密として管理されていなかったのであるから、上記認定を覆すに足りない」。

２　本件情報②について

「本件情報②については、本件情報①と同様、そのデータが原告従業員全員が閲覧可能な原告所有のパソコンに保存され、そのパソコンにはパスワードの設定もなく、原告は、本件情報②をプリントアウトした登録アルバイト員リストを全従業員へ配布しており、被告Ａら原告の従業員は、このリストを自分の引出しに保管していたかあるいはかばんに入れて持ち歩いており、原告代表者は、被告Ａが自己所有のパソコン及び携帯電話に本件情報②を保有することを許諾していたものである。さらに、本件情報②は、登録アルバイト員の電子メールアドレスと合わせて、被告Ａ及び現場で実働する登録アルバイト員の間で互いに交換され、被告Ａ及び登録アルバイト員は、上記情報及び電子メールアドレスを自己のパソコンあるいは携帯電話に入力していたものである。他

方、原告が、原告所有のパソコンにアクセスできる者を制限する措置を執ったり、各従業員に配布した登録アルバイト員リストのコピー数を確認し同数のコピーを事後回収するといった措置を執ったり、配布した登録アルバイト員リストに関する情報あるいは被告Aが自己所有のパソコン及び携帯電話に入力した上記情報を、登録アルバイト員を含めた第三者に漏洩することを厳格に禁止するなどの措置を執ったことを認めるに足りる証拠はない。そうすると、原告は、本件情報②を客観的に秘密として管理していたとはいえない。

なお、プリントアウトした登録アルバイト員リスト１部が『持ち出し厳禁』、『社外秘』の表示のある引出しに収められていたとしても上記認定を覆すに足りないことは、上記……と同様である」。

3 本件情報③について

(1) 登録アルバイト員の住所および経歴を除く情報

「履歴書及び登録表に記載された本件情報③のうち、登録アルバイト員の住所及び経歴を除く情報は、原告所有のパソコン内の登録アルバイト員リストに入力される基礎となる情報である。本件情報②が客観的に秘密として管理されていなかったことは、前記……のとおりであるから、この基礎となった履歴書及び登録表記載の上記情報も、秘密として管理されていたということはできない」。

(2) 登録アルバイト員の住所および経歴

「本件情報③のうち、登録アルバイト員の住所及び経歴は、登録アルバイト員リストに転記されていないところ、……履歴書及び登録表がつづられたファイルの背表紙には、赤文字で『社外秘』と記載されている。しかしながら、当該ファイルが保管されている書棚には扉がなく、当該ファイルにアクセスする者を一定の者に制限するといった措置も執られておらず、従業員が自由に閲覧できるものであった」。「原告事務所には、原告代表者及び従業員を併せて４名という極めて少人数の社員が勤務しているため、業務時間中書棚に鍵をかけたり、上記ファイルにアクセスする者を一定の者に制限することは業務の円滑な遂行の観点から困難であるとしても、かかる状況下において、例えば、就業規則で定めたり、又は誓約書を提出させる等の方法により従業員との間で厳格な秘密保持の約定を定めるなどの措置や、例えば、コピーを取る場合に配布部数

を確認したり、使用後そのコピーを回収する等の方法により用途を厳格に制限するなどの措置を執ることは十分可能であるにもかかわらず、原告がそのような措置を執っていなかった」。

以上のことから、「……履歴書及び登録表に記載された本件情報③を客観的に秘密として管理していたということはできない」。

5 本件情報④について

「本件情報④は原告所有のパソコンに保管されており、……原告が、原告所有のパソコンにアクセスできる者を制限する措置を執ったり、原告従業員各自が所有するパソコンで見積書を作成した場合に、その情報を直ちに消去することを徹底して指導したり、上記情報を第三者に漏洩することを厳格に禁止するなどの措置を執ったことを認めるに足りる証拠はない。そうすると、原告は、本件情報④を客観的に秘密として管理していたとはいえない」。

【コメント】

1 「社外秘」等の表示について

本件では、本件情報①②をプリントアウトした顧客リスト、登録アルバイト員リストについて、扉付き書棚に置かれた書類キャビネットの引き出しに保管され、その引き出しの表側には「持ち出し厳禁」「社外秘」の表示がなされていた。そして、その扉付き書棚は施錠可能であり、鍵は原告代表者およびEが所持していた。

また、本件情報③の記載された履歴書・登録表は、ファイルに綴られ、そのファイルには「社外秘」の表示があり、扉なし書棚（施錠されない）に保管されていた。

2 厳格な管理の要求

このような事情があるにもかかわらず、本判決が、秘密管理性を否定したことについて、「たしかに、本件では、施錠せず媒体を保管していたとか、従業員の手元にあった情報の媒体が回収されていないなど、情報の管理に落ち度があったことは否めない。しかし、Xは従業員が少数の小規模企業であるとともに、社外秘の印があり従業員の間で秘密であると認識しうる事案であったと推察される」として、従前の裁判例の要求する水準よりも厳格な管理を要求しているとの論評（田村善之＝津幡笑「秘密管理性〔ノックスエンタテイメント事件〕」

判例百選193頁）がなされている。

3 認識可能性が認められる事案か

上記の論評に対して、「しかし、本事案では、全従業員に顧客リスト等のプリントアウトが配付されて従業員はその一部をかばんに入れて持ち歩いていたが、就業規則や誓約書で秘密保持義務が課されておらず、従業員への注意喚起や指導等がなされた事実も認定されていない。かかる状況の下に置かれた従業員にとって、社内に保管された顧客リストに一定の秘密表示が付されていたとしても、自ら持ち歩いていた情報が外部に漏らすことの許されない営業秘密であることを認識できたといえるかは疑問であるように思われる」（小泉直樹・末吉亙編『ジュリスト増刊　実務に効く知的財産判例精選』（有斐閣、2014年）143頁〔三好豊〕）との意見がなされている。

4 営業秘密管理指針

この点については、平成27年1月28日に全部改訂となった営業秘密管理指針が参考になる。

営業秘密管理指針は、法的保護を受けるために必要な最低限の水準を示す（法的拘束力はない）という位置づけであり（同指針1頁）、必要とされる秘密管理措置は、従業員等の予見可能性を中心に構成されている（同指針3頁）。

この営業秘密管理指針では、秘密管理措置の形骸化について、「情報に対する秘密管理措置がその実効性を失い『形骸化』したともいいうる状況で、従業員が企業の秘密管理意思を認識できない場合は、適切な秘密管理措置とはいえない」と述べられている（同指針7頁）。

5 本件の「社外秘」表示は形骸化の一例と考えるべき

(1) 本件情報①②について

本件において、プリントアウトした顧客リスト、登録アルバイト員リストのうち、1部は施錠可能な扉付き書棚に保管され、「社外秘」等の表示が付されていたとしても、一方で、従業員全員にそれらのリストが配付され、従業員は机の中に保管したり、かばんに入れて持ち歩いていた。しかも、同じ情報についてのデジタルデータには、パスワードもなかったということからすれば、「社外秘」等の表示は、実効性を失い形骸化していると評価されるのが妥当であろう。

(2) **本件情報③について**

　また、履歴書・登録表が綴られたファイルの背表紙に「社外秘」の表示があった点についても、当該ファイルは扉のない書棚に保管され、従業員は自由に閲覧でき、秘密保持義務も課されておらず、コピー制限もなされていない。しかも、それらの書面に記載された大部分の情報（本件情報②）は、パソコンに入力されているところ、パスワードの設定もなく、プリントアウトしたリストが全社員に配付されていた。このような事情も考慮すると、ファイル背表紙に「社外秘」の表示があったとしても、それは形骸化したものであり、従業員に秘密であるとの認識をもたらすものではないと考えるのが妥当であろう。

（室谷和彦）

▶判例コメント・22

【事件名】 「ヤマダさんより安くします！！」表示事件（第一審）
【判決裁判所】 前橋地方裁判所（平成14年(ワ)第565号）
【判決年月日】 平成16年5月7日
【出典】 裁判所HP
【不正競争行為】 2条1項14号
【請求内容】 表示の停止および抹消、媒体の廃棄、損害賠償、謝罪広告
【結論】 請求棄却

【事案の概要】

　本件の原告（株式会社ヤマダ電機）と被告（株式会社コジマ）は、判決当時、家電量販店の売上高で全国1位、2位の座をそれぞれ占めていた会社であり、両社は、全国各地で熾烈な競争を繰り広げていた。両社の店舗が近接している場合には、他方が折込みチラシや店頭表示で付した価格に対抗して同一商品の値引きを行い、顧客を自社店舗に誘引するなどしていた。

　このような状況において、被告は、コジマNEW柏店の入口上部の店舗壁面に白地で「ヤマダさんより安くします！！」と大きく表示し、また、「当店はヤマダさんよりお安くしてます」と大きく表示したポスターを複数の店舗内に多数掲示するに至った。これに対して、原告が、被告のこれらの表示は不法行為（景品表示法違反等）に該当するとして損害賠償を求め、また、被告による上記各表示の実施が不正競争に当たるとして、被告に対して、4条に基づき、損害賠償金の支払いを求めるとともに、3条に基づき、上記各表示の実施の停止、その媒体の廃棄等を求め、さらに、7条に基づき、謝罪広告を求めたのが本件訴訟である。

【争点】

1　2条1項14号の直接適用の可否（商品の価格は、同号の「商品の内容」、「役務」に含まれるか）
2　2条1項14号の拡張適用・類推適用の可否

【判旨】

1　争点1——2条1項14号の直接適用の可否
(1)　商品の価格は「商品の内容」（2条1号14号）に含まれるか
　原告は、商品の価格も当該商品の属性であって法2条1号14号にいう「商品の内容」に含めて考えることも可能であると主張し、被告による本件各表示の実施が同号所定の不正競争に当たると主張した。
　しかし、判決は、「本件各表示は、同一の商品について、被告の販売価格を原告のそれよりも安くするという内容の表示であって、かかる表示を見た一般消費者は、被告が同一の商品について原告の販売価格よりも安い価格で販売しようとしていると認識することはあっても、当該商品について被告が販売価格を安くすることによって、そうしない場合と比較してその商品の内容について異なった印象を抱くことはあり得ないから、本件各表示が商品の内容について誤認させるような表示に当たるということはできない」と判示して、原告の主張を認めなかった。
(2)　商品の価格は「役務」（2条1号14号）に含まれるか
　原告は、家電量販店のように取扱商品が同一である場合、購入者が注目するのは各量販店がどこまで安くするかという点であるから、競争事業者間で同一の商品をどれだけ安く提供できるかという点で、これを2条1号14号の「役務」に含めて考えることも十分可能であると主張した。
　しかし、判決は、「法2条1項13号〔現14号〕が『商品』と『役務』とを並列的に規定してそれらの内容等の誤認惹起行為を規制していることにかんがみると、同号にいう『役務』とは、他人のために行う労務又は便益であって、独立して商取引の目的たり得べきものをいうと解すべきである」とし、「事業者が商品の価格を安くすること自体は、独立して商取引の目的たり得ないことは明らかであるから、不正競争防止法2条1項13号〔現14号〕にいう『役務』には当たらないというべきである」と判示して、原告の主張を認めなかった。
2　争点2——2条1項14号の拡張適用・類推適用の可否
　原告は、2条1号14号は「価格」についての表示を明文で規制するものではないが、本件各表示の実施のように、競争事業者間で販売取扱商品の品質、内容が異ならないケースで、価格について競争事業者よりも安いと誤認させるような表示をしている場合には、上記規定の拡張解釈又は類推適用により不正競

争防止法の規制を及ぼすべきであると主張した。

　しかし、判決は、「平成5年の現行不正競争防止法の制定過程で、政府の産業構造審議会知的財産政策部会において、旧不正競争防止法をどのような方向で見直すべきかについて審議がなされた。その審議では、……『価格』のうち解釈上『品質、内容』に含まれないものについて規制する必要があるかどうかについては、我が国の経済取引社会の実態を踏まえれば、少なくとも現段階において、内容等に係るものと同様に不正競争防止法上の不正競争行為として位置付け、差止請求による民事的規制の対象とする社会的コンセンサスは形成されていないものと考えざるを得ず、今後の我が国経済取引社会の実態の推移を慎重に見守りつつ検討することが適当であるとの結論が出された。その結果、現行の不正競争防止法においては、価格の誤認惹起行為を不正競争行為として規制することが見送られた」とした。

　また、上記の審議において不正競争行為に一般条項を導入することの是非が検討された点について、「一般条項の要件は、その性質上抽象的なものにならざるを得ず、……事業活動の予測可能性を著しく害し、正当な事業活動を萎縮させることにもなりかねないこと、不正競争行為を個別類型化することによる対応を図った後になお、いかなる行為を不正競争行為として想定すべきなのかは明確でなく、むしろ、社会通念上、不正競争行為であるとのコンセンサスを得られた行為については、その都度、個別類型化を図っていくことにより対応することが適切であると考えられることなどの理由から、結論として、一般条項を導入することについては、今後、更にその必要性及び導入した場合の問題点等について検討を行っていくべき課題であるとされた。その結果、現行の不正競争防止法においては、不正競争行為についての一般条項を導入することが見送られた」とした。

　そのうえで、「現行の不正競争防止法の制定に際して、価格の誤認惹起行為を不正競争行為として規制すること及び不正競争行為についての一般条項を導入することがいずれも見送られたという経緯があることに加え、いったん不正競争行為に該当するとされると、不正競争防止法上、差止請求の対象とされたり（同法3条）、損害賠償請求において損害の額が推定される（同法5条）などの強力な規制が施されるので、不正競争行為となる対象についての安易な拡張

解釈ないし類推解釈は避けるべきであるといえることも併せ考えると、価格の誤認惹起行為について、不正競争防止法2条1項13号〔現14号〕を拡張適用ないし類推適用することはできないというべきである」と判示して、原告の請求を棄却した。

【コメント】

1　商品の価格は「商品の内容」（2条1項14号）に含まれるか

判決は、産業構造審議会知的財産政策部会の審議で、「判例の中には、旧不正競争防止法上明記されていない『価格』を『品質、内容』に含まれると解したものがあるが」と指摘しているが、ここでいう判例の1つが、二重価格表示が問題となった「原石ベルギーダイヤモンド事件」（東京高判S53・5・23刑月10巻4＝5号857頁）である。

この事件において、東京高等裁判所は、「市価に相当する『販売価格』を極めて高く表示して商品の品質、内容が右価格に相応する優良なものであることを示したうえ、……その商品を購入しようとする者に対し、『販売価格』に相当する優良な品物が、信用のおける品質保証書付で、大幅に値引きされて販売されるようにみせかけた場合、かかる商品の価格等の表示は、全体的にみて実質的には商品の品質、内容についての表示と異なるところがない」とした。

すなわち、裁判所は、ダイヤモンドという商品の性質、二重価格表示の程度・性質、その他の事情から、商品の価格の表示であっても、全体的実質的にみれば、商品の品質、内容についての表示と異ならないと判断できる場合には、商品の「価格」を「品質、内容」に含まれると解釈したのである。

これに対し、本件における被告の本件各表示には、単に「安くします！！（お安くしてます）」と商品の価格に関する文言だけが表示されており、商品の品質や内容を偽ったという事情が一切存在せず、本件の各事情を前提に全体的実質的に考察しても、本件各表示が、商品の品質、内容についての表示と異ならないとは判断できない。このように、本件の場合、原石ベルギーダイヤモンド事件とは事案を異にするので、解釈により、「商品の価格」を「商品の品質、内容」に含ませることはできない。

2　商品の価格は「役務」（2条1項14号）に含まれるか

「役務」は平成5年改正で追加規定されたところ、商標法上は、「他人のため

に行う労務又は便益であって、独立して商取引の目的たりうべきものをいう」と一般に定義づけられている。本判決は、この商標法上の一般的な定義と不正競争防止法上の「役務」とを同意義に解した。

3　2条1項14号の拡張適用・類推適用の可否

判決は、産業構造審議会知的財産政策部会の審議において、商品の「価格」のうち解釈上「品質、内容」に含まれないものについて規制する必要があるかどうか議論がなされたものの、今後のわが国経済取引社会の実態の推移を慎重に見守りつつ検討することが適当であるとの結論が出されたこと、また、不正競争行為についての一般条項を導入することも検討されたものの、事業活動の予測可能性の観点等から今後の検討課題とされた経緯を前提に、不正競争行為に該当するとされると、不正競争防止法上、差止請求の対象とされたり、損害賠償請求において損害の額が推定されるなどの強力な規制が施されるので、不正競争行為となる対象についての安易な拡張解釈ないし類推解釈は避けるべきと判断をした。

上記に加え、不正競争行為に該当すると刑事罰の対象になる（21条2項1号）という点から考えても、安易な拡張適用・類推適用は認められるべきではないので、判決は妥当であると考える。

4　景品表示法4条違反の主張に関して

本件は、被告による各表示が、景品表示法4条2号に該当するか否かが中心的な争点であったところ、本件の控訴審は、詳細な理由を述べて控訴人（原告）の主張を排斥し、景品表示法違反はないとした。

すなわち、控訴審判決（東京高判H16・10・19判時1904号128頁）は、本件を検討する基本的な視点として、「法4条2号を本件の事案に当てはめれば、本件各表示によって、被控訴人の店舗における商品の販売価格が、控訴人の店舗におけるものよりも顧客にとって『著しく有利』であると一般消費者に誤認される場合には、本件各表示は法4条2号に該当するということになる。そして、同号の文言上も明らかなように、かかる誤認が生じるか否かの判断は一般消費者の認識を基準としてなすべきものである。

ここで、『著しく有利』であると一般消費者に誤認される表示か否かは、当該表示が、一般的に許容される誇張の限度を超えて、商品又は役務の選択に影

響を与えるような内容か否かによって判断される(同〔価格表示〕ガイドライン『第2』1(2))。このことを本件事案に即していうと、一般に広告表示においてはある程度の誇張や単純化が行われる傾向があり、健全な常識を備えた一般消費者もそのことを認識しているのであるから、価格の安さを訴求する本件各表示に接した一般消費者も、かかる認識を背景に本件各表示の文言の意味を理解するのであり、そのことを前提にして検討を行うべきものである」としたうえで、「被控訴人の店舗において本件各表示に接した消費者は、通常、高額商品や売れ筋商品については控訴人の店舗よりも安い店頭表示価格が設定されていること、及び、店頭表示価格が安くなっていない場合には、店員との相対の交渉によって値引きを受ける余地があること、を意味するものとして本件各表示を理解するにとどまるというべきであるから、かかる理解を前提として本件各表示の法4条2号該当性を判断すべきである」とした。そして、本件各表示の文言から生ずる一般消費者の理解が上記のようなものにとどまる以上、「そのような理解に沿う実態がある限り、本件各表示は、『一般消費者』の誤認を生ぜしめるものとはいえないことになる。そして、原判決が正当に認定する被控訴人の価格調査及び店頭顧客対応の状況(原判決26頁19行目から28頁8行目まで)にかんがみると、まさにそのような期待に沿う実態が存在していたといえるのであって、本件各表示は、本件各条件表示を伴わない場合であっても、法4条2号に該当すると解することはできない」とした。

　また、本件の原告が、被告による各表示は景品表示法に違反する不当表示であり、その実施は原告に対する不法行為を構成すると主張したところ、控訴審判決は、景品表示法違反の有無と不法行為の成否との関係について、「そもそも、市場における競争は本来自由であることに照らせば、事業者の行為が市場において利益を追求するという観点を離れて、ことさらに競争事業者に損害を与えることを目的としてなされたような特段の事情が存在しない限り、法4条の規定に違反したからといって直ちに競争事業者に対する不法行為を構成することはない」とした。

　本件は、被告による広告宣伝の手法が常識的には行き過ぎと感じられるものの、原告の請求をすべて棄却した事案であり、広告宣伝の手法として許される限界事例を示すものといえ、興味深い判例であるといえる。　　　　(前田英倫)

▶判例コメント・23

【事件名】　マクロス事件
【判決裁判所】　東京地方裁判所（平成15年(ワ)第19435号）
　　　　　　　保全事件：東京地方裁判所（平成14年(ヨ)第22155号）
　　　　　　　控訴審：知的財産高等裁判所（平成17年(ネ)第10013号）
【判決年月日】　平成16年7月1日
　　　　　　　保全事件：平成15年11月11日
　　　　　　　控訴事件：平成17年10月27日
【出典】　裁判所HP
　　　　　保全事件・控訴審：裁判所HP
【不正競争行為】　2条1項1号・2号
【請求内容】　損害賠償
【結論】　請求棄却

【事案の概要】

　Xは、映画の企画製作、およびその著作権管理等を業とする株式会社、Y_1は、映像著作物の企画、製作並びに映像著作物の複製物の製造、販売および輸出入などを業とする株式会社、Y_2はテレビ・ラジオの宣伝映画等の企画および製作等を業とする株式会社である。

　本件は、昭和57年10月から昭和58年6月にかけて毎日放送を中心に放映されたテレビ映画「超時空要塞マクロス」（以下、「本件テレビアニメ」という）につき著作権を有し、かつ、昭和59年に全国の劇場で公開された劇場用映画「超時空要塞マクロス　愛・おぼえていますか」（以下、「本件劇場版アニメ」という）の共同製作者の一人であるXが、その後Y_1やY_2を中心にして映画の題名（タイトル）に「マクロス」を含む映画（「マクロスII」、「マクロスゼロ」等）が製作販売されたことから、これらのY_1・Y_2の行為が2条1項1号・2号所定の不正競争行為に該当すると主張し、主位的に民法703条の不当利得返還請求として、予備的に4条に基づく損害賠償請求として、連帯して6億8500万円と遅延損害金の支払いを求めた事案である。

【争点】
本件表示(「マクロス」)の商品等表示該当性

【判旨】
1　商品等表示(2条1項1号、2号)該当性

「テレビ放映用映画ないし劇場用映画については、映画の題名(タイトル)は、不正競争防止法2条1項1号、2号所定の『商品等表示』に該当しないものと解するのが相当である」。

「けだし、映画の題名は、あくまでも著作物たる映画を特定するものであって、商品やその出所ないし放映・配給事業を行う営業主体を識別する表示として認識されるものではないから、特定の映画が人気を博し、その題名が視聴者等の間で広く知られるようになったとしても、そのことにより、当該題名により特定される著作物たる映画の存在が広く認識されるに至ったと評価することはできても、特定の商品や営業主体が周知ないし著名となったと評価することはできないからである」。

「本件において、Xは、本件テレビアニメの題名『超時空要塞マクロス』及び本件劇場版アニメの題名『超時空要塞／マクロス』が周知ないし著名となり、その結果、本件表示が原告の商品等表示として周知ないし著名となったと主張するが、これらの題名は、著作物であるアニメーション映画自体を特定するものであって、商品やその出所ないし放映・配給事業を行う営業主体としての映画製作者等を識別する機能を有するものではないから、不正競争防止法2条1項1号、2号にいう『商品等表示』に該当しない。したがって、本件テレビアニメ及び本件劇場版アニメの題名が一般に広く知られていたとしても、それによってなにびとかの商品ないし営業が周知ないし著名となったということはできない」。

「この点について、Xは、素材が著作物であるからといって、当該著作物の題名が当該著作物を素材とする商品の『商品表示』にならないというのは誤りであり、著作権法の著作物と不正競争防止法の商品性の判断は必ずしも一致しないなどと主張するが、上記のとおり、映画の題名はあくまでも著作物たる映画を特定するものにすぎないものであり、Xの主張は採用できない」。

「また、本件においてY$_1$、Y$_2$が製作ないし販売に関与する被告各映画は、

劇場版映画かあるいは映画を収録したビデオ又はDVDソフトであり、それらに付された『マクロス』を含むタイトル（被告表示）はいずれも当該映画ないし当該媒体に収録された映画の題名として表示されているものであるから、被告表示が商品等表示として使用されているものではない。したがって、この点からも、不正競争防止法2条1項1号、2号所定の不正競争行為をいうXの主張は、理由がない」。

2 商品化事業と商品等表示該当性

「商品化事業の展開により映画の題名と同一の名称を付した多数の商品が市場において販売されているような場合には、それによって、当該名称が特定の営業主体による商品化事業の対象とされている一連の商品ないしその出所としての営業主体を示す表示として需要者の間に周知ないし著名となり、その結果、当該名称が不正競争防止法上の『商品等表示』に該当することもあり得る」。

「本件テレビアニメ及び本件劇場版アニメに関連する商品化事業等においては、Xは、Y_2、A等と共同して事業を展開していたものであるから、仮に本件表示が当該商品化事業に係る商品ないしその出所としての営業主体を示す『商品等表示』に該当し得るとしても、Xのみならず、Y_2、A等をも含めた共同事業体を主体とする『商品等表示』というべきである」。

「したがって、仮に本件表示が商品化事業等における商品等表示に該当するとしても、Y_2ないしY_2から許諾を受けてアニメーションDVDソフトを販売しているY_1との関係において、Xがこれを自己の『商品等表示』と主張することはできないというべきである」。

3 結論

「上記のとおり、本件においては、本件表示がXの『商品等表示』に該当するということができないものであり、また、被告表示が『商品等表示』として使用されているということもできない」。

「以上によれば、その余の点につき判断するまでもなく、本件におけるXの請求はいずれも理由がない」。

なお、保全事件、控訴審も上記と同様の理由により、Xの請求を却下または控訴棄却している。

【コメント】

1 商品等表示性の判断

2条1項1号の行為が不正競争とされる趣旨は、商品や営業の出所について混同を防止して、他人が商標等に係る出所表示機能を通じて築き上げた営業上の信用を保護することにある。

また、2条1項2号の行為が不正競争とされる趣旨は、著名商標等を無断で使用して、著名商標等が有する出所表示機能や、信用、良好なイメージへのただ乗り、希釈、分散化、汚染を防止することにある。

「商品等表示」は、2条1項1号において、「人の業務に係る氏名、商号、商標、標章、商品の容器若しくは包装その他の商品又は営業を表示するもの」、と定義されているが、この「商品等表示」に該当するかどうかは、上記の趣旨を踏まえて判断されなければならない。そのため、「商品等表示」は、自他識別力または出所表示機能を有するものでなければならず、表示が単に用途や内容を表示するにすぎない場合には「商品等表示」に該当しないとされている。

本件においても、「マクロス」を含むタイトルは、原告製作に係るものであっても、被告製作に係るものであっても、それぞれ著作物であるアニメーション映画自体を特定するものであって、商品やその出所、営業主体としての映画製作者等を識別する機能を有するものではないので、「商品等表示」に該当しないとされている。

2 著作物の題号の商品等表示該当性

著作物の題号（タイトル）については、特に書籍の題号について、それが「商品等表示」あるいは「商品等表示としての使用」に該当するかどうかが争われてきた。

これについては、否定的な判断されたものが多く、その中でも本件のように「商品等表示」に該当しないとして不正競争ではないと判断するのではなく、原告、被告双方の題号が「商品等表示」であることは肯定したうえで、「自己の商品表示中に、他人の商品等表示が含まれていたとしても、その表示の態様からみて、専ら、商品の内容・特徴等を叙述、表現するために用いられたにすぎない場合には、同法同号所定の他人の商品等表示を使用したものと評価することはできない」（東京地判H11・2・19判タ1004号246頁「スイングジャーナル事

件」）として、「商品等表示としての使用」を否定し、不正競争行為該当性を否定したものが多い。

一方で、本件は、「商品等表示」の該当性を否定したものであり、この点に特徴がある。これについては、題号の商品等表示性を厳格に判断したとの見解もある。

3　著作物の題号と商標法の関係

著作物の題号（タイトル）の保護については、商標登録をすることで保護を受けることも考えられるところである。しかし、商標法3条1項3号において、その商品の品質、役務の質を普通に用いられる方法で表示する標章のみからなる商標については、商標登録を受けることができないとされており、その解釈について、商標審査基準（改訂11版）第1、五、7ないし9は、新聞、雑誌等の定期刊行物の題号は、原則として、自他商品の識別力があるとするものの、書籍の題号、映像が記録された「フィルム」の題名、「録音済みのコンパクトディスク」の題名、「放送番組名」については、題号等がただちに特定の内容を表示すると認められるときは、品質、役務の質を表示するものとする、とされている。すなわち、原則として著作物の題号（タイトル）は、商標登録することができず、著作物の題号（タイトル）を著作物の題号（タイトル）として使用する限りにおいては、商標法上の保護を受けることはできない。

このような扱いとされているのは、たとえば書籍の場合であれば、商品としての書籍の同一性を表示し、他社の出版に係る商品・書籍から区別し、そのために使用されるものは、出版社のハウスマークや商号であって、題号ではないからであるとされている。

4　著作物の題号と著作権法の関係

また、著作物の場合は、著作権法上の保護を受けることができるが、その保護期間は有限である。したがって、著作権法上の保護期間満了後は、誰でも自由に当該著作物を利用することが可能となる。しかし、その著作物の題号（タイトル）について、これを「商品等表示」に該当するとし、またその使用を「商品等表示としての使用」に該当するとして不正競争防止法上の保護を認めたり、もしくは題号（タイトル）の商標登録を認めると、著作権法上の保護期間が満了した後も、題号（タイトル）を通じて著作物の利用を制限することが

可能となってしまい、著作権法が保護期間を限定した趣旨が没却されることになる。

題号（タイトル）の商標法、不正競争防止法上の保護が否定される背景には、実質的にはこのような考慮も働いているものと思われる。

5　他の紛争

なお、XとY$_2$、Aの間では、本件テレビアニメの著作権をめぐって紛争が生じていた。これについて、東京地判H14・2・25判タ1105号239頁は、本件テレビアニメの原画の著作権は、Y$_2$らにあると判断した。一方、東京地判H15・1・20判タ1123号263頁は、映画製作者はXであり、総監督はXに対して本件テレビアニメの製作に参加することを約束していたとして、本件テレビアニメの著作権者はXであると判断した。

（松田直弘）

▶判例コメント・24

【事件名】 ヌーブラ事件Ⅰ
【判決裁判所】 大阪地方裁判所（平成15年(ワ)第8501号の2）
【判決年月日】 平成16年9月13日
【出典】 判タ1168号267頁、判時1899号142頁
【不正競争行為】 2条1項3号
【請求内容】 損害賠償
【結論】 一部認容

【事案の概要】
　商品を開発・商品化した外国会社から独占的販売権を認められた原告が、類似商品の輸入・販売を行う被告に対し、不正競争に該当するとして損害賠償を請求した事案。

【争点】
1　対象商品を開発・商品化した先行者から独占的販売権を与えられた者が2条1項3号の保護主体となるか。〔肯定〕
2　被告の輸入・販売する商品について形態模倣行為が認められるか。〔肯定〕

【判旨】
1　争点1――保護主体性

　判決は、3号による保護の主体の範囲について、「自ら資金、労力を投下して商品化した先行者」のみならず、「先行者から独占的な販売権を与えられている者（独占的販売権者）のように、自己の利益を守るために、模倣による不正競争を阻止して先行者の商品形態の独占を維持することが必要であり、商品形態の独占について強い利害関係を有する者」も保護の主体となり得ると認めた。

　理由として、以下の5点があげられる。
(1)　2条1項3号の趣旨
　「他人が市場において商品化するために資金、労力を投下した成果の模倣が行われるならば、模倣者は商品化のためのコストやリスクを大幅に軽減するこ

とができる一方で、先行者の市場先行のメリットは著しく減少し、模倣者と先行者の間に競争上著しい不公正が生じ、個性的な商品開発、市場開拓への意欲が阻害され、このような状況を放置すると、公正な競業秩序を崩壊させることになりかねない」ので「3号は、他人が商品化のために資金、労力を投下した成果を、他に選択肢があるにもかかわらず殊更完全に模倣して何らの改変を加えることなく自らの商品として市場に提供し、その他人と競争する行為をもって、不正競争とした」。

(2) 法律の文言との合致

差止請求の主体について、3条1項が「不正競争によって営業上の利益を侵害され、又は侵害されるおそれがある者」とし、損害賠償請求の主体について、4条が不正競争により「営業上の利益を侵害」された者を損害賠償請求の主体として予定しているとしたうえで、特許法の規定との対比から、「独占的販売権者は、3号所定の不正競争によって営業上の利益を侵害され、又は侵害されるおそれがある者に該当するから、独占的販売権者を3号の保護主体と解し、その差止請求及び損害賠償請求を認めることは、不正競争防止法上の文言にも合致する」とした。

(3) 適用範囲が安易に拡大されるおそれがないこと

3号は「『形態の模倣』という比較的簡易な要件であり、安易に適用を拡大すると、かえって自由な市場活動が妨げられるおそれがあるとも考えられる」が、「商品化を行った先行者のほかに、独占的販売権者のように商品形態の独占について強い利害関係を有する者に限定した範囲で3号の保護の主体を考えるならば、そのような弊害を生ずることはない」。

「独占的販売権者も3号の保護主体となると解したとしても、独占的販売権者が訴訟上3号に基づく権利を行使するためには、先行者が商品化したこと、及びそのような先行者から独占的販売権を与えられたことを主張立証しなければならず、先行者が訴訟上3号に基づく権利を行使する場合に比べて、商品化の点について主張立証責任が軽減されるわけではない」ため、3号の適用範囲が安易に拡大されることはない。

(4) 妥当な解決を図る視点

「実際上、独占的販売権者が商品の製造販売を専ら担当しており、商品化し

た先行者が3号に基づく権利行使をする状況にない場合も考え得るところ」、「そのような場合においても、模倣を阻止し、公正な競争秩序の維持を図るという点からしても、妥当なもの」である。

(5) 独占的販売権者の保護

「独占的販売権者は、独占権を得るために、商品化した先行者に相応の対価を支払っているのが常であり、先行者は商品化のための資金、労力を、商品の独占の対価の形で回収していることになるから、独占的販売権者を保護の主体として、これに独占を維持させることは、商品化するための資金、労力を投下した成果を保護するという点でも、3号の立法趣旨に適合する」。

2 争点2——形態模倣

結論として、被告商品が原告商品の形態を模倣した商品であると認めるのが相当であるとした。

理由として、以下の3点から判断されている。

(1) 形態の類似

原告商品が①使用者の左右乳房上に独立して置かれる2個のカップよりなり、②肩ひも（ショルダーストラップ）、横ベルト等身体に装着する部材がなく、③各カップの内側には粘着層を備えている、という形態を有していることを前提に、被告商品が、原告商品と同じく、上記①から③と同様の形態を有していること、原告商品と、寸法、形状、色彩が極めてよく似ていることが認められる。

(2) 原告商品について通常有する形態であると認められないこと

原告商品は、ストラップおよび横ベルトがなく、また、何らの部品を使用することなく乳房に直接粘着させ、中央のフックで左右のカップを結合するという、従来存在しなかった構造、形態のブラジャーであることが認められる。

原告商品の形態は、このように従来存在しなかった形態であることが認められ、同種の商品であるブラジャーが通常有する形態であるとは認められない。

(3) 販売数や需要の増大

被告が被告商品の輸入、販売を開始した時点において、原告商品は、海外での発売から相当の期間が経過しており、日本においても、発売以来、すでに販売数が多数に上り、さらに需要が増大していた。

【コメント】

　本判決は、「ヌーブラ」と呼ばれるブラジャーの日本国内における独占販売権を有する原告が損害賠償を請求した訴訟の１つである。

　判決では、形態模倣の点については、商品の類似性等から、比較的簡単に、模倣に当たることを認めている（なお、**判例コメント30**＝ヌーブラ事件Ⅱが、同一商品に関する別の判断である）。

1　判決の意義

　法は、２条１項で不正競争の類型を限定的に列挙し、営業上の利益を害された者、その利益を害されるおそれのある者を保護の対象としているが、請求権者として、独占的販売権を有する者についても保護の対象となるかが問題となる。

　「キャディバッグ事件」（東京地判H11・1・28判時1678号236頁）は、「不正競争防止法２条１項３号所定の不正競争行為につき差止ないし損害賠償を請求することができる者は形態模倣の対象とされた商品を、自ら開発・商品化して市場に置いた者に限られる」として、独占的販売権者による差止請求・損害賠償請求を否定していた。

　学説でも、独占的販売権を有する者について請求の主体として否定する見解（田村・概説320頁）と肯定する見解（牧野利秋＝飯村敏明編『新裁判実務体系(4)』（青林書院、2001年）434頁）が対立している。

　当該論点に関する裁判所の判断が多くなく、「キャディ・バック」事件が従来のリーディングケースとされる中で、本判決は、独占的販売権を有する者の保護を認めるという、正反対の結論をとった点で大きな意義を有する。

2　独占的販売権を有する者への保護について

　本判決は、「自己の利益を守るために、模倣による不正競争を阻止して先行者の商品形態の独占を維持することが必要であり、商品形態の独占について強い利害関係を有する者」について、３号の請求権者と認めている。

　この点、同一商品に関する同様の事案で大阪地判H18・1・23裁判所HPでも同様の判断が下されているが、ここでは「独占的地位ないし利益は、……３号が保護しようとした開発者の独占的地位に基礎を有し、いわばその一部が分与されたものということができる」としたうえで、「独占的販売権者の有する

独占的地位ないし利益は、3号によって保護されるべき利益であると解するのが相当であり、独占的販売権者も3号により保護される主体たり得るものと解するのが相当である」と表現されており、独占的販売権を有する者に与えられる保護が開発者の独占的地位の一部に由来するものであることが、理論的に、より明確に述べられている。

3 形態模倣の認定について

判決は、①形態の類似、②原告商品について通常有する形態であると認められないこと、③販売数や需要の増大の3点から形態模倣を認定しているが、このうち③の点は、原告商品の著名性を指摘する原告の主張に通じるものであって、「他人の商品の形態に依拠して、これと実質的に同一の形態の商品を作り出す」模倣（2条5項）のうちの「依拠」を立証するものと捉えられる。

（山口　崇）

ヌーブラ事件Ⅰ

原告商品　　　　　　　　被告商品
第1図　　　　　　　　　第1図

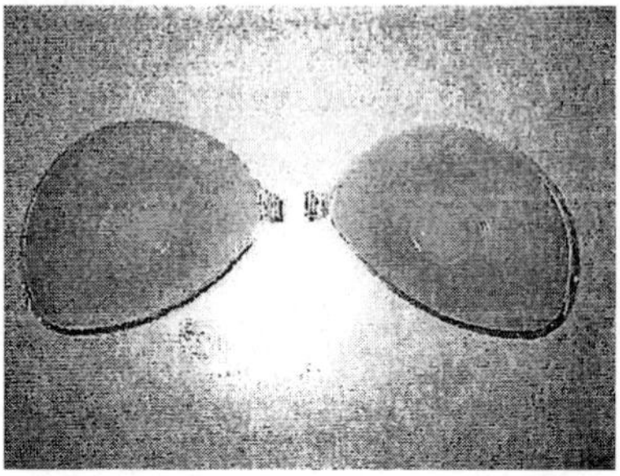

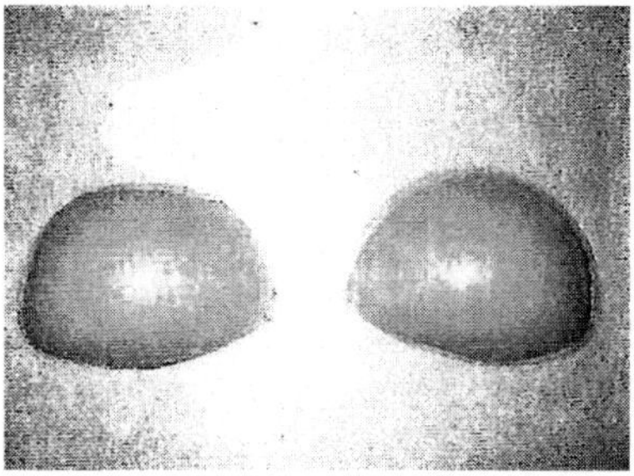

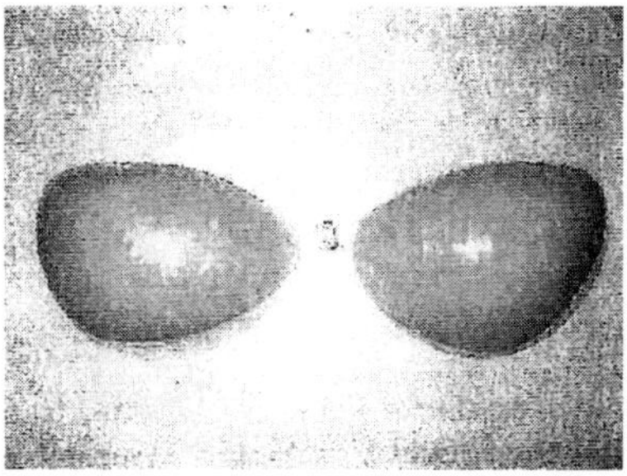

第2図　　　　　　　　　第2図

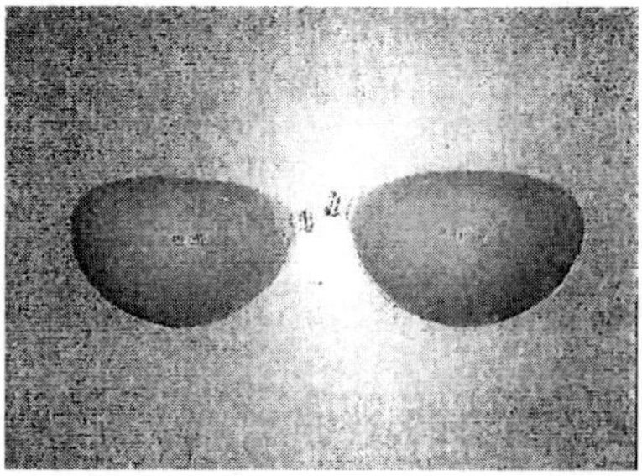

第3図　　　　　　　　　第3図

▶判例コメント・25

【事件名】　ミーリングチャック事件
【判決裁判所】　大阪地方裁判所（平成15年㈹第7126号）
【判決年月日】　平成16年11月9日
【出典】　判時1897号103頁
【不正競争行為】　2条1項1号
【請求内容】　販売等の差止め、廃棄、損害賠償
【結論】　差止めにつき棄却、廃棄につき棄却、損害賠償請求につき一部認容

【事案の概要】
　原告は、ミーリングチャック（対象物である工作物を切削するために、工作機械等の回転主軸の先端に取り付けられ、かつ、切削加工を行う工具を把持する取付具）を製造販売していたが、被告会社が原告製ミーリングチャックと酷似したミーリングチャックを販売し、輸入し、輸出するなどしたため、原告が被告会社等に対し、被告会社の上記行為が2条1項1号の定める不正競争に該当するとして、その販売等の差止め等および損害賠償を請求するとともに、被告会社の営業活動が全体として原告に対する不法行為を構成するとして、被告会社等に対し損害賠償を請求した。

【争点】
1　原告商品の形態が原告の周知の商品等表示といえるか。〔否定〕
2　被告会社の行為について民法709条の不法行為が成立するか。〔肯定〕

【判旨】
　　1　争点1について
　本判決は、「商品の形態は、通常、主として、その商品の機能を発揮させ、又は美感を高めるためなどの目的から適宜選択されるものであり、必ずしも商品の出所を表示することを目的として選択されるものではない。しかし、商品の形態が他の同種商品と識別し得る独特の特徴を有し、かつ、商品の形態が、長期間継続的かつ独占的に使用されるか、又は、短期間であっても商品の形態について強力な宣伝広告等が行われて大量に販売されたような場合には、商品

の形態が特定の者の商品であることを示す商品等表示として需要者の間で広く認識されることがあり得、その場合には、商品の形態が不正競争防止法2条1項1号の商品等表示として保護されることがあると解される。一方、商品形態が当該商品の機能ないし効果と必然的に結びついている場合において、当該形態を保護することがその機能ないし効果を奏し得る商品そのものの独占的・排他的支配を招来するような場合には、自由競争のもたらす公衆の利益を阻害することになるから、そのような形態にまで不正競争防止法2条1項1号による保護が及ぶものではないと解するのが相当である」。

そして、原告製品の形態の商品等表示性については、原告が原告製ミーリングチャックの形態の特徴として主張する各構成について、「それぞれ、技術的機能の観点から選択し得る複数の選択肢の中から選択されたものであって、技術的機能と密接に結びついた形態であるということができる。また、個々の構成それぞれを個別にみれば、同様の形態が他社の製品で採用されているものもあり、必ずしも、原告製ミーリングチャックの形態上の顕著な特徴といえるものではない」と判断した。

また、原告が原告製ミーリングチャックの形態の特徴として主張する各構成を組合せた商品形態全体については、「ミーリングチャックの形態としてその機能ないし効果と必然的に結びついたものであるとまではいえない」としつつも、「原告製ミーリングチャックにおいては、商品の出所を表示する商標として『NIKKEN』商標が必ず製品に付されていることに加え」、上記各構成「のそれぞれも、技術的機能に関連して選択されたものであり、これらの組合せ全体としてみても、必ずしも形態的に同種製品と比べて際だった特徴として捉え難いものであり、また、原告においても、格別に原告製ミーリングチャックのチャック部の特徴を宣伝広告の対象にしてきた事実もうかがわれない。そして、ミーリングチャックの取引実情においても、その形態を見て取引するというものでもない」として、原告製ミーリングチャックの商品形態が商品の出所を表示するものとして需要者ないし取引者の間で広く認識されるに至っていると認定することは困難であると判断した。

2 争点2について

本判決は、「被告会社は、DSP社に製造を依頼するに当たり、その必然性が

認められないにもかかわらず、原告製品に酷似した被告製品の製造を依頼した。また、原告製品のコード番号と被告製品のコード番号（独自のものと、原告製品のコード番号末尾に『HPI』の文字を付記したにすぎないものがある。）を受発注及び納品において混在させて用いた。被告会社カタログやHPIカタログには、原告製品の写真や原告カタログに掲載された写真を利用した。さらに、原告製品を発注した顧客に対し、被告製品を混交させて納品するなどした」と事実認定した。

本判決は、「競業秩序を破壊する不正ないし不公正な行為は、必ずしも不正競争防止法の規定する各類型の不正競争行為に限られるわけではない。同法の規定する不正競争行為に該当しなくても、業者の行う一連の営業活動行為の態様が、全体として、公正な競争秩序を破壊する著しく不公正な方法で行われ、行為者に害意が存在するような場合には、かかる営業活動行為が全体として違法と評価され、民法上の不法行為を構成することもあり得るものと解するのが相当である」とした。

そのうえで、本件について、「前記認定事実によれば、被告会社の行為は、形態の酷似した製品の製造、コード番号の混同使用、原告製品であるかのごときカタログの作成及び使用、原告製品と被告製品の混交等により、品質及び性能において一定の評価を得ていた原告製品の評価を低下させるものであったということができ、このような行為は、全体としてみたときに、公正な競業秩序を破壊する著しく不公正な行為であると評価できるから、民法上の不法行為を構成するものと認めるのが相当である」として、不法行為に基づく請求を一部認容した。

【コメント】

1　争点1について

本件は、原告製ミーリングチャックの商品形態について、各構成の組合せ全体としては、技術的機能にも由来せず、商品等表示とされる余地があるとしながらも、商品形態が商品の出所を表示するものとして需要者ないし取引者の間で広く認識されるに至っていないことから、周知の商品等表示とはいえないとしたものである。

本件は、商品の形態が2条1項1号の商品等表示として保護されるための要

件として、従来の裁判例と同様の要件に基づいて判断されたものであるといえる。

なお、本件は、念のためとして、誤認混同のおそれの有無についても判断しているが、「原告製ミーリングチャックは、その品質性能に対する評価、ひいては製品にマーキングされている原告商標に対する信頼によって取引先に出所を認識されているというべきであって、そのような表記がなされていない被告製ミーリングチャックが、その形態が酷似するがゆえに原告製品と誤認混同されるおそれがあるということはできない」として、誤認混同のおそれを否定している。

2 争点2について

2条1項1号所定の不正競争行為類型に該当しない場合であっても、民法709条の不法行為が成立する場合はあると一般的に考えられている。しかし、実際に認められた裁判例は少ない。本件は、その数少ない裁判例の一つである。不正競争防止法に基づく請求が否定されたものの民法上の不法行為が認められたものとしては、本件以外に京都地判H1・6・15判時1327号123頁・判タ715号233頁「袋帯事件」、大阪地判H8・12・24特企336号52頁「断熱パネル事件」、東京地判H22・4・23判決速報422号13頁「樹液シート事件」がある。

本件では、被告製品を原告製品に酷似させただけではなく、被告製品のコード番号を原告製品のコード番号に酷似させ、被告製品に原告製品のコード番号を使用し、被告会社等のカタログに原告製品の写真等を使用し、原告製品と被告製品（原告製品よりも品質および性能が悪い）を混交させてすべて原告製品として販売するなどの事実が認定されており、単なる形態模倣とは異なる特殊性を有する事案であったことから、民法709条の不法行為の成立が認められたと考えられる。

この点、2条1項1号および3号の対象とならない他人の商品形態の冒用行為については、①ことさら混同を生じさせる不正競争の意図と混同を惹起させる行為、または、②混同を惹起させる種々の行為と被冒用者等の信用毀損、あるいは、③ことさら相手方に損害を与えることのみを目的としてなされた特段の事情等、上記各号に該当する不正競争防止法が規制する公正な競業秩序違反とは別途の違法要素が必要であるというのが判例の傾向であるとの評価がな

されている（松村・法理と実務902頁）。

　また、本件では、被告製品が原告製品よりも品質や性能が劣っていたことから、原告の損害として、信用毀損による損害（500万円）についても認められている。

　なお、本件では、被告会社の代表取締役に対する旧商法266条の3に基づく損害賠償責任についても認められている。

3　関連事件（最判H16・4・8判時1860号62頁・判タ1151号297頁）

　本件に関連して、3条1項に基づく差止請求権不存在確認の訴えが民事訴訟法5条9号の定める「不法行為に関する訴え」に当たるかという争点につき判断された最高裁判決があるので、以下に紹介しておく。

　事案の概要は、被告会社が、原告に対し、本件製品の販売または輸出について不正競争防止法3条1項に基づく差止請求権を有しないことの確認を求める訴えを名古屋地裁に提起したが、原告が管轄の有無を争うなどし、大阪地裁への移送を申し立てたところ、名古屋地裁は移送申立てを却下したが、名古屋高裁は移送を認め、最高裁まで争われたというものである。

　最高裁は、「民訴法5条9号は、『不法行為に関する訴え』につき、当事者の立証の便宜等を考慮して、『不法行為があった地』を管轄する裁判所に訴えを提起することを認めている。同号の規定の趣旨等にかんがみると、この『不法行為に関する訴え』の意義については、民法所定の不法行為に基づく訴えに限られるものではなく、違法行為により権利利益を侵害され、又は侵害されるおそれがある者が提起する侵害の停止又は予防を求める差止請求に関する訴えをも含むものと解するのが相当である」としたうえで、「不正競争防止法3条1項の規定に基づく不正競争による侵害の停止等の差止めを求める訴え及び差止請求権の不存在確認を求める訴えは、いずれも民訴法5条9号所定の訴えに該当する」と判示し、名古屋高裁の決定を破棄し、同裁判所へ差し戻す決定をしている。

（渡辺充博）

被告製品（イ号製品）の図面の一例

BTシャンクミーリングチャック

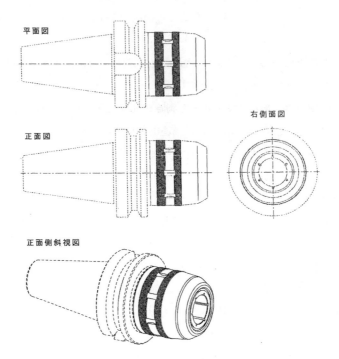

▶判例コメント・26

【事件名】 アートネイチャー事件
【判決裁判所】 東京地方裁判所（平成15年(ワ)第7588号、平成15年(ワ)第26800号）
【判決年月日】 平成17年2月23日
【出典】 判タ1182号337頁
【不正競争行為】 2条1項4号・5号・7号・8号
【請求内容】 営業秘密の使用差止め、損害賠償
【結論】 請求棄却

【事案の概要】
　原告は、被告会社および原告の元従業員でその後被告会社に就職した被告Y_2ないしY_5らに対し、被告らが原告の顧客情報を含む顧客名簿について2条1項4号・5号・7号・8号所定の営業秘密の不正取得行為、不正取得後の使用行為等の不正競争行為を行ったとして、当該顧客に対する役務の提供や勧誘など営業行為の差止めや損害賠償を求めた。

【争点】
　被告らは、上記の不正競争行為を行ったか。〔否定〕

【判旨】
　裁判所は次のとおり述べて、原告の主張が、主張自体失当であるとした。
　「原告は、被告らが不正競争行為（法2条1項4号、5号、7号、8号）を行ったと主張する。しかし、裁判所の再三の釈明に対しても、本件口頭弁論終結に至るまで、原告は、被告らそれぞれについて、いつ、どこで、どのような内容の営業秘密を、どのような態様で不正に取得し、利用したか等に関して、抽象的に述べるのみで、何ら具体的な事実を摘示しない。
　したがって、原告の被告らが不正競争行為に該当する事実を行ったとの主張は、十分な特定がされているとは言い難いので、主張自体失当である」。
　そのうえで、「念のため」として、被告らが不正競争行為を行ったか否かについて、裁判所は、「本件全証拠によるも、被告Y_2らにおいて、本件顧客名簿を不正に取得したり、被告会社に開示したり、自ら使用するなどし、被告会社

においても、不正取得、不正開示があることを知りながら本件顧客名簿を使用したとの原告の主張を基礎づける具体的な事実の存在を認定することはできない」とし、その理由として、「被告会社の既存のかつら利用者に絞り込んだ営業形態を採用していること、修理代金が格安であることや既存のかつら利用者を対象とする旨を明示した宣伝を行っていること及び宣伝の媒体も広範かつ大量であることと獲得した顧客の数とを対比すれば、被告会社の顧客獲得実績には、本件顧客名簿に係る情報を利用しなければ達成できなかったなどの不自然な点は認められない」点をあげた。

そして、他に、被告らが、本件顧客名簿を不正に取得したり、被告会社に開示したり、自ら使用するなどし、被告会社において、不正取得、不正開示があることを知りながら本件顧客名簿を使用したことを推認させる事実は認められず、被告Y_2らが私有のパソコンを業務に使用したことをもって、被告らが本件顧客名簿を不正に取得したと推認することもできないとした。

また、原告は、①被告の美容室の顧客と原告の元顧客とが共通すること、②被告会社のポスティングは、原告の顧客を中心として実施されていること、③被告Y_2らが電話により原告の顧客を勧誘したり、原告の顧客の職場を訪問して勧誘したりしたこと、④本件顧客の被告美容室への来店動機には不自然な点があること等の事実が存在するとして、これらの事実により被告らが不正競争行為を行ったことが推認される旨主張していた。

この点につき、裁判所は、①全体の顧客数に占める原告の元顧客の割合が不自然な程度に高いということはできない、②被告従業員らは、地区を決めたうえでチラシを適宜戸別に配布していたものと認められ、原告の顧客の住所にあてて集中してチラシを配布したものではない、③被告Y_2らが、ごくわずかの顧客について電話番号や職場を知っていたことがあったとしても、格別不自然な点は認められない、④かつらの使用を秘匿したい顧客としては、施術やカウンセリングを通じて、技術者や担当者と継続的な信頼関係を築き、そのような技術者らに引き続き相談したいと望む場合は少なくないものと推測され、そのような顧客が被告美容室に来店する例があるなどとして、被告らが顧客名簿を使用したことを推認すべきとの原告主張を否定した。

【コメント】
　1　不正競争行為の主張の特定性

　営業秘密関連不正競争行為についての訴訟において、営業秘密の特定性が問題となることは少なくない。本件では、営業秘密の特定性ではなく、不正競争行為（営業秘密の取得・使用・開示行為）の主張の特定性が問題となった事案である。

　通常、元従業員による営業秘密の不正取得行為、退職後の利用・開示行為等については、行為の密行性が高く、元使用者として、（仮にそのような行為が行われていたとして）その行為の詳細を知り得ない場合が多く、だからといって、提訴当初から厳密な行為の特定を求めると本件のような訴訟を提起することすら断念せざるを得ないこととなりかねず、妥当でない。そうであれば、主張の特定の問題と立証の問題とは分けて考え、少なくとも訴訟提起の段階では主張の特定性の要件をある程度緩和することが許されるべきであろう。

　しかし、以上のように考えたとしても、本件においては、あまりに原告の主張は漠然とし、日時場所方法等においておよそ具体性に欠けており、「主張自体失当」とした裁判所の判断はやむを得ないものと考えられる。

　ただ、本件ではそれだけでは落ち着きが悪いと考えられたか、裁判所は「念のため」としてさらに進んで詳細な事実認定を行っている。

　本来、かつら業界においては、たとえば路上等で頭髪の薄い男性に対し直接声をかけて購入の勧誘をすることなどが困難であり、顧客獲得には多額の費用を投下して宣伝広告活動を積極的に行って顧客を獲得しなければならないという営業上の特殊事情がある（後記裁判例参照）。本件において、裁判所は、被告会社により「既存のかつら利用者」へ向けた（その潜在的不満に対するアピールを中心とした）広範かつ大量の宣伝広告活動がなされている事実を認定しており、原告の主張する顧客名簿記載の10数名程度の顧客を獲得するにおいて、何も当該顧客名簿を利用しなくとも十分に可能であることについて、一応の合理的説明がなされていると判断したものと解される。被告らに不正取得行為等がなかったとする裁判所の結論は十分に是認されよう。

　参考裁判例として、同じかつら業界の顧客名簿が問題となった事例として、「男性用かつら顧客名簿事件」（大阪地判H8・4・16判タ920号232頁）がある。

こちらの事件では、被告の不正取得行為（顧客名簿のコピー）およびその利用行為（当該顧客に対しての名簿を利用しての電話勧誘）の主張・立証は十分になされており、かつ、被告が宣伝広告をほとんど行っていなかったことや、被告の店舗が地下1階にあり、地下に下りる階段の入り口に看板も一切出していない（一見の顧客が来ることはまずない）というような事実が認定されており、結論として顧客名簿の直接利用に限らない広範な営業差止めまで認められている。本件と対比しつつ検討すると有用である。

2　競業避止義務契約の効力

　本件では上記の争点のほか、競業避止義務契約違反の成否も問題となった。裁判所は、「従業員が就業中に得た、ごく一般的な業務に関する知識・経験・技能を用いることによって実施される業務は、競業避止義務の対象とはならない」と述べて、被告らが被告美容室で行っていた業務は、「かつらのメンテナンスや美容業などであって、これらは、被告Y_2らが原告就業中の日常業務から得た知識・経験・技能を利用した業務ということができ、原告が保有する特有の技術上又は営業上の情報を利用した業務であることを認めるに足りる証拠はない」として競業避止義務の範囲に含まれないとしている。近時その有効性について厳しく判断される傾向のある競業避止義務契約の効力について検討するにあたっても参照価値のある裁判例である。

（川村和久）

▶判例コメント・27

【事件名】　アザレ東京事件（控訴審）
【判決裁判所】　東京高等裁判所（平成16年㈱第2000号）
　　　　　　　　原審：東京地方裁判所（平成13年㈲第21187号）
【判決年月日】　平成17年3月16日
　　　　　　　　原審：平成16年3月11日
【出典】　裁判所HP
　　　　　原審：裁判所HP
【不正競争行為】　2条1項1号
【請求内容】　製造販売等の差止め、廃棄、損害賠償
【結論】　請求棄却
【事案の概要】

　本件は、株式会社アザレインターナショナル（以下、「一審原告」という）が、表示目録1ないし3の各表示（以下、「本件各表示」という）は自己の商品等表示として需要者の間に広く認識されているものであり、アザレプロダクツ株式会社（以下、「一審被告アザレプロダクツ」という）らが本件各表示を付した化粧品、石けん類および香料類（以下、これらを総称して「アザレ化粧品」という）を製造、販売等する行為や「アザレ」を含む商号を使用する行為は、2条1項1号の不正競争行為に該当すると主張して、3条および4条に基づき、一審被告らに対し、アザレ化粧品の製造、販売等の差止めおよび製品の廃棄、並びに「アザレ」を含む商号の抹消登記手続を求めるとともに、損害賠償を求めた事案である。

　なお、一審原告と一審被告アザレプロダクツは、両者の間ではアザレ化粧品に関する委託製造取引契約が締結されていたが、意見の対立から同契約は合意解約されていた。

　原審は、本件各表示は一審原告の周知商品等表示であり、一審被告アザレプロダクツはOEM契約による製造業者であって、一審被告Yを除くその余の一審被告らの行為は不正競争行為に該当するが、一審被告Yによる不正競争行為

は認められないなどとして、一審被告Yに対する請求の全部、一審被告アザレプロダクツに対する損害賠償請求の一部、一審被告共和化粧品工業株式会社（以下、「一審被告共和化粧品」という）に対する廃棄請求および損害賠償請求の一部をそれぞれ棄却し、その余の請求を認容した。

そこで、一審原告、一審被告ら（一審被告Yを除く）がそれぞれ各敗訴部分について控訴を提起し、一審原告は、当審において、一審被告Y、同アザレプロダクツおよび同共和化粧品に対する損害賠償請求について請求を拡張したものである。

【争点】

本件各表示は一審原告の商品等表示としてのみ需要者の間に広く認識されているか。

【判旨】

1　「アザレ化粧品の販売事業は、一審原告を総発売元、一審被告共和化粧品、同アザレプロダクツを製造元として、全国各地に展開される本舗、販売店に商品を供給し、それら本舗等による販売活動等を通じて、次第に消費者の信頼を得て発展していったものということができる。このアザレ化粧品については、本舗等に属する販売員による訪問販売方式が採用されており、本件各表示が付されたアザレ化粧品の外箱あるいは瓶底のシール等には、発売元として『株式会社アザレインターナショナル』、製造元として『アザレプロダクツ株式会社（その設立前は共和化粧品工業株式会社）』と表示され、また、各本舗のほとんどは、その商号に『アザレ』の語を用い、パンフレットなど様々な形でアザレの名称等を用いて、消費者に対する販売活動を行っていたものであって、一審原告、一審被告アザレプロダクツ（その設立前は一審被告共和化粧品）及び各本舗等は、アザレ化粧品の販売普及という共通の目的の下に、発売元、製造元及び販売店として、それぞれの役割を分担し合いながら結合した一つのグループを形成し、対外的にもそのような結合関係にあることを表示していたものとみるのが相当である。このことは、前記認定のとおり、一審原告自身も、アザレリポートやパンフレットにおいて、一審被告アザレプロダクツ及び各本舗等を含めて『アザレグループ』と表示していたことからも明らかである。

そして、消費者にとってみれば、アザレ化粧品は、そのようなアザレグルー

プが提供する化粧品であり、『アザレ』の表示は、上記グループ全体の営業あるいは商品を示すものとして認識されていたものとみるのが自然であって、本件各表示は、そのようなグループ共通の商品等表示として、消費者の信頼を獲得し、周知になっていったものと認めるのが相当である」。

2　「一審原告は、アザレグループの組織内における中心的な役割を果たしており、対内的にも対外的にも、アザレグループの中核的な企業として認識され、グループ全体の発展に貢献してきたものであることは明らかである」。

3　「一審被告アザレプロダクツも、同共和化粧品のアザレ化粧品製造部門を引き継いで、アザレ化粧品の製造を一手に引き受け、主体的に製品の開発、製造に関わる重要な役割を果たしてきたものであり、対内的にも対外的にも、一審原告と並んでアザレグループの中核的な企業として認識され、グループ全体の発展に貢献してきたものということができる」。

4　「一審原告と一審被告アザレプロダクツ（その設立前は一審被告共和化粧品）は、いずれもアザレグループにおいて、組織的にはアザレ化粧品の発売部門と製造部門をそれぞれが分担し合う形でその役割を果たし、対内的・対外的にともにグループの中核的な企業として認識され、それぞれの立場でグループ全体の発展に貢献してきたものであって、このような一つのグループ内において、ともに組織的かつ対外的に中核的な地位を占めてきた一審原告と一審被告アザレプロダクツが袂を分かち、傘下の各本舗等を含めてグループ組織が分裂することとなった場合には、そのアザレグループの商品等表示として周知となっていた本件各表示については、それらグループの中核的企業であった一審原告及び一審被告アザレプロダクツのいずれもが、グループ分裂後も、その商品等表示の帰属主体となり得るものと解するのが相当であるから（もっとも、そのような場合の取扱いについて予め企業間に特段の合意が存在する場合は、その合意の内容に従うことは当然であるが、本件においては、そのような特段の合意の存在は認められない。）、一審原告と一審被告アザレプロダクツとの間においては、その商品等表示、すなわち本件各表示は、互いに不正競争防止法2条1項1号所定の『他人の』商品等表示には当たらないというべきであり、グループ分裂後にその商品等表示を使用することについて、互いにこれを不正競争行為ということはできないと解すべきである。

なぜなら、不正競争防止法2条1項1号の規定は、他人の周知な商品等表示と同一又は類似する表示を使用して需要者を混同させることにより、当該表示に化体した他人の信用にただのりして顧客を獲得する行為を、不正競争行為として禁止し、もって公正な競業秩序の維持、形成を図ろうとするものであるところ、本件のように、販売部門と製造部門を分担し合い、ともにグループの中核的企業として本件各表示の周知性の獲得に貢献してきた一審原告と一審被告アザレプロダクツは、いずれもが当該表示により形成された信用の主体として認識される者であり、グループの分裂によっても、それぞれに帰属していた本件各表示による信用が失われることになるわけではなく、互いに他人の信用にただのりするものとはいえないからである」。

5 「一審被告アザレプロダクツが本件各表示の付された被告製品を製造販売する行為は、不正競争防止法2条1項1号所定の不正競争行為に該当するものではなく、また、一審被告アザレプロダクツの傘下に属して、アザレの商号を使用し、同一審被告の製造する本件各表示の付された被告製品を販売する一審被告アザレ東京、同アザレアルファ、同アザレウイング、同アザレ武蔵野の行為も、同号所定の不正競争行為に該当しないというべきである。また、前記認定した事実からすれば、一審被告共和化粧品及び同Yは、いずれも自らの業務として本件各表示の付された被告製品の製造販売を行っているものではないから、同一審被告らについて不正競争防止法2条1項1号所定の不正競争行為が成立するとは認められないし、一審被告アザレプロダクツの被告製品の製造販売行為は不正競争行為に該当するものではないから、これが不正競争行為に当たることを前提に、一審被告共和化粧品及び同Yについて共同不法行為の成立をいう一審原告の主張も理由がない」。

【コメント】

本件は、企業グループが使用してきた周知の商品等表示について、グループの分裂後に、商品等表示の帰属主体が争われた事案である。

原審は、2条1項1号によって「保護される『他人』とは、自らの判断と責任において主体的に、当該表示の付された商品を市場における流通に置き、あるいは営業行為を行うなどの活動を通じて、需要者の間において、当該表示に化体された信用の主体として認識される者が、これに当たるものと解するのが

相当である」としたうえで、一審原告と一審被告アザレプロダクツの間の契約はOEM契約であり、一審原告と各本舗の間の契約については販売代理店契約であるとし、2条1項1号の「他人」として保護されるのは一審原告のみであると判断した。

これに対し、控訴審である本判決は、一審原告と一審被告アザレプロダクツが、アザレグループ内において、ともに組織的かつ対外的に中核的な地位を占めてきたことを認定したうえで、「いずれもが当該表示により形成された信用の主体として認識される者であり、グループの分裂によっても、それぞれに帰属していた本件各表示による信用が失われることになるわけではなく、互いに他人の信用にただのりするものとはいえない」という理由から、その「いずれもが、グループ分裂後も、その商品等表示の帰属主体となり得る」と判断した。本件については、グループの分裂までの寄与度により商品等表示の主体性を判断したものと考えられる（小野編・新注解（上）246頁）。

本件は、グループ内の製造部門と販売部門の各会社について、グループ分裂後も、その双方の会社に商品等表示の帰属主体性を認め、両者間においては不正競争行為にならないとした点に大きな特色がある。

なお、一審原告は、アザレグループ内の一審被告ら以外の者らに対して、本件とは別に、大阪地方裁判所へ訴え提起していたが、第一審（大阪地判H15・5・1裁判所HP)、控訴審（大阪高判H17・6・21裁判所HP）ともに、商品等表示の帰属主体について、本件と同様の判断がなされている。

本件のように、商品の製造と販売の担当業者が分かれているような場合において、商品等表示の帰属主体が問題となった裁判例としては、「麗姿事件」（東京地判H12・10・31判タ1073号207頁・判時1750号143頁（控訴審：東京高判H13・5・15裁判所HP））、「撃GEKI饅頭事件」（知財高判H17・9・15裁判所HP（第一審：東京地判H16・12・15判タ1213号300頁・判時1928号126頁））、「常温快冷枕ゆーみん事件」（東京地判H23・7・20裁判所HP）、「FUKI事件」（東京地判H26・1・20裁判所HP）などがある。

（渡辺充博）

アザレ東京事件(控訴審)

表示目録1

表示目録2

アザレ

表示目録3

AZARE

▶判例コメント・28

【事件名】　マンホール用足掛具形態模倣事件
【判決裁判所】　東京地方裁判所（平成15年㈥第17358号）
【判決年月日】　平成17年5月24日
【出典】　判時1933号107頁、判タ1196号294頁
【不正競争行為】　2条1項1号・3号
【請求内容】　損害賠償、被告商品の販売差止め等
【結論】　請求棄却

【事案の概要】

　原告株式会社ハネックス（原告ハネックス）は、ユニホール（組立マンホール）および新製品に関連する技術の調査研究等の事業を行う全国ユニホール工業会（ユニホール工業会）を昭和58年10月に設立した。原告ハネックスは、ユニホール工業会の唯一の特別会員であり、原告三山工業株式会社（原告三山）は賛助会員である。

　原告らは、ユニホール工業会向けの商品として原告商品を共同で開発し、原告三山は、ユニホール工業会の承認を取り、平成12年5月9日から原告商品を製造販売している。

　被告株式会社本宏製作所（被告本宏）は、イ号物件を製造販売し、被告株式会社フレックスシステム（被告フレックス）はイ号物件を販売していたが、原告三山が平成14年12月6日にイ号物件の製造販売差止めの仮処分を申請し、被告らは平成15年1月15日をもってイ号物件の製造販売を中止した。

　被告らは、平成15年1月16日以降、ロ号物件（イ号物件と併せて「被告製品」という）に変更して、製造販売している。

　本件は、原告らが被告らに対し、原告商品を模倣する被告製品の製造販売行為が2条1項3号の不正競争行為に該当するとして、4条に基づき損害賠償請求をするとともに、原告商品の形態が2条1項1号の商品等表示に当たり、これと類似する被告製品の製造販売行為が同号の不正競争行為に該当するとして、3条に基づき損害賠償を請求した事案である。

【争点】

2条1項1号・3号該当性

【判旨】

1 原告商品と被告製品の対比

裁判所は、原告商品および被告製品の基本的形態および具体的形態（足踏部、側部、脚部、寸法）を認定したうえで、原告商品と被告製品を対比し、一致点と次のような相違点を認定した。

(1) 原告商品と被告製品の足踏部における相違点

原告商品と被告製品の足踏部における相違点は次のとおりである。

① 原告商品の足踏部の上面滑止め用の凸部は、X字形と「ユニホール」の文字であるが、被告製品の凸部は、逆V字およびV字様の図形を組み合わせた模様が形成されている。

② 原告商品の足踏部の内側面には波形で中央が中高の握り部が9個形成されているが、被告製品の足踏部の内側面の中央に波形の握り部が1つだけ形成されている。

③ 原告商品には、足踏部の両端部の合成樹脂層の内周面側を除いた外周に平面視扇形状の赤色透明樹脂製反射体（外面に2つのX字形の凸部がある）が取り付けられているが、被告製品には、足踏部の両端部の合成樹脂層の上面および下面には、表面から突出する菱形の枠部が形成され、この枠部内には菱形の赤色透明樹脂製の反射体が埋め込んで取り付けられている。

④ 原告商品の足踏部の中央の厚さは、両側に比べて薄くなっているが、被告製品は等厚である。

⑤ 原告商品の足踏部の外面および内面は、厚さ方向の中央部が長手方向に膨出しているが、被告製品の足踏部の外面は平坦である。

(2) 原告商品と被告製品の側部における相違点

原告商品と被告製品の側部における相違点は次のとおりである。

① 原告商品の側部の正面視左右には、「Miyama」とそのマークが二段に横書きされているのに対し、被告製品の側部の正面視左側には、「FLEX」、「SYS」と二段に横書きされている。

② 原告商品の側部は断面角形状であるのに対し、被告製品の側部は断面円

形状である。

(3) 脚部の形態

脚部の形態について、原告商品とイ号物件の形態は一致するとされたのに対し、原告商品とロ号商品の形態については3つの相違点が認定された。

2　2条1項3号該当性

(1) イ号物件について

まず、原告商品とイ号物件の一致点について、基本的形態（「全体にU字形の芯金に黄色の合成樹脂層を被覆することにより、足踏部とその両側に位置する側部とマンホール壁内に挿入される脚部とを有する足掛具」という形態）が同一であり、脚部および寸法は、ほぼ原告商品と同一であるとしたが、「この基本的形態は、原告三山や被告らの他の製品及び他社の製品にも使用されており……、マンホール用足掛具の基本的な構造であるといえるから、『同種の製品が通常有する形態』ということができる。そして、寸法については、商品の形態を直接形成するものではないから、模倣の有無の判断に際しては、参考となるにすぎない」とした。

次に、原告商品とイ号物件の相違点については、足踏部および側部に関する相違点のうち、足踏部における相違点④および⑤は、「注意深く比較検討しないと気が付かない程度の相違であって、形態の比較において大きな影響を与える相違点ではない」とした。しかし、足踏部における上面滑止め用凸部、握り部および反射体の相違（足踏部における相違点①ないし③）並びに側部の相違については、「容易に目に留まり、商品の全体の半分以上の割合を占める部位にわたる差異であり、形態に大きく影響を与える顕著な相違ということができる。そして、これらの相違点を考慮すると、イ号物件は、原告商品と同一であるといえないのみならず、実質的に同一であるということもできない」とした。

さらに、裁判所は、イ号物件の脚部の形態が、原告商品の脚部とほぼ同一である点について、次のような判断を示した。

「不正競争防止法2条1項3号は、『他人の商品……の形態……を模倣した商品を譲渡し、貸し渡し、譲渡若しくは貸渡しのために展示し、輸出し、若しくは輸入する行為』を不正競争行為と規定しているのであるから、同号にいう

『商品』とは、『譲渡し、貸し渡し、譲渡若しくは貸渡しのために展示し、輸出し、若しくは輸入する』対象となるものであること、すなわち、それ自体独立して譲渡、貸渡し等の対象となるものであることが必要である。したがって、商品の形態の一部分については、それ自体独立して譲渡、貸渡し等の対象となる部品である場合には、その部品の形態は『商品の形態』であるといえるが、商品の形態の一部分が、独立した譲渡、貸渡し等の対象でなく、販売の単位となる商品の一部分を構成しているにすぎない場合には、当該一部分に商品の形態の特徴があって、その模倣が全体としての『商品の形態』の模倣と評価し得るなど特段の事情がない限り、原則として、その一部分の形態をもって『商品の形態』ということはできない。そして、本件では、脚部は、原告商品ないし被告製品から取り外すことができず、独立して譲渡、貸渡し等の対象となる部品ではなく、販売の単位となる商品の一部分を構成しているにすぎない上、上記特段の事情を認めるに足りないから、脚部の形態をもって、同法2条1項3号にいう『商品の形態』ということはできない」。

そして、原告商品とイ号物件には足踏部および側部において顕著な相違点が認められるから、イ号物件は、原告商品の形態を模倣した商品ではない、と結論づけた。

(2) **ロ号物件について**

裁判所は、ロ号物件について、イ号物件との相違点に加え、さらに脚部においても原告商品との相違点を生じるものであるから、イ号物件が原告商品の形態を模倣した商品であるといえない以上、ロ号物件も原告商品の形態を模倣した商品であるということはできないとした。

2　2条1項1号該当性

(1) **商品形態の商品等表示性について**

裁判所は、商品の形態が特定の出所を表示する二次的意味を有するに至り、2条1項1号の「商品等表示」に該当する場合があるとしたうえで、そのための要件として、「①商品の形態が客観的に他の同種商品とは異なる顕著な特徴を有しており（特別顕著性）、かつ、②その形態が特定の事業者によって長期間独占的に使用され、又は極めて強力な宣伝広告や爆発的な販売実績等により（周知性）、需要者においてその形態を有する商品が特定の事業者の出所を表示

するものとして周知になっていることを要すると解するのが相当である」とした。

　もっとも、技術的機能および効能を実現するための形態を「商品等表示」として保護することについては、「商品の形態が商品の技術的な機能及び効用を実現するため他の形態を選択する余地のない不可避な構成に由来するときは、結果的に、特許権等工業所有権制度によることなく、永久にその形態によって実現されるのと同一の機能及び効用を奏する同種の商品の販売が禁じられ、第三者の市場への参入を阻害し、これを特定の事業者に独占させることにな」り、商品の技術的な機能および効用に由来することの一事をもって「商品等表示」該当性を否定できないが、「商品の形態が商品の技術的な機能及び効用に由来する場合には、商品の形態が客観的に他の同種商品とは異なる顕著な特徴を有していることは稀であり、同種商品の中でありふれた形態であることが多いと思われ、このような場合には、結局、前記①の要件を欠き商品の形態自体が特定の出所を表示する二次的意味を有するには至らず、『商品等表示』に該当しないことに帰する。これに対し、当該形態が商品の技術的な機能及び効用を実現するため他の形態を選択する余地のない不可避な構成に由来する場合には、これを工業所有権制度によることなく永久に特定の事業者に独占させることは相当ではないから、上記『商品等表示』として保護することはできないと解するのが相当である」とした。

(2) あてはめ

　裁判所は、まず、原告の主張する商品等表示（本件商品等表示）の形態は、もともと特許発明の樹脂カラーを筒状部としたこと等により、止水パッキンによって水密を確実に保持し、コスト安の水密で強固な足掛具取付装置となるという機能および効用を有する形態であるとして、技術的な機能および効用に由来する形態であるといえる、とした。

　もっとも、「原告商品の脚部は、商品の技術的な機能及び効用を実現するため他の形態を選択する余地のない不可避な構成に由来するとまではいえないから、それだけで商品等表示性が排斥されるわけではない」としながら、「原告らが主張する本件商品等表示の形態は、それぞれの部分について、被告らの製品及び他社製品において従来から存在するありふれたものであり、客観的に他

の同種商品とは異なる顕著な特徴を有しているとはいえない」として、「商品等表示」に該当するということはできない、とした。

【コメント】
　本判決では２条１項３号と１号の該当性が争われたが、特に、商品の一部分の形態についての２条１項３号該当性の判断を示した点に特徴がある。
　すなわち、本判決は、まず、２条１項３号の文言から、「商品」とは「譲渡」等の対象となるものであることを前提とし、①商品形態の一部分については、それ自体が独立して譲渡、貸渡し等の対象とならず、販売の単位となる商品の一部分を構成しているにすぎない場合は、原則として、「商品の形態」に該当しないとしたうえで、②当該一部分に商品の形態の特徴があって、その模倣が全体としての「商品の形態」の模倣と評価し得るなどの特段の事情の有無を判断すべき、とした。
　②の点については、商品形態の一部分に特徴があり、その模倣が全体としての「商品の形態」の模倣と評価しうる場合とはどのような場合を指すのか、判然としない。全体としての商品の形態の模倣と評価できる場合は、そもそも、一般的な事例での商品全体の形態の模倣の場合と同じではないのか、商品形態の一部に特徴があり、当該特徴が共通していても、その他の部分に大きな相違があるのであれば「模倣」に該当しないのではないか、との疑問が残る。
　本判決を前提とすると、商品形態の一部分の模倣行為について２条１項３号に基づく主張が認められることは、かなりハードルが高いと思われる。商品形態の一部分のみの模倣を防止したいのであれば、部分意匠として意匠登録を受けておくべきである。

（面谷和範）

判例コメント・28

原告商品

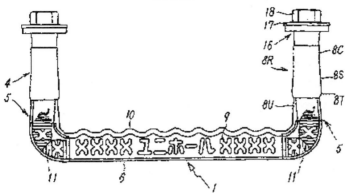

イ号物件

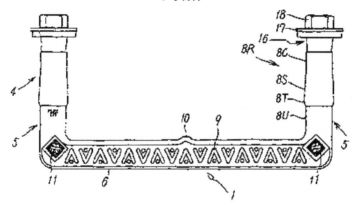

ロ号物件

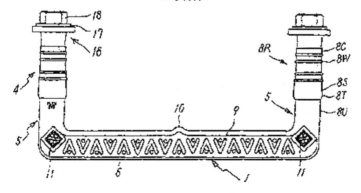

▶判例コメント・29

【事件名】 自動車用コーティング剤事件
【判決裁判所】 知的財産高等裁判所（平成17年(ネ)第10029号、平成17年(ネ)第10034号）
　　　　　　　原審：東京地方裁判所（平成14年(ワ)第15939号）
【判決年月日】 平成17年8月10日
　　　　　　　原審：平成16年9月15日
【出典】 裁判所HP
　　　　原審：裁判所HP
【不正競争行為】 2条1項14号
【請求内容】 広告等への表示記載の差止め、ウェブページからの表示の削除、カタログの廃棄、商品の譲渡等差止め、謝罪広告、損害賠償
【結論】 請求棄却
　　　　原審：広告等への表示記載差止請求一部認容、ウェブページからの表示の削除認容、損害賠償請求一部認容

【事案の概要】

　Yは、輸入販売する自動車用コーティング剤（以下、「Y商品」という）の販促用カタログ、パンフレット、小冊子に、①自動車の塗装面にテフロン被膜が形成されることを示す表示（以下、「①表示」という）、②5年間、新車時の塗装の輝きが維持されるものであることを示した表示（以下、「②表示」という）を記載していた。

　また、Yは、Y商品についてのウェブページに②表示を記載していた。

　これに対して、自動車用ワックスの製造・販売を業とするXが品質誤認表示にあたるとして、差止め・損害賠償等の請求をした。

　原審では、①表示については、自動車塗装面のテフロン被膜形成がされないとの原告の主張を認めることはできないと判断したが、②表示について、被告商品には、新車時の塗装の光沢度を5年間維持する効果はないと認め、原告の請求を一部認容した。

　これに対し、Yが控訴するとともに、Xは損害賠償請求について附帯控訴し

た（原審認容額1000万円、附帯控訴請求1億1000万円）。

【表示】

① 表示　「CPCペイントシーラントは、テフロンの複合材により車の塗装表面に透明な保護被膜を形成します。」「テフロンの被膜はフライパンの表面のようにツルツルしており……」「確実な施工によるテフロン被膜は水洗いなどで長期間落ちることが無く……」

② 表示　「新車時施工　輝きを！　5年間保証」「……オリジナルペイントの輝きをいつまでも維持させる『5年間完全ノーワックス』という夢を実現したのです。」「CPCペイントシーラントは、新車の塗装面を保護し、定期的な水洗いだけでその輝きを5年間保証するというボディケアシステムです。」等。

【争点】

1　本件各表示は、被告商品の品質および内容を誤認させる表示といえるか。
2　損害額の算定

【原審判旨】

1　争点1——品質誤認表示について

(1) ①表示（テフロン被膜形成）について

Xは、テフロンの成形加工・溶解には、高温条件が必要であるところ、Y商品は常温の下で施工されるから、テフロン被膜の形成は不可能である旨主張したが、裁判所は、証拠から「被告商品には、常温処理が可能な種類のテフロンが用いられている」と認定し、「被告商品の通常の施工によるテフロン被膜の形成が不可能であることを根拠として、被告商品の品質及び内容を誤認させる表示を使用したとの原告の主張は採用できない」と判断した。

また、Xは、Y商品中のテフロン素材の含有量は、全体の約0.5重量％にすぎず、テフロン自体は微粒子状のまま溶剤と溶解されていない状態にあるので、塗装面と緊密に結合したテフロン被膜が形成されることはない旨主張したが、裁判所は、ＸＹ双方から提出された証拠（各種の科学的分析結果）を比較検討し、「自動車塗装面のテフロン被膜形成がされないとの原告の主張を認めることはできず、他に、これを認めるに足りる証拠はない」と判示した。

(2) ②表示（光沢度5年間維持）について

　Y商品に新車時の塗装の光沢度を5年間維持するとの効果がないか否かについて、XY双方から多数の耐候性試験結果が提出され、その試験結果の正確性ないし信用性が争われた。

　裁判所は、Xから提出されたJIS耐候性試験（照射1050時間（当初の光沢度の数値の2分の1以下））、ASTM　G-53耐候性試験（照射1000時間（当初の光沢度の数値の2分の1以下））を採用し、Yから提出したASTM　G-53光沢度調査結果（照射1000時間経過（光沢度の低下が10％程度））については、「被告が、従前使用していた被告商品のパンフレット（甲17）に記載したデータとの関連が不明である点に疑問が残り、また、光沢度10パーセントの低下をもって当初の輝きを維持しているとする点でも疑問が残る」と判示したうえ、Y商品には「新車時の塗装の光沢度を5年間維持する効果はないと認められ、これを覆すに足りる証拠はない」と判示した。

　そして、②表示は、被告商品の施工により、新車時の塗装面の光沢が5年間維持されることを示すものであるから、いずれも、被告商品の品質や内容を誤認させるおそれがある表示と認められる旨、判示した。

2　争点2——損害額算定について

(1) 5条2項の適用

　Yは、原告の売上の推移、自動車用品全体の販売数量の減少、被告商品であるコーティング剤と原告商品である自動車ワックスの違いなどから、5条2項の適用はない（Y商品の販売によって、X商品の販売額が減少するという関係にないので、被告の利益を損害とする推定は妥当しない）旨、主張した。

　これに対して、裁判所は、「本件不正競争行為に係る各表示は、5年間という具体的な期間を示し、その間光沢度を維持させる表記がされ、被告商品の品質や内容を、消費者をして誤認させるおそれがある表示であるから、これらの表示を信じた消費者が被告商品を選択し、これにより、原告商品の購入を差し控えるという関係が成り立ち得る。原告の営業と被告の営業との間には、被告が受けた利益を原告の損害額と推定することを規定した不正競争防止法5条2項の適用を肯定するに足りる相互の関係が存在するということができる」と判示した。

(2) 具体的相関関係の考慮

　裁判所は、上記のとおり5条2項の適用を一応認めたうえ、Y商品の販売数量の増加とワックスの販売数量の低下との間の具体的相関関係を考慮して、次のように判示した。

　「①被告商品は、ワックスがけ等の作業を回避しつつ自動車の塗装面の光沢を維持したいと考える消費者の需要を開拓したという側面があること（弁論の全趣旨）、②被告商品は、テフロン被膜を形成することによって塗装面の保護を図るという点で、原告商品等の自動車用ワックスとは、商品の性質に相違点が存すること、③被告商品には、テフロン被膜の形成という点に特徴があるが、この点に関する限り、品質及び内容を誤認させる表示はなく、本件不正競争行為に係る表示が、被告商品の広告や取引書類に使用されている表現全体に占める割合は、それほど高くはないこと、④原告の売上高は、経年的にそれほど大きな変動がなく推移していること（乙23、24、52）等の事実が認められ、これらの事実経緯を総合すると、本件不正競争行為による被告商品の販売数量の増加と原告商品等自動車用ワックスの販売数量の低下との間には、さほど大きな相関関係が成り立つと解することはできない。

　そうすると、本件不正競争行為によって原告が受けた損害額の算定に当たっては、被告の利益の額を基礎として、これに原告商品の自動車用ワックス全体の販売額に対する占有率を乗じ、さらに、前記諸事情を総合考慮して、2パーセントの割合を乗じた金額とするのが相当である」。

【控訴審判旨】

　控訴審では、主に、Y商品に新車時の塗装の光沢度を5年間維持するとの効果がないか否かが問題となり、XY双方から新たな耐候性試験結果が提出されるとともに、Yから、施工から5年以上経過した実車の光沢度測定結果も提出された。

　裁判所は、「耐候性試験は、試験方法、試験条件、試験片の調整などによる影響を受けやすいものであり、まして、本件においては、一方において、被告商品を施工したものの光沢度保持率が91.9％であることを示す乙148試験の結果があり、また、実際に被告商品を施工した5年経過後の複数の車両の平均光沢度が、93.7％、96.1％という高い数値を維持していることを示す測定結果

（乙127等報告）もあることなどに照らすと、被控訴人が援用する前記の各耐候性試験の結果に依拠して、被告商品には新車時の塗装面の光沢度を5年間持続する効果がないとまで的確に認定することはできないといわざるを得ない。そして、本件各表示における『新車の輝き』が持続しているかどうかということ自体が、多分に見る者の主観によるところが大きく、ある程度の幅を持つものであることをも考え併せると、本件全証拠をもってしても、未だ本件各表示における『新車時の塗装の輝きが5年間維持される』との表示が虚偽であり、その表示が需要者等に被告商品の品質及び内容を誤認させるものであると認めることはできない」と判示して、原判決を取り消し、請求を棄却した。

【コメント】

1 「品質」の誤認惹起行為

　誤認させるような表示の対象として「品質」が問題となる事案では、その表示に合致する品質を有するか否かが主な争点となる。

　従来の裁判例では、「自動車補修用スプレー塗料事件」（大阪高判H13・2・8裁判所HP）ではウレタン樹脂の含有率が争点となり、「ろうそく事件」（大阪地判H16・6・1裁判所HP）では、すすの量や火を消した時のにおいの割合が争点となり、「キシリトールガム比較広告事件（第一審）」（東京地判H16・10・20裁判所HP）では、再石灰化効果の割合が争点となっている。

　このような裁判においては、科学的見地からの証拠（実験結果、鑑定書等）が提出され、実験の正当性・信用性について議論の対象となることが多い。

　本件においても、耐候性試験の結果が多数提出され、その正当性・信用性についての評価が、原審と控訴審の判断を分けたものと思われる。

2 品質誤認惹起行為における損害賠償額

(1) 14号に掲げる行為についての5条の規定

　5条1項については、14号・15号は除外されている。「産業財産権四法と類似の他人の成果冒用行為ではなく、他人の成果を冒用して商品を販売していることにより被侵害者のシェアを奪っている類型とは必ずしもいえないため対象としない」（経産省・逐条解説116頁）からである。

　また、5条3項については、14号・15号に掲げる行為では実施・使用許諾は、一般的には想定されないので、14号・15号は類型が異なるとして除外され

ている。

　これに対して、2項については、平成5年改正の際、「不正競争防止法の見直しの方向」（平成4年12月産業構造審議会知財政策部会中間答申）では、誤認惹起行為、信用毀損行為を行った者の得た「利益の額を被害者の損害の額とみなしうる場合が必ずしも多くないと考えられることから、かかる行為に対する推定規定の適用を認めることは適当ではないとされていたが、立法にあたっては、本項の規定が推定規定にとどまるものであることを考慮し、不正競争の類型すべてを対象とし、具体的な適用の可否については具体的事案における裁判所の判断に委ねる」こととされた（経産省・逐条解説119頁）。

(3) 14号に掲げる行為についての5条2項の適用

(A) 損害の発生

　14号も2項の対象になるとしても、2項が適用されるためには、損害の発生が必要である。損害の発生自体は損害賠償請求する者に主張・立証責任があり、損害発生までは推定されない。

　しかし、14号に掲げる行為の場合、その行為により特定の者に類型的に損害が発生していると捉えることは相当困難である。

　他方、損害発生の立証を厳格に要求すると、2項についてすべての不正競争行為を対象とした意味がなくなる。

　そのため、品質誤認惹起行為の損害額算定にあたり、どのような場合に2項が適用されるか、また、どのように適用すべきかについて議論がなされていた。

(B) 原審判決の位置づけ

　このような議論がなされている中、本件原審判決は、2項の適用を緩やかに認めたうえで（損害の発生を厳格に要求せず）、具体的事情による調整を行った点で注目された裁判例である。

　すなわち、当該判決は「表示を信じた消費者が被告商品を選択し、これにより、原告商品の購入を差し控えるという関係が成り立ち得る。原告の営業と被告の営業との間には、被告が受けた利益を原告の損害額と推定することを規定した不正競争防止法5条2項の適用を肯定するに足りる相互の関係が存在するということができる」として2項の適用を緩やかに認めたうえで、被告の利益

の額に、原告商品の占有率25％を乗じ、さらに具体的事情を考慮して2％を乗じている。

　その後、「電子ブレーカ事件」（知財高判H25・3・28裁判所HP）において、損害の発生の有無について、品質誤認惹起行為の内容や、その行為が販売にどのように影響するか等を含めて総合的に判断すべきとした判断がなされており、実務上参考となる（牧野利秋ほか編『知的財産訴訟実務大系Ⅱ』497頁〔小松陽一郎〕）。

（室谷和彦）

▶判例コメント・30

【事件名】 ヌーブラ事件Ⅱ
【判決裁判所】 大阪地方裁判所（平成16年(ワ)第10351号）
【判決年月日】 平成17年9月8日
【出典】 判時1927号134頁
【不正競争行為】 2条1項1号・2号・3号
【請求内容】 商品の輸入・販売の差止め、廃棄、損害賠償
【結論】 請求棄却

【事案の概要】
　米国企業が製造販売するブラジャーの日本国内における独占的販売権を認められた原告が、類似商品の輸入・販売を行う被告に対し、2条1項1号・2号・3号の不正競争行為に該当するとして、その類似商品の輸入および販売の差止め・損害賠償請求を求めた事案。

【争点】
1　（2条1項3号との関係で）原告の商品の形態が「同種の商品が通常有する形態」に当たるか。〔否定〕
2　（2条1項3号との関係で）原告の商品の形態は被告の商品形態を模倣したものか。〔否定〕
3　（2条1項1号との関係で）原告の商品形態が周知な商品表示といえるかおよび（2条1項3号との関係で）著名な商品表示といえるか。〔いずれも否定〕

【判旨】
　　1　争点1――「同種の商品が通常有する形態」
　(1)　原告商品の形態
　　　(A)　基本的形態
①独立した左右2個のカップからなるブラジャーである。
②肩ひも、横ベルト等の身体に装着する部材がない。
③2個のカップの相対する部分に両カップを連結するフロントホックが設けられている。

④左右２個のカップは、前面視でいずれも略半円形をしている。

　(B)　具体的形態

①全体に肉厚で、ブヨブヨしていて、すぐに形が崩れる軟らかい質感を有している。

②カップは、表面および裏面とも全体に肌色のシリコンを薄いビニールで包んだような半透明上の膜で覆われ、周辺部ほど肌色が薄くなり、表面には細かな皺が寄る。

③カップの裏面は、粘着層に由来する光沢がある。

(2)　原告商品の特徴

　(A)　形態上の特徴

　原告商品の基本的形態を、従来商品の基本的形態と比較検討し、いずれも従来商品の中に見られるものであるが、「従来商品は、いずれも原告商品の基本的形態の構成要素の一部を具備するにとどまり、原告商品の基本的形態の構成要素の全てを具備したものは存しない」とし、原告商品の形態上の特徴は「基本的形態において、従来商品では一部ずつ採用されていた個々の構成要素を１個の商品形態の中に併せて採用した点にある」とする。

　(B)　具体的形態と特徴

　原告商品の具体的形態も、一般的なブラジャーとは対極に位置するとし、「人間のコラーゲン質を想起させるようなブヨブヨした生々しい質感を有する点で例を見ない」もので、原告商品の形態の大きな特徴をなすとした。

(3)　カップ裏面の形態

　原告のカップ裏面に粘着層を備えていることを原告商品の形態上の特徴であるとする主張について、２条１項３号にいう「商品の形態」とは、「商品の外観の態様をいい、商品の外観として視覚的に感得されるものであることを要する」とし、「カップの裏面に粘着層を備えていることは、……粘着層の有無自体は看者によって視覚的に感得されるものではないから、それ自体を原告商品の形態の一要素として把握することはできない」が、原告商品の場合、粘着層に由来する光沢があること（上記具体的形態（B）の③）は商品の視覚的外観に何らかの形で発現している場合として商品形態の一要素として把握することができるとした。

(4) 結論

被告による、原告商品の形態は「ストラップレス・バックレス・ブラジャー」なるタイプのブラジャーにおいて機能および効用を実現するために必然的に選択される形態であるとの主張も否定し、結論として、原告商品の形態は、基本的形態及び具体的形態ともに特徴があるもので「同種の商品が通常有する形態」であるとはいえないことを認めた。

2 争点2——模倣性

(1) 要件

判決は、2条1項3号にいう「模倣」について、「当該他人の商品形態に依拠して、これと形態が同一であるか実質的に同一といえるほどに酷似した形態の商品を作り出すことを意味し、商品形態が実質的に同一であるといえるためには、商品の基本的形態のみならず具体的形態においても実質的に同一であること」が必要としている。

(2) 本件についてのあてはめ

原告商品の形態と被告商品の形態とを比較すると、両者は、基本的形態とカップの裏面の具体的形態において共通するが、カップの質感や艶といった具体的形態において相違があるとし、原告商品の形態の特徴として、基本的形態のほか、「その具体的形態において、カップ表面が布地様で、レースや柄模様で装飾的な形態を追求する一般的なブラジャーとは対極的に、人間のコラーゲン質を想起させるようなブヨブヨした生々しい質感を有する点にもあるところ、被告商品は、その具体的形態に起因して、原告商品のようなブヨブヨした生々しさを感じさせず、ラバー製品のような艶のある硬い質感を感じさせる点で形態的印象を異にしている」と認定した。

そして、このような質感の相違は、いずれも材質等を工夫することにより、①原告商品に比べて被告商品では重量を軽量化したこと、②実際に装着した際の乳房の形状を補正する機能の点において、原告商品ではカップが軟らかいために形が崩れてしまうのに対し、被告商品ではカップを硬くして形が崩れることなく保持されるようにしたことに由来するものとし、上記①や②の相違点は「ブラジャーの機能上重要なものといえるから、上記材質等の工夫により質感の相違をもたらしたことが無用な形態上の改変であるということはできない。

そうすると、原告商品と被告商品の各具体的形態における前記相違は、その基本的形態が同一であることを考慮しても、この相違が微細な差異にすぎないとはいい難く、両商品の形態が実質的に同一であるとまではいえない」として、2条1項3号に基づく主張を理由がないと判断した。

3　争点3——周知商品表示性・著名商品表示性

(1) 周知性・著名性の獲得について

「商品の形態も、それが他の同種の商品と識別し得る顕著な特徴を有するものである場合には、商品の出所を表示する商品表示として機能し得る」とし、原告商品には「形態的特徴があるから、その商品形態は商品表示として機能し得る適格を有するもの」とした。

原告商品は、日本国内での販売開始後、テレビ番組で紹介されるなどして原告商品は短期間に集中的に需要者の間に浸透していった事実を認め、原告商品の形態が原告の周知な商品表示となったとの原告の主張にも理解を示しながら、「原告商品が日本で販売され、話題になっていったころから、類似品が出回り始め、原告商品の最盛期」に類似品も増加し、並行輸入品も出回るようになり、その後、それらの売上量の方が原告商品の売上量を上回る状態であったことから、「原告商品の形態は、原告の出所を示す商品表示としての周知性を獲得するより前に、多数の類似品及び並行輸入品が出回ったことにより、商品形態のみで原告の出所を識別するだけの周知性を獲得するには至らなかったと認めるのが相当」と結論づけた。

(2) 補　足

なお、①原告商品は低価格の類似品が出回る中でもそれを寄せ付けないだけの高機能が支持されてヒットを続けているとの記事の存在は、商品形態自体によって原告の出所が識別されていることを裏づけるものとはいえないとし、②テレビ番組で、一般消費者から、話題のシリコン製ブラジャーが安価だというので購入したところ品質が悪かったという苦情が寄せられたことについて、多数の類似品および並行輸入品の存在を前提とすれば、原告商品の商品形態が原告の出所を識別するだけの周知性を獲得するに至らなかったとの結論を左右しないとしている。

【コメント】

本判決は、平成17年改正法施行前の状況における判断である。

1 不可欠な形態

平成17年改正法により、2条1項3号に括弧書で「当該商品の機能を確保するために不可欠な形態を除く」との要件が規定された。

その趣旨は、特定の形態をとらない限り、商品として成立し得ず、市場に参入することができないものについては、特定の者の独占的利用に適さないもので、その模倣は競争上不正とはいえないからとされている（経産省・逐条解説67頁）。

平成17年改正以前は、「当該他人の商品と同種の商品（同種の商品がない場合にあっては、当該他人の商品とその機能及び効用が同一又は類似の商品）が通常有する形態を除く」と規定されていた。その趣旨は、①当該他人の商品と同種商品・類似商品の分野において一般的な形態、②同種商品・類似商品の機能、効用を発揮するためにその形態を取ることが避けられないような商品形態について、何人も自由に利用できる技術、形態として、特定の者に独占させないことが、技術社会の進歩のため適当であるため、2条1項3号の保護の対象外とすることにあった。

原告商品については、従来の製品とは大きく異なる特徴的なものといえ、「同種の商品が通常有する形態」であるとはいえないとした判決の認定は正当と考える。

2 形態模倣性

本判決では、カップの質感や艶といった具体的形態において相違があるとし、これらの質感の相違は「ブラジャーの機能上重要なもの」で、「材質等の工夫により質感の相違をもたらしたことが無用な形態上の改変」ではないとして、実質的同一性を否定している。

平成17年改正法で、2条4項において「商品の形態」についての明確な定義規定が置かれ、「質感」も「商品の形態」の構成要素となることが明示された。

「質感」とは、その材料が本来持っている性質の違いから受ける印象や触感をいうとされている（経産省・逐条解説38頁）。

同改正は、従来の判例の蓄積等を踏まえて文言を明確化したものとされているが、明文規定のない状況下で、「質感」のみの違いでも模倣性が否定される

ことを示した点に意義が認められる。

3　周知性

周知性・著名性について、結論としては、本判決では否定されている。

「原告商品の形態は、原告の出所を示す商品表示としての周知性を獲得するより前に」との表現から、周知性獲得のためには一定の期間を要することが前提とされているものと考えられる。本判決では、商品が話題になるなどして周知性を獲得する期間までに「類似商品」、同一商品が多数存在することで「周知性」が否定される可能性を認めている。

4　その他の論点

仮に本件で不正競争行為の存在が認められるとしても、なお独占的販売権者が請求権者となるかについて問題となる（**判例コメント24**＝ヌーブラ事件Ｉは同種の製品について独占的販売権者の保護を肯定している）。

ちなみに、本判決は、原告から控訴されているが（大阪高判H18・4・19裁判所HP）、結論として控訴棄却となっている。

（山口　崇）

原告商品　　　　　　　　　　被告商品

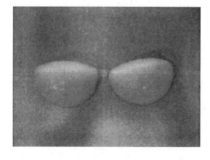

▶判例コメント・31

【事件名】　動く手すり事件（第一審）
【判決裁判所】　東京地方裁判所（平成16年(ワ)第13248号）
　　　　　　　控訴審：知的財産高等裁判所（平成18年(ネ)第10005号）
【判決年月日】　平成17年12月13日
　　　　　　　控訴審：平成18年6月26日
【出典】　判タ1226号318頁、判時1944号139頁
　　　　　控訴審：裁判所HP
【不正競争行為】　2条1項15号
【請求内容】　告知・流布行為の差止め、損害賠償、謝罪広告
【結論】　一部認容

【事案の概要】

　香港法人A（以下、「A」という）は、発明の名称「動く手すり」とする特許権（以下、「本件特許権」という）の特許権者であり、本件特許発明の実施品であるエスカレーター用広告製品（以下、「被告製品」という）を製造していた。そして、被告は、Aの日本における総代理店として、わが国において被告製品を独占的に販売していた。原告は、ハンドレール用広告フィルム（以下、「原告製品」という）を輸入販売し、エスカレーター等のハンドレールに設置する業務を行う者であり、被告とは競争関係にある。

　Aは、複数回にわたり、原告の複数の取引先に対し、「原告製品及びその適用の仕方が、本件特許権に包含されるさまざまな請求項と一致する可能性があり、その違反になるというのが弊社の意見である」、「貴殿が貴社のウェブサイト上で示しておられた広告方法によって、貴社は無意識のうちに、弊社の特許を侵害したことになるものと考えられます。貴社の広告は、日本において弊社が認定したライセンシー……を通しておりません」等といった内容を記載した文書を送付した。そして、被告も、これと同時期に、原告の取引先に対し、「当社は、Aの日本における総代理店として、同社が保有する特許権（特許番号第2813608号）に基づく『エスカレーターハンドレールアドバタイジング』の

独占的販売権を有しています。貴社は、現在、E社の『Eエスカレーターハンドレールアドバタイジング』の販売を行なっていますが、同商品は、『エスカレーターハンドレールアドバタイジング』と構造を同じくしており、上記特許権を侵害するおそれがあります。つきましては、本書面到着後7日以内に、文書をもって、貴社商品が、上記特許権を侵害しないことを明らかにされるよう要求します」旨の文書(以下、「被告文書」という)を送付した。

そこで、原告は、原告の行為は本件特許権を侵害しないことを理由として、被告に対し、被告が本件特許権の専用実施権または通常実施権に基づく差止請求権等を有しないことの確認を求めるとともに、被告が原告の得意先に対し被告文書を送付した行為が2条1項15号に該当する不正競争行為であると主張して、告知・流布行為の差止め、損害賠償および謝罪広告を求めた(本稿では被告とAの共同不法行為の成否に関する論点は割愛する。なお、Aは本訴訟の共同被告であったが、Aに対する事件の弁論は分離され、別訴において判決がなされている)。

【争点】
1 不正競争行為(営業誹謗)の成否
2 損害額
3 謝罪広告の要否

【判旨】
1 争点1——不正競争行為(営業誹謗)の成否について

裁判所は、本件特許権に基づく差止請求権等の不存在確認請求に関し、本件特許権は10の請求項からなるところ、原告製品は本件各特許発明のいずれの技術的範囲にも属しない(なお、7の請求項に係る各特許発明につき技術的範囲に属しないことには争いがない)との判断を示したうえで、被告行為が2条1項15号の不正競争行為に当たるかについて判断した。

まず、「原告製品又は原告ハンドレールが本件特許権を侵害するものである若しくは侵害するおそれがある旨の被告文書の告知内容は、虚偽といわざるを得ない」と述べ、15号の構成要件に該当することを明らかにしたうえで、次に違法性を阻却するか否かを検討した。その判断枠組みについて、「もっとも、このような場合であっても、特許権者等による告知行為が、告知した相手方自

身に対する特許権の正当な権利行使の一環としてなされたものであると認められる場合には、違法性が阻却されると解するのが相当である。他方、その告知行為が特許権者の権利行使の一環としての外形をとりながらも、競業者の信用を毀損して特許権者が市場において優位に立つことを目的とし、内容ないし態様において社会通念上著しく不相当であるなど、権利行使の範囲を逸脱するものと認められる場合には違法性は阻却されず、不正競争防止法2条1項14号〔現15号〕所定の不正競争行為に該当すると解すべきである」との基準を設定した。

　これを本件についてみると、裁判所は、①原告製品を設置した原告ハンドレールは本件特許発明1ないし10のいずれの技術的範囲にも属さず、被告自身、原告製品を設置した原告ハンドレールが、本件特許発明1ないし10のうち、その大部分の請求項である7の本件各特許発明の技術的範囲に属しないことを自認しているにもかかわらず、被告文書では、その点について一切触れずに、漠然と原告製品が本件特許権を侵害するおそれがある旨告知していること、②Aが原告の取引先に対し、原告製品が本件特許を侵害する旨の文書を送付した直後に、原告が原告製品が本件特許権を侵害するものでない旨を詳細に説明したうえで以後同様の書面を原告の顧客らに対して送付しないように警告したにもかかわらず、Aが原告の取引先に対し、再度、原告製品が本件特許を侵害する旨の文書を送付しているところ、被告は、Aによるこのような一連の文書送付行為の最中、原告の取引先に対し被告文書を送付していること、③被告が被告文書を原告の取引先に送付する際、被告は、Aから、原告および原告の取引先が日本国内で原告製品の販売の準備をしており、本件特許権を侵害するおそれがある旨説明を受け、また、本件特許の登録手続をした弁理士の意見も同様であったと自ら主張していること、上記弁理士は、分離前相被告であったAの訴訟代理人を務めたうえで辞任した弁理士であること、④被告は、原告に対しても、原告の取引先に対しても、訴訟等の法的手続をとらなかったこと、⑤Aによる各文書の送付行為については、別訴においてすでに2条1項15号所定の不正競争行為に該当するとの判決が言い渡されていることを認定し、諸般の事情を総合考慮して、被告が、原告の取引先に被告文書を送付した行為は、Aが原告の複数の取引先に対し各文書を送付した行為と相まって、「その

告知行為が特許権者の権利行使の一環としての外形をとりながらも、競業者の信用を毀損して特許権者が市場において優位に立つことを目的とし、その態様も社会通念上不相当であって、権利行使の範囲を逸脱するものというべきであるから、違法性は阻却され」ないと判断した。

　　2　争点2——損害額について

　逸失利益について、原告の売上げの減少が被告の上記不正競争行為のみに起因すると認めることはできず、また、被告文書送付後に原告製品が原告取引先において採用されたことにも照らすと、被告の行為と相当因果関係のある取引機会を逸した原告製品の販売数を算定することは極めて困難であるとして、9条を適用して、取引機会を逸した原告の販売数を認定したうえで2600万円を、信用毀損による無形損害として200万円を、弁護士費用として200万円を認め、損害額を3000万円と算定した。

　　3　争点3——謝罪広告の要否について

　謝罪広告の要否については、「被告が過失により原告に対する不正競争行為を行ったこと、被告の不正競争行為により、原告の顧客らに対する営業上の信用が失墜し、現在も回復していないことが認められるから、その結果、原告の営業上の信用を害したことは明らかである」から、謝罪広告を掲載させるのが相当である旨判示した。

【コメント】

　　1　権利侵害警告と営業誹謗該当性

　権利者が、競争関係にある被疑侵害者の行為につき、その取引先等の第三者に対し、特許権その他の知的財産権に基づく警告を行ったところ、事後的に被疑侵害者の行為が権利範囲に属しないことが判明し、または当該特許等が無効となったことにより、その警告が根拠を欠くに至った場合、当該警告行為は「虚偽の事実」の告知に該当しうる（なお、相手方である被疑侵害者に対する直接の警告行為は、当事者間の内部的な問題にすぎず、2条1項15号に該当しない）。

　従来の裁判例は、このような場合、権利者による警告行為は当然に15号に該当するとの態度をとっていたが、その後、リーディングケースである東京地判H13・9・20判時1801号113頁「ビデオテープ特許営業誹謗事件（第一審）」をはじめとして、知的財産権の正当な権利行使といえる場合には不正競争行為を

構成しないとする裁判例が現れた（なお、このような新傾向の裁判例がある程度みられたものの、近時は見受けられず、権利侵害の判断の困難性等という新傾向の裁判例の問題意識を「過失」の判断において考慮するものがみられるとの指摘がある（小泉直樹＝末吉亙編『ジュリスト増刊　実務に効く知的財産判例精選』（有斐閣、2014年）146頁〔川田篤〕））。もっとも、その理論構成には大きく分けて2通りあり、Ⓐ権利者の警告行為が15号に一応該当するようにみえても、当該警告行為が正当な権利行使の一環としてなされた場合や実質的にみて競業者の信用毀損を目的とするものでない場合には15号に該当しないとするもの、Ⓑ警告行為は15号に一応該当するものの、当該行為が正当な権利行使の一環としてなされた場合には違法性が阻却されるとするものがある（裁判例を分析した論文として、畑郁夫＝重富貴光「不正競争防止法2条1項14号の再検討――近時の東京高裁・地裁の新傾向判決を考える――」判タ1214号（2006年）4頁）。本判決は、Ⓑタイプの構成をとったうえで、違法性を阻却しなかった事例として実務上の参考になる。

2　あてはめ

本判決は、権利行使の範囲内といえるかどうかの判断要素として、目的および内容ないし態様の不相当性をあげているところ、これを検討するにあたり、前記①から⑤までの事実を認定した。

各事実のうち、①および④は、自己の主張する権利範囲を超えて警告を行ったこと、および、訴訟における権利主張を行っていないことを指摘するものであるところ、自己の権利行使としての正当性を疑わせるものであり、信用を毀損し、自己が優位に立つ目的を基礎づけているように思われる。また、②および⑤は、被告はＡの総代理店であるとの関係を前提として、Ａの行為を認識しながら被告文書送付行為を行っている点で、態様が不相当であると評価されているように思われる。

3　その他

2条1項15号の不正競争行為が成立する場合、5条1項および3項による損害額の推定規定を適用することができない。そこで、本判決は、逸失利益の算定にあたり、「相当な損害額の認定」（9条）を適用して取引機会を逸した販売数を認定した。また、信用毀損による無形損害の賠償も認めた。

実務上、信用回復措置（14条）として謝罪広告が認められることは多くないが、本判決はこれを認めている点で参考になる。
　本判決に対しては、被告が控訴したものの、控訴審は本判決を支持し、同控訴を棄却した。

（松田誠司）

▶判例コメント・32

【事件名】　エーザイ医薬品事件（第一審）
【判決裁判所】　東京地方裁判所（平成17年(ワ)第5657号）
　　　　　　　控訴審：知的財産高等裁判所（平成18年(ネ)第10009号）
【判決年月日】　平成18年1月13日
　　　　　　　控訴審：平成18年9月28日
【出典】　判タ1219号299頁、判時1938号123頁
　　　　　控訴審：裁判所HP
【不正競争行為】　2条1項1号
【請求内容】　商品の製造、販売の差止め、商品の廃棄、損害賠償
【結論】　請求棄却。控訴審も控訴棄却。

【事案の概要】
　胃炎・胃潰瘍治療剤を販売する原告が、当該治療剤についての特許権の存続期間満了後に、当該治療剤と同一成分を含む胃炎・胃潰瘍治療剤（いわゆる後発（ジェネリック）医薬品）を製造・販売する被告に対して、被告の治療剤のカプセル（以下、「被告カプセル」という）およびPTPシート（以下、「被告PTPシート」という）が原告の製造販売するカプセル（以下、「原告カプセル」という）およびPTPシート（以下、「原告PTPシート」という）の色彩構成に類似しており、2条1項1号の不正競争行為に該当すると主張して、被告カプセルおよび被告PTPシートを使用した胃潰瘍治療薬の製造・販売の差止め、商品の廃棄、および損害賠償を求めた事案。

【争点】
　原告カプセルおよび原告PTPシートの色彩構成が2条1項1号にいう商品等表示に該当するか。

【判旨】
　1　カプセルおよびPTPシートの色彩構成の商品等表示性
　本判決は、まず、2条1項1号の趣旨について、「周知な商品等表示の有する出所表示機能を保護するため、周知な商品等表示に化体された他人の営業上

の信用を自己のものと誤認混同させて顧客を獲得する行為を防止することにより、もって事業者間の公正な競争を確保することにある」と判示した。

そして、医薬品のカプセルやPTPシートは、「商品の容器若しくは包装」として同号にいう「商品等表示」に当たりうるとしつつ、その色彩構成が商品等表示になるかについて、以下のとおり判示した。

「その色彩や、複数の色彩の組合せである色彩構成については、商標等と異なり、本来的には商品の出所を表示する目的を有するものではない。そうであっても、カプセルやPTPシートの色彩自体がカプセルやPTPシートと結合して特定の出所を表示する二次的意味を有するに至る場合があり、その場合には、これが同号にいう『商品等表示』に当たることになる。他方、色彩は、本来何人も自由に選択して使用することができるものであり、商標法においては、文字、図形、記号等と結合して商標となり（商標法2条1項）、意匠法においては、物品の形状、模様等と結合して物品の意匠となるものである（意匠法2条1項）。また、不正競争防止法2条1項1号の趣旨は上記のとおりであり、カプセルやPTPシートの色彩自体を当該事業者に独占させることを目的とするわけではない。そして、カプセルやPTPシートの色彩自体が上記『商品等表示』に該当し、当該色彩を有するカプセルやPTPシートを使用した商品の販売行為が同号に該当するとすると、その場合には、カプセルやPTPシートについて、当該色彩の使用そのものが禁止されることになり、結果的に、商標権や意匠権等工業所有権制度によることなく、本来何人も自由に選択して使用できるはずの色彩を使用したカプセルやPTPシートを用いた、同種の商品の販売が禁じられ、第三者の市場への参入を阻害し、これを特定の事業者に独占させることになる。

したがって、医療用医薬品のカプセルやPTPシートの色彩自体が特定の出所を表示する二次的意味を有し、不正競争防止法2条1項1号にいう『商品等表示』に該当するためには、①そのカプセルやPTPシートの色彩が客観的に他の同種商品とは異なる顕著な特徴を有しており（特別顕著性）、かつ、②そのカプセルやPTPシートの色彩が特定の事業者によって長期間独占的に使用され、又は極めて強力な宣伝広告や爆発的な販売実績等により、需要者においてその色彩を有するカプセルやPTPシートが特定の事業者の出所を表示するも

のとして周知になっていること（周知性）を要すると解するのが相当である」。

2 要件該当性

(1) 原告カプセルおよび原告PTPシートの色彩構成

本判決は、原告カプセルの色彩構成について、蓋をなす部分がおおむね緑色で、蓋をされる部分が概ね白色で構成されており、これに薬剤が収められていると認定した。

そして、この原告カプセルが収納されている原告PTPシートは、表面および裏面とも銀色地となっており、シートの表面の上部（耳部）には、原告の英字による標章や、商品名が青色で印刷され、かつカプセル収納部分の下部に相当する部分に幅広の縞模様が青色で印刷されている一方、シートの裏面の上部には、商品名等が青色で印刷され、その余の部分には、商品名、カプセルの取り出し方を示す図等が青色で印刷されていると認定した。

(2) 原告カプセルおよび原告PTPシートの色彩構成の特別顕著性

本判決は、原告カプセルおよび原告PTPシートの双方の色彩構成が用いられている胃潰瘍治療剤の効能効果を有する医療用医薬品に限ってみても、原告商品および被告商品を含めて少なくとも16商品も存在し、ありふれたものといわざるを得ないとした。

また、胃潰瘍治療剤の分野に限定して、原告カプセルと同じ色彩構成を用いられている医療用医薬品は、原告商品および被告商品を含めて少なくとも33商品も存在し、また、原告PTPシート同じ色彩構成が用いられている医療用医薬品は原告商品および被告商品を含めて少なくとも22商品も存在し、胃潰瘍治療剤に限定しなければ少なくとも79商品も存在するから、これらの各色彩構成は、よりありふれたものといわざるを得ないとした。

そして、一般に、緑色系と白色系の組合せや銀色地に青色系の文字の組合せが特異なものといえないことを合わせ考慮すれば、原告カプセルおよび原告PTPシートの上記色彩構成は、医療用医薬品としても他の同種商品とは異なる顕著な特徴を有しているとはいい難い旨判示した。

また、本判決は、原告商品の後発医薬品が原告カプセルおよび原告PTPシートと同じ色彩構成をとっていることについて、「少なくとも原告商品の後発医薬品についてみても、平成9年7月以降、8年以上にわたって、緑色及び

白色の2色からなるカプセル及び銀色地に青色の文字等を付したPTPシートの色彩構成を使用してきており、仮に原告が胃潰瘍治療剤の効能効果を有する医療用医薬品としては初めてこの色彩構成を原告商品に採用したものであるとしても、原告による上記色彩構成の独占は相当程度長期間にわたって確保されなかった結果、その特徴が希釈化されてしまったものといわざるを得ない」と判示した。

原告は、平成9年ころまで、原告カプセルおよび原告PTPシートの色彩構成と同一ないし類似の色彩構成を有する胃潰瘍治療剤は原告商品以外には存在せず、後発医薬品を除くと原告商品しか原告カプセルおよび原告PTPシートの色彩構成と同一ないし類似の色彩構成を有する商品は存在しないと主張した。これに対して、本判決は、「原告カプセル及び原告PTPシートの色彩構成が周知商品等表示に当たるか否かは、差止請求については本件口頭弁論終結時、損害賠償請求については損害の発生期間として主張する平成14年3月から平成17年3月までを検討すべきであるから（最高裁昭和61年(オ)第30、31号同63年7月19日第三小法廷判決・民集42巻6号489頁）、平成9年以前の状況が直接問題になるわけではない。また、上記色彩構成の特別顕著性は、需要者にとって当該色彩構成が顕著な特徴を有するか否かの問題であって、原告商品の後発医薬品を除外して考える合理性はない」と判断した。

以上のことから、本判決は、「現時点においてはもちろん、原告が損害賠償請求について損害の発生期間として主張する平成14年3月から平成17年3月までの時点においても、原告カプセル及び原告PTPシートの色彩構成が胃潰瘍治療剤の分野において顕著な特徴を有しているとはいえない」として、「原告カプセルや原告PTPシートの色彩が客観的に他の同種商品とは異なる顕著な特徴を有しているということはできず、特別顕著性が認められない」と判断した。

(3) 周知性

『薬の事典　ピルブック　第15版（2005年版）』の表紙や「EBMに基づく胃潰瘍診療ガイドライン」および『写真でわかる処方薬事典』の「テプレノン」に関する項目で原告カプセルおよび原告PTPシートの双方または前者のみの写真がそれぞれ掲載されているものの、これらに掲載されていることから直ち

に、商品名とは別に原告カプセルおよび原告PTPシートの色彩構成が医師、薬剤師等の医療関係者および胃潰瘍患者に広く浸透しているとまではいえない。

　そうすると、原告商品が一定期間独占的に販売され、宣伝広告がされたとしても、商品やその名称の出所表示機能とは別に、原告カプセルおよび原告PTPシートの色彩構成が原告の出所を表示するものとして周知になっているとまでは必ずしもいい難い。

　3　結　論

　以上のようなことから、判決は、「原告カプセル及び原告PTPシートの色彩構成は、医療用医薬品全体ではもちろん、胃潰瘍治療薬の中でも、顕著な特徴を有しているとはいえず、需要者においてこれを用いて商品を識別しているとはいい難いから、いかに多数の原告商品が販売されたとしても、原告カプセル及び原告PTPシートの色彩構成には自他商品識別機能ないし出所表示機能はなく、不正競争防止法2条1項1号にいう『商品等表示』には該当しないというべきである」と判断した。

【コメント】

　本件は、昭和59年からテプレノンを有効成分とする胃炎・胃潰瘍医薬品を製造販売する原告が、原告の特許権存続期間満了後の平成9年頃以降に後発医薬品（ジェネリック）を製造販売し始めた医薬品メーカーに対して、被告らのカプセルおよびPTPシートの色彩構成が原告のそれらに類似するとして、医薬品の製造・販売の差止め等を求めた事案である。

　原告は、本件以外にも、後発医薬品を製造・販売するメーカー10社を相手に同種の訴訟を10件提起しているが、いずれもカプセルおよびPTPシートの色彩構成の商品等表示性を否定し、請求棄却との判断がなされている。本件は、原告によって控訴されたものの、知財高裁も原審と同様の理由により、原告の控訴を棄却している（知財高判H18・9・28裁判所HP）。

　なお、本件では「商品等表示」に該当するか否かを①特別顕著性、および②周知性から判断している。一方で控訴審においては、②周知性に代えて「当該商品について当該色彩あるいは色彩構成の使用継続性の程度、需要者が同種商品の識別要素として色彩あるいは色彩構成に着目する度合いなども考慮して検

討」すると述べている。ただし、控訴審は①の特別顕著性がないとして商品等表示性を否定したので、この②の要件を充足するかについての判断はしていない。

　原告は、医療関係者は原告カプセルおよび原告PTPシートの色彩構成のみからこれが原告の製造販売に係る商品であると認識されるに至っている旨を主張したが、蓋をなす部分が緑色系で、蓋をされる部分が白色系のカプセルを採用した医療用医薬品が多数あること等を理由として、細心の注意力をもって医薬品を選別すべきことが要求されている医療関係者が、カプセルおよびPTPシートの色彩構成から薬剤を識別するのは、誤投薬が生じる危険性の高い極めて不適当な行為であるといわざるを得ないから、原告が主張するような識別がされているとは考え難いと判断している。

　また、原告は控訴審において予備的請求として、不法行為に基づく損害賠償請求を追加した。しかし、控訴審は被告において専ら原告に損害を与えることを目的として被告商品を販売したなどといった特段の事情がない限り、一般に経済活動ないし取引行為は、法令等による規制に抵触しなければ、原則として自由にこれを行うことができるというべきである、と述べて原告の請求を棄却した。

（松田直弘）

原告カプセル

原告 PTP シート

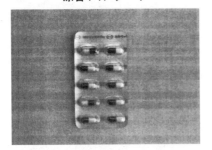
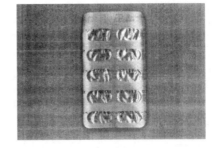

被告カプセル

被告 PTP シート

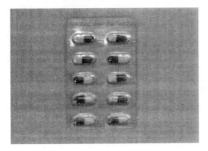

> ▶判例コメント・33

【事件名】　キシリトールガム比較広告事件（控訴審）
【判決裁判所】　知的財産高等裁判所（平成17年(ネ)第10059号）
　　　　　　　　原審：東京地方裁判所（平成15年(ワ)第15674号）
【判決年月日】　平成18年10月18日
【出典】　裁判所 HP
【不正競争行為】　2条1項14号・15号
【請求内容】　広告表示の使用差止め、謝罪広告および損害賠償
【結論】　広告表示の使用差止めは認容、謝罪広告および損害賠償請求は棄却
【事案の概要】

　控訴人が被控訴人に対し、被控訴人が別紙第1目録記載の商品（以下、「ポスカム」という）を販売するにあたって行った広告の中の別紙第2目録記載の表示（以下、同目録記載の表示を「本件比較表示」といい、被控訴人が行った本件比較表示を含む広告を「本件比較広告」という）が、2条1項14号所定の品質等誤認表示および同項15号所定の虚偽事実の陳述流布に当たる旨主張し、3条、4条および7条に基づき、ポスカムを販売するにあたって行う広告における本件比較表示の使用差止め、謝罪広告および損害賠償を求めた。

　原判決は、本件比較広告は「TRENDS IN GLYCOSCIENCE AND GLYCOTECHNOLOGY」誌平成15年3月号（甲17）に掲載されたC医科大学歯学部のC_1助教授（以下、「C_1助教授」という）に係る「馬鈴薯澱粉由来リン酸化オリゴ糖の生産と応用」と題する論文（以下、「TIGG論文」という）のD-2-3章に記載された実験（以下、「D-2-3実験」という）を根拠とし、同実験で示されたデータのとおり表示されているところ、D-2-3実験は、実験条件、方法等において不合理な点はなく、その実験結果は、被控訴人がその後実施した再実験により裏づけられているなどとして、被控訴人が本件比較広告をした行為は、2条1項14号および同項15号のいずれにも該当しないと結論づけ、控訴人の請求をすべて棄却した。

【争点】
1 （本件比較広告に記載された）D-2-3実験の合理性。
2 本件比較表示を含む広告宣伝を行うことが、2条1項15号（虚偽事実の陳述流布）、また、同項14号（品質等誤認表示）に当たるか。

【判旨】
1 争点1――（本件比較広告に記載された）D-2-3実験の合理性
(1) 実験結果の正確性を裏づける再現実験実施の必要性
　裁判所は、詳細に事実認定を行い、D-2-3実験の実験条件および方法については特段不合理な点はないとしたものの、実験の結果につき信頼性に問題が生じているとして、D-2-3実験の合理性立証のためには、第三者による公正な再現実験を行い、実験の結果の正確性を裏づけることが必要であると判断した。
　「D-2-3実験の結果と旭化成解析やQ1解析の結果との間に差異が生じており、その差異の割合」が、ポスカムについては著しく大きく、「特に、D-2-3実験の結果と旭化成解析やQ1解析の結果との相対的な関係において、旭化成解析やQ1解析ではポスカムに不利に（逆にいえば、D-2-3実験ではポスカムに有利に）生じていることにかんがみると、この差異は、D-2-3実験の結果の最も重要な部分で生じたものということができ、このままではD-2-3実験の結果に全幅の信頼をおくことはできないといわざるを得ない」。「D-2-3実験の方法や条件自体には、特段不合理な点はなく、D-2-3実験の合理性を失わせる事情は、D-2-3実験の結果の最も重要な部分での実験結果そのものに関して生じ、そのゆえに結果の信頼性に問題が生じたことにかんがみれば、D-2-3実験の合理性立証のためには、第三者により客観的かつ公正な再現実験を行い、D-2-3実験の結果の正確性を裏付けることを要するものとするのが相当である」。

(2) 被控訴人において必要な立証を放棄したこと
　裁判所は、上記(1)のとおり、D-2-3実験の結果の正確性を裏づけるための再現実験が必要であるにもかかわらず、被控訴人が特定条件による実験に固執し、鑑定の採用実施を断念するに至ったという事情に鑑み、被控訴人が必要な立証を放棄したものとして、D-2-3実験の合理性を否定した。

「当裁判所は、本件において、D-2-3実験の再現実験の実施に関して、これを必要であると考え、本件比較広告の虚偽性について立証責任を負う控訴人の申出に基づいて、鑑定として採用実施したいとして、当事者双方に対しその具体的な実施方法について検討を求めた際、控訴人が鑑定実施に関する諸条件を提案したのに対し、被控訴人は、鑑定人について上記条件に固執し、そうでない限り、鑑定として実施する意義はないと主張して譲らなかったため、裁判所としては、やむなく鑑定の採用実施を断念するに至ったものである。この問題は、当審の審理の中で最も重大なものであり、口頭弁論期日等において、当事者双方が最も力を注いで弁論した点であり、裁判所も最も重視し、慎重に審理決断した点であった。

そうすると、被控訴人は、D-2-3実験の合理性について、必要な立証を自ら放棄したものと同視すべきものであり、D-2-3実験の合理性はないものといわざるを得ない」。

2　争点2——本件比較表示を含む広告宣伝を行うことが、2条1項15号（虚偽事実の陳述流布）、また、当該広告宣伝が同項14号（品質等誤認表示）に当たるか

裁判所は、上記1で認定したとおり、D-2-3実験につき合理性を欠いていることに鑑み、以下のとおり、本件比較表示を含む広告宣伝は、2条1項15号（虚偽事実の陳述流布）、また、同項14号（品質等誤認表示）に当たると判示した。

(1)　2条1項15号（虚偽事実の陳述流布）の該当性

「本件比較広告の本件比較表示は、被控訴人の製品であるポスカムが、控訴人の製品であるキシリトール＋2の約5倍の再石灰化効果を有することを表示するものである」。しかし、その根拠であるD-2-3実験が合理性を欠くものといわざるを得ないことは、上記のとおりであり、「他にポスカムの再石灰化効果がキシリトール＋2の約5倍であるということの根拠は何ら主張されていないから、ポスカムが、キシリトール＋2の約5倍の再石灰化効果を有するというのは、客観的事実に沿わない虚偽の事実というべきであり」、被控訴人が、本件比較広告を実施した行為は、競争関係にある他人の営業上の信用を害する虚偽の事実を流布する行為として、2条1項15号に該当するものである。

(2) 同項14号（品質等誤認表示）の該当性

本件比較広告は、ポスカムがキシリトール＋２の約５倍の再石灰化効果を有することを表示するものであり、かつ、それが客観的事実に沿わないのであるから、本件比較広告のこれらの部分は、ポスカムの品質を誤認させるものというべく、したがって、被控訴人が、これらの部分を含む本件比較広告を実施した行為は、同項14号に該当するものである。

【コメント】

1 比較広告の不正競争防止法各号への該当性（前記百選206頁参照）

比較広告とは、自社の商品や役務（以下、「商品等」という）と他社のそれを比較し、品質や内容の点での優秀性を明示強調するような宣伝広告の手法といわれている。

比較広告も、真実の情報に基づいてなされていれば、需要者に対して商品選択の情報を提供するというプラスの面があるといえる（「比較すること」自体が問題視されるのではない）。

しかし、内容に虚偽性または欺瞞性が認められる場合には適正な表示を行う者は顧客を奪われ、公正な競争秩序を阻害されることになる。そのため、かかる虚偽性が認められる比較広告については、その宣伝行為は、２条１項14号および15号により禁止されることになる。

本件においても、裁判所は、本件比較広告の本件比較表示が、「客観的な事実に沿わない虚偽の事実」および「客観的な事実に沿わない」ものと認定し、２条１項14号および15号の該当性を肯定している。

2 比較広告の虚偽性の立証責任

比較広告が虚偽であること（比較広告の虚偽性）の立証責任は、当該比較広告の宣伝行為が、２条１項14号および15号に該当することを主張する者（本件であれば、控訴人）にある。

この点、本裁判例においても、上記判旨１(2)において「本件比較広告の虚偽性について立証責任を負う控訴人の申出」という表現が使用されていることから、虚偽性の立証責任につき、同様の立場に立っていることは明らかである。

かかる立場からは、第三者による再現実験が実施されていない本件については、（当該再現実験はD-２-３実験の虚偽性を立証するための実験であるから）控

訴人は、D-2-3実験の虚偽性を立証できておらず、裁判所は、当該比較広告の宣伝行為が2条1項15号（虚偽事実の陳述流布）、および同項14号（品質等誤認表示）に該当しないと判断すべきとも思われる。

　しかし、裁判所は、他の解析結果と最も重要な部分で、実験結果そのものに差異が生じ、実験結果の信頼性に問題が生じた場合（※）には、当該実験の合理性立証のため、第三者により客観的かつ公正な再現実験を行い、D-2-3実験の結果の正確性を裏づけることを要すると判示した。

　このことは、上記（※）の事情が認められる場合には、例外的に、比較広告を行った者（本件であれば、被控訴人）に、当該比較広告の基礎となる実験結果の合理性につき立証責任が課されることを意味する（いわゆる立証責任の転換がなされているように思慮される）。

　そして、本裁判例によれば、第三者による客観的かつ公正な再現実験が実施されない場合（とりわけ、本件のように裁判所における鑑定が実施できない場合）には、比較表示を基礎づける実験結果につき合理性の立証が依然として存在しないことから、立証責任が尽されておらず、かかる宣伝内容が「虚偽」ないし「客観的事実に沿わない」旨の判断がなされることになる。

　本裁判例は、実験に基づく科学的なデータを利用した比較広告が事実と合致しているか否かが問題となった場合において、当事者の立証責任および立証方針を明確に示す重要な裁判例ということができる。

3　被控訴人には、本件比較表示を含む広告宣伝行為に故意・過失がなく、謝罪広告および損害賠償責任が否定された理由

　裁判所は、以下の理由（概略）から、控訴人に故意または過失があったとはいえず、謝罪広告の必要性および損害賠償責任を否定した。

　「本件比較広告が不正競争防止法2条1項14号〔現15号〕、同項13号〔現14号〕に該当する事由は、その唯一の根拠であるD-2-3実験が合理性を欠くという点にある」。そして、同実験の「合理性を失わせる事情は、D-2-3実験の結果の最も重要な部分での実験結果そのものに関して生じ」ており「このような不合理な実験結果は、C_1助教授によって実施されたD-2-3実験のTMR撮影とその撮影画像の解析処理を経て導かれ」た。しかし、「この部分に被控訴人が関与したことを認めるに足りる証拠はなく、また、C_1助教授に

よる処理が適正に行われたことを被控訴人が疑うべき事情があったと認めるに足りる証拠もない」。

したがって、本裁判例の考え方に従えば、単に実験に基づく科学的なデータを利用した比較広告を行ったというだけでは、当該広告を行った企業には過失は、認められず、少なくとも、同過失の存在が認められるためには、当該科学的なデータの基になった実験への関与、または、その実験結果に疑いが生じていること等が必要になるものと思慮される。

(白木裕一)

別紙　第1目録
商品種類　粒タイプガム
商品名　ポスカム＜クリアドライ＞

別紙　第2目録
ポスカム＜クリアドライ＞は、一般的なキシリトールガムに比べ約5倍の再石灰化効果を実現。

水門開閉装置用減速機事件

> ▶判例コメント・34

【事件名】　水門開閉装置用減速機事件
【判決裁判所】　大阪地方裁判所（平成17年(ワ)第2682号）
【判決年月日】　平成19年5月24日
【出典】　判時1999号129頁
【不正競争行為】　2条1項7号・8号
【請求内容】　損害賠償
【結論】　請求棄却

【事案の概要】
　水門開閉装置用の減速機の製造販売を行っている会社である原告の元従業員であった被告Y_2およびY_3が、原告を退職して被告Y_1会社を設立し、原告と競業行為を行ったことについて、原告が被告らに対し、①被告Y_2およびY_3は、原告から示された原告の営業秘密を不正の利益を得る目的で被告Y_1に開示し（2条1項7号）、被告Y_1はその営業秘密を用いて営業活動を行った（同項8号）として、4条に基づく損害賠償を請求し、②予備的に、被告らは原告の技術上、営業上の情報を利用して、原告に損害を与えながら被告らにおいて不正に利益を得る目的で競業行為を行ったとして、民法709条に基づき、損害賠償を請求した事案である。

【争点】
1　原告の技術上・営業上の情報は2条6項の「営業秘密」に該当するか。
2　被告Y_2およびY_3は不正の利益を得る目的で営業秘密を開示したか。
3　被告Y_1は営業秘密を不正開示行為が介在したことを知って取得または使用したか。
4　被告らの行為が不法行為を構成するか。

【判旨】
　1　原告の技術上・営業上の情報は2条6項の「営業秘密」に該当するか
(1)　技術上の情報について

(A) 組立図について

　組立図（水門開閉機用減速機の全体を示す図面）については、以下の事実を認定し、原告において、それにアクセスすることを許された従業員に対し、それが社外に漏洩してはならない秘密である旨を認識させる措置を講じていたとは認められないとの理由から、営業秘密の要件としての秘密管理性を否定した。

① 組立図には手書図面とCAD図面があるところ、手書図面は、スキャナーによって電子情報化して、原告のサーバーに保存されており、営業担当の職員も自由にアクセスして閲覧することができた。

② CAD図面は、紙媒体と電子データの双方の態様で保存されていたが、このうち紙媒体は、製品の製番ごとに他の書類とともに袋に入れて無施錠の棚に保管され、設計課の従業員だけでなく、他の部署の者でも閲覧し、コピーすることができた。

③ CAD図面の電子データは、部品図等とともにサーバーに保存されており、設計課の職員は自由にアクセスして閲覧することができ、また営業担当の職員のうち特定の者もアクセスすることができた。

④ 組立図については、営業秘密である旨の表示はなく、また原告内部で管理上の注意がされたこともなかった。

⑤ 組立図は、見積り時に顧客に対して交付することもあり、また、納入時には納入仕様書とともに当然に顧客に交付していた。

⑥ 顧客に組立図を交付する際、顧客との間で秘密保持契約を締結したり、組立図が営業秘密である旨の注意を促すことはなかった。

(B) 部品図について

　部品図（水門開閉機用減速機を構成する各部品の図面）については、手書図面とCAD図面があり、それぞれ組立図と同様に保存されており、閲覧状況も同様であり、営業秘密である旨の表示がなされていない点も同様であると認定しつつも、以下のような事実から、秘密管理性を肯定し、有用性、非公知性も認められるとして、「営業秘密」に該当すると判断した。

① 部品図は、当然には顧客に交付しない扱いとされ、製品のクレーム対応等のために顧客から求められたときには、設計課の責任者である被告Y_2の了解を得ることとされていた。

②　原告が部品を外注するために外注先に部品図を交付するときには、それが営業秘密であるとの前提で交付していた。

　(C)　機械効率のデータについて

　機械効率のデータ（各減速機および切換装置について、使用潤滑油、温度、負荷率等の条件が変化した場合に機械効率がどのように変化するかを示したデータ）も、原告の設計課の無施錠の棚にファイルされて保管されており、設計課の従業員であれば誰でも閲覧することができ、営業秘密であるとの表示もなかったという事情は存するが、設計課長であった被告Y_2は、機械効率のデータについては顧客から求められても交付しなかったことなどから、機械効率データの秘密管理性を肯定し、有用性、非公知性も認められるとして、「営業秘密」に該当すると判断した。

　(D)　歯車の強度計算に関するデータについて

　歯車の強度計算に関するデータは、公刊文献に基づいて計算可能で秘密とする必要性が低く、紙媒体の組立図と共に保管されており、閲覧状況も同様であり、営業秘密であるとの表示もなく、原告内部で管理上の注意がなされたこともなかったことから、原告において、それにアクセスすることを許された従業員に対して、秘密である旨を認識させる措置を講じていたとは認められないとして、秘密管理性を否定した。

　(E)　ヒーターの能力計算に関するデータについて

　ヒーターの能力計算に関するデータの保管・管理状況は歯車の強度計算に関するデータと同様であったことから、それにアクセスすることを許された従業員に対して、秘密である旨を認識させる措置を講じていたとは認められないとして、秘密管理性を否定した。

　(F)　軸受けの寿命計算に関するデータについて

　軸受けの寿命計算に関するデータは、軸受けメーカーのカタログから計算できるから非公知性の要件を充足しないと判断した。

　(G)　原告独自のボルトの規格について

　原告独自のボルトの規格は、設計課の従業員はファイルに綴じられたものを1冊ずつ所持しており、被告Y_2は外部に教えても構わないものだと思っていたことなどから、それにアクセスすることを許された従業員に対して秘密であ

る旨を認識させる措置を講じていたとは認めるに足りないという理由で秘密管理性を否定した。

(2) **営業上の情報について**

得意先元帳、受注実績表、受注予定表・受注予測一覧表、価格表、製造原価実績表については、いずれも、それにアクセスすることを許された従業員に対して秘密である旨を認識させる措置を講じていたとは認めるに足りないという理由で、秘密管理性を否定した。

2 営業秘密の不正開示、使用について

営業秘密性が認められた部品図と機械効率のデータについて、以下のとおり、被告らが使用する部品図や機械効率データが、原告が秘密としている部品図と機械効率のデータの情報を利用して作成したものとは認められないとして、被告らによる開示・使用行為を否定した。

(1) **部品図について**

次のような事実認定をしたうえで、被告Y_1において単に水門開閉機用減速機を製造販売しているということから、その製造販売する減速機の同一性にかかわりなく、直ちに被告らが原告の部品図を開示し、使用したと認めることはできないところ、本件においては、減速機の同一性を認めるに足りる証拠は提出されていないとして、被告らによる開示・使用行為を否定した。

① 特定の水門開閉機用減速機を設計するには、まず顧客からの注文仕様書があり、それに基づいて組立図が作成され、組立図に基づいて部品図が作成される。

② そうだとすると、顧客からの注文仕様は各減速機ごとに異なるから、必然的に組立図も異なり、これに伴い部品図も異なるものとなる。

③ したがって、特定の水門開閉機用減速機について作成された部品図は、当該減速機については重要な意味を持ち、それゆえに原告では当然には顧客には交付しない扱いとされているけれども、別の水門開閉機用減速機については、直ちにそれがなければ設計が困難であるとか、それをそのまま使用して設計がごく容易にできるとか、というものではないものと推認される。

(2) **機械効率のデータについて**

次のような事実認定をしたうえで、原告の有するKG型およびSMDFG型の機械効率のデータは、そのままではこれに対応する被告Y_1の製品に流用することができないことは明らかであるから、被告Y_1のパンフレットに掲載されているデータが原告のデータに基づいて作成されたと認めることはできないとして、被告らによる開示・使用行為を否定した。

① 被告Y_1の電動・手動切換装置（MK型）に対応する原告の切換装置はKG型であり、その機械効率のデータは原告のパンフレットに記載されている。

② 被告Y_1の主モータ・予備モータ切換装置（MYK型）に対応する原告の切換装置はSMDFG型であり、その機械効率のデータは原告のパンフレットに記載されている。

③ それら両製品は寸法も構造も大きく異なっており、機械効率のデータの数値も異なっている。

3 不法行為の成否について

たとえ他の事業者の保有する技術上・営業上の情報を利用して競争行為を行う場合であっても、当該情報が不正競争防止法による保護を受けず、またはその利用行為が同法が規制する対象とならない場合には、当該行為がことさら情報の保有者に損害を与えることのみを目的としてなされた一種の営業妨害行為としての性質のみを有し、市場における競争行為の一環としてみることができないといった特段の事情の存しない限り、民法709条の一般不法行為を構成するものではないと解するのが相当であると判示した。

そして、本件においては、被告らにおいてそのような特段の事情が存することは認められないとして、原告の不法行為に基づく損害賠償請求を棄却した。

【コメント】

1 秘密管理性について

秘密管理性の要件は、①情報にアクセスできる者が制限されていること（アクセス制限）、②情報にアクセスしたものに当該情報が営業秘密であることが認識できるようにされていること（認識可能性）の2つが判断の要素になると解されている。

そして、本判決においては、担当部署以外の従業員も閲覧することができ、

営業秘密である旨の表示もなかった「部品図」と「機械効率のデータ」について、顧客に対して交付しなかったことや、顧客から求められた場合には課長の了解を得ることとされていたことなどを理由に、秘密管理性を肯定している。

　本判決においては、秘密管理性をいかなる規範に基づいて判断するかについて言及されていないが、十分なアクセス制限がなされていない情報についても秘密管理性を肯定していることからすると、従来の要件でいうと②情報にアクセスしたものに当該情報が営業秘密であることが認識できるようにされていること（認識可能性）を重視し、①情報にアクセスできる者が制限されていること（アクセス制限）という要件を厳密に適用しなかったものと考えられる。

　なお、営業秘密管理指針においては、秘密管理性の要件を満たすためには、営業秘密保有企業の秘密管理意思（特定の情報を秘密として管理しようとする意思）が、具体的状況に応じた経済合理的な秘密管理措置によって、従業員に明確に示され、結果として、従業員が当該秘密管理意思を容易に認識できる（換言すれば、認識可能性が確保される）必要があると説明されている（営業秘密管理指針5頁、**判例コメント・11**＝墓石販売顧客名簿不正持出事件コメント1参照）。

　営業秘密管理指針において示されている秘密管理性の考え方に従ったとしても、「部品図」と「機械効率のデータ」については、顧客に対して交付しない取り扱いがなされており、状況に応じた経済的合理的な秘密管理措置がとられており、従業員が当該秘密管理措置を認識していたのであるから、秘密管理性は肯定されるので、結論において妥当であると考える。

2　不法行為の成否について

　本判決は、情報が不正競争防止法による保護を受けず、またはその利用行為が同法の規制する対象とならない場合には、当該行為がことさら情報の保有者に損害を与えることのみを目的としてなされた一種の営業妨害行為としての性質のみを有し、市場における競争行為の一環としてみることができないといった特段の事情が存しない限り、一般不法行為を構成しないと判断している。

　情報が不正競争防止法による保護を受けられない場合には、特段の事情が存しない限り一般不法行為を構成しないとの判断は、不正競争防止法が要件をみたす営業秘密のみを保護していることからすると妥当なものであると考えられる。

なお、自動車部品に関する技術上および営業上の情報が営業秘密として管理されていたとはいえないが、当該情報には財産的価値があるとして、当該情報を不正な手段により入手し、利用して自動車部品を製造および販売する行為が一般不法行為を構成すると判断した裁判例が存している（大阪地判H17・8・25判時1931号92頁）。

（山岸正和）

▶判例コメント・35

【事件名】　ローソク事件
【判決裁判所】　東京地方裁判所（平成17年(ワ)第8140号）
【判決年月日】　平成19年5月25日
【出典】　判タ1283号281頁、判時1989号113頁
【不正競争行為】　2条1項15号
【請求内容】　差止め、損害賠償、信用回復措置（謝罪広告）
【結論】　差止め一部認容、損害賠償一部認容、信用回復措置一部認容（訂正文送付の限度で認容）

【事案の概要】

　本件は、原告が、ローソクおよび線香の製造販売において競争関係にある被告に対し、被告のA会長やB社長が流通業者向けの商品説明会で行った以下の告知行為等が、2条1項15号所定の営業上の信用を害する虚偽の事実の告知に当たると主張して、3条1項に基づく差止め、4条に基づく損害賠償および14条に基づく信用回復の措置としての謝罪広告の掲載を求めた事案である。

① 告知行為①　ローソクにおいては、ロウの固さによって、その品質が変わってくる。原告製ローソクと被告製ローソクを互いに押しつけると、原告製のローソクの方が折れたり凹んだりすることから、被告製ローソクと比較して原告製ローソクの方が、品質が悪いとことがわかる。

② 告知行為②　ⓐ原告製のローソクは粗悪な原料を使用しているために、ローソクが倒れて火災の発生する確率が高い。ⓑこのため関東では火災の発生率が一番高い。ⓒ被告が消防署に呼び出された際、火災の発生原因として消防署員から見せられたのは原告製のローソクであった。

③ 告知行為③　原告製の線香は蛍光灯または日光に当たると変色して色あせるが、被告製の線香はほとんど変色しない。

④ 告知行為④　ⓐ原告製のローソクは、「倒れたり、グラついたり、芯糸が不揃い」であるとの理由により火災につながるおそれがあり、危険である。ⓑ製造物責任法はメーカー責任を求めるだけでなく、その商品を販

売した小売店・卸問屋にも責任を求めることができる。一連の食品偽装事件で、一部の大手販売店が販売していた製品を自主回収したりするのもこのためである。

【争点】
1 被告の告知行為は営業誹謗行為に該当するか。〔一部肯定〕
2 損害賠償〔一部肯定〕
3 謝罪広告の必要性〔一部肯定〕

【判旨】
 1 争点1——被告の告知行為は、原告の営業上の信用を害する虚偽の告知に当たるか
(1) 告知行為①について

比較対象品が原告製ローソクであることは特定されていたと認定したうえで、以下のとおり判示した。

まず、硬さと品質との関係については、「ローソクは、単純に固ければ固いほどよいことが業界で広く知られた評価基準であることを認めるに足りる的確な証拠はない。かえって、Cの陳述書は……ちょうど良い固さが必要である理由を具体的に述べており、採用することができる」と判示した。

次に、比較の前提について、原告製ローソクと被告製ローソクとでは原料や太さ、長さが異なると認定したうえで、「したがって、原告製ローソクと被告製ローソクを掛け合わせて原告製ローソクが折れたとしても、本来原料の相違により比較することができないものを比較し、又は太さの同一など公平な比較の基礎を欠く状態での比較を行ったものにすぎないといわなければならない」として、告知行為①は、虚偽の事実に当たると判示した。

(2) 告知行為②について

©について、A会長は説明会で「『こういうよその箱』と述べているが、その直前に、『それでパァーッと見たらですね、こうやってこの箱やったんです。』と述べている。……文脈の中で見れば『この箱』が原告製ローソクを意味していることは明らかである。いったん『この箱』と述べてしまった以上、真に原告製のローソクではないことを聴衆に伝えたかったのであれば、もっとしっかりした言い直しが必要であった」として、©の発言は対象が原告製ロー

ソクであることを特定するものであると認定した。

　ⓐⓑについても、A会長の発言については、ⓑ発言はⓒ発言の直前になされていること、また、A会長のⓐ発言は告知行為①がこれに続きさらにⓑⓒの発言がなされていることから、原告製ローソクと特定して行われたものであると認定した。他方、B社長の発言については、告知行為①から約8分が経過しており、その間「他社さんにおきましては、まあ、値段の安い、あるいは、特に関東の方ですね、ローソク屋さんでも、去年、一昨年と二社続いてですね、倒産されました」という発言部分もあるから、「他社さん」「これですね」が原告製ローソクと特定したものと認めることはできないと判示した。

　そして、ⓐⓑⓒの内容が虚偽であることは当事者間に争いがなく、原告の営業上の信用を害する行為であると判示した。

(3) **告知行為③について**

　被告が、「他社さん」と匿名性を保ったうえでボード比較をしており、原告製線香を対象としていない旨主張している点について、原告製線香と被告製線香を並べて貼付け、原告製線香のみが変色したボードを示しながら行われたことを指摘し、比較対象品が原告製線香であることは特定されていたと認定した。

　また、B社長の発言を「日光だけでなく、室内の蛍光灯にあたっても変色して色があせる旨述べた」と理解することはできないとした。

　そのうえで、「証拠によれば、日光に数日当てた場合、被告製線香は変色しにくいが、原告製線香は変色すること……が認められる」とし、「したがって、原告線香は日光に数日あてると変色するが、被告製線香は変色しないことが虚偽であると認めることはできない」と判示した。

(4) **告知行為④について**

　(A) **ⓐのうち、芯糸の不揃いさそれ自体について**

　「証拠によれば、原告製ローソクの尻部の芯糸には本件配布資料中の写真の程度に外部に長く出すぎている商品はなく、本件配布資料中の写真は原告製ローソクに作為をして撮影されたものと認められる。したがって、原告製ローソクの尻部の芯糸を実際よりも長く表示した写真を掲載した点において虚偽である」と認定した。

(B) ⓐのうち、芯糸の不揃いさと火災の危険性との関係について

「証拠によれば、ローソクの尻部の芯糸が17㎜程度と長いため燭台からはみ出し、しかもローソクを燭台の突起に十分差し込まない等の条件が重なると、燃焼の末期に火のついた芯糸が燭台の外に落下し、火災の原因となることが認められる。この事実によれば、ローソクの尻部の芯糸が不必要に長いことは火災防止の観点からは問題があると言わなければならない」。「原告製ローソクにおいて尻部の芯糸の長さが10～15㎜のものが相当の頻度であることは原告作成の写真撮影報告書によっても認められるが、この点は、火災防止の観点からは問題があるといわなければならず、告知行為のうち、原告製ローソクにおいて尻部の芯糸の長さが10～15㎜のものが相当の頻度であり、火災発生の危険があるとの指摘にとどまっていたとすれば、虚偽と認めることはできない」と判示している。

(C) ⓐのうち、倒れ・グラつきについて

「証拠によれば、原告製品は、尻部が欠けている等の理由により『倒れたり、グラついたり』するものではないことが認められる」として原告製品が「倒れたり、グラついたり」することは虚偽であると判示している。

(D) ⓑの製造物責任法について

「卸問屋や小売店は、原則として、製造物責任法2条3項の『製造者等』に該当しないから、同法に基づいて責任を負うことはない。したがって、……『その商品を販売した小売店・卸問屋にも責任を求める事ができます。』との部分は、虚偽である」。「しかし、製造物責任法の点の虚偽は原告製ローソクを直接誹謗する行為ではないから、その告知の差止めを求めることはできない」と判示した。

(E) まとめ

「『原告製ローソクは、『倒れたり、グラついたり』の理由により火災事故につながるおそれがあり、危険であるとの内容の告知、および、原告製ローソクは芯糸が不揃いとの理由により火災事故につながるおそれがあり危険である』との内容の告知、及び『原告製ローソクは、『芯糸が不揃い』との理由により火災事故につながるおそれがあり、危険である』との内容を、実際よりも芯糸を不揃いとした写真を添えてする告知の差止めを求める限度で理由がある」と

判示した。

2　争点2──損害賠償

　信用棄損行為と認められる各告知行為につき、故意・過失は認められるとした上で、各損害について、以下のように判示した。

(1) 売上減少による逸失利益

　「差止の対象とした告知行為は、ローソク製品の信用の根本に関わる火災の危険について……虚偽の事実を交え、原告製ローソク……を実際以上に悪く見せるよう作為まで施してされたものであり、告知の方法も、……ローソク製品が最も売れる時期に向け、商品の選択につき決定権又は多大な影響力を有する……責任者及びバイヤーを招待して行われた商品説明会において、会長や社長が先頭に立って行った……ものでありその影響は軽微なものではないから、これらの告知行為により、原告製ローソクの売上が減少したこと自体は優に推認することができる」。「しかし、……売上げの増減に影響する事情は、……様々な事情にわたるため、上記告知行為により減少した売上額を認定することは、極めて困難であると言わざるを得ない。したがって、6条の3〔現9条〕に基づき、……一連の原告製ローソクに対する告知行為による売上減少額を2000万円程度と認める」と判示した。そして、限界利益率を35％程度として認定すべきとしたうえ、中間利息の控除も考慮しても、売上減少による逸失利益額は700万円程度と認められるとした。

(2) 信用毀損による損害

　①原告によるテレビCMの増強については、「コマーシャルの内容は、ローソクだけを対象とし、バイヤー等が与えられた原告製ローソクの火災の危険性について反論するようなものではなく、単にイメージ向上を目指したものであることが認められ、……放映回数も、被告の……説明会におけるネガティブキャンペーンに対応したものとは必ずしも認められない」とし、②店頭巡回員の増強については、「店頭巡回員が信用毀損による影響を減らすために、一般的な販売強化策とは異なる行為を行ったとの主張立証はない」としながら、「売上げの減少による損害の填補だけでは填補されない無形の損害が発生したといわざるを得ない」とし、「信用回復措置を命じること等を考慮すると、売上減少による逸失利益によって填補されない信用毀損の損害額は200万円と認

めるのが相当である」とした。

(3) **事実調査費用**

原告の主張する「金額には、……営業誹謗行為とは認められなかった線香に関する資料作成費が含まれていること、被告の商品説明会の出席者からの事情聴取につき……全費用が本件告知行為と因果関係があるものとは認められないこと、その他本件訴訟における認容額、経緯等を考慮すれば、違法とされた告知行為と相当因果関係を有する事実調査費用等の損害を70万円と認めるのが相当である」とした。

(4) **弁護士費用**

違法とされた告知行為と相当因果関係を有する損害額を130万円と認定した。

3 　争点3——信用回復措置

信用回復措置については、以下のように判示した。

「告知行為①が告知されただけでは信用回復措置の必要性は認められない」。

「A会長による告知行為②は虚偽であり、ローソクの根本に関わる火災原因についてされたものであるから、その違法性は高いといわなければならない。したがって、告知からの時間の経過等の事情を考慮しても、信用回復措置を講ずる必要があると認められる。告知の相手方は相当数に及ぶが、……特定の……説明会への出席者と特定されているから、新聞への掲載の必要性までは認められず、A会長がこれらの発言をしたと認定できる……の参加者に対し、……訂正文を手紙形式で送付することで足りると認められる。原告の信用回復措置としての謝罪広告の掲載を求める請求の中には、上記訂正文の送付の請求も含まれているものと解する」。

告知行為④についても告知行為②と同様の理由で同内容の信用回復措置の必要性を認めた。

【コメント】

本判決は、判断基準について言及していないものの、**判例コメント・12＝**記者会見営業誹謗事件で示された、告知内容が「虚偽の事実」に当たるか否かは、具体的な告知内容とともに、その受け手の属性、告知行為がなされた状況等を踏まえつつ、その受け手の通常の受け取り方を基準として、真実と反する誤解を与えるか否かによって決すべきとの判断基準に基づき、他社製品との比

較による自社製品の説明が営業誹謗行為に当たるか否かについて具体的に判断していると解され、他社製品との比較説明を行う場合において、営業誹謗行為に当たらないようにするため配慮すべき事項について実務上参考になると思われる。

また、売上減少による逸失利益のみならず、コマーシャル費用等の損害についても判断されており、実務において、具体的賠償請求を行う際の参考になると思われる。なお、信用毀損による逸失利益の算定は、因果関係が及ぶ範囲が明確ではなく、その認定が困難な場合が多いが、9条は、そのような場合であっても、少なくとも損害が生じたことが認定できる場合には、相当な「損害額」を認定することが可能であるとしている。しかし、本判決は、9条に基づき、「損害額」ではなく、「売上減少額」を認定したうえで、これに証拠により認定できる限界利益率を乗じる方法で、損害額を認定している点に特徴がある。損害認定に必要な事実の一部が認定できる事案では、認定できないその他の事実を9条により認定し、これらを合わせて損害額を導く方が判断としてより厳密といえるから、9条はこのような認定方法も許容していると思われる。

信用回復措置については、故意・過失や営業上の信用が害されたことを前提に、信用が害された程度、侵害行為後の時間経過、損害賠償によって補填される程度などを検討して、その必要性が判断されるのが一般的である。そして、本判決は、これらを検討したうえで、信用回復措置を講じる必要があると判断した点に特徴がある。また、告知の相手方は相当数に及ぶが、特定の説明会への出席者と特定されているから、新聞への掲載の必要性までは認められず、参加者に対して訂正文を手紙形式で送付することで足りる、謝罪広告の掲載を求める請求の中には訂正文の請求も含まれていると解される、と判示し、信用回復措置として参加者への訂正文の手紙形式での送付を命じた点は、実務において、いかなる内容の信用回復措置を求めるかの判断において参考になると思われる。

(大塚千代)

▶判例コメント・36

【事件名】　めしや食堂事件
【判決裁判所】　大阪地方裁判所（平成18年(ワ)第10470号）
　　　　　　　控訴審：大阪高等裁判所（平成19年(ネ)第2261号）
【判決年月日】　平成19年7月3日
　　　　　　　控訴審：平成19年12月4日
【出典】　判時2003号130頁
　　　　控訴審：裁判所HP
【不正競争行為】　2条1項1号・2号
【請求内容】　表示の使用差止め、廃棄、損害賠償
【結論】　請求棄却
【事案の概要】

　本件は、飲食店の経営等を業とする原告が、①主位的に、原告の営業表示として著名でありまたは周知性を取得している「ごはんや　まいどおおきに　○○食堂」（○○の部分には店舗の所在地名が入る）の文字からなる表示（以下、「原告表示」とする）と類似する「めしや食堂」の文字からなる表示（以下、「被告表示」とする）を使用する被告の行為は、2条1項2号または1号の不正競争に当たると主張して、3条および4条に基づき、被告に対し、被告表示中の「食堂」の表示並びに被告表示が記載された看板等の使用差止め、廃棄等および損害賠償を請求した。

　さらに、②予備的に、原告表示を使用した原告が経営する店舗（以下、「原告店舗」とする）の外観（以下、「原告店舗外観」とする）は全体として原告の営業表示として著名でありまたは周知性を取得しており、被告表示を使用した被告が経営する店舗（以下、「被告店舗」とする）の外観（以下、「被告店舗外観」とする）に原告店舗外観と類似する外観を使用する被告の行為は、2条1項2号または1号の不正競争に当たり、仮にそうでないとしても、民法上の不法行為を構成すると主張して、被告表示中の「食堂」の表示、被告表示が記載された看板、メニュー看板、蛍光灯並びにポスターの使用差止め、廃棄等および損害賠

償を請求した事案である。

なお、原告は、原告店舗外観の構成要素について、下記要素が全体として原告店舗の印象を形成しており、下記各要素が全体として一つの営業表示として機能していると主張した。

① 原告店舗の入口付近上部に設置された、白地に黒の墨文字（毛筆体）で原告表示（「ごはんや　まいどおおきに　○○食堂」）が記載された店舗看板（A）

② 「みそ汁」等の大衆食堂にてよく提供される物品名が数品目程度、木目調の看板に墨文字（毛筆体）で記載された店舗外部のメニュー看板（B①）

③ 食堂のメニューが数十品目程度、黒のボードに白字の毛筆体で記載された店舗外部のメニュー看板（B②）

④ 駐車場敷地に設置され、上部が円形であって白地に黒の墨文字で店舗名称が記載されたポール看板（B③）

⑤ 原告店舗の外装の配色は、主として、木の色（壁面、メニュー看板）、黒色（壁面、庇）、白色（看板）から構成され、看板上には赤色も用いられていること（B④）

⑥ 商品を提供する陳列場所上部に設置された、「みそ汁」等の大衆食堂のメニューとして一般的によく提供される物品名が数品目程度、木目調の看板に墨文字（毛筆体）で記載された店舗内部のメニュー看板（C①）

⑦ 特に玉子焼きについてのみ、オーダーが来てから焼くコーナーを設け、それを名物あるいはお奨めと表記していること（C②）

⑧ 内装は大部分が木の色で統一され、暖色系の照明が使われていること（C③）

【争点】
1　被告表示は原告表示に類似するか。〔否定〕
2　被告店舗外観は原告店舗外観に類似するか。〔否定〕
3　被告による被告店舗外観の使用は不法行為を構成するか。〔否定〕

【判旨】

1　争点1——被告表示は原告表示に類似するか

判決は、原告表示について、「ごはんや」「○○食堂」の部分は、原告店舗の

役務の提供の場所、提供の用に供する物を普通に用いられる方法で表示するものにすぎず、それ自体は格別の識別力を有するものではないとした。

他方、「まいどおおきに（食堂）」の部分は、原告の展開する食堂チェーンのメインブランドの一つとして位置づけられており、原告のホームページにおいて「まいどおおきに食堂」のブランドのロゴとして表示されていることなどから、「まいどおおきに食堂」は原告の営業表示としての高い識別性を有するとして、原告表示は、「まいどおおきに（しょくどう）」との称呼を生じさせるものとした。

これに対し、被告表示について、「食堂」の部分は、役務提供の場所、役務提供の用に供する物を普通に用いられる方法で表示するものにすぎないから、「食堂」のみから営業主体の識別標識としての称呼、観念を生ずるとはいえないとした。他方、「めしや」の部分については、被告が設立後14年以上の間、一貫して「ザめしや」等のブランドのみで店舗経営を行っており、現在でも「ザめしや」「めしやっこ」等「めしや」のブランドによる店舗が相当数存在すること等の事情にかんがみ、被告表示は、「めしや食堂」のみならず「めしや」との称呼も生じさせるものというべきとした。

そのうえで判決は、「原告表示は『ごはんやまいどおおきに（しょくどう）〇〇しょくどう』又は『まいどおおきに（しょくどう）』との称呼を生じさせるのに対し、被告表示は『めしやしょくどう』又は『めしや』の称呼を生じさせるものであって、両者が類似しないことは明らかである。なお、両者は『食堂』の部分で共通するが、同部分のみから営業主体の識別標識としての称呼、観念を生じさせるものとはいえないから、同部分が共通するからといって、両表示が類似するということはできない」として、被告による被告表示の使用は、2条1項2号または1号の不正競争に該当しないとした。

2　争点2——被告店舗外観は原告店舗外観に類似するか

判決は、「店舗外観は、それ自体は営業主体を識別させるために選択されるものではないが、特徴的な店舗外観の長年にわたる使用等により、第二次的に店舗外観全体も特定の営業主体を識別する営業表示性を取得する場合もあり得ないではないとも解され」るとして店舗外観が2条1項1号または2号の営業表示になり得ることを判示した。

そして、店舗外観全体について周知営業表示性が認められる場合でも、「店舗外観全体の類否を検討するに当たっては、単に、店舗外観を全体として見た場合の漠然とした印象、雰囲気や、当該店舗外観に関するコンセプトに似ている点があるというだけでは足りず、少なくとも需要者の目を惹く特徴的ないし主要な構成部分が同一であるか著しく類似しており、その結果、飲食店の利用者たる需要者において、当該店舗の営業主体が同一であるとの誤認混同を生じさせる客観的なおそれがあることを要すると解すべきである」として、店舗外観の類否判断の基準を判示した。

そのうえで、判決は、原告店舗外観と被告店舗外観において最も特徴があり、かつ主要な構成要素として需要者の目を惹くのは、店舗看板（A）と駐車場敷地に設置されたポール看板（B③）であるとした。

そして、店舗看板（A）およびポール看板（B③）について、そこに記載されている原告表示と被告表示が類似しないことなどにより、両者の店舗看板およびポール看板はいずれも類似しないとし、これらの相違点は、原告店舗外観および被告店舗外観の全体の印象、雰囲気等に及ぼす影響が大きいものというべきであるとした。

また、店舗看板とポール看板以外についても、木目調メニュー看板（B①）、ボード状メニュー看板（B②）、外装の配色（B④）にも軽視し得ない相違点があるとした。とりわけ、外装の配色については、「原告店舗が黒、白を基調とした古くからある町の食堂を彷彿とさせる素朴な印象を与える」のに対し、「被告店舗がより近代的で華やかな印象を与える点で相当の相違が認められ、全体としての印象、雰囲気がかなり異なったものとなっている」とした。

さらに、原告が店舗の内装の共通点として指摘する玉子焼きについてのみオーダーを受けてから焼くコーナーが設けられている点（C②）、暖色系の照明が用いられている点（C③）について、まず、前者については、役務提供の方法そのものであって、かかる営業形態について原告に独占権を認めることはできず、しかも、そのような営業形態自体とくに目新しいものということはできないとした。また、後者についても、飲食店において暖色系の照明を用いることは、店構えとして極めてありふれたことであるとして、これらの各点を捉えて原告店舗外観と被告店舗外観との類似性を基礎づける事情とすることはで

きないとした。

　そして、以上のような点に鑑み、判決は、原告被告両店舗の外観の類似性を否定し、被告の行為は、2条1項2号または1号の不正競争に当たらず、また、民法上の不法行為も構成しないと結論づけた。

　なお、原告は「営業表示に対して無関心ないし注意を欠く需要者層は、個々の構成要素が類似していなくても、店舗の外観全体の印象が似ているから原告店舗と誤認混同して被告店舗に足を運び、被告店舗に誘因されるということが日常的に起こっているとして、個々の構成要素については厳密に類似していないとしても、外観全体として類似していれば」、2条1項2号または1号にいう「類似」に当たると主張していた。この点について、判決は、原告が主張する「営業表示に対して無関心ないし注意を欠く需要者層」は、「当該商品等表示の出所ないし営業主体に対して信用を置いているために類似の商品等表示に接した場合に出所ないし営業主体について誤認混同を生じるのではなく、まさに『営業表示に対して無関心ないし注意を欠』いているがために他の商品等表示に接した場合に彼我の相違に気が付かないだけである」として、その様な需要者層を想定して類否判断を緩やかに解することを否定した。

【コメント】

　本判決は、店舗外観が2条1項1号・2号の営業表示として保護されるかについて初めて判断した判決である。

　本判決では、原告の店舗外観自体が営業表示に当たるかについての判断は避け、仮に原告店舗外観自体に周知営業表示性が認められるとしても、原告店舗と被告店舗の外観の類似性を否定し、原告の予備的請求を棄却した。なお、被告は本判決を不服として控訴したが、控訴審においても第一審とほぼ同旨の判断がなされている。

　店舗外観について、その店舗のロゴやその個々の要素を超えて全体としてのイメージが似ている場合、顧客が営業主体を誤認混同することはあり得るため、店舗外観全体が持つ識別力を保護する必要性は高い。米国では、判例法上、店舗外観については、トレードドレスとして保護が確立されている。他方、店舗外観の抽象的なコンセプト、営業上のテーマ、アイディアといったものまで保護されるとすることは、競業他者の営業外観の選択肢を狭め市場の萎

縮を招いてしまう。そこで、保護される店舗外観が何なのかを限定する必要がある(井口加奈子「店舗外観保護の戦略的法務——大阪地判平成19・7・3不正競争行為差止等請求事件を手がかりに」NBL892号(2008年)8頁)。

本判決は、「特徴的な店舗外観の長年にわたる使用等により、第二次的に店舗外観全体も特定の営業主体を識別する営業表示性を取得する場合もあり得ないではない」として、店舗外観が本質的に識別力を備えうることまでは認めなかったが、二次的表示機能を獲得した場合は「商品等表示」該当性を認めた点に大きな意義があるといえる。

なお、「特徴的な店舗外観の長年にわたる使用等により」と記載されているが、「等により」とあるとおり、二次的表示機能を獲得するのは「特徴的な店舗外観の長年にわたる使用」をしてきた場合だけに限定されない。たとえば、店舗外観が相当奇抜で識別力が高いものであれば、使用期間が短くとも二次的表示機能を獲得する場合はありうるものと思われる(井口・前掲9頁)。

また、本判決は、類似性の判断について、「単に、店舗外観を全体として見た場合の漠然とした印象、雰囲気や、当該店舗外観に関するコンセプトに似ている点があるというだけでは足りず」として、保護される範囲を限定するとともに、「少なくとも需要者の目を惹く特徴的ないし主要な構成部分が同一であるか著しく類似しており、その結果、飲食店の利用者たる需要者において、当該店舗の営業主体が同一であるとの誤認混同を生じさせる客観的なおそれがあることを要する」として、保護される一定の基準を示している点も注目に値する。

なお、店舗内における商品陳列デザインの商品等表示性が争点となった裁判例として、**判例コメント・44**＝商品陳列デザイン事件がある。

(藤原正樹)

めしや食堂事件

原告店舗外観

被告店舗外観

▶判例コメント・37

【事件名】　氷見うどん事件（控訴審）
【判決裁判所】　名古屋高等裁判所金沢支部（平成18年(ネ)第243号）
　　　　　　　原審：富山地方裁判所高岡支部（平成16年(ワ)第119号）
【判決年月日】　平成19年10月24日
　　　　　　　原審：平成18年11月10日
【出典】　判時1992号117頁、判タ1259号327頁
　　　　　原審：判時1955号137頁
【不正競争行為】　2条1項14号
【請求内容】　被告製品の販売等の差止め、廃棄、損害賠償
【結論】　差止請求棄却、損害賠償請求一部認容
　　　　　原審：差止請求棄却、損害賠償請求一部認容
【事案の概要】

　Xは富山県氷見市（以下、「氷見市」という）を営業の本拠として麺類の販売等を業とする株式会社である。

　同じく氷見市を営業の本拠とし麺類の販売等を行う株式会社であるY₁（控訴人、第一審被告）が、平成9年9月ころから、氷見市において製造されていないうどん等の各商品（以下、「本件各商品」という）の商品名に「氷見」という地名を冠し、その包装および広告に「氷見名物」等の表示（以下、「本件各表示」ともいう）を付するなどして、本件各商品を製造販売していたところ、本件各商品が氷見市で製造されたものとの誤認混同を生じさせる原産地誤認惹起行為（2条1項14号）に当たり、その結果、X（被控訴人、第一審原告）において損害を被った旨主張して、Y₁に対し、①3条1項に基づき、本件各商品の包装紙・広告材料等に本件各表示を付して本件各商品を販売し、販売のために展示しないことを求め、②3条2項に基づき、その所持に係る本件各表示を付した本件各商品の包装紙・広告材料等を廃棄することを求めた。また、XはY₁については4条・5条2項に基づき、また、Y₁の代表取締役であるY₂についてはなお従前の例によるとされる平成17年法律第87号による改正前の商法

266条の3第1項に基づき、損害賠償金3億6943万9250円およびこれに対する訴状送達の日の翌日である平成16年8月11日から支払済みまで民法所定の年5分の割合による遅延損害金の連帯支払い、並びに上記損害賠償金の算定の対象期間後である平成17年4月1日からY₁が上記①の行為を停止するまで1カ月165万6170円の割合による損害賠償金の連帯支払いを求めた事案の控訴審である。

原審は、Xの請求を、損害賠償金3億6943万9250円およびこれに対する平成16年8月11日から支払済みまで年5分の割合による遅延損害金の連帯支払いをYらに命ずる限度で認容し、その余の請求をいずれも棄却したところ、上記認容部分を不服とするYらが本件控訴を提起した。

【争点】
1　Y₁の行為が原産地誤認惹起行為に該当するか。〔肯定〕
2　損害額の推定と周知性の寄与度の考慮。〔肯定〕

【判旨】
　1　争点1——Y₁の行為が原産地誤認惹起行為に該当するかについて

本判決は、原判決の理由を引用しY₁の行為の原産地誤認惹起行為該当性を認めている。引用されている原判決該当部分は次のようなものである。

「本件該当商品については、岡山県で製造されたものであるところ、被告会社は、商品の包装紙等に別紙表示目録記載の表示を付し、かつ、商品の包装等に、『製造者　㈱氷見うどん高岡屋本舗　富山県氷見市……』と表示して、販売していたものであるから、一般消費者をして、氷見市において製造されていない商品を、氷見市において製造されているものとの誤認混同を生じさせるものであり、不正競争防止法2条1項13号〔現14号〕にいう『原産地について誤認させるような表示をし、又はその表示をした商品を譲渡し、引き渡し、譲渡若しくは引渡しのために展示し』に該当するというべきである。

すなわち、『氷見うどん』の『氷見』の部分は、本件各商品の製造地ないしその原材料の生産地が氷見市内であることを表示するものと一般的に理解されるところ、本件該当商品は、氷見市内で製造されたものでなく、また、その原材料が氷見市内で産出されたものともいえないからである」。

なお、Yらが行った「氷見うどん」が普通名称であるとの主張についても、

「氷見うどん」は、「サツマイモ」や「佃煮」などのように、原産地名が当該商品を一般的に示す名称になっているとまでいえないとして排斥されている。

2 争点2——損害額の推定と周知性の寄与度の考慮について

(1) 5条2項の推定について

本判決は、XもY$_1$もいずれも氷見市を営業の本拠として麺類の販売等を業とするものであり、販売する商品もいずれもいわゆる氷見うどん（その製造地ないし原材料生産地が氷見市内ないしその周辺であることを標榜するうどん。乾麺）という同種の商品に属し、その販売価格も同様の価格帯に属し、販売先・販売形態も同様であり、現に、各種販売施設において両者の商品が並列して販売されることも少なくないことが認められるところ、Y$_1$の原産地誤認惹起行為によりXは営業上の利益を侵害され損害を被ったと推認できるとし、Y$_1$が原産地誤認惹起行為により得た利益額は推定を覆すべき特段の事情が認められない限り、Xの損害額と推定されるとした（5条2項）。

(2) 市場占有率について

本判決は、いわゆる氷見うどんの市場占有率は、Xが7割を超え、XとY$_1$の市場占有率を合計すると9割弱にも及ぶと認定している。

この市場占有率の認定において、原判決では氷見市外で製造した商品を氷見うどんとして販売している業者が販売した分を除外して算定したところ、本判決においては「上記各業者の販売行為が原産地表示を偽ったものであるとしても、上記各業者の販売行為について不正競争防止法違反を理由とする損害賠償請求の成否が別途問題となり得るのはともかく、Y$_1$の本件原産地誤認惹起行為に係る利益についての不正競争防止法5条2項の適用に際して考慮すべき被控訴人の市場占有率という観点からは、上記各業者の市場占有率を除外して考えるべき理由はないというべきである。つまり、上記各業者が氷見市及びその周辺における業者として現にいわゆる氷見うどん（その製造地ないし原材料生産地が氷見市内ないしその周辺であることを標榜するうどん）（乾麺）の市場において一定の割合を占有している以上、Y$_1$による本件該当商品の販売行為（すなわち、本件原産地誤認惹起行為）がないとしても、本件該当商品の販売高のうち上記各業者の市場占有率に対応する部分については、被控訴人の売上げの増加につながらないと考えられるから、上記推定は働かないものである」として、こ

れら業者の販売分を含めて判断している点で原審とは相違している。

(3) Yの周知性の寄与度について

本判決は、次のように判断しY_1の利益中、Y_1の周知性の寄与度を3割と認定し、この範囲については5条2項の推定は覆ると判示した。

「氷見で生産されるいわゆる氷見うどんは、江戸時代中期に、Y_1の前身である高岡屋本舗の創始者である高岡屋弥三右衛門が能登地方から導入した技術に基づき生産が始まったものであり、加賀藩にも献上されていたことが認められる」。「Y_1が本件原産地誤認惹起行為を開始した平成9年9月ころまでに発行、放送された多数の刊行物やテレビ番組等には、Y_1ないしその前身である高岡屋（個人事業）について、別紙『Y_1に関する刊行物等』のとおりの記載、紹介があ」り……「氷見商工会議所、氷見市観光協会長、富山県観光土産品公正取引協議会、氷見特産会や多数の取引業者等から、高岡屋本舗が1751年からうどん製造を営み、『氷見名物糸饂飩』『氷見糸うどん』の商標が高岡屋本舗の商品を表示するものとして周知著名である旨の定型文言等が記載された多数の証明書が提出されている」、これらによれば「遅くとも、Y_1が本件原産地誤認惹起行為を開始した平成9年9月ころまでには、少なくとも富山県内においては、『Y_1の前身である高岡屋本舗の創始者が古くにいわゆる氷見うどんを作り出したものであり、その意味で高岡屋本舗がいわゆる氷見うどんの元祖であり、今もその伝来の製法がY_1に引き継がれており、そのような製法で作られた商品が高い評価を得ていること』がうどんの取引者、需要者の間に広く知られるに至っていたものと認めることができる」。

「したがって、本件該当商品の販売によるY_1の利益には、上記のような意味でのY_1の周知性が寄与した部分が含まれているものと認められるため、その割合について検討すると、①上記のとおり、Y_1が古くからの長い伝統を引き継いだいわゆる氷見うどんの元祖であるということが広く知られている点は、いわゆる氷見うどんの取引者、需要者が商品を購入する際の考慮事情としては軽視することができないこと、②しかしながら、他方、上記の周知性は、伝来の製法で作られた商品、すなわち、手延べ手打ちによる完全な手作り商品についての評価に基づくものであるところ、Y_1の販売する商品でも『純手製・半乾燥』『手打手延』のものは『一糸伝承』と称され、他の商品よりも高い価格

帯で販売されているが……、本件該当商品は、岡山県の菱中麺業に発注して製造されたものであり、完全な手作り製法により作られた物ではないと推認され……、本件該当商品の価格帯も上記の『一糸伝承』と称される商品のそれと異なり、より低い価格帯であるから……、上記周知性が本件該当商品の取引に際して及ぼす影響も限定的であると解されること等の諸般の事情を考慮すれば、本件該当商品の販売によるY_1の利益中、Y_1の上記周知性が寄与した部分は3割とするのが相当であり、したがって、同寄与部分については、不正競争防止法5条2項の推定は覆されるというべきである」。

【コメント】

本判決は、原産地誤認惹起行為という比較的珍しい紛争について多額の損害賠償（2億4032万9667円）が認められ、さらに損害額の推定について侵害者の周知性の寄与度を考慮したという事案である。

(1) 原産地誤認惹起行為について

原判決および本判決ともに、Yの行為は原産地誤認惹起行為に該当するとしている。確かに商品の包装に「氷見名物」といった表示を行い、製造者の住所として「氷見市」を記載した「氷見うどん」の「氷見」の部分は原産地に該当すると判断されて然るべきであろう。そして、Yの販売していた氷見うどんは、岡山県で製造されたものであるというのだから、原産地誤認惹起行為に該当するとの判断は妥当であると考える。

ただ、うどんのように全国的に生産される商品について、「うどんの生産地」や「うどんの原材料の生産地」が交易上どれほど重要な意味を有するかという疑問があり、加えて本件はXが「氷見うどん」の商標登録を行いその商品等表示としても使用していた事案でもあることから、本来特定人の商標等として独占性を許すべきではない原産地表示が事実上Xによって使用されていたことになり、このような表示まで原産地表示として保護する必要があったか疑問であるとの指摘もある（松村・法理と実務604頁）。

(2) 損害額について

原産地等誤認惹起行為については、誤認惹起行為と損害との因果関係の立証は容易ではない。不正競争行為者が誤認惹起行為を行ったことと他の競争事業者の売上げの減少等との間に直接的因果関係が認められない場合が多いからで

ある。

　5条2項の推定規定は2条1項14号の不正競争行為にも適用はあるが、具体的な適用の可否は裁判所の判断に委ねられることになる。市場が原告と被告を含む数社の寡占状態にある場合には被告の不正競争行為により被告の売上げが増大する結果、原告の売上げに影響を及ぼすことがあり得る。本件ではXとYの市場占有率が9割弱ということであるから、5条2項の推定規定の適用がされたことは妥当であろう。

　次に本判決は、Yの周知性の寄与度を3割と判断し、この3割分について推定の覆滅を認めた。しかし、通常、原産地に関する不当表示が売上げに及ぼす効果はそう大きなものではなく、売上に対する寄与度が小さいものの場合は、売上げに寄与度を乗じた額を5条2項の「その者がその侵害の行為により利益を受けた」額と判断すればよいのではないだろうか。

　　　　　　　　　　　　　　　　　　　　　　　　　　（永田貴久）

▶判例コメント・38

【事件名】　バリ取りロボット設計図事件
【判決裁判所】　名古屋地方裁判所（平成17年(ワ)第3846号）
【判決年月日】　平成20年3月13日
【出典】　判時2030号107頁、判タ1289号272頁
【不正競争行為】　2条1項7号・8号
【請求内容】　原告営業秘密の使用等の差止め、損害賠償
【結論】　差止請求一部認容、損害賠償請求一部認容

【事案の概要】

　産業用バリ取りロボットシステムを製造販売する原告が、被告ら（原告元従業員Y_3Y_4、競業会社Y_1Y_2の計4名）がロボットシステム製造の営業秘密であるプライスリスト（各部品・各仕入額等記載の仕入明細）と設計図等（設計図面、CADデータ等）を不正に使用開示し（Y_3Y_4）、取得使用した（Y_1Y_2）ことが2条1項7号・8号の不正競争行為に該当するとして、3条1項に基づき営業秘密の使用差止め（プライスリストを使用してロボットシステムの見積書を作成すること差止め、設計図等を使用してロボットシステムを設計・製造することの差止め）等および4条に基づき損害賠償の支払いを求めた事案である。

【争点】

1　プライスリストおよび設計図等が営業秘密に当たるか。
2　プライスリストおよび設計図等の不正取得、不正使用行為の有無。

【判旨】

1　プライスリストが営業秘密に当たるか

(1)　有用性

　プライスリストを見れば原告ロボットシステムの各汎用部品の仕入先・仕入単価や外注部品の外注先等がわかり、同業他社にとって部品仕入先・外注先選択や価格交渉のうえで有益であるから、有用性がある。

(2)　秘密管理性

　「秘密として管理されている」（2条6項。秘密管理性）とは、当該営業秘密

について従業員および外部者から認識可能な程度に客観的に秘密としての管理状態を維持していること、具体的には、①情報にアクセスできる者が制限され、②情報にアクセスした者がそれを営業秘密と客観的に認識できるようにしていることなどが必要であり、要求される情報管理の程度や態様は、当該情報の性質、保有形態、企業の規模等に応じて決せられるものというべきである。

① プライスリストは、それを作成管理する調達部の者の他、営業部と一部の機械設計部の者のみが共通パスワードの入力によりパソコン上で閲覧印刷できた。
② なお、上記のパスワードは変更されたことがなく、営業部の従業員の中には、パスワードを付箋に記してパソコンに貼る者もいた。
③ プライスリスト印刷の際は部門責任者の許可を要し、利用が終わり次第廃棄する建前で、朝礼でも時々その管理を厳重にするよう注意された。
④ もっとも、プライスリストが秘密事項に該当すると定めた文書やその管理方法を定めたマニュアルもなく、印刷物に社外秘等押印の取決めもなく、営業部の従業員には印刷物を廃棄せずそのまま保管している者もいた。

上記①ないし④によれば、プライスリストは原告従業員の中で限られた者しかアクセスできないうえ、アクセスにはパスワードが必要で、印刷に部門責任者の許可も必要とされていたことに加え、機械製造メーカーにとって一般的に明らかに重要な仕入原価等の情報が記載され、外部への提示や持ち出しが許されていた事情もないから、パスワードが変更されず付箋を貼る者がいたことや秘密管理方法のマニュアルがなく印刷物押印の取決めがなくても従業員にとってそれが営業秘密であると客観的に認識できるから、秘密管理性を有すると認められる。

(3) 非公知性

プライスリストは刊行物記載などはなく非公知性を有する。

以上から、プライスリストは原告の営業秘密であると認められる。

2 プライスリストの不正取得、不正使用行為の有無

Y_3がY_4からプライスリストの交付を求められたのは、原告を退職する辞表を提出し、Y_1Y_2関与の下で同種事業を予定していた時期であるから、Y_3Y_4

はプライスリスト情報を元に、Y_1Y_2のロボットシステムについて、原告製品部品仕入価格等と比較する等して、原告営業秘密を不正利用する意図であったと考えられ、原告に対する加害目的があったと認められる。

しかし、以下に照らせば、Y_3Y_4のプライスリストの入手とY_1のM・Nからの受注の間に因果関係は認められないし、Y_3がプライスリストを用いた事実は推認できないし、Y_1従業員に交付したと認めるに足りる証拠はない。

① Y_1の見積書記載項目は一般に想定される項目が記載されているにすぎないのに対して、原告のそれはかなり詳細で形式が同一とも類似ともいえない。

② プライスリストの情報を元にしても原告の見積額を一定精度で推知できない。

③ Y_1の見積額と原告の見積額の差額の程度に照らしても、Y_1がプライスリストの情報を元にM・Nの受注案件の見積額を算出したと直ちに認められない。

④ MやNが原告とY_1に見積り依頼の結果、Y_1に発注したのは、過去の原告のアフターサービスへの不満や依頼後の対応がY_1の方がよかったためである。

以上によれば、プライスリストが原告の営業秘密と認められるものの、Y_3Y_4がY_1Y_2に交付した事実は認められず、Y_1Y_2が受注案件においてプライスリストを用いて見積書を作成して受注を得た事実も認められない。

したがって、プライスリスト使用差止め等および損害賠償請求は理由がない。

3 設計図等が営業秘密に当たるか

(1) **有用性**

競業者が設計図等を見れば原告ロボットシステムと同等のものが製作可能となるから、有用性がある。

(2) **秘密管理性**

以下の(A)〜(E)の事実が認められる。

 (A) **保管状況**

・ロボットシステム手書き設計図はファイルに綴り鍵付きキャビネットに保管

していた。
・CADで設計した場合も、原図を印刷し手書き設計図と同様に保管していた。

  (B) **設計原図持ち出し**

・設計部従業員が設計図を参照する際に管理台帳記入は不要であった。
・キャビネットの施錠はされていなかった。
・設計原図を机の引出しに保管して利用し、終業後机上に放置の場合もあった。
・そのままキャビネットに返却されていない設計原図もあった。
・設計部以外の従業員は設計室内ではキャビネットに保管された設計原図を自由に閲覧できたが、室外に持ち出す場合は管理台帳に記入する建前であった。
・管理台帳記入が平成11年までは不徹底であったが平成12年以降は徹底していた。

  (C) **外注先・仕入先に対する設計原図の管理**

・設計原図のコピーは禁止されず外注先にコピー交付の際も上司の承認は不要であった。
・外注先に交付したコピーは回収して廃棄する建前であったが不徹底であった。
・原告は外注先と秘密保持念書を取り交わしたが、合計5社との間にとどまる。
・原告は仕入先に対し文書管理要領を定めて図面類管理責任者を決定させ、責任者登録表により図面類管理監督機密保持等の義務付けを明記して、仕入先15社から責任者登録表の交付を受けた。

  (D) **CADデータ**

・CADデータはすべてサーバーに保管され、技術部端末のみでアクセスできた。
・技術部の従業員がそのデータを端末にコピーして利用することがあった。
・設計部の従業員が、営業部従業員にメール添付して設計データを送信したり、取引先に設計図コピーや設計データを提供することがあり、その場合に第三者に開示しないよう注意することはなかった。

(E)　取扱説明書
・原告は得意先へのロボットシステム納入の際に取扱説明書を交付しており、それに添付された組図はCADデータを印刷したものであった。
・取扱説明書にはそれが秘密情報であるとか第三者開示禁止の旨の記載はなく原告がその旨を申し入れたことも守秘義務契約を取り交わしたこともなかった。

　　　(F)　小　括
　上記(A)ないし(E)によれば、設計図等は設計室内キャビネットに保管され、設計部以外の者が室外持ち出しの場合には管理台帳への記入が必要で、CADデータはすべてサーバーに保管されアクセスを技術部従業員のみに限っており、設計原図コピーを交付するような外注先・仕入先の一部と秘密保持念書を取り交わし、設計図等には機械製造メーカーにとって一般的に明らかに重要なロボットの設計製造技術情報が記載されているから、設計図等は特定従業員にアクセスが制限され、従業員にとってそれが営業秘密であると客観的に認識できたと認められる。
　なお、得意先に交付する取扱説明書や取引先に提供する設計図コピーやデータについては、部品の仕入先や得意先に対して必要に応じて提供したにすぎず、その提供目的以外の用途に用いることまで許諾したものと認められない。
　かかる提供によって原告従業員がその程度の緩やかな情報管理でよいと認識しても、設計図等が営業秘密で流用不可との認識・認識可能性は失われない。
　したがって、設計図等は、秘密管理性を有すると認められる。

(3)　非公知性
　設計図等は刊行物への記載や、取引先が公開した事情もないから非公知性を有する。
　したがって、設計図等は原告の営業秘密であると認められる。

4　設計図等の不正取得、不正使用行為の有無
以下の(1)(2)の事実が認められる。
(1)　**設計図等のうちCADデータ等**
・Y_1従業員は受注したロボットシステムの設計協力を原告在職中のY_4に依頼し、Y_4は原告退職後にY_2に1月間常駐し被告システムの設計を担当した。

- 被告システムは原告システムとほぼ同様のフローティング機構を備えている。
- 同じく両者の部品構成は品番・個数・メーカーの同じ部品が使用されている。
- 被告システムのホルダー、シャフト等は、原告システムのそれと形状が酷似している。
- 被告システム図面には存在しないはずのボルト孔が原告図面同様に記載され、しかも原告図面の誤記のボルト孔まで記載され不自然な一致が認められる。
- Y_4が原告在職中に原告システムの設計経験があるとしても、その各部品に酷似した部品を設計できるような詳細な形状まで記憶していたとは考え難い。

したがって、Y_3Y_4はCADデータ等を取得し使用して被告システムを設計しており、Y_1Y_2において不正利得目的または原告加害目的であった。

(2) 設計図等のうちの設計図
- Y_2製造の設計図等のうちバリ取りツール図面は、原告のそれ(以下、「本件13図」という)とその形状が極めて酷似し、かかる一致状況に比べればその差異はわずかである。
- Y_4がかかる一致状況上の詳細な形状寸法まで記憶していたとは考え難い。

したがって、Y_3Y_4は設計図等のうち少なくとも本件13図複製物を不正に取得し、被告システムのバリ取りツールの設計に使用したと認められる。

しかし、その余の図面は被告システムのバリ取りツールと全体の形状や刃部の凹凸部分形状が異なり、被告らがこれらを不正取得使用したと認められない。

(3) 結　論

以上によれば、Y_3Y_4は不正利得目的または原告加害目的で原告営業秘密である設計図等のうち本件13図複製物およびCADデータ等を持ち出し使用して被告システムを設計しており、Y_3Y_4の行為は2条1項7号に当たる。

また、Y_2はY_3Y_4の設計に基づいて被告システムを製造し、Y_1は販売したから、Y_1Y_2はY_3Y_4から原告営業秘密の開示を受けて使用したと認められる。

そして、Y_1がシステム設計の協力を原告在職中のY_4に依頼して参考図面等まで求めY_4が原告退職後Y_2に1月間常駐し被告システム設計を担当しており、Y_1Y_2はY_4が被告システム設計の際に原告営業秘密を使用したと認識し仮に認識がなくても重大な過失があるから、Y_1Y_2の行為は2条1項8号に当たる。

【コメント】

1 秘密管理性

2条6項記載の営業秘密の3要件（秘密管理性、有用性、非公知性）のうち秘密管理性の基準については、①情報にアクセスできる者が制限されていること（アクセス制限）、②情報にアクセスした者がそれを秘密であると客観的に認識可能にしていること（認識可能性）などが必要と考えられており、本判決もそれに従って判断している。

なお、経産省による営業秘密管理指針は、①アクセス制限は②認識可能性を担保する一手段であり、十分な①がないことを根拠に秘密管理性が否定されないとしている。

2 本判決の判断の特徴

本判決は、プライスリストについて、主としてパスワードを付与して閲覧従業員を限定している点（①）と機械製造メーカーにとって一般的に重要という情報の性質（②）の点から秘密管理性を認めており、この点に驚きはない。

次に、設計図等のうち設計図面については、主に鍵付きキャビネットに保管している点（①）、設計データについては閲覧従業員を限定している点（①）、そして、同じく一般的に重要という点（②）から秘密管理性を認めている。

しかし、施錠されていない鍵付きキャビネットに保管したところで物理的には何らアクセス制限になっておらず（実際に閲覧自体は自由であった）、厳密には、①を欠いているはずである。

したがって、本判決は、必ずしも①と②の両者を要求しているわけではなく、営業秘密管理指針のいうように、結局、①と②を総合的に考慮して判断したと捉えるほかなく、この点が特徴的であるといえる。

また、取扱説明書に添付されて何ら秘密情報である旨の記載がされていない点についても、流用を許容しておらず営業秘密の認識可能性は失われない判断

しており、②が結局程度問題であることを表している。

　すなわち、秘密管理性の要件は認識可能性（②）に重心が移ったといえよう。

　さらに、設計図等の不正取得使用行為について、元従業員退職の前後の経緯や原告被告両者の図面の一致状況から事実認定しており、非常に参考となる。

（村上覚朗）

▶判例コメント・39

【事件名】　マスカラ容器事件
【判決裁判所】　大阪地方裁判所（平成19年(ワ)第1688号）
【判決年月日】　平成20年10月14日
【出典】　判時2048号91頁、判タ1317号253頁
【不正競争行為】　2条1項1号
【請求内容】　被告商品の製造等差止め、損害賠償
【結論】　差止請求棄却、損害賠償請求一部認容

【事案の概要】
　原告らが製造販売する商品（マスカラ）の容器および包装が、原告の商品表示として周知・著名なものであり、被告がOEM契約により発注者から渡された容器にマスカラ溶液を充填して納品した行為が、原告商品の容器および包装に類似する商品表示を使用、譲渡した不正競争行為に当たるとして、被告に対し、製品の製造・譲渡の差止め、廃棄および損害賠償を求めた事案である。

【争点】
1　原告商品の容器および包装の周知性・著名性
2　被告商品の容器および包装と原告商品の容器および包装の類似性および混同のおそれ
3　被告の製造行為および納入行為の不正競争行為該当性
4　営業上の利益侵害の有無
5　原告の損害額

【判旨】
　　1　原告容器および包装の周知性・著名性
　(1) 容器の特徴
　原告ら商品は、平成16年12月から平成18年3月までの16カ月間にのべ17回にわたり、女性用ファッション雑誌において人気のあるマスカラとして掲載された。他の人気マスカラのほとんどは黒色や銀系の色の容器で、容器本体に赤系の色を用いているものは4点にすぎず、そのうち3点は容器本体のみならず

キャップも同じ赤系の色で塗られている。原告ら商品のようにキャップに容器本体の色と異なる色（銀色）を用いている商品はない。また、雑誌に掲載された人気マスカラで容器本体に目やまつ毛の絵柄が施されているものはない。

　原告ら容器は、容器本体が濃いワインレッド色であり、キャップが銀色である点（以下、「原告ら容器の特徴点A」という）、および容器本体の正面視に目やまつ毛の絵柄が施され女性がウインクしているようなまつ毛を強調した目の絵柄（以下、「原告ら容器の絵柄」という）が施されている点（以下、「原告ら容器の特徴点B」という）において、需要者の注意を引く他の商品とは異なる独自の特徴を有するものと認められる。

(2)　**原告らの包装の独自性**

　「塗るつけまつげ」との文字が台紙の略中央部に付されている。「塗るつけまつげ」という表現は、「マスカラ」でありながら、「塗る」だけで「つけまつげ」をつけたかのような一見明瞭な効果が期待できるという商品コンセプトを比喩的に表現したものとして斬新であり原告ら包装の独自の特徴点と認められる（以下、この特徴点を「原告ら包装の特徴点A」という）。

　原告ら商品は、原告ら容器の特徴点Aおよび同Bにおいて、他の商品とは異なる独自の特徴を有していると認められるところ、原告ら包装では、原告ら容器を有姿のまま透視できるようにしているのであるから、独自の特徴を有する原告ら容器と台紙とが相まって、原告ら包装における他の商品包装にはみられない特徴を有しているということができる。

　そうすると、原告ら容器の特徴点Aおよび同B並びに原告ら包装の台紙の木の葉型の形状およびライトグリーンの色彩の全体をもって、原告ら包装の独自の特徴であると認められる（以下、この特徴点を「原告ら包装の特徴点B」という）。

(3)　**原告ら容器および原告ら包装の周知性**

　原告ら商品につき、原告は、平成14年4月以降、全国各地の主要都市の交通機関や主要駅構内において多数回にわたって広告を行ったこと、平成14年9月以降、全国誌である女性用ファッション雑誌においても多数回にわたって純広告を行ったこと、平成14年8月以降、全国各地の放送局においてテレビCMを放映したこと、これら広告のために、総額20億円余りの広告費を支出したこ

とが認められ、平成13年9月から平成17年3月までの4年半の間に1115万6465個もの原告ら商品が販売され、その卸売販売額合計は93億7262万円あまり（小売販売額合計は167億3469万円あまり）に上ったことが認められる。そして、上記広告のうち交通広告や雑誌広告における広告内容をみると、いずれの広告内容においても原告ら容器の拡大写真が掲載されていること、いずれの広告内容においても原告ら容器本体の濃いワインレッドが基調とされており、広告のほぼ全面が濃いワインレッドに覆われているものもあること、いずれの広告内容においても原告ら容器の拡大写真が掲載されることにより原告ら容器の絵柄も大きく掲載されていることが認められる。これらの事実によれば、遅くとも平成18年4月までには、上記大量の広告および極めて多数に及ぶ販売等により、原告ら容器は、その特徴点Aおよび同Bをもって、原告ら容器が、原告ら商品の出所を示すものとしてマスカラの需要者たる女性の間に広く認識されていたと認められる。

　また、いずれの広告内容においても、原告ら容器とともに原告ら包装の台紙も掲載されており、台紙の木の葉型の形状およびライトグリーンの色彩も目を引くものとなっていること、いずれの広告内容においても同台紙の表示とは別に「塗るつけまつげ」との記載がされていることから、遅くとも平成18年4月までに、原告ら包装の特徴点Aおよび同Bをもって、原告ら包装も原告ら商品を示すものとして需要者たる女性の間に広く認識されていたと認められる。

2　原告商品の容器および包装と被告商品の容器および包装の類似性

① 　容器の一致点　　容器本体およびキャップのサイズ、容器本体の色が酷似。

② 　容器の相違点　　キャップの色（違うが類似）、容器の絵柄（違うが似たような印象）、絵柄の位置、本体の文字。

③ 　包装の一致点　　大きさ、容器を透視できる。

④ 　包装の相違点　　台紙の形状と色彩（異なるが類似）、文字（異なるが観念において類似、その他は異なるが目立たない）、容器を包容する位置。

以上より、被告商品の容器および包装は、原告商品容器および包装の特徴点と類似するうえ、台紙に付された文字についても観念において類似する。

3　混同のおそれ

2条1項1号の混同のおそれは、離隔的に観察して混同を生ぜしめるおそれがあるか否かによって判断すべきである。

被告商品の容器および包装は、原告商品の容器および包装の特徴を有し、原告包装は、他の商品包装と異なる独自の特徴を有し、それらの特徴点において周知性を獲得している。原告ら商品は薬局において販売されているところ、被告商品が薬局で販売されており、原告ら商品と並べて販売されている店舗もある。原告ら商品の販売価格が1500円であり、被告商品が980円であって大きく異ならない。容器および包装に商品の出所が記載されており、両者の出所記載部分に特に着目して両者を対比すれば識別は可能であるが、離隔的に観察すれば需要者に混同のおそれがある。

4 製造行為および納入行為の不正競争該当性

被告によるマスカラの充填は、被告商品を製造完成させる行為として原告ら商品の商品表示を使用したものというべきである。

被告がAからの依頼に基づき、Aが占有する資材にマスカラを充填したにすぎず、OEM製造を請け負ったものであるとしても、被告によるAへの納入行為は、物に対する物理的支配としての占有の移転があったことは明らかであるから、少なくとも2条1項1号の「引き渡し」に当たる。

5 損害額

5条1項にいう「利益の額」は、「被侵害者がその侵害の行為がなければ販売することができた物の単位数量当たりの利益の額」をいうのであり、その趣旨に照らせば、販売価額から控除すべき経費は、当該数量の被侵害者製品を追加して販売するために追加的に必要であったはずの経費を指すものと解すべきであり、かかる経費を控除した利益の額をもって、同項の「利益の額」とするのが相当であって、開発費や広告宣伝費は控除の対象とならないというべきである。

6 原告らの販売等の能力

原告らの商品が1575円であるのに対し、被告商品が980円であるとしても、原告商品と被告商品の顧客層はほぼ一致するものと推認され、原告らが他の商品を販売しているとしても、被告商品が原告ら商品と混同されるおそれがあるため、被告の侵害行為がなければ原告ら商品を販売することができたことには

変わりがない。

7 結論

裁判所は、被告商品の容器および包装が、原告商品の商品容器および包装の特徴に類似しており、隔離的に見た場合、需要者に混同が生じるおそれがある、と認定し、ワールドリンクスから容器および包装を渡されてマスカラの充填を委託されて商品を製造した被告に対し、侵害行為がなければ販売できた物の単位数量あたりの利益の額を損害として支払うよう命じた。

【コメント】

本件は、マスカラの容器および包装に商品表示性および周知性を認め、OEM契約により委託者から渡された容器にマスカラを充填して商品を製造した被告の行為が他人の商品等表示の「使用」に当たり、委託者への納品が「引き渡し」に当たるとして損賠賠償請求を認めた事案である。

1 容器および包装の商品表示性

商品表示とは、人の業務に係る商品または営業を表示するものであり、商品の容器または包装であっても、特異な形態であるとか、宣伝広告の繰り返しあるいは多数の販売などにより、二次的に識別力を取得すれば2条1項1号の商品等表示に該当しうるとされる（市政梓「判例研究」知財管理60巻8号（2010年）1366頁）。

本件は、容器の本体とキャップの色の組合せ、容器の絵柄、台紙の色および透明な包装に特徴を認めている。

色彩の商品等表示性については、色彩は本来何人も自由に選択して使用することが許されるものであるが、配色の使用が当該商品に従来みられなかった新規なものであり、それが特定人の商品であることの識別力を獲得するに至っていれば、商品等表示となるとされている（大阪地判S58・12・23判タ536号273頁）。

商品表示性と周知性は異なる要件であるが、配色および絵柄に原告の商品表示性が認められるためには、需要者によって特定人の商品であると識別されるものでなければならないため、本件で台紙の色、包装、原告容器の本体、およびキャップの色の組合せに商品表示性が認められたのは、原告商品の周知性の高さが影響していると考えられる、とされている（判タ1317号254頁）。

2　使用および引き渡し行為

本件はOEM契約により渡された容器にマスカラ溶液を充填して製造した行為を原告商品表示の「使用」であるとし、製造した商品の納品行為を原告商品表示の「引き渡し」であるとした（判時2048号92頁、判タ1317号254頁）。

2条1項1号の「使用」とは、商品の出所を表示し、自他商品を識別する機能を果たす態様で用いられていることを要するとされていることから（東京地判H12・6・29判時1728号101頁・判タ1044号221頁）、渡された容器に溶液を充填して製造する行為が「使用」に当たるかが問題となる。この点について、渡された容器に溶液を充填して商品を製造する行為自体を商品等表示の使用行為とすることには無理があるように思われるとの指摘をするものがある（宮脇正晴「いわゆるOEM商品の納入行為の不正競争防止法2条1項1号の『引渡し』該当性と当該行為による損害額の算定」速報判例解説(5)法学セミナー増刊（日本評論社、2009年）249頁）。

しかし、2条1項1号が需要者の混同防止を目的とするものであるため、「他人の商品表示を使用した商品」の引渡しであるか否かは、引渡しの相手方（容器の製造者）が他人の商品表示と混同するか否かではなく、需要者が他人の商品表示と混同をする商品であるか否かを基準にして判断されるべきであるから（宮脇・前掲249頁）、製造完成行為が2条1項1号の商品表示の「使用」行為でないとしても、被告は「商品表示を使用した商品」を製造し、被告の納品行為が、「商品表示を使用した商品の引き渡し」であるとした本判決の結論は妥当と思われる。

3　OEM契約の製造者に対する請求

本件の被告がOEM契約の製造者であることから、容器・包装を製造していない場合の損害額については減額するなどの救済の多様性があってもよいのではないか（市政・前掲1368頁）、OEMの生産者にそこまでの責任を負わせることについては議論の余地もあろう（判タ1317号254頁）と減額を示唆するもの、OEM製造委託契約の当事者のうち資材の供給を受けて製造納入のみを行った者についても、従来不正競争防止法の請求の相手方とされてきたが、本件被告について、対価を得て不正競争品を製造した下請業者、請負業者の事案と同様に解されるべきかについてはなお議論の余地が残るものと思われる（判時2048

号92頁）として、本件被告の行為が不正競争防止法の適用対象となるかについて検討すべきとする議論がある。

（神川朋子）

▶判例コメント・40

【事件名】　仕入先情報事件
【判決裁判所】　東京地方裁判所（平成20年(ワ)第853号）
【判決年月日】　平成20年11月26日
【出典】　判時2040号126頁、判タ1293号285頁
【不正競争行為】　2条1項7号
【請求内容】　損害賠償
【結論】　請求棄却

【事案の概要】
　レコード・CD等のインターネット通信販売業を営む原告が、原告元従業員（被告）が退職後に競業会社に就職して在職中に得た商品の仕入先情報を業務上利用しているとして、その行為が秘密保持に関する合意に違反し、競業避止に関する合意にも違反し、または2条1項7号所定の不正競争行為に該当するとして、被告とその身元保証人（父親）に損害賠償の支払いを求めた事案である。

【争点】
1　仕入先情報が営業秘密に該当するか。
2　仕入先情報が合意上の機密事項に該当するか。
3　被告の行為が合意上の競業避止義務に違反するか。

【判旨】
1　争点1――仕入先情報が営業秘密に該当するか

　「秘密として管理されている」（2条6項、秘密管理性）の認定においては、主として、当該情報にアクセスした者に当該情報が営業秘密であると認識できるようにされているか、当該情報にアクセスできる者が制限されているか等が、その判断要素とされるべきであり、その判断にあたっては、当該情報の性質、保有形態、情報を保有する企業等の規模のほか、情報を利用しようとする者が誰であるか、従業者であるか外部者であるか等も考慮されるべきである。

　そして、以下の事実が認められる。

① 仕入先情報には、仕入先業者の名称、住所・所在地、電話・FAX番号、仕入先担当者の氏名・メールアドレス、取扱商品の特徴等の情報が含まれる。
② 仕入先情報に含まれる事項には、仕入先ホームページや音楽情報掲載サイトで公開されているものや、販売商品ジャケットに記載されているものもある。
③ 原告は仕入先情報をサーバーに保管し、アクセスには（アルバイト含む）従業員各人に付与したユーザーID・パスワードが必要であった。
④ 原告はサーバー、共有端末、ネットワークや各人ID・パスワードを一括管理しており従業員退職の際にはそのID・パスワードを即時削除している。
⑤ 原告サーバーの仕入先情報ファイル自体には、閲覧にプロテクト等の保護手段が施されていない。
⑥ 原告は仕入先情報を印刷した紙媒体でも本社等で保管しているが、本社等はいずれも警備会社の機械警備下にあり部外者の持ち出しはできない。
⑦ 原告では、仕入れ担当者以外でも、（アルバイト含む）従業員であれば仕入先情報の閲覧が可能である。
⑧ 仕入先情報のプリントアウトや仕入先情報が印刷された紙の持ち出しについて、特段の制約はなかった。
⑨ 原告は全従業員との間で秘密保持契約（被告と同様）を締結している。
⑩ 仕入先情報が営業秘密に当たることについて特段の注意喚起はなかった。

上記によれば、原告においては、アルバイトを含め従業員であればIDとパスワードでサーバー接続端末により仕入先情報のファイルを閲覧可能で、ファイル自体には情報漏洩を防ぐ保護手段が何もないうえ、従業員との間の秘密保持契約も対象が抽象的で仕入先情報が含まれる旨の明示がなく、仕入先情報が営業秘密に当たることについて従業員に特段の注意喚起もなかった。

かかる管理状況に加え、仕入先情報の内容の多くがインターネット等により一般に入手可能な情報をまとめたもので、また、原告に個々の仕入先を秘匿すべき事情も窺われないことから、仕入先情報はその性質上秘匿性が明白とはい

い難いこと等を考慮すれば、仕入先情報を業務に用いていた原告従業員にとって、それが外部に漏らすことの許されない営業秘密であると容易に認識できる状況にあったとはいえない。

したがって、仕入先情報については、秘密管理性を欠くから、他の要件を検討するまでもなく、営業秘密（2条6項）に該当するとは認められない。

2 争点2——仕入先情報が合意上の機密事項に該当するか

仕入先情報は、上記のとおり営業秘密（2条6項）に当たらないが、そのような場合でも、別途当事者間で秘密保持契約を締結していれば、従業員は契約に応じた秘密保持義務を負うことになる。

そこで検討するに、従業員の退職後はその職業選択の自由が保障されるべきであるから、契約上の秘密保持義務の範囲についてはその義務を課すのが合理的といえる内容に限定解釈するのが相当であるところ、秘密保持合意の内容では秘密保持の対象となる機密事項について具体的な定義がなく例示すら一切記載がないから、いかなる情報が機密事項に当たるか不明といわざるを得ない。

しかも、原告従業員は、仕入先情報が外部に漏らすことの許されない営業秘密として保護されていることを認識できる状況に置かれていたとはいえない。

かかる事情に照らせば、秘密保持合意を締結した被告に仕入先情報が機密事項に該当するとしてその秘密保持義務を負わせることは、予測可能性を著しく害し退職後の行動を不当に制限する結果をもたらし不合理といわざるを得ない。

したがって、仕入先情報が秘密保持義務の対象となる機密事項に該当するとは認められない。

そうすると、仕入先情報は、秘密保持合意上の機密事項にも該当しない。

3 争点3——被告の行為が合意上の競業避止義務に違反するか

原告の主たる事業はレコード・CD等のインターネット通信販売業務活動・携帯電話用サイトでの通信販売業務であり、原告および被告間で競業避止合意がされていたところ、被告が携帯電話のモバイルコンテンツ事業を主たる業とする競業会社に転職し同社でレコード・CD等のインターネット通信販売業務・携帯電話用サイトでの通信販売業務を行っているから、被告の行為が競業避止合意に違反するかが問題となる。

ただし、退職後の競業避止に関する合意は、従業員の就職および職業活動それ自体を直接的に制約し、秘密保持義務と比較しても退職従業員の有する職業選択の自由に対して極めて大きな制約を及ぼすものであるといわざるを得ない。

　そのため、上記合意によって課される従業員の競業避止義務の範囲については、競業行為を制約する合理性を基礎づける必要最小限度の内容に限定して効力を認めるのが相当である。

　そして、その内容の確定にあたっては、従業員の就業中の地位および業務内容、使用者が保有する技術上および営業上の情報の性質、競業が禁止される期間の長短、使用者の従業員に対する処遇や代償の程度等の諸事情が考慮されるべきであり、特に、転職後の業務が従前の使用者の保有する特有の技術上または営業上の重要な情報等を用いて行われているか否かという点を重視すべきであるといえる。

　そして、以下の事実が認められる。

① 　被告は、原告に入社後、正社員となってから通販部に所属し、主としてレコード・CD等の商品の通信販売業務・携帯電話用サイトでの通信販売業務、同商品の仕入れ業務等に携わり、必要に応じて仕入先情報を閲覧し利用して業務を行っていた。

② 　原告通販部には、被告在職中に商品仕入れ業務担当者が10名以上おり、被告は、原告が扱う音楽ジャンル中、商品数・種類の最少ジャンルを担当していた。

③ 　被告は、原告通販部で当初責任者補佐役を務め、その後、上司の下でアルバイトを取りまとめる地位に就き、アルバイト採用にかかわり、業務月例ミーティングに出席したが、所属部署の責任を単独で負う地位に就いたことはなかった。

④ 　被告は、合意に基づく秘密保持義務および合意に基づく競業避止義務を負うことの代償として、金銭等の給付を受けていない。

⑤ 　被告は、原告退職前から、原告の仕入先であるL社担当者にメールを送信し、取引を始めたい旨を申し入れるなどしていた。

⑥ 　被告は、競業会社に入社後、同社レコード通信販売業務も担当するよう

になり、自ら仕入先と接触して商品の仕入れを行うなどしている
⑦原告と競業会社とでは、その取り扱うCD・レコード等の商品の範囲が一定程度重なり、商品の仕入先も競合しているが、同様の商品は一般の大手レコード店等においても取り扱われている。

上記によれば、被告は原告在職中にCD・レコード等の仕入れおよび販売業務に携わっていたことから、被告が競業会社で行った業務のうち原告業務と競合し得る部分はレコードの通信販売業務であるところ、被告はその種の業務を行うに際して原告就業中の日常業務から得た一般的な知識、経験、技能や業務を通じて得た仕入先担当者との面識などを利用したにすぎないと考えられ、被告が原告の保有する特有の技術上または営業上の重要な情報等を用いて競業会社の業務を行っているとは認められない。

そうすると、被告が、原告在職中にその業務の中枢にかかわる重要な地位に就いていたともいえず、携わっていた業務の内容も商品の仕入れ販売等に関する業務を自ら行うほかアルバイトの取りまとめ等を行う程度のものであって、単独で責任を負うような立場にもなかったこと、競業避止合意に基づいて退職後の競業避止義務を負うことについて何らの代償措置も講じられていなかったことなどの事情も併せ検討すれば、同義務を負う期間が2年間とさほど長くないことを考慮しても、被告が競業会社において実施している業務の内容は競業避止合意の対象に含まれるとは認められないというべきである。

したがって、被告の競業会社における業務は、競業避止の対象に含まれない。

【コメント】
1　秘密管理性

営業秘密とは、秘密として管理されている（秘密管理性）生産方法、販売方法その他の事業活動に有用な技術上または営業上の情報（有用性）であって、公然と知られていないもの（非公知性）をいう（2条6項）。

秘密管理性、有用性、非公知性の3要件のうち秘密管理性の基準については、①情報にアクセスできる者が制限されていること（アクセス制限）、②情報にアクセスした者がそれを秘密であると客観的に認識可能にしていること（認識可能性）が必要と考えられており、本判決もそれに従って判断している。

そして、アルバイトを含め従業員であれば誰でもアクセス可能で（①を欠く）、秘密であることの注意喚起もなく情報自体秘匿性がないこと（②を欠く）から、秘密管理性が認められないと妥当な判断をしている。

2 契約上の秘密保持義務の範囲

営業秘密（2条6項）に該当しなくとも、当事者間において就業規則、労働契約、個別合意等で秘密保持義務が課されている場合は、当該秘密保持義務違反に当たるかが問題となる。

本判決は、かかる秘密保持義務の範囲については、その義務を課すのが合理的といえる内容に限定解釈するのが相当としたうえで、合意上の秘密保持の対象について定義も例示もなく対象の特定がないうえ、仕入先情報が秘密に該当すると認識できる状況にもなかったことから（上記1の秘密管理性でいえば、②を欠くことと重なる）、秘密保持義務違反に当たらないと判断している。

そうすると、営業秘密の秘密管理性該当性において②認識可能性を欠くとなれば、合意上の秘密保持義務の対象であることの認識可能性も欠くのが通常であろうから、本判決によれば、営業秘密に該当しないが秘密保持義務違反を問える場合というのは現実的にはほとんど考えにくいことになる。

この点で、少なくとも抽象的に秘密保持義務を定めるだけでは何の役にも立たないことが判示されており、実務上も参考になるといえる。

3 競業避止義務違反

本件では、合意上の競業避止義務に違反するのかも争われた。

本判決は、退職後の競業避止に関する合意が従業員の就職および職業活動それ自体を直接的に制約し、（秘密保持に関する合意と比較しても）極めて重い制約である以上、競業避止義務の範囲については必要最小限度の内容に限定して効力を認めるのが相当と判断している。

その内容について具体的には、就業中の地位・業務内容、使用者の技術上・営業上の情報の性質、競業禁止期間の長短、代償措置の程度等の諸事情に加えて、特に転職後の業務が従前使用者の特有の技術上・営業上の重要な情報等を用いて行われているか否かという点を重視すべきとの基準を立てている。

そして、被告が一般的な知識経験面識を利用しており原告特有の技術上・営業上の重要な情報を用いていないこと、被告が原告において単独で責任を負う

立場や業務に就いていなかったこと、代償措置もないことから、期間が2年であっても、被告が転職先で実施している業務の内容は、競業避止の対象に含まれないと判断した。

　すなわち、競業避止義務の範囲については、業務に用いる情報や前職地位や代償措置や禁止期間という諸事情を考慮されて、必要最小限度に限定されている。

　使用者としては競業避止義務を実効化するためには、代償措置や禁止期間の長短も考慮することが必要であり、実務上参考になるといえる。

（村上覚朗）

▶判例コメント・41

【事件名】　黒烏龍茶事件
【判決裁判所】　東京地方裁判所（平成19年(ワ)第11899号）
【判決年月日】　平成20年12月26日
【出典】　判時2032号11頁、判タ1293号254頁
【不正競争行為】　2条1項1号・14号・15号
【請求内容】　損害賠償、製造販売の差止め・廃棄、比較広告の抹消
【結論】　損害賠償請求一部認容（2条1項1号・15号）、比較広告の差止棄却

【事案の概要】
　原告は、原告商品（ペットボトル入りの烏龍茶、商品名「黒烏龍茶」）を示すものとして周知かつ著名な表示（原告商品表示）と類似する被告商品表示1および2を箱に付した被告ら商品1および2（いずれも烏龍茶のティーバッグ）を製造、販売したとして、被告らに対し損害賠償請求と製造販売等の差止めを求めるとともに（2条1項1号および2号）、被告らは原告商品の品質等を誤認させる内容の比較広告（広告表示）を行い、この比較広告が品質等誤認表示（2条1項14号）、虚偽事実告知（2条1項15号）に該当するとして、信用棄損による損害賠償請求と比較広告の抹消を求めた。

【争点】
1　原告商品表示に周知性・著名性が認められるか。
2　比較広告が虚偽事実告知に該当するか。

【判旨】
　1　原告商品表示の周知性
　まず、原告商品表示は、後掲の原告商品表示のとおり、原告商品であるペットボトル入りの烏龍茶のパッケージの前面である。
　原告商品は平成18年5月に販売が開始されたが、被告ら商品はその約2カ月後の同年7月から販売されていたため、原告商品表示の周知性が争われた。
　本判決は、①原告商品表示を付した原告商品をコンビニエンスストアなどで大量に販売していたこと、②新聞、雑誌などの各種マスメディア、電車内や駅

構内での広告、テレビ広告が頻繁に行われていたこと、③原告商品が人気商品として各種の賞を受けていたことなどから、原告商品表示は、被告ら商品Aの販売が開始された平成18年7月下旬頃の時点において、原告商品を表すものとして全国の消費者に広く認識され、相当程度強い識別力を獲得していたといえ、周知性を有していたものと認めることができると判示した。

これに対し、被告らは、原告商品の販売や宣伝広告が行われた期間の短さを根拠として、平成18年7月下旬ころの時点では、原告商品表示の周知性および著名性が認められないとして争ったが、原告が、原告商品発売時である同年5月から同年7月までの間に、相当集中的な販売および宣伝活動を行っていることに照らせば、その期間が2カ月間であっても、周知性を獲得したと認めるのが相当であるとして排斥した。

2 混同のおそれ

類似性の判断基準については、取引の実情の下において、需要者または取引者が、両者の外観、称呼または観念に基づく印象、記憶、連想等から両者を全体的に類似のものと受け取るおそれがあるか否かを基準とし、需要者または取引者が、時と所を異にして両者を観察した場合にどのように認識するかという観察方法（離隔的観察）によって、判断されるべきであるとした。そして、外観、称呼、観念などについて次のように判示して、被告ら商品表示Aについては混同のおそれを認めたものの、被告ら商品表示Bについては混同のおそれはないとした。

(1) 被告商品表示1

まず、被告ら商品表示1については、①外観における共通点および相違点を総合すれば、表示全体および各構成部分の模様、色および配置、「黒烏龍茶」という商品名および「ポリフェノール」という含有成分名およびそれらの文字部分の字体、色および配置といった共通点は、各部分の内容、大きさ、配色、配置等からして、そこから受ける印象が、相違点から受ける印象よりも、需要者または取引者の記憶に強く残るものと評価することができるとして、外観は極めて類似しているとした。次に、②原告商品表示と被告商品表示1とで共通する称呼である「くろうーろんちゃ」は、商品表示の中央に大きく縦書きされた「黒烏龍茶」の文字に由来し、商品名を示すものであって、通常、需要者ま

たは取引者が当該商品を認識および記憶するに際して重要なものであるから、原告商品表示と被告商品表示1の称呼については、全体として相当程度の類似性を認めることができるとした。さらに、③原告商品表示と被告商品表示1とからは、「黒色のウーロン茶」および「ポリフェノールが含有されたウーロン茶」という共通する観念が生じるものといえるとした。そして、これらを踏まえて、原告商品表示と被告商品表示1は、全体的、離隔的に対比して観察した場合には、その共通点から生じる印象の強さが相違点から生じる印象の強さを上回り、需要者または取引者において、両表示が類似するものと受け取られるおそれがあるというべきであるとした。

これに対し、被告らは、茶飲料業界の取引の実情として、上記共通点に係る表示方法は、すべて同業界において普通に使用されている表示方法であるから、そのような点が類似していたとしても、不正競争法上何ら非難されるべきものではないと主張したが、それらの表示が被告商品1の製造、販売開始時である平成18年7月下旬当時にすでに存在していたことを認めるに足りる証拠はなく、また複数の顧客が被告商品1を原告商品と誤認して購入したことがあるから、原告商品表示と被告商品表示1とでは、需要者または取引者において、被告商品1を原告商品と混同し、または、被告商品1が原告商品の関連商品であると誤認するおそれがある程度に紛らわしく、類型的な混同のおそれがあるというべきであるとした。

(2) 被告商品表示2

次に、被告商品表示2については、①原告商品表示と被告商品表示2とは、その外観において、包装パッケージの背景色が黒味を帯びた濃い色である点、明朝体の漢字の「黒」という文字部分が存在する点、「烏龍茶」という文字部分が存在する点および含有成分が記載されており、その記載に「ポリフェノール」という片仮名のゴシック体の文字部分が含まれている点で共通しているのみであって、その余の点は、いずれも相違している。しかも、共通点のうち、包装パッケージの背景色は、原告商品表示が黒色の無地であるのに対し、被告商品表示2は、黒色地に灰色の横縞模様が入ったものである点において、相違している。また、「黒」および「烏龍茶」の文字部分は、原告商品表示では、一体として「黒烏龍茶」と縦書きで表記されているのに対し、被告商品表示2

では、「黒濃」の文字が縦書きで表記され、その横に、これとは独立して、「烏龍茶」と横書きで表記されている点および両者の文字の色が異なっており、さらに、「烏龍茶」の文字については、両者の書体も、相違している。そして、「ポリフェノール」という文字部分も、両者の文字の色および縦書きか横書きかという点で相違しているとして、離隔的観察の下でも、全体的に見て両者の外観が類似しているということはできないとした。次に、②原告商品と被告商品2を飲料用商品として称呼する場合、原告商品表示からは、「くろうーろんちゃ」「さんとりーくろうーろんちゃ」の称呼を生じ、被告商品表示2からは、「こくのううーろんちゃ」の称呼を生じるとした。そして、原告商品表示と被告商品表示2とは、全体の称呼が相違するものであり、また、各称呼のうち共通する「うーろんちゃ」は、著名な茶の種類を意味する普通名詞にすぎないから、その部分のみを分離して称呼を検討するのは相当でないとして、原告商品表示と被告商品表示2の称呼において、類似性はないとした。さらに、③原告商品表示からは、「黒色のウーロン茶」、「サントリーの製造販売に係る黒色のウーロン茶」、「ポリフェノールが含有されたウーロン茶」の観念が生じ、被告商品表示2からは、「黒濃烏龍茶」の文字部分および「ポリフェノール含有」の含有成分の記載に応じて、「黒色の濃いウーロン茶」、「ポリフェノールが含有されたウーロン茶」の観念が生じ、原告商品表示と被告商品表示2とは、複数生じ得る観念のうち、「ポリフェノールが含有されたウーロン茶」という観念でのみ共通するものといえるとした。そして、これらを踏まえて、原告表示と被告商品表示2は、全体的、離隔的な観察の下で、それらの相違点から生じる印象が非常に強いといわざるを得ず、観念において一部共通する点があることを考慮しても、需要者または取引者において両表示は類似しないと判断した。

　これに対し、原告は、飲料商品が商品表示に厳密な注意を払わずに購入されるものであるから、需要者または取引者において、被告商品2が、原告商品のラインナップの1つであるか、あるいは、原告と被告らとの間の提携関係により発売されているものであるなどと考え、両者を混同するおそれがあると主張したが、原告の主張する飲料商品の購入状況については、これを認めるに足りる証拠がなく、被告商品1の場合のように実際に消費者が誤認した事例も認め

られないうえ、原告商品表示と被告商品表示２とが大きく相違していることからすれば、原告商品表示が周知であると認められることなどを考慮したとしても、需要者または取引者に混同を生じさせる類型的なおそれを認めることはできないとした。

3 著名性

本判決は、ある商品の表示が取引者または需要者の間に浸透し、混同の要件を充足することなくして法的保護を受け得る、著名な程度に到達するためには、特段の事情が存する場合を除き、一定程度の時間の経過を要すると解すべきであるとし、原告商品については、平成18年７月下旬の時点において、いまだ発売後２カ月半程度しか経過しておらず、かつ、原告商品表示がそのような短期間で著名性を獲得し得る特段の事情を認めるに足りる証拠もないのであるから、原告商品表示は、同時点において、著名性はないとした。

そして、著名性が否定されたため本来は不要ではあるが、類似性の判断基準についても次のとおり判断が示された。すなわち、２条１項２号（著名表示）の類似性と同項１号（周知表示）における類似性とは基本的には同様であるが、両規定の趣旨に鑑み、同項１号においては、混同が発生する可能性があるのか否かが重視されるべきであるのに対し、同項２号にあっては、著名な商品等表示とそれを有する著名な事業主との一対一の対応関係を崩し、稀釈化を引き起こすような程度に類似しているような表示か否か、すなわち、容易に著名な商品等表示を想起させるほど類似しているような表示か否かを検討すべきものと解するのが相当であるとした。

4 比較広告の虚偽事実告知該当性

まず、比較広告は後掲の広告表示のとおりであるが、１つは「原告商品の画像５本半分（２リットル相当）と被告商品の１包の画像との間に『＞』の記号を付し、その下に『１包のティーバッグで２リットルのペットボトル１本を作る事ができます！』とする表示」（「本件比較広告１」）、もう１つは「『烏龍茶ポリフェノール含有量2070mg　約70倍　サントリーなんかまだうすい！』とする表示」（「本件比較広告２」、これと本件比較広告１とを併せて、「本件比較各広告」）である。

本判決は、「他人の営業上の信用を害する虚偽の事実」とは、他人の社会的

評価、すなわち、一般需要者の視点から見た評価を低下させ、または低下させるおそれがあるような事実であり、かつ、それを告知または流布する者の主観的認識とは関係なく、客観的真実に反する事実をいうものと解すべきであるとした。そして、本件各比較広告を一般需要者の視点から検討すると、近接して表示された説明内容および原告商品の画像と相まって、被告商品２に含まれるウーロン茶重合ポリフェノールの量や効能等について原告商品と比較しながら宣伝するものであり、本件比較広告１では、被告商品２のティーバッグ１包で350ml入りペットボトル５本半分の原告商品が含有する量よりも多くのウーロン茶重合ポリフェノールを含むウーロン茶を作れることを、本件比較広告２では、被告ら商品Ｂの単位量あたりのウーロン茶重合ポリフェノール含有量が原告商品のそれの約70倍であり、原告商品のウーロン茶重合ポリフェノールの濃度が被告ら商品Ｂのそれに比して相当薄いことを、それぞれ示しているものと解釈することができるとした。

しかし、一般需要者が、本件各比較広告が掲載されたウェブサイトまたは被告商品２の包装パッケージの各記載に基づき、通常認識するはずの方法によって作られた被告商品２のウーロン茶重合ポリフェノールの含有量は、350mlあたり47.6mgであり、他方、原告商品のそれは、350mlあたり70mgであるから、両者の単位量あたりのウーロン茶重合ポリフェノール含有量を比較すると、原告商品の方が多く、よって、その濃度は原告商品の方が濃いといえる。そうすると、上記のように解釈される本件比較広告１および本件比較広告２は、いずれも、客観的真実に反する虚偽の事実であり、かつ、一般需要者に対して原告商品の品質が被告商品２に劣るとの印象を与え、原告の社会的評価を低下させるおそれのある事実であると認められるとした。

4 結論

本判決は、原告商品表示の周知性を認めて、原告商品と混同のおそれのある被告ら商品Ａの製造販売等の差止めおよび損害賠償を認めた。また、広告表示が原告に対する営業誹謗に該当するとして、本件比較各広告の表示の差止めおよび損害賠償を認めた。

【コメント】

1 比較広告

競業関係にある他人の商品と自己の商品を比較して、自己の商品が優れていることを需要者へアピールし、自己の商品の購入を促す広告（比較広告）があるが、このような広告自体は法的に許容されている。しかし、誤った情報に基づいてこのような比較広告がなされると、競業者の営業上の信用が毀損されたり、消費者が誤った購入判断をすることとなり、景品表示法違反（優良誤認）となることもある。そして、不正競争防止法の関係では、比較広告の内容が虚偽の事実になるような場合には、2条1項15号の営業誹謗行為として差止請求や損害賠償請求の対象とされている。そして、「虚偽の事実」に該当するかどうかは、科学的な実験や事実に基づいて客観的事実に反するかどうかにより判断される。**判例コメント・33**＝キシリトールガム比較広告事件（控訴審）においても基本的には同様の判断がなされている。したがって、比較広告を行う際には、客観的事実の裏付けを十分に準備しておくなどの注意が必要である。

2　複数侵害者に対する損害賠償請求

　本件では、被告ら商品の製造販売業者とその業者から仕入れをした小売業者の2者が被告とされ、共同不法行為の成立も認められたため、損害賠償の一部（被告らがそれぞれ侵害品の販売により得た利益）について被告らの連帯債務とされた。

（井上周一）

原告商品表示

被告商品表示 1

被告商品表示 2

広告表示

▶判例コメント・42

【事件名】　マジコン事件
【判決裁判所】　東京地方裁判所（平成20年(ワ)第20886号）
【判決年月日】　平成21年2月27日
【出典】　裁判所HP
【不正競争行為】　2条1項11号・7項
【請求内容】　製品の譲渡、引渡し、譲渡もしくは引渡しのための展示、または輸入の差止め、並びに製品の廃棄
【結論】　請求認容

【事案の概要】

　携帯型ゲーム機「ニンテンドーDS」等を製造販売する原告任天堂株式会社、および原告任天堂とライセンス契約を締結して「ニンテンドーDS」向けゲームソフトウェア格納したゲーム・カード（DSカード）を製造・販売するソフトウェア制作会社55社が、被告らによる「R4 Revolution for DS」（被告装置）の輸入販売が2条1項11号の不正競争に該当するとして、輸入・販売等の差止め、および在庫品の廃棄を求めた事案である。

　ニンテンドーDSには、DSカードと特定の信号をやり取りすることによって、正規に製造販売されたDSカードを挿入しなければ当該DSカードに記録されているゲームプログラムが動作せず、単純にゲームプログラムを複製し、その複製ゲームプログラムが記録された記録媒体を挿入しただけでは、複製ゲームプログラムが動作しないしくみ（原告しくみ）が施されている。

　被告らが輸入販売する被告装置は、「マジコン」（マジック・コンピューターの略称）と呼ばれる機器の一つであり、これは正規のDSカードから複製したゲームソフトウェア（本件吸い出しプログラム）や動画等のデータが記録されているmicroSDカードを挿入した状態で「ニンテンドーDS」本体のスロットに挿入することによって、ニンテンドーDS上で複製されたゲームソフトウェア等の動作を可能とするものである。

【争点】

1 原告しくみは2条7項の「技術的制限手段」に該当するか。
2 被告装置は平成23年改正前2条1項10号（現11号）の技術的手段を無効化する機能「のみ」を有するといえるか。

【判旨】
1 争点1——原告しくみは2条7項の「技術的制限手段」に該当するか

(1) 2条1項11号の趣旨

本判決は、平成11年の法改正、同年の著作権法の改正、同年当時の技術的制限手段について検討を加えたうえで、「2条1項10号〔現11号〕は、我が国におけるコンテンツ提供事業の存立基盤を確保し、視聴等機器の製造者やソフトの製造者を含むコンテンツ提供事業者間の公正な競争秩序を確保するために、必要最小限の規制を導入するという観点に立って、立法当時実態が存在する、コンテンツ提供事業者がコンテンツの保護のためにコンテンツに施した無断複製や無断視聴等を防止するための技術的制限手段を無効化する装置を販売等する行為を不正競争行為として規制するものであると認められる」とした。

(2) 2条7項の「技術的制限手段」とは

そして、2条7項の「技術的制限手段」について、平成11年2月に発表された産業構造審議会の知的財産政策部会と情報産業部会の合同報告書、並びに文化庁長官官房著作権課内著作権法令研究会＝通商産業省知的財産政策室編「著作権法不正競争防止法改正解説（デジタル・コンテンツの法的保護）」（1999年12月25日発行）を踏まえ下記のとおり判示した。「『技術的制限手段』は、『(a)コンテンツに信号又は指令を付し、当該信号又は指令に機器を一定のルールで対応させる形態』と『(b)コンテンツ自体を暗号化する形態』の2つの形態を包含し、前者の例として『無許諾記録、物が視聴のための機器にセットされても、機器が動かない（ゲーム）』が挙げられているが、この例は、本判決の分類では、検知→可能方式である。そして、同立法当時、規制の対象となる無効化機器の具体例としてMODチップ（『家庭用のゲーム機のゲームプログラムを格納するコンパクトディスクに、パソコンでは複製できない特殊な信号を付して、ゲーム機がこの特殊な信号を探知してゲーム・プログラムを実行する』との技術的制限手段を無効にするプレイステーション用の機器）が挙げられているが、このMOD

チップは、本判決の分類にいう検知→可能方式のものを無効化するものであり、当初から特殊な信号を有しない自主制作ソフト等の使用も可能とするものであった」。

「以上の不正競争防止法2条1項10号〔現11号〕の立法趣旨と、無効化機器の1つであるMODチップを規制の対象としたという立法経緯に照らすと、不正競争防止法2条7項の『技術的制限手段』とは、コンテンツ提供事業者が、コンテンツの保護のために、コンテンツの無断複製や無断視聴等を防止するために視聴等機器が特定の反応を示す信号等をコンテンツとともに記録媒体に記録等することにより、コンテンツの無断複製や無断視聴等を制限する電磁的方法を意味するものと考えられ、検知→制限方式のものだけでなく、検知→可能方式のものも含むと解される」。

(3) 技術的制限手段該当性について

本判決は、DSカードと特定の信号をやり取りすることによって、正規に製造販売されたDSカードを挿入しなければ当該DSカードに記録されているゲームプログラムが動作しないという検知→可能方式により、本件吸い出しプログラムの実行を制限しているという前提事実から、原告しくみは、2条7項の技術的制限手段に該当し、同法2条1項11号の営業上用いられている技術的制限手段によりプログラムの実行を制限するとの点も満たしていると判断した。

2　争点2──被告装置は、平成23年改正前2条1項10号（現11号）の技術的手段を無効化する機能「のみ」を有するといえるか

(1) 「のみ」要件について

本判決は、平成11年改正の立法趣旨および立法経緯を踏まえたうえで、平成23年改正前2条1項10号（現11号）の「のみ」について、以下のとおり判示して、管理技術の無効化を専らその機能とするものに限定する趣旨である旨判断した。

「2条1項10号〔現11号〕の『のみ』は、必要最小限の規制という観点から、規制の対象となる機器等を、管理技術の無効化を専らその機能とするものとして提供されたものに限定し、別の目的で製造され提供されている装置等が偶然『妨げる機能』を有している場合を除外していると解釈することができ、

これを具体的機器等で説明すると、MODチップは『のみ』要件を満たし、パソコンのような汎用機器等及び無反応機器は『のみ』要件を満たさないと解釈することができる」。

(2) 被告装置の「のみ」要件該当性

本判決は、正規のDSカードから複製したゲームソフトウェアや動画等のデータが記録されているmicroSDカードを挿入した状態でニンテンドーDS本体のスロットに挿入することによって、ニンテンドーDS上で複製されたゲームソフトウェア等の動作を可能とするとの被告装置の機能および、「数多くのインターネット上のサイトに極めて多数の本件吸い出しプログラムがアップロードされており、だれでも容易にダウンロードすることができること、被告装置の大部分が、そして大部分の場合に、本件吸い出しプログラムを使用するために用いられている」被告装置の使用実態に照らし、被告装置は2条1項11号の「のみ」要件を満たしていると判断した。

【コメント】

本件の背景として、マジコンが一般消費者が容易に入手し得るようになっていたことで、DSカードからゲーム・プログラムが違法に複製され、一般消費者がその複製されたゲーム・プログラムをインターネットを通じて容易にダウンロードして、マジコンを用いてニンテンドーDSで動作させていた実態があった。

そのような状況下で、本判決は、2条1項11号の立法時の議論に遡って検討し、それによって導かれる同号の趣旨に基づいて、マジコンを2条1項11号に規定される技術的制限手段の回避装置であるとして、初めて輸入販売の差止めと廃棄を認めた。また、本件と同様に任天堂株式会社、およびソフトウェア制作会社がマジコンの輸入販売等を行っている業者に対して、これらの行為の差止め、および損害賠償を請求した事案においては、差止めのみならず損害賠償請求も認容されている（東京地判H25・7・9裁判所HP）。また、これを不服として上訴されていたが、最高裁は平成28年1月12日、上告、および上告受理申立てを棄却した。

本判決は、デジタル・コンテンツの直接的な冒用行為を幇助する行為に関して不正競争防止法上の責任を認めた事例といえる。

なお、本件で問題となっている2条1項11号は平成23年改正前の条文（当時は2条1項10号）である。改正前においては、営業上用いられている技術的手段により制限されているプログラムの実行等もしくは記録を当該技術的手段の効果を妨げることにより可能とする機能「のみ」を有する装置もしくは当該機能「のみ」を有するプログラムを記録した記録媒体等の譲渡等が不正競争であるとされていた。そのため本件ではこの「のみ」要件の該当性も争点となっている。

　この「のみ」要件が付されていたのは、技術的制限手段をめぐる法規制のあり方としては必要最小限の規制内容にとどめるとの基本原則を踏まえて、映像や音の視聴等装置の提供事業者への過度な抑制効果に適切に配慮するため、「偶然に」回避する機能を有している装置等が対象とならないようにしたこと、および、平成11年法改正当時、問題が顕在化していたのは、回避機能のみを有する装置等の提供行為であり、「のみ」要件で十分に法目的の達成が可能であったことが理由である。

　しかし、本判決の事案も含めて、技術的制限手段を回避する機能の他に、追加的に他の機能が付されているために「のみ」要件を欠くと称する装置等が氾濫しており、コンテンツ事業に甚大な被害を与えている社会状況があった。そして、平成23年改正において、2条1項10号の「のみ」要件が外され、条文の末尾に括弧書で「当該装置または当該プログラムが当該機能以外の機能を併せて有する場合にあっては、影像の視聴等を当該技術的制限手段の効果を妨げることにより可能とする用途に供するために行うものに限る」と追加された。コンテンツ提供事業者間の公正な競争秩序をより確実に確保するために、技術的制限手段を回避する機能以外の機能を併せて有する場合であっても、実質的に技術的制限手段を回避するために用いられている場合に対しても差止請求等を行えるように保護を強化するのが目的である。

　また、平成23年改正では、技術的制限手段を回避する装置等を提供する行為についての刑事罰規定（21条2項4号）が導入された。

（松田直弘）

▶判例コメント・43

【事件名】　ゴヤール事件
【判決裁判所】　知的財産高等裁判所（平成22年(ネ)第10015号）
　　　　　　　　原審：東京地方裁判所（平成21年(ワ)第19888号）
【判決年月日】　平成22年11月29日
　　　　　　　　原審：平成21年12月24日
【出典】　裁判所HP
　　　　　原審：裁判所HP
【不正競争行為】　2条1項1号・2号
【請求内容】　被告商品の輸入、販売等差止め、廃棄、損害賠償
【結論】　請求棄却
【事案の概要】
　原告が、被告各商標を付した被告商品（バッグ、靴）は、原告商品と混同のおそれがあり、その輸入、販売は2条1項1号または同2号の不正競争行為にあたるとして、被告に対し商品の輸入、販売行為の差止め、廃棄、および損害賠償の支払いを求めた事案である。
【争点】
　被告標章と原告標章の類否
【判旨】
　1　標章の類否判断
(1) 原審判決
　(A) 原告標章と被告標章の類否について
　(ア) 原告標章の外観
　原告標章は、同じ大きさの3つの杉綾を各杉綾の凸型の綾線が他の2つの杉綾の凸側の綾線とそれぞれ接するように隣り合わせに配して「Y」字形としたモチーフを連続して配してなる。
　上記モチーフは、多数の白色の小さな卵形の点が3列に描かれてなる杉綾、多数の薄茶色の小さな卵形の点が3列に描かれてなる杉綾で構成される。

各モチーフは、モチーフを構成する杉綾の凹み部が、上部、右下部、左下部に配されたモチーフを構成する2つの杉綾の端部と接するように連続して配されている。

各モチーフの隙間である地の部分は、一定の三角形の形状をなしている。

(イ) 被告標章の外観

被告標章1は、同じ大きさの3つの葉を、うち1葉は長軸方向を縦として垂直に、うち2葉は上記垂直に配された葉の左右にこれを接するように斜めに、各葉の長軸方向の下端部がほぼ1点に集まるように配して、扇形状としたモチーフを連続して配してなる。

上記モチーフは、多数の黄緑色の小さな卵形の点が描かれてなる中央部の葉、多数の白色の小さな卵形の点が描かれてなる右部の葉、多数の茶色の小さな卵形の点が描かれてなる左部の葉で構成される。

上記モチーフは、モチーフを構成する右部の葉の上端部が、右横に配されたモチーフを構成する左部の葉の上端部および右上部に配されたモチーフの下部中央付近に、左部の葉の上端部が、左横に配されたモチーフを構成する右部の葉の上端部および左上部に配されたモチーフの下部中央付近に、それぞれ接するように連続して配されている。

各モチーフの隙間である地の部分の形状は一定でない。

(ウ) 原告標章と被告標章1との対比

原告標章の外観と被告標章1の外観とは、同じ大きさの3つの図形から構成されるモチーフを連続して配してなる模様である点、モチーフを構成する図形が多数の小さな卵形の点が描かれてなる点、モチーフを構成する図形に白色および茶色が用いられている点において共通する。

しかし、原告標章の外観と被告標章1の外観とは、原告標章のモチーフを構成する図形が杉綾であるのに対し、被告標章1のモチーフを構成する図形が葉である点、原告標章のモチーフは「Y」字形であるのに対し、被告標章1のモチーフは扇形状である点、原告標章においては、各モチーフの隙間である地の部分は一定の三角形の形状をなしているのに対し、被告標章1においては、各モチーフの隙間である地の部分は一定の形状でない点において相違している。

(エ) 結論

判決は上記のとおり類似点と相違点をあげたうえ、全体として異なる印象を与えるものであり、外観が類似しないのであるから、同一または類似の称呼や観念が生じることはない、とした。

また、被告標章2についても、同様の判断をした。

(2) **控訴審判決**

原告標章は同じ大きさの3つの杉綾を組み合わせて「Y」字型としたモチーフを連続して配してなり、各杉綾は白色、薄茶色、濃い茶色の色彩のものである。そして、これを付した商品を離隔的に観察した場合、確かに、色彩の組み合わせからして白色の杉綾部分が目立つが、あくまで、白色の杉綾が連続的に多数配されているとの印象を受けるにとどまり、白い複数の平行な直線同士が60度の角度で交わる模様であるとの印象は受けない。

また、被告各標章は、同じ大きさの3つの葉を配して扇形状としたモチーフを連続して配してなり、それぞれの葉は、白色、黄緑色、茶色の色彩のものである。そしてこれを付した商品を離隔的に観察した場合、白色と黄緑色の葉が目立ち、このうち複数の白色の葉は直線的に連続して配されているとの印象を受けるものの、複数の黄緑色の葉については、個々の葉の上端と下端とを結んだ線を仮定した場合、それらの線が少しずつずれており、これらが直線上に配されているとの印象は受けない。

仮に原告標章の白色の杉綾部分が複数連なって直線を構成しているとの印象を受けるとしても、原告標章では、直線を構成するのが長方形であって、同じ幅の線が続く印象を受けるのに対し、被告各標章では、白色の直線を構成するのが葉であって、幅の変化が大きいので、「直線」から受ける印象も、原告標章と被告各標章とで異なっている。

原告標章と被告各標章とは類似しているとはいえない。したがって、被告の行為が2条1項1号ないし2号に該当する行為であるとは認められない。

【コメント】

1　本件は、トランク、鞄等を製造販売するフランス国の法人が、スポーツ用品を販売するドイツ国の法人の日本子会社が輸入販売した鞄と靴に付された被告標章をモチーフとした地模様が原告の著名な標章の冒用であるとして、販売等の差止め、商品の廃棄、損害賠償を求めた事案であるが、原審も控訴審

も、原告の商品表示と被告商品は類似していないとして、原告の請求を棄却した。

2　原告は、被告が原告標章の著名性を被告が展開するブランドのイメージアップに利用しようとして被告標章を付した被告バッグ製品および靴製品を輸入、販売等したのであり不正競争行為に故意があると主張している。

その背景として、原告は1853年にパリで誕生し、1892年に卵形の3色の点を組み合わせて地模様を描いた標章を考案し、現在に至るまで同標章を付した製品を定番商品として販売している高級鞄メーカーであるということがある。ただし、原告が日本で販売を開始したのは2004年である。

被告は1983年に鞄類について日本で3つ葉のマークの商標登録をしたスポーツ用品メーカーである。本件で問題とされている被告の商品は、直営店と2軒の取引先小売店という限定された店舗で、2008年春夏限定企画商品として販売されたものであり、これらの商品には、卵形の3色の点を組み合わせて被告の標章である3つ葉が連続した地模様として描かれていた。

被告商品の製造者が被告の親会社であるドイツの会社であることから、被告商品の地模様は、フランスで100年以上にわたり高級鞄の標章として用いられていた原告の標章からヒントを得たのではないかと思われるし、また、限定企画商品に高級鞄メーカーである原告の標章を連想させる地模様を付していたことから、被告が原告商品の高級イメージを自社のイメージアップに利用しようとしたと原告が考えたことに理由がないともいえない。

しかし、仮に被告が原告の高級イメージを自社企画商品に付与しようとしたとしても、被告は自社の有名なマークを原告の標章を想起させる手法で描いたにすぎず、描かれている模様は明らかに被告の商標であり、かつ、販売方法も、もっぱら直営店で販売するというものであって、需要者に誤認混同が生じるおそれはない。

フランスで100年以上高級鞄として販売してきた鞄のイメージを日本で冒用されたと主張するには、日本における原告標章の著名性の立証が不足していたと思われる。

（神川朋子）

ゴヤール事件

原告標章

被告標章1

被告標章2

▶判例コメント・44

【事件名】 商品陳列デザイン事件
【判決裁判所】 大阪地方裁判所（平成21年(ワ)第6755号）
【判決年月日】 平成22年12月16日
【不正競争行為】 2条1項1号・2号
【出典】 判時2118号120頁
【請求の内容】 差止対象商品陳列デザインの使用差止め、損害賠償（4条または民法709条）
【結論】 請求棄却

【事案の概要】

　本件は、原告である西松屋チェーンが被告に対し、原告店舗でベビー・子供服の陳列のために使用している商品陳列デザイン1ないし3（以下、総称して「原告商品陳列デザイン」ともいう）は、①主位的にはそれぞれ独立して、②第1次予備的に原告商品陳列デザイン1および2の組合せにより、③第2次予備的に原告商品陳列デザイン1ないし3の組合せにより、原告の営業表示として周知または著名であるとして、3条1項（2条1項1号または2号）に基づき、被告が使用する商品陳列デザインの使用の差止めを求め、金銭請求は、原告が被告に対し、④主位的には上記不正競争行為を理由として、⑤予備的には、被告が原告商品陳列デザインに類似する商品陳列デザインを使用する行為が不法行為に当たるとして、民法709条に基づく損害賠償等の支払いを求めた事案である。

　本判決において認定された原告商品陳列デザインの特徴を分説すると次の表のとおりである（なお、各デザインの特定の構成要素を「原告商品陳列デザイン1a」などと記載する）。

【原告商品陳列デザインの分説】

陳列箇所	原告商品陳列デザイン1	原告商品陳列デザイン2	原告商品陳列デザイン3
	店舗壁面	ゴンドラ群長手方向	ゴンドラエンド
a	商品を、すべてハンガー掛けの状態で陳列する。	商品を、すべてハンガー掛けの状態で陳列する。	商品を、すべてハンガー掛けの状態で陳列する。
b	床面から少なくとも210cmの高さにまで陳列する。	床面から少なくとも210cmの高さにまで陳列する。	床面から少なくとも210cmの高さにまで陳列する。
c	ひな壇状ではなく陳列面を連続して陳列する。	ひな壇状ではなく陳列面を連続して陳列する。	ひな壇状ではなく陳列面を連続して陳列する。
d	少なくとも陳列面の3分の2はフェースアウトの状態で陳列する。	少なくとも最上段はフェースアウトの状態で陳列する。	少なくとも陳列面の3分の2はフェースアウトの状態で陳列する。
e	各陳列フックに複数枚陳列する。	各陳列フックに複数枚陳列する。	各陳列フックに複数枚陳列する。
f	来店者の使用に供するための商品取り棒を、一壁面に少なくとも1本設置する。	副通路を形成するゴンドラ（ゴンドラアイル）を切れ目なく店舗奥まで連なって設置する。	上部に反転フラップ方式の値段表示板を設置する。
g		来店者の使用に供するための商品取り棒を、少なくともゴンドラ群の一面に1本設置する。	

　原告の主張によれば、差止対象商品陳列デザインは、原告各デザインの各特徴を9割以上のスパンで採用している（なお、bについては、被告デザインの高さは200cmである）。

【争点】

1　原告商品陳列デザインは周知または著名な原告の営業表示か。
2　被告の行為が不法行為を構成するか。

【判旨】

1 争点1について

(1) 商品等表示（営業表示）該当性の判断枠組み

本判決は、商品陳列デザインは、機能的観点から選択されるものであって、本来的には営業表示には当たらないが、顧客によって当該営業主体との関連性において認識記憶され、やがて営業主体を想起させるようになる可能性もあるため、営業表示性を取得することがあり得ないと直ちにいうことはできないと述べたうえで、「もし商品陳列デザインだけで営業表示性を取得するような場合があるとするなら、それは商品陳列デザインそのものが、本来的な営業表示である看板やサインマークと同様、それだけでも売場の他の視覚的要素から切り離されて認識記憶されるような極めて特徴的なものであることが少なくとも必要である」との判断基準を示した。

(2) 原告商品陳列デザインの営業表示該当性

(A) 認定事実

原告が平成13年以降、継続的に毎年50店舗以上を出店し、その売上高は業界1位であること、収益構造には店舗運営コストが極めて低いという際立った特徴があること（原告の営業実績）、原告店舗の外観内装等の特徴、競合店に比して圧倒的に安い商品を取り揃え、常駐する店員は2人程度等といった営業方法の特徴、平成4年以降の商品陳列デザインの変遷等をそれぞれ認定した。

その他、メガマート、カルフール、西友、ユニクロ等競合店舗における商品陳列デザインの具体的態様が認定されている。

(B) 原告商品陳列デザインの特徴

本判決は、原告商品陳列デザインの構成要素を前記【原告商品陳列デザインの分説】記載のとおり認定したうえで、同デザイン1および2について、商品取り棒に係る構成要素（同デザイン1fおよび2g）以外の構成要素はいずれも「普通に用いられているありふれたもの」であり、各構成要素の組合せも「普通に行われていた」が、これらに商品取り棒に係る構成要素を組み合わせたとの限度で、全体として既存店にはない原告独自の商品陳列デザインであるとした。なお、デザイン3については、特別な特徴があるとはいえないとしている。

そして、商品取り棒を置いている点については、視覚的に大きな構成要素で

はなく、「むしろ、現実にこれを使用することによって、当該店舗は、営業方法として取りにくい高さにある商品も顧客自らが取るという一種のセルフサービスを採用していると認識され記憶される」のであって、デザイン1および2は、それだけでは顧客にさほど強い印象をもたらすものでないと述べ、結論としては、原告商品陳列デザイン1ないし3およびこれらを組み合わせた商品陳列デザインはいずれも営業表示性を取得しないと判断した。

(3) 不正競争防止法による保護を与えるべきか

以上のように、本判決は、原告商品陳列デザインは営業表示に当たらないと判示したが、これに加えて、なお書きとして、「それ自体で売場の他の構成要素から切り離されて認識記憶される対象であると認められる余地があったとしても」不競法による保護が与えられるべきでないと判示した。

その理由としては、原告商品陳列デザインは、原告独自の営業方法ないしノウハウの一端の具体化であって、当該デザインを保護することは、原告の営業方法ないしアイデアそのものを原告に独占させる結果をもたらしかねず、不正競争防止法の趣旨に反することがあげられている。

2　争点2について

原告は、被告の行為が不正競争行為を構成しない場合であっても、一般不法行為を構成する旨主張した。具体的には、①原告が6年間にわたり試行錯誤を経て、1億2000万円弱の資本を投下して、原告商品陳列デザインを確立したこと、当該デザインが原告事業の著しい成長に貢献したこと（原告商品陳列デザインの営業資産性）、および、②被告店舗における商品陳列デザインが原告商品陳列デザインに一部類似し、被告自身、原告における商品陳列デザインを参考にしたことを否定していないこと（類似性等）を理由としている。

この点につき、本判決は、原告商品陳列デザインが原告の営業資産であるとの主張に理解を示しながらも、被告が原告商品陳列デザインに類似した商品陳列デザインを採用した目的は、コスト削減という営業方法の採用であって、その限度で原告商品陳列デザインを参考にしたものであること、その参考の程度は模倣にまで至らないことを認定し、不法行為の成立を否定した。

【コメント】

1　本判決に対する評価

不競法が商品等表示として例示する氏名等以外のものであっても、商品等表示に該当する場合があることは条文上明らかであり、裁判例においても承認されているが、その外延は明らかではない。本判決は、商品陳列デザインに関して、商品等表示該当性の判断基準を示した初めての裁判例であると思われる。

2　商品陳列デザインの商品等表示該当性

(1)　非定型的表示について

　本来的には識別力を有しないようなもの（商品形態、店舗外観等）であっても、永年使用、特徴等により、二次的出所表示機能（セカンダリー・ミーニング）を有するに至った場合、商品等表示該当性を取得しうる。もっとも、このような非定型的表示について、いかなる要件の下で商品等表示該当性を認めるべきかについては議論がある。特に、特徴的な営業形態・方法については、直接的には特定の表示を問題としていても、その実質はアイデアないしノウハウの保護につながりうるため、不競法において保護すべきかという根源的な問題を生ずる（商品・役務の内容自体は商品等表示に当たらないという点については、あまり異論がないものと思われる）。

　本判決は、あくまで事例判断ではあるが、商品陳列デザインの商品等表示該当性につき、理論的には肯定の余地を認めながらも、その要件を相当厳格に解している。これを前提とすると、商品陳列デザイン自体が商品等表示に該当する場合がほとんどないように思われる。いかなる事例において肯定すべきかは、裁判例の集積を待つよりないが、後記の実質的考慮に照らせば、上記判示は妥当である。

(2)　商品陳列デザインの法的保護に関する実質的考慮

　本判決は、被告行為が一般不法行為にも該当しない旨判示しているが、ここには、知的財産法による保護が与えられない場合には原則として独占を認めるべきでないとの実質的考慮がみられる。仮に、原告商品陳列デザインにつき不競法による保護を与えると、特許庁による審査も登録手続も経ることなく、当該アイデア・営業方法に対し、（場合によっては無期限の）法的保護を与えることになる。このような事態は、予測可能性を欠く、競業者の経済活動の自由を著しく害する。

　上記判示部分における、「それ自体で売場の他の構成要素から切り離されて

認識記憶される対象であると認められる余地があったとしても」については、①原告商品陳列デザインは「極めて特徴的なもの」とまではいえない、または、②「極めて特徴的なもの」であったとしても商品等表示に該当しない、との2通りの読み方が可能である。本判決全体の論調からすれば、②の趣旨であるように思われるが、そうだとすれば、少なくとも営業方法ないしノウハウの一端が具体化したような商品陳列デザインについては、およそ商品等表示該当性を否定されるように思われる。

(3) 「特別な特徴」判断のポイントとなった事実

各構成要素およびその組合せがありふれていることについては、競合店舗における陳列デザインの態様が根拠となった。さらに、原告商品陳列デザインの顧客における認識記憶については、通路・天井の広がり、店員の少なさ、装飾的要素のないこと等を勘案して、売場イメージを構成する要素の一つにとどまるとした。

3 不法行為の成否

知的財産権を根拠とする主張が排斥される場合に備え、予備的に一般不法行為の主張がなされる場合はままみられる。その類型には、①成果冒用型と②競争秩序違反型があるといわれている。本判決は、原告の主張を一部認めながらも、「被告の行為をもって著しく不公正であり、公正かつ自由な競争原理によって成り立つ取引社会において許されない」とはいえないと判断し、不法行為の成立を否定した。上記判断は、多くの裁判例の傾向に沿うものである。

この点につき、著作権の事案ではあるが、近時の最高裁は、いわゆる北朝鮮映画事件において、「〔著作権法所定の〕著作物に該当しない著作物の利用行為は、同法が規律の対象とする著作物の利用による利益とは異なる法的に保護された利益を侵害するなどの特段の事情がない限り、不法行為を構成するものではない」との判断基準を示している（最判H23・12・8民集65巻9号3275頁）。

(松田誠司)

▶判例コメント・45

【事件名】　雄ねじ事件
【判決裁判所】　知的財産高等裁判所（平成22年(ネ)第10074号）
　　　　　　　原審：東京地方裁判所（平成20年(ワ)第18769号）
【判決年月日】　平成23年2月24日
　　　　　　　原審：平成22年9月17日
【出典】　判時2138号107頁、判タ1382号335頁
　　　　　原審：判時2138号119頁
【不正競争行為】　2条1項15号
【請求内容】　損害賠償
【結論】　請求棄却
【事案の概要】

　第一審被告は、本件特許権（発明の名称：「雄ねじ部品」）の特許権者である。第一審原告は、本件特許発明の構成要件をすべて充足する原告製品を販売していた。第一審被告は、第一審原告の取引先であって原告製品を製造していたミヤガワおよびミヤガワ金属販売（ミヤガワら）に対し、原告製品が本件特許権を侵害している旨の文書を送付した。その後、本件特許発明の実施品であるねじは、ミヤガワが製造し、ミヤガワ金属販売、第一審被告を経由して、旭化成建材へ販売されるようになった。

　第一審では、第一審原告が、第一審被告に対し、第一審被告に特許権侵害を理由とする差止請求権の不存在確認を求めるとともに、第一審被告によるミヤガワらに対する文書送付行為が2条1項15号に該当するとして損害賠償を求めた。これに対し、第一審被告は、反訴事件として、原告製品が本件特許権を侵害するとして損害賠償を請求した。第一審判決は、本件特許発明は想到容易であることが明らかで、本件特許は特許無効審判により無効にされるべきものであると判断して、原告製品が本件特許権を侵害するとの事実は2条1項15号の「虚偽の事実」に当たるとした。そして、特許権者が警告をするにあたっては、特許に無効事由がないか、真に侵害品に該当するか否かについて検討すべ

375

き高度の注意義務を負うとしたうえで、第一審被告の過失を認め、第一審原告の請求を認容した。

これに対し、第一審原告からは損害額の増額を求めて、第一審被告からは敗訴部分の取消しを求めて、それぞれ控訴された。

【争点】

2条1項15号の成否

【判旨】

「ア ……、本件特許は特許無効審判により無効にされるべきものであるから、原告製品が本件特許発明の技術的範囲に属するものであったとしても、結論として、原告製品の製造販売行為が特許権侵害に当たるとはいえず、本件告知の内容は、結果的にみて、虚偽であったことになる。

イ しかしながら、1審被告が有する本件特許権は、特許庁における審査を経て拒絶理由を発見しないとして特許査定に至ったものであり（特許法51条）、無効審決がされたわけでもなく、他方、原告製品が本件特許発明の技術的範囲に属することは、明らかであり、当事者間に争いがない。そして、ミヤガワ及びミヤガワ金属販売は、原告製品を製造販売する者であるから、本件特許が特許無効審判により無効にされるべきものであるなどの抗弁事由が認められない場合であれば、本件特許権の直接侵害者に相当する立場にある者である。よって、本件特許権を有する1審被告は、原告製品の製造販売行為を行うミヤガワらに対して、特許権者として、ミヤガワらの行為が本件特許権を侵害することを告知したものと解される。なお、1審被告は、最終ユーザで大手の旭化成建材には直接告知しておらず、1審原告の『1審被告は、1審原告の元代表者Aを通じて、旭化成建材に対し、取引先を1審原告から1審被告に変更するように働きかけて、旭化成建材の取引先を、平成19年10月1日から1審被告に変更させた』との主張は、本件全証拠によっても、これを認めるに足りない。

ウ そして、本件告知行為の内容は、……原告製品の製造販売元であって直接侵害者の立場にあるミヤガワらに対する登録された権利の行使として、内容及び態様において社会的に不相当とまではいえないものである。

エ その後、1審被告は、ミヤガワらとの打合せを行い、1審原告にも同様の通知をした。その上で、1審被告は、反訴としてではあるが、1審原告に対

して特許権侵害に基づく損害賠償請求訴訟を提起したものである。

オ　加えて、1審原告は当初、職務発明による通常実施権や甲6による新規性欠如といった主張をしていたが、これを撤回したもので、引用発明に基づく進歩性欠如の主張は、提訴から5か月以上経過した後に初めて主張されたものである。しかも、本件特許の無効理由は、……進歩性欠如であり、引用発明及び甲18の2刊行物の記載に基づき容易に発明することができたというものであって、引用発明とされた甲22刊行物記載の発明と本件特許発明とは、同一の構成のものではなく、……相違点がある。また、甲18の2刊行物は、特許庁段階で拒絶理由通知に記載されたが、手続補正の結果これをもって拒絶理由を発見しないとされたものである。

カ　以上のように、特許権者である1審被告が、特許発明を実施するミヤガワに対し、本件特許権の侵害である旨の告知をしたことについては、特許権者の権利行使というべきものであるところ、本件訴訟において、本件特許の有効性が争われ、結果的に本件特許が無効にされるべきものとして権利行使が許されないとされるため、1審原告の営業上の信用を害する結果となる場合であっても、このような場合における1審被告の1審原告に対する不競法2条1項14号〔現15号〕による損害賠償責任の有無を検討するに当たっては、特許権者の権利行使を不必要に萎縮させるおそれの有無や、営業上の信用を害される競業者の利益を総合的に考慮した上で、違法性や故意過失の有無を判断すべきものと解される。

しかるところ、……本件特許の無効理由については、本件告知行為の時点において明らかなものではなく、新規性欠如といった明確なものではなかったことに照らすと、前記認定の無効理由について1審被告が十分な検討をしなかったという注意義務違反を認めることはできない。そして、結果的に、旭化成建材の取引のルートが1審原告から1審被告に変更されたとしても、本件告知行為は、その時点においてみれば、内容ないし態様においても社会通念上著しく不相当であるとはいえず、本件特許権に基づく権利行使の範囲を逸脱するものとまではいうこともできない」。

「以上によれば、1審被告のミヤガワ及びミヤガワ金属販売に対する告知は、少なくとも故意過失がないというべきであるから、その余の点について判

断するまでもなく、1審原告の本訴請求のうち、不競法に基づく請求は理由がないといわなければならない」。

【コメント】

1 権利行使と2条1項15号

権利侵害告知行為が競業者自身に対する場合は、2条1項15号との関係で問題は生じない。問題が生じるのは、競業者の取引先に対して告知行為がなされた場合である。

2 裁判例の傾向

(1) 従来の傾向

従来、権利侵害告知行為の後に裁判等で事後的に非侵害と判断された場合は「虚偽の事実」に該当するとされ、過失が認められる傾向にあった。これに対しては、知的財産権の侵害の成否についての判断は困難な場合が多く、事後的に非侵害となれば不正競争行為に該当するとするのは権利者に酷ではないか、との批判があった。

(2) 近時の傾向

近時の裁判例は、諸般の事情（文面の形式・内容、配布先の数・範囲、取引先の業種、事業規模、競業者との関係など）を考慮し、告知行為が取引先自身に対する正当な権利行使の一環としてなされたものである場合は違法性が阻却される、と判断する傾向にある（たとえば、東京高判H14・8・29判時1807号128頁「ビデオテープ特許営業誹謗事件（控訴審）」）。なお、違法性阻却とすることについては、条文にない要件で判断する必要はなく、故意過失要件（4条）で判断すれば足りるとの見解がある。

3 本事例

本事例においては、第一審判決は、権利者には、警告にあたって無効事由の有無、侵害の成否について検討すべき高度の注意義務があることを前提に「過失」を認め、また、第一審被告は、市場での競争において優位に立つことを目的として告知行為を行ったものと推認でき、加えて、十分な検討をせず本件告知行為に及んだとして、違法性を肯定した。

これに対し、控訴審判決では、無効理由の検討について注意義務違反は認められず、また、告知行為によって取引ルートが変更されたとしても、社会通念

上著しく不相当といえず、権利行使の範囲を逸脱するものではないとして、結論として、「少なくとも故意過失がないというべき」とした。

(面谷和範)

▶判例コメント・46

【事件名】　バスケット事件
【判決裁判所】　大阪地方裁判所（平成22年(ワ)第11899号）
【判決年月日】　平成23年7月14日
【出典】　判時2148号124頁、判タ1378号224頁
【不正競争行為】　2条1項3号
【請求内容】　被告商品の販売等差止め、損害賠償
【結論】　請求棄却
【事案の概要】

　原告は、生活用品の企画、製造および販売を目的とする会社である。原告は大きさの異なる4種類のバスケットを製造販売している。具体的には、平成11年2月から、商品A・商品B・商品Cを販売している（以下、これら3つの商品を「原告先行商品」という）。平成20年3月からは、商品Dを販売している（以下、「原告商品」という）。

　被告は、「ザ・ダイソー」という店名で100円ショップを経営している会社である。被告は、遅くとも、平成22年7月から、ミニバスケットを販売した（以下、「被告商品」という）。なお、被告は、被告補助参加人から被告商品を購入していた。

　原告は、被告の行為が2条1項3号にいう他人の商品の形態を模倣した商品を譲渡する行為に当たるとして、3条1項に基づき、被告商品の差止めを求めた。また、原告は、4条本文および5条2項に基づき、819万6000円の損害賠償等を求めた。

　被告は、原告は、平成11年頃から原告商品と大きさのみが相違し、同一形態である原告先行商品を販売していたと主張した。すなわち、被告は、原告商品の商品形態は、日本国内において最初に販売された日から起算して3年を経過した商品の商品形態であるから、2条1項3号によって保護される商品形態ではないと主張した。

　これに対し、原告は、原告商品は、原告先行商品と用途および形態が異な

り、原告商品の販売開始以前には市場になかった商品であると主張した。すなわち、原告は、原告商品は、平成20年3月から販売されたものであり、被告商品が販売された時点では、最初に販売された日から起算して3年を経過していないと主張して争った。

【争点】

原告商品の形態は、19条1項5号イにいう日本国内において最初に販売された日から起算して3年を経過した商品の商品形態に当たるか。

【判旨】

1 原告商品の形態は、19条1項5号イにいう日本国内において最初に販売された日から起算して3年を経過した商品の商品形態に当たるか

本判決は、上記争点につき、まず、次のように判断した。

「法2条1項3号は、他人の商品形態を模倣した商品の譲渡行為等を他人の商品が最初に販売された日から3年間に限って不正競争行為に当たるとしたものである」。

「その趣旨は、法1条の事業者間の公正な競争等を確保するという目的に鑑み、開発に時間も費用もかけず、先行投資した他人の商品形態を模倣した商品を製造販売し、投資に伴う危険負担を回避して市場に参入しようとすることは公正とはいえないから、そのような行為を不正競争行為として禁ずることにしたものと解される」。

「このことからすれば、最初に販売された日の起算点となる他人の商品とは、保護を求める商品形態を具備した最初の商品を意味するのであって、このような商品形態を具備しつつ、若干の変更を加えた後続商品を意味するものではないと解すべきである」。

「そして、仮に原告が主張するとおり、原告商品が原告先行商品の改良品や部分的な手直し品ではなく、新しい商品であるとすると、この場合に法2条1項3号による保護を求め得るのは、原告商品の形態のうち、原告先行商品の形態と共通する部分を除外した固有の部分に基礎をおくものでなければならないというべきである」。

本件で、本判決は、原告が、原告先行商品のうち商品Aを平成11年2月から販売していたことを認定した。そのうえで、本判決は、「原告先行商品と原告

商品の形態が実質的同一である場合には、原告商品の形態の模倣は、法19条1項5号イに該当するというべきである」と判断した。

2 原告先行商品と原告商品の形態の対比

本判決は、「法2条4項によれば、商品の形態とは、需要者が通常の用法に従った使用に際して知覚によって認識することができる商品の外部及び内部の形状並びにその形状に結合した模様、色彩、光沢及び質感をいう」と述べ、「これを前提として、以下原告先行商品と原告商品の形態が実質的同一といえるか否かについて」検討を行った。

(1) 原告先行商品と原告商品の形態についての共通点

本判決は、原告先行商品と原告商品の形態についての共通点について、次のように認定した。

① 「全体が逆円錐台形をなし、上面が開口している」。

② 「正面視において、側壁上端左右縁が中央部よりも高く、中央部から両端上縁部に向けて上方に向けて曲線を描いている」。

③ 「側壁両端上縁部には取っ手が形成されており、取っ手の形状は中空の山状である」。

④ 「側壁上端部（取っ手が形成されている部分を除く。）には、外方に突出して円周帯状が形成されている」。

⑤ 「側壁上部と下部は、一定の幅でそれぞれ透孔のない無地帯状となっている。その無地帯状の幅は、中央部から両端部にかけて幅広となっている。上部の幅が下部の幅よりも狭い。上部無地帯状の下端線並びに下部無地帯状の上端線は、いずれも水平である」。

⑥ 「無地帯状部以外の側壁全面には、透孔が配設されている。透孔部の面積は、上下無地帯状の合計よりも大きい。透孔は、縦列が32列、横列が7列で配設されている。また、正面中央部で、中央上無地帯状の下部に位置する縦4列及び横2列の部分には、透孔がなく、無地となっている。これにより、下向き凸状に透孔のない部分が形成されている。透孔の形状は円形である」。

(2) 原告先行商品と原告商品の形態上の相違点

原告が主張する形態の差違は、①透孔の形状、②取っ手の形状、③底面リブ

の形状である。

(A) ①透孔の形状

本判決は、透孔の形状は、「注意して見なければ認識できない程度の僅少な差違にすぎない」とし、しかも、原告商品の特徴は、「他の同種商品にもみられる特徴である」と認定した。

(B) ②取っ手の形状

本判決は、取っ手の形状は、「説明されなければ認識できないほどの形状の差である」とし、「これをもって、需要者が通常の用法に従った使用に際して知覚によって認識することができる形状であるとはにわかに認めがたい」と判断した。また、本判決は、原告商品の特徴は、「同種の商品に共通する何の特徴もないごくありふれた形態であるというべきである」と認定した。

(C) ③底面リブの形状

本判決は、底面リブの形状について、「原告商品における内外リブの幅及び高さの差は僅かである上、底面に配設されたものであるから、需要者が通常の用法に従った使用に際して知覚によって認識することができる形状であるとも認めがたい」と認定した。

(D) 厚さ、質感

本判決は、厚さ、質感について、「原告先行商品と原告商品との厚みの差は、わずか2mmないし4mm程度であり、知覚によって認識することができる質感には、大きな差はない」と認定した。

(E) 用途の違い

本判決は、「原告が主張する用途の違いは、形態について検討するに当たっては問題とならないというべきである。そもそも、いずれの商品も容器として使用されるものであることには違いがなく、どのような物を収納して使用するかは需要者の自由であるから、原告が主張するような収納物の違いがあることを前提とすることはできない」と判断した。

(3) 原告先行商品と原告商品の形態が実質的に同一であること

本判決は、上記検討を踏まえ、次のように述べた。

「原告が保護を求めている商品形態の構成の中心は、原告先行商品においても採用されていたものであると認めることができる。そして、原告先行商品と

原告商品との形態上の差は、需要者が通常の用法に従った使用に際して知覚によって認識することができるほどの形状の差であるとは認められないか又は同種の商品に共通する何の特徴もないごくありふれた形状であるということができる」。

「なお、原告商品と原告先行商品とでは商品の大きさが異なるから、そのことに由来する差違が存する。しかしながら、少なくとも全体的な商品の形態について従来品の形態を具備しながら、大きさのみを変更した場合に、従来品とは別の商品形態であるということはできない。上記によれば、原告商品は、全体的な商品の形態として、従来品である原告先行商品の形態を具備しているというべきであるから、大きさの違いやそのことから由来する差違をもって、別の商品形態であるということはできない」。

(4) 結論

本判決は、結論として、次の判断を示した。

「以上によれば、原告が保護を求める商品形態を具備した最初の商品は、原告商品ではなく、原告先行商品である」。

「原告先行商品のうち、商品Aが最初に販売された日は平成11年であるから、原告商品が販売された平成20年3月時点では、最初に販売された日から3年を経過していたことが明らかである」。

「したがって、被告の行為は、19条1項5号イに該当する」。

【コメント】

1 「空調ユニット事件」(東京高判H12・2・17判時1718号120頁)において、東京高裁は、「『最初に販売された日』の対象となる『他人の商品』とは、保護を求める商品形態を具備した最初の商品を意味するのであって、このような商品形態を具備しつつ、若干の変更を加えた後続商品を意味するものではない」としたうえで、原告の後続商品は、先行商品に若干の変更を加えたものにすぎない旨評価して、後続商品は保護期間外にあると判示した(判時2148号125頁)。

2 本判決は、商品の形態のマイナーチェンジの場合には、チェンジ前の商品が「日本国内で最初に販売された日」を基準とすべきとするものである(松村・法理と実務413頁)。

上記空調ユニット事件判決と同様の規範を定立したうえで、2条4項を引用

し、商品の形態の意義（商品の形態とは、需用者が通常の用法に従った使用に際して知覚によって認識することができる商品の外部および内部の形状並びにその形状に結合した模様、色彩、光沢および質感をいう）を確認したうえで、これを前提に、先行商品（原告先行商品）と後続商品（原告商品）の実質的同一性を検討するべく共通点・相違点について述べている。

　判決文の中で、原告が保護を求めている商品形態の構成の中心は、原告先行商品においても採用されているものであると判示する点は共通点に対応しているといえる。

　原告先行商品と原告商品との形態上の差は、①需要者が通常の用法に従った使用に際して知覚によって認識することができるほどの形状の差であるとは認められないか、または、②同種の商品に共通する何の特徴もないごくありふれた形状であるということができると判示する点は、相違点に対応しているといえる（判時2148号125頁）。

3　なお、「日本国内で最初に販売された日」というのはあくまでも規制期間の終期の起算点であり、規制期間の始期を定めるものではない（渋谷・講義Ⅲ118頁等）。すなわち、法2条1項3号の規制は、他人の商品形態について模倣が可能となったと認められる時からその形態を模倣した商品の譲渡等に対する規制は可能である（松村・法理と実務413頁）。

4　平成17年改正によって、期間制限規定が適用除外（19条）の一類型とされたことにより、実務上、被告の主張・立証の一事項であると解される（抗弁説。松村・法理と実務415頁）。

5　2条1項3号の趣旨は、商品を開発し商品化した者の商品開発に対する労力や資本投下を保護することによってこれらの事業者間の公正な商品開発競争を促進することにある。しかし、同号は、商品形態の創作的価値の有無を問うことなく模倣商品の譲渡等を禁止するのであるから、その禁止期間があまりに長期にわたるとすれば、知的創作物に関する知的財産権法（特許法、実用新案法、意匠法、著作権法）が厳格な保護要件を設けている趣旨を没却しかねないし、また後発者の同種商品開発の意欲を抑制するおそれもないではない。そこで、当該商品が市場化された時から3年を規制期間の終期とすることが決定されたのである（松村・法理と実務410頁〜411頁）。

バスケット事件

　本判決は、かかる規制期間の終期を設けた趣旨に沿ったものであり、妥当な判断であると思われる。

（國祐伊出弥）

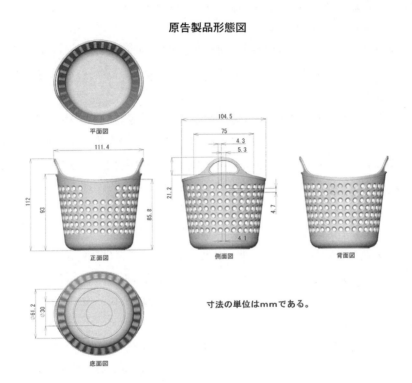

原告製品形態図

寸法の単位はmmである。

被告製品形態図

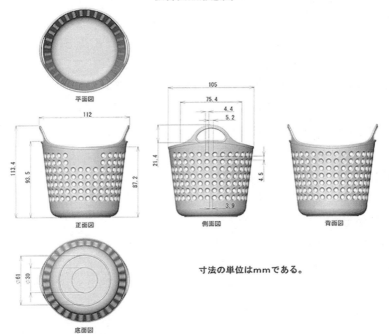

寸法の単位はmmである。

光通風雨戸事件

▶判例コメント・47

【事件名】　光通風雨戸事件
【判決裁判所】　知的財産高等裁判所（平成23年(ネ)第10023号）
　　　　　　　原審：東京地方裁判所（平成20年(ワ)第34931号）
【判決年月日】　平成23年7月21日
　　　　　　　原審：平成23年2月3日
【出典】　判時2132号118頁、判タ1383号366頁
　　　　原審：裁判所HP
【不正競争行為】　2条1項4号・7号
【請求内容】　原告営業秘密の使用等差止め、損害賠償
【結論】　請求棄却
　　　　原審：請求一部認容

【事案の概要】
　アルミニウム製の雨戸（「光通風雨戸」）を製造販売する原告（被控訴人）が、被告（控訴人）らが当該雨戸製造の営業秘密を不正に取得し使用し、または開示を受けた営業秘密を不正の利得目的で使用して、当該雨戸と同じ構造を有する雨戸を製造販売していることが、2条1項4号または7号の不正競争行為に該当するとして、3条1項に基づき被告商品の雨戸（「セキュアガード」）等の製造・販売の差止めを求め、4条に基づき損害賠償等の支払を求めた事案である。
　原判決は、被告らの行為が2条1項7号に該当すると判断し、原告の請求のうちセキュアガードの製造販売の差止め、および5条2項により推定される損害賠償金の支払いを認めたので、被告らが原判決中被告ら敗訴部分を取り消し当該部分に関する原告の請求を棄却する旨の判決を求めて控訴した。

【争点】
　原告が光通風雨戸製造に関する営業秘密を保有していたか。

【判旨】
　1　原審の判断

(1) **前提判断**

原告側から被告に対し（将来的に両社の間で製造委託契約を締結することを前提に）、光通風雨戸のスラット等アルミ部材図面（以下、「図面1」という）が交付され、また、光通風雨戸の部品明細表および各部品図面（以下、「図面2」という）が交付されている。

(2) **秘密管理性について**

① 原告側は、図面1と図面2を社長室の中の鍵のかかった金庫の中に保管していた。

② 原告代表者だけが金庫の鍵を開閉することができ、従業員は社長室に入室することさえ許可されていなかったためこれらの情報を目にすることがなかった。

③ 原告側は、金型を製造する会社に同一の金型を製造しないよう要請していた。

④ 原告側の従業員は、就業規則で会社の業務上の機密事項を他に漏らさないことが義務付けられていた。

上記によれば、図面1および図面2は秘密として管理されていたと認められる。

(3) **非公知性について**

上記のとおり、図面1と図面2は秘密として管理され、それ自体は公にされていない。

この点、被告らは、光通風雨戸の各部品について製品の現物から図面を起こして製造することも、製造業者にとっては容易なことである旨主張する。

しかし、図面1は、0.1mm単位の精密さでつくられており、細かな溝や微妙な湾曲があることからすると、製品からスラット等アルミ部材の形状を正確に把握し図面を起こすことは決して容易ではないというべきである。

また、図面2についても、光通風雨戸の製品がいかなる部品から構成されているかについて、製品自体を分解して把握するには時間と費用を要するうえ、各部品の図面は0.1mm単位の精密さでつくられていることから、特別に注文して作られている部品について製品からその形状を正確に把握して図面に起こすことは決して容易ではないというべきである。

以上のとおり、光通風雨戸の製品から、スラット等アルミ部材の形状やそのほかの部品の形状を容易に把握することができるとは認められないから、図面1および図面2に記載された情報は、光通風雨戸の製品が流通していたとしても、公然と知られているとはいえない。

(4) 有用性について

図面1および図面2があれば、光通風雨戸の各部品の正確な形状を時間や費用を要せずに把握し、容易に光通風雨戸を製造することが可能になるから、これらの情報は、有用といえる。

以上によれば、図面1および図面2は、2条6項の営業秘密に該当する。

2 控訴審の判断

(1) 前提判断

原告側が被告に対し、光通風雨戸の部品明細表および各部品図面（図面2）を交付したとの事実を認めることができるが、光通風雨戸のスラット等アルミ部材図面（図面1）の交付については、認めることができない。

(2) 非公知性について

「被控訴人（原告）は、本件情報2〔図面2〕を含む光通風雨戸を構成するスラット等の部材及び部品の形状には、性能の向上のために様々な工夫が施されており、光通風雨戸の製品から新たにこれらの部材及び部品の図面を起こそうとすれば多大な費用や労力を要するから、これらの部品〔図面2〕の形状に関する情報には非公知性があり、営業秘密（不競法2条6項）に該当する旨を主張する。

しかしながら、市場で流通している製品から容易に取得できる情報は、不競法2条6項所定の『公然と知られていないもの』ということができないところ」、（本件製造販売契約に関連して）原告側から被告に対して「交付された図面等は、本件情報2〔図面2〕に係る部品に関するものに限られ、かつ、当該部品は、いずれも、光通風雨戸を組み立てるに当たって使用される補助的な部品で」、「本件情報2〔図面2〕に係る図面は、光通風雨戸を組み立てるに当たって使用される補助的な部品の形状について0.1ミリ単位でその寸法を特定するなどしたものであり、なるほどそれ自体精密なものではあるが、本件情報1〔図面1〕と同様、いずれもノギスその他の」、「一般的な技術的手段を用いれ

ば光通風雨戸の製品自体から再製することが容易なものであるから、本件情報2〔図面2〕は、不競法2条6項所定の『公然と知られていないもの』ということはできない」。

(3) 結　論

したがって、図面2が営業秘密に該当しない以上、原告の差止めおよび損害賠償請求は、その根拠を欠き採用できない。

【コメント】

1　非公知性

営業秘密とは、秘密として管理されている（秘密管理性）生産方法、販売方法その他の事業活動に有用な技術上または営業上の情報（有用性）であって、公然と知られていないもの（非公知性）をいう（2条6項）。

秘密管理性、有用性、非公知性の3要件のうち、本判決では、特に、非公知性の有無の判断が原審と分かれることになった。

非公知性とは、当該情報が保有者の管理下以外では一般に入手することができない状態にあることとされている。

2　リバースエンジニアリングと非公知性

リバースエンジニアリング（他社製品を分析することにより当該製品に化体された情報を取得すること）については、以下のように考えられている（経産省・逐条解説営業秘密154頁）。

① 誰でもごく簡単に製品を解析することによって秘密を取得できる場合
　　→　非公知性を喪失する
② 特殊な技術をもって相当な期間が必要であり、誰でも容易に秘密を取得できない場合
　　→　非公知性を喪失しない

3　本判決の判断

原審判決は、雨戸の部品の図面が0.1mm単位の精密さでつくられていることから、分析に時間と費用を要し再製が決して容易ではないと判断したのに対し、本判決（控訴審）は、0.1mm単位の精密さでつくられているが、ノギスその他の一般的な技術的手段を用いれば再製が容易であるとして、非公知性がないと判断した。

上記2の基準で考えても、本判決は、原審に比べて、非公知性の喪失についてより緩やかに認めたものといえる。

（村上覚朗）

▶判例コメント・48

【事件名】　包丁研ぎ器形態模倣事件
【判決裁判所】　大阪地方裁判所（平成22年(ワ)第2723号）
【判決年月日】　平成23年8月25日
【出典】　判時2145号94頁、判タ1379号227頁
【不正競争行為】　2条1項3号・5条1項
【請求内容】　損害賠償
【結論】　損害賠償請求認容

【事案の概要】

1　原告は、「ダイヤモンドシャイン」という商品名の包丁研ぎ器（以下、「原告商品」という）を、中国において委託製造のうえ、輸入し販売している。

　被告は、「キレール」という商品名の包丁研ぎ器（以下、「被告商品」という）を、中国から輸入し、日本国内で販売している。

　原告は、被告商品は原告商品の形態を模倣した商品であり、被告商品の販売が2条1項3号に該当することを理由に、被告に対し、4条に基づき、損害賠償内金3000万円および遅延損害金の支払いを求めた。

2　被告商品の製造者と原告商品の製造者はいずれも中国のA社である。このため、原告商品の形態と被告商品の形態が実質的に同一であることについて、当事者間に争いはなかった。

　被告は、原告商品について、①開発者は原告ではなく中国の他社が開発したものである、②先行商品が中国において流通し、日本にも輸入されていたなどと主張した。また、被告は、③原告商品の販売価格は被告商品の販売価格の3倍以上の価格差があるところ、包丁研ぎ器は生活必需品ではなく価格差が需要量に決定的影響を与えるから、原告は被告商品と同じ数量の原告商品を販売することはできなかったという点も主張して、原告の請求を争った。

【争点】

1　被告商品の形態は、原告商品の形態を模倣したものか（2条1項3号の請求主体である商品の開発者が、原告と認定できるか）。

2 損害額（5条1項による損害額に算定に当たり、同項ただし書の「販売することができない事情」を認定しうるか）

【判旨】
1 争点1――被告商品の形態は、原告商品の形態を模倣したものか
（2条1項3号の請求主体である商品の開発者が、原告と認定できるか）

(1) 原告商品の開発経緯

平成18年4月初めころ、原告において、ダイヤモンド研ぎ器を販売することを企画した。

原告は、原告商品についてサイズ別（大・小）の原案図を作成したうえ、訴外Z社（筆者注：中国の商社）に送付して見積を依頼し、刃部の材質（ダイヤモンド粒子でのメッキ加工）を示すためのサンプルも交付した。Z社は、原告商品の金型費及びサイズ毎の商品価格にかかわる見積書を提出した。

特許事務所は、原告の依頼に応じ、原告商品について、構造上の特徴はすでに公知で、かつ、権利期間が満了しているものであり、（他社の特許権、実用新案権及び意匠権と抵触せず）実施可能であるとの調査報告書を提出した。

Z社は、原告に対し、原告商品の図面を送付した。そして、原告から金型が発注された後、原告とZ社との間で、試作品をもとに、完成品の形状や品質についてやりとりが行われ、原告商品の形態が確定した。

原告は、原告商品について、サンプル品として輸入するようになり、同年7月20日ころから大量生産を始め、同月21日、日本国内での販売を開始した。

本判決は、以上の事実を踏まえ、「原告商品は、原告がその形態を考慮して開発し、製造販売したもの」と認定した。

本判決は、被告の「原告が費用（金型代）を負担していない」との主張に対し、「法2条1項3号の立法趣旨の1つが、開発者に対し、投下資本回収の機会を与えることであるとしても、金型代の出捐自体は、同号の保護を受けるための必須要件ではない」と判断した。本判決は、続けて、「しかも、本件においては、金型代の見積が取られ、その後、現実に原告商品が大量生産されているのであるから、金型代は支払われたもの」と認定した。

(2) 他の開発者の存在について

本判決は、「原告商品の開発者が原告であったとしても、原告商品が先行商

品と実質的に同一である場合は、被告商品が原告商品の形態を模倣したものとはいえなくなる場合がある」として、以下の検討を行った。

(A) **A社（中国企業）について**

A社は、「原告から図面とサンプルの提供を受け、試作品を製造したというだけであって、原告商品の形態の開発について何らかの貢献をしたわけでもない」。

(B) **B社について**

「原告商品を最初に製造した工場がB社であるとは認められない」。
「B社が、平成18年7月時点において、原告商品と実質的同一性のある商品を製造していたことを認めることもできない」。

(C) **C社商品について**

「C社商品は、刃部が三角形ではなく、その形態において原告商品と大きく異なっている」。

(D) **E社商品（D社製造品）について**

原告商品の最終図面およびE社商品の設計図面の両図面に記載された商品は、「偶然の一致とは考えられない程度まで、酷似しており、原告商品とE社商品は、どちらかがどちらかを模倣したものと考えられる」。

「原告商品は、その開発の経緯及び製造・販売の開始時期がはっきりしている一方、……E社商品は、設計・製造・販売の時期がはっきりしない。

さらに、原告商品は、……原告の発案により開発されたものであり、E社商品の模倣品ではないと認められる一方、E社商品は、2004年ないし2005年から、国内外で数多く製造・販売されていたはずであるのに、……その流通過程、販売実績などは明らかでない。

これらのことからすれば、E社商品が原告商品に先行して製造・販売されていたとは考えがたい」。

(3) **被告商品の製造経緯**

本判決は、被告商品の製造経緯につき、前提として、次の事実を認定した。
「原告は、Z社以外の商社を通じ、A社に対し、原告商品のサンプルの製造を依頼したが、その時点では、発注するに至らなかった。その後、Z社から値上要請を受けたことから、別の商社を通じて、A社に対し、原告商品の製造を

委託したが、不良品が多く、一旦、Ａ社に対する委託を中止した。

　上記委託製造の開始時期は、……平成19年１月ころであったことが窺える。

　被告は、その後の平成20年４月ころ、Ａ社から、原告商品と実質的同一である被告商品を購入（輸入）し、日本国内で販売するようになった」。

　本判決は、かかる前提のうえで、次のように判断した。

　「通常、生産を委託された場合に、同じ金型から製造した商品を委託した者以外の者に譲渡することが許されるとは考えにくいところである。仮に、Ａ社が原告商品を他に供給してはならない旨の義務を課せられていなかったとしても、Ａ社としては、原告商品を単に製造しているだけで、同商品の形態について、法２条１項３号の権利を有しない以上、Ａ社が、日本国内で原告商品を販売することは、同号に該当する行為というべきである。Ａ社から原告商品と同じ商品を購入し、日本国内において販売する行為は、他人の商品の形態を模倣した商品であることを知らず、かつ、知らないことにつき重大な過失がない場合を除き、同じく、法２条１項３号に該当するというべきである」。

(4)　結　論

本判決は、結論として、次のとおり判断した。

「原告商品は、原告が開発したものと認められる一方、これと実質的に同一性のある先行商品が存在していた事実は認められない。

　そして、原告商品と被告商品とは、同一形態のものであり（争いがない。）、原告商品の試作品を製造しただけの製造元であるＡ社が、被告商品を製造しているのであるから、被告商品は、原告商品に依拠して作成された模倣品であると認められる」。

2　争点２――損害額（５条１項による損害額に算定にあたり、同項ただし書の「販売することができない事情」を認定しうるか）

(1)　被告商品の譲渡数量

　原告商品の販売開始日は平成18年７月21日であるところ、被告は、同日から３年以内である平成21年７月20日までの間に、被告商品を合計９万7808個販売した。

(2)　原告商品の単位数量あたりの利益

　(A)　原告商品の単位数量あたりの利益

販売単価（平成21年7月20日までの平均）1264円
－変動経費（平成21年5月28日までの平均）521.5円＝742.5円

　(B)　**販売することができないとする事情**

　本判決は、「被告は、原告商品と被告商品とは大きな価格差があるところ、包丁研ぎ器は生活必需品ではなく、価格差が需要量に決定的影響を与えるから、原告は被告商品の譲渡数量分の原告商品を販売することができなかったと主張する」として、この点について検討し、次のとおり認定した。

　「被告商品の小売価格は、税込み940円から2079円であるところ……、原告商品の小売価格は、税込み2394円から3990円である……。したがって、被告商品の販売価格帯は、原告商品の販売価格帯の4割ないし5割程度といえる。

　また、原告商品の競合品（被告商品以外で、原告商品の形態を模倣したと思われる商品は除く。）も相当数販売されていたことが窺われる。

　一方、原告商品は、研ぎ器において、多種多様な形態の商品が存在し、原告商品とは異なる形態の売れ筋商品も存在した中で、…3年間で約20万個を販売している。

　特に、被告商品の販売先の1つである甲社については、原告商品の販売先でもあったところ、安価な被告商品に乗り換えられたことが認められる……。

　このような市場の状態を前提とすれば、上記程度の価格差や競合品の存在をもって、『販売することができないとする事情』を認めることができるが、これを過大に評価することはできず、多くともその3割程度を越えることはないというべきである」。

　(3)　**損害額**

　本判決は、上記検討を踏まえ、「原告の損害は、被告商品の譲渡数量9万7808個に、販売することができないとする事情を考慮して、7割を乗じた数量に、原告商品の単位数量当たりの利益742.5円を乗じた5083万5708円」であると認定した。

【コメント】

　1　本判決で、大阪地裁は、上記のとおり判断して原告の損害賠償請求を認容した。本判決では、上記争点のほか、①被告商品の形態は、商品の機能を確保するために不可欠な形態か、②被告は、被告商品の購入時に、被告商品の形

態が原告商品の形態を模倣したものであることを知らず、かつ、知らないことにつき重大な過失がなかったか、といった点も争点となった。

①につき、本判決は、「各研ぎ器は、いずれも、研ぎ器としての機能が確保されているからこそ市場に流通していると考えられるのであって、被告商品の形態のみが、商品の機能を確保するために不可欠な形態であるということはできない」と判断し、被告の主張を退けた。

②につき、本判決は、「被告としては、A社に対し、その説明する内容の根拠について、何ら確かめることをしなかった」ことを認定した。そのうえで、本判決は、「被告商品の輸入にあたり、被告が、商品の権利関係について自ら何らかの調査を行った事実は認められないから、むしろ、被告は、輸入業者としての、基本的な注意義務さえ怠っていた」と判断し、被告が善意無重過失（19条1項5号ロ）であったとは認められないとし、被告の主張を退けた。

2　被告は本判決を不服として控訴したが、大阪高等裁判所は、被告の控訴を棄却した（大阪高判H25・4・18裁判所HP）。

3　2条1項3号の不正競争行為について特に差止請求権者および損害賠償請求権者の範囲は明示されず、3条・4条の一般原則に委ねられている。

しかし、同号の立法趣旨（当該商品の形態を決定した者ではなく、これを具体的商品の形態として商品化した者の利益を保護するもの）に鑑みれば、具体的な製造行為を他の者が分担していたとしても、当該製品の企画、立案、製造指示等製品開発の主要な要素を自ら行っていれば、商品化を行った者として、請求主体となりうる（松村・法理と実務363・364頁）。

本判決は、原告商品の開発経緯につき、企画、立案、製造指示等製品開発の主要な要素を原告自ら行っているか否かを詳細に認定したうえで、原告を開発者と認定している。2条1甲3号の趣旨に沿った判断を下しており、妥当であると思われる。

4　本判決は、損害額の算定にあたって、「販売することができないとする事情」について検討を行っている。

裁判例は、競合品の存在（特許法102条1項の事案として東京高判H11・6・15判時1697号96頁「蓄熱材製造方法事件」）、被侵害品と侵害品の価格、素材、販売方法の相違（特許法102条1項の事案として大阪地判H12・12・12裁判所HP「複層

タイヤ事件」）などのほか、侵害者自身の営業努力、ブランドおよび販売力、需要者の購入動機となるようなデザイン、キャラクターの存在等あらゆる事情を考慮の対象としている（松村・法理と実務91頁～92頁）。

　本判決においても競合品の存在、侵害品の価格等を考慮しており、参考になるものと思われる。

（國祐伊出弥）

原告商品形態

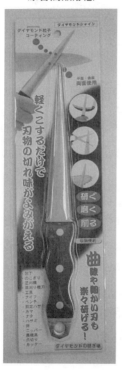

被告商品形態

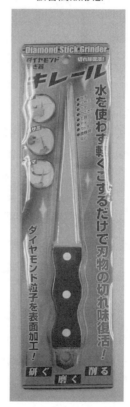

水切りざる事件

▶判例コメント・49

【事件名】 水切りざる事件
【判決裁判所】 大阪地方裁判所（平成22年(ワ)第9684号）
【判決年月日】 平成23年10月3日
【出典】 判タ1380号212頁
【不正競争行為】 2条1項1号・3号
【請求内容】 被告商品の譲渡等の差止め、廃棄、損害賠償
【結論】 損害賠償請求一部認容、その余は棄却

【事案の概要】

原告が、柔軟性があり、変形可能という特徴がある水切りざる（商品名：くしゃっと水切りざる）（以下、「原告商品」という）を販売していたところ（原告は、その水切りざるに係る実用新案権を有する者から専用実施権の設定を受けた）、被告らが同様の特徴がある水切りざる（商品名：シリコン水切り　なんでもござる）（以下、「被告ら商品」という）を輸入し、販売したため、原告が被告らに対し、被告らの当該輸入、販売行為が2条1項1号または3号の不正競争行為に当たるとして、被告らに対して、3条に基づく被告ら商品の譲渡、譲渡のための展示または輸入の差止めおよび廃棄を求めるとともに、4条本文および5条1項に基づき2億9646万9436円の損害賠償等の支払いを求めた事案である。

【争点】

1　原告商品の形態が2条1項1号の商品等表示に当たるか。
2　商品開発者ではない原告が2条1項3号の保護主体となるか。
3　原告商品の形態が商品の機能を確保するために不可欠な形態に当たるか。
4　5条1項但書の適用の有無。

【判旨】

1　争点1──原告商品の形態が2条1項1号の商品等表示に当たるか

「法2条1項1号の趣旨は、他人の周知の営業表示と同一又は類似の営業表示が無断で使用されることにより周知の営業表示を使用する他人の利益が不当に害されることを防止することにあり、商品本体が本来有している形態、構成

や、それによって達成される実質的機能を、他者の模倣から保護することにあるわけではない」とし、「商品の実質的機能を達成するための構成に由来する形態は、同号の商品等表示には該当しないものと解するのが相当である」と判示した。

そのうえで、「柔軟性があり、変形させることができるという形態的特徴は、原告商品の機能そのもの又は機能を達成するための構成に由来する形態」であり、2条1項1号の商品等表示には当たらないとした。

2 争点2——商品開発者ではない原告が2条1項3号の保護主体となるか

本判決は、「法2条1項3号による保護の主体は、自ら資金、労力を投下して商品化した先行者のみならず、先行者から独占的な販売権を与えられている独占的販売権者のように、自己の利益を守るために、模倣による不正競争を阻止して先行者の商品形態の独占を維持することが必要であり、商品形態の独占について強い利害関係を有する者も含まれる」と判示した。

そのうえで、原告が、①原告商品に係る実用新案権者から専用実施権の設定を受け、独占的な販売権を付与されていること、また、②原告自ら資金、労力を投下して原告商品を商品化した先行者であることを理由に、2条1項3号の保護主体となることを肯定した。

3 争点3——原告商品の形態が商品の機能を確保するために不可欠な形態にあたるか

裁判所は、被告ら商品が原告商品を模倣した商品であることを認めたうえで、以下の(1)および(2)の点を指摘し、原告商品の形態が商品の機能を確保するために不可欠な形態には該当しないと判示した。

(1) ざるとしてのありふれた形態ではないこと

使用時形態のように変形自在であるという原告商品の特性は、少なくとも需要者が通常の用法に従った使用に際して知覚によって認識することができる質感等に反映されることは明らかであり、法2条1項3号により保護されるべき商品の形態として十分に考慮されるべきものである。

他に、原告商品と同様に変形自在であって、しかも原告商品と同一の形態の先行商品が存在することを認めるに足りる証拠はない。

(2) 技術的構成に由来する必然的な形態ではないこと

ざるの素材を変形自在なものにしたとしても、ざるとしての基本的形態だけを取っても、材質の選択、肉厚幅、底面突起の数、底面突起の有無および数、表面上の穴の大きさおよび数など、その形態選択には無数の選択肢があることからすれば、原告商品の形態を全体として評価したときに、それが商品の機能を発揮するために不可欠な形態のものであるということはできない。

4　争点4――5条1項ただし書の適用の有無

本判決は、時期を接した期間における被告ら商品の譲渡数量が原告商品の約8倍であること、原告商品の小売単価が被告ら商品の小売単価の約3倍であることから、「譲渡数量のうち少なくとも2分の1に相当する数量を被侵害者である原告が販売することができないとする事情があった」とし、原告の損害額から当該数量を控除して、損害額を算定した。

5　結　論

裁判所は、原告商品の形態が2条1項1号の「商品等表示」に該当することを否定したものの、被告ら商品が原告商品を模倣した商品であり、2条1項3号の不正競争行為であることを認め、5条1項に基づき被告らに対して損害賠償請求（被告らのうち、輸入販売会社に対して1億4823万4718円）を認容した。

なお、3条に基づく差止めおよび廃棄請求については、原告商品が日本国内において最初に販売された日から3年が経過しているため、19条1項5号イにより、棄却された。

【コメント】

1　2条1項1号（商品等主体混同惹起行為）（争点1）

本判決では、2条1項1号の要件のうち、原告商品の形態が「他人の商品等表示」に当たるかが争われたものである。

2条1項1号は、「他人の商品等表示」を「人の業務に係る氏名、商号、商標、標章、商品の容器若しくは包装その他の商品又は営業を表示」と定義しているが、商品の形態が「他人の商品等表示」に含まれることは裁判例でも認められている。

もっとも、商品の形態が「他人の商品等表示」といえるためには、一般的には、商品の形態が独自なものであるか、形態上の特異性を有することが必要で

あると理解されている（松村・法理と実務180頁）。

また、技術的機能にのみ由来する商品の形態は、本来「他人の商品等表示」にはなり得ないとする考え方（技術的機能除外説）も有力であり、本判決でも商品本体が本来有している形態や構成によって達成される実質的機能を他社の模倣から保護することが2条1項1号の趣旨ではないことを確認し、「商品の実質的機能を達成するための構成に由来する形態」は、「他人の商品等表示」に該当しないとしている。

ただし、技術的機能除外説に関し、商品の形態がもっぱらその技術的機能に由来するかどうかだけで判断すべきではなく、長年の使用により商品表示としての能力を獲得したか、その形態の回避可能性、混同防止義務を尽くしているかという事情を考慮して判断すべきという考え方も指摘されている（小野編・新注解(上)154頁）。

2　2条1項3号（商品形態模倣行為）

(1)　保護主体（争点2）

本号に基づく保護主体に商品開発を行った者が含まれることは当然であるが、その商品開発者との間でライセンス契約を締結し、独占的販売権を取得した者が本号の保護の主体となるかについては、争いがある。

いわゆる「キャディバッグ事件」（東京地判平成11・1・28判時1677号127頁）では、単に輸入業者として流通に関与し、またはライセンシーとして同種製品の許諾を受けたものにすぎない者について保護の対象にはならないとしている。

これに対して、**判例コメント・24**＝ヌーブラ事件Ⅰでは「商品形態の独占について強い利害関係を有する者」も保護の主体になるとし、独占的販売権者も保護の主体になることを認めている。

本判決では、原告が、原告商品に係る実用新案の実用新案権者から専用実施権の設定を受け、独占的な販売権を付与していること、原告自ら資金・労力を投下して原告商品を商品化した先行者であることを認定し、原告が2条1項3号の保護主体となることを肯定した。

(2)　原告商品の形態が商品の機能を確保するために不可欠な形態（争点3）

原告商品と被告商品が実質的に同一の形態であるとしても、「当該商品の機

能を確保するために不可欠な形態」である場合には、2条1項3号の保護対象外となる。この趣旨は、商品の形態と機能が不可分となっている場合や同種の商品と比べてその特定の商品に何の特徴ももたらさない形態に関して、これを競争上不正と観念することはできず、このような場合にまで、デットコピーを規制することは、むしろ自由な競争を阻害するからである。

本判決では、原告商品の形態に関して、「ざるとしてのありふれた形態」ではないこと、「技術的構成に由来する必然的な形態」ではないことを認定し、「当該商品の機能を確保するために不可欠な形態」ではないと判断している。

3　5条1項に基づく損害の額の推定

5条1項本文は、被侵害者の損害の額の推定規定であり、侵害者が侵害品を譲渡した物の数量に、被侵害者がその侵害行為がなければ販売することができた物の単位数量あたりの利益の額を乗じて得た額を被侵害者が受けた損害の額とすることができると規定している。

もっとも、5条1項但書において、「譲渡数量の全部又は一部に相当する数量を被侵害者が販売することができないとする事情」があるときは、その事情に相当する数量に応じた額を、上記損害額から控除できるとしている。

本判決では、5条1項但書を適用し、被告による譲渡数量の全部を損害とするのではなく、原告商品と被告ら商品の販売数量や小売単価を比較することにより、輸入販売会社である被告の譲渡数量の2分の1に限定して、損害額を認定したものである。

本判決は、5条1項但書に規定される「事情」の具体的内容について言及し、原告の損害額を認定した点で、今後の参考になるものである。

（細井大輔）

原告商品「くしゃっと水切りざる」

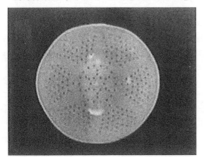

※平面図

被告ら商品「なんでもござる」

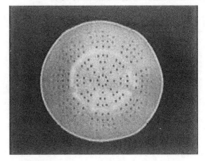

※平面図

> ▶判例コメント・50

【事件名】　HEART事件
【判決裁判所】　大阪地方裁判所（平成23年(ワ)第12681号）
　　　　　　　控訴審：大阪高等裁判所（平成24年(ネ)第2044号、平成24年(ネ)第2655号）
【判決年月日】　平成24年6月7日
　　　　　　　控訴審：平成26年1月17日
【出典】　判時2173号127頁、判タ1393号327頁
　　　　控訴審：裁判所HP
【不正競争行為】　2条1項1号
【請求内容】　被告標章の使用差止め、被告雑誌の廃棄、弁護士費用（100万円）の損害賠償
【結論】　差止請求につき全部認容、損害賠償請求につき一部認容（第一審被告控訴）
　　　　控訴審：控訴棄却、附帯控訴に基づき原判決変更・拡張請求認容

【事案の概要】
　原告は、昭和62年11月1日から循環器疾患医療に従事する看護師を主な読者とする雑誌（以下、「原告雑誌」という）を刊行している。原告雑誌の題号は、創刊時から平成16年3月号までは、別紙旧原告標章目録記載の標章（以下、「原告旧標章」という）であったが、平成16年4月号からは、別紙原告標章目録記載の標章（以下、「原告標章」という）に変更された。
　被告は、平成23年8月から、別紙被告雑誌目録記載の雑誌（以下、「被告雑誌」という）を刊行し、被告雑誌の題号として、別紙被告標章目録記載の標章（以下、「被告標章」という）を使用している。
　そのため、原告は、被告に対して、被告の上記使用行為が2条1項1号に当たるとして、被告標章の使用差止めおよび被告雑誌の廃棄を求めるとともに、弁護士費用に相当する損害賠償および遅延損害金の支払いを求めた。
【争点】

1　原告標章が原告の商品表示として需要者の間で広く認識されているか。
2　被告標章は、原告標章と同一または類似の商品表示といえるか。
3　被告の行為は、原告の商品（原告雑誌）と混同を生じさせるものであるか。

【判旨】
1　争点1──原告標章が原告の商品表示として需要者の間で広く認識されているか
(1)　原告標章が原告の商品表示として機能しているか否かについて

　裁判所は、以下のとおり判示し、原告標章について、商品内容を普通に用いられる方法で説明したにすぎないものである旨の被告の主張を否定し、原告標章は、原告雑誌の題号のうち他の部分から独立して、「商品表示」として機能するものであると結論づけた。

　「……原告は、原告雑誌の平成16年4月号から現在に至るまで、原告雑誌の表紙に原告標章を付して使用してきたことが認められる。

　……このように、原告標章である『HEΛRT』の文字の部分が、『nursing』ないし『ハートナーシング』の部分よりも、格段に大きな文字で記載されていることからすれば、原告雑誌の表紙を見る取引者、需要者にとっては、原告標章が特に注意を引く部分であると認められる」。

(2)　原告標章が原告の商品表示として需要者の間で広く認識されているか

　裁判所は、詳細に事情を拾い、原告が実質的に同一の標章を使用し続けたと認したうえで、原告標章が長期間にわたり継続的かつ独占的に使用されてきたものと認定し、原告標章が、原告の商品表示として需要者の間で広く認識されていると結論づけた（控訴審もほぼ同様の理由づけで同じ結論に至っている）。

(ア)　原告標章及び原告旧標章の使用

　「原告は、昭和62年11月号（創刊号）から平成16年3月号までの間、原告雑誌の表紙に原告旧標章を付して使用してきた。その具体的な使用態様は、……。

　平成16年4月号以降は、……のとおり、原告標章が記載されている。

　原告標章は、原告旧標章の「A」の文字を「Λ」と替え、「R」の文字の右下の部分をやや右下に延ばしている点で原告旧標章と相違する。しかしながら、これらの相違点は、表示全体の構成から見ると些細な相違というべきであ

り、原告標章は、原告旧標章と実質的に同一のものである。
　したがって、原告標章は、それと実質的に同一の表示である原告旧標章が用いられた期間を含め、被告雑誌が刊行される前の20年間以上にもわたり使用されてきたものである。しかも、この間、原告標章ないし原告旧標章と同一又は類似する標章を使用した看護雑誌は存在しなかったから、原告は、原告標章を長期間にわたり継続的かつ独占的に使用してきた」。

(イ)　原告雑誌の販売実績

　「原告雑誌の発行部数は、各号につき概ね4000部を超えており、……。
　また、原告雑誌の読者は、主として、心臓血管外科、循環器科及び集中治療室（ICU）に勤務する看護師であるところ、これらの診療科に所属する看護師の総数は、平成21年11月時点において、全国で合計約6万4500人と推定される（甲26）。
　原告雑誌は、病院・医療センター・専門学校などによって定期購読をされており、……相当程度の割合の者によって閲覧されてきたものである。
　原告は、これまで看護学会のプログラムや学会誌等において、原告標章ないし原告旧標章を付した原告雑誌の表紙を掲載し又は原告標章ないし原告旧標章をそのまま掲載した広告を繰り返しており……」。

(3)　小　括

　「……原告標章は、原告雑誌の題号のうち他の部分から独立して、商品表示として機能するものであるということができ、少なくとも原告雑誌の題号のうちの要部であることに加え、……のとおり、原告標章が、長期間にわたり、継続的かつ独占的に使用されてきたものであることなどからすれば、原告標章は、原告の商品表示として需要者の間に広く認識されているものと認めるのが相当である」。

2　被告標章は、原告標章と同一または類似の商品表示といえるか

　裁判所は、最高裁の判断基準（最判S58・10・7民集37巻8号1082頁「マンパワー事件」および最判S59・5・29民集38巻7号920頁「NFLP事件」）に従い、外観、称呼、観念および取引の実情を検討したうえで、原告標章が原告の商品表示として需要者の間に広く認識されていることを考慮し、購読者が両者を全体的に類似しているとうけとるおそれがあると結論づけた。

「原告標章は、別紙原告標章目録記載のとおり、アルファベットの大文字で『HEΛRT』と横書きしてなる標章であり、書体は、いわゆる『Times New Roman』と同等のものが用いられている。被告標章も、別紙被告標章目録記載のとおり、アルファベットの大文字で『HEART』と横書きしてなる標章であり、書体は、いわゆる『Times New Roman』と同等のものが用いられている。

そうすると、少なくとも、いずれの標章からも『ハート』の称呼が生じ、観念においても共通のものであると認めることができる」。

「取引の実情についてみると、証拠（甲3の191〜280、甲11の1・2、甲18、乙17〜24、27）によれば、原告標章及び被告標章は、それぞれ、原告雑誌及び被告雑誌の表紙上段の誌名が記載される部分に、大きく目立つ態様で記載され、原告雑誌及び被告雑誌は、書店等において、いわゆる面出しの状態で陳列されるときもあることが認められる。

これらのことに加え、前記1のとおり、原告標章が、原告の商品表示として需要者の間に広く認識されていることも考慮すると、需要者である購読者が書店において原告雑誌又は被告雑誌を購入する際には、表紙上段に大きく目立つ態様で記載された原告標章又は被告標章に注目することが認められる。そして、上記のとおり、原告標章と被告標章が外観、称呼及び観念において共通ないし類似することからすれば、購読者が両者を全体的に類似のものとして受け取るおそれがあるというべきである」。

3 被告の行為は、原告商品（原告雑誌）と混同を生じさせるものであるか

裁判所は、①需要者（読者）が共通していること、②被告標章が原告標章に類似していること、③原告標章が原告の商品表示として需要者に広く認識されていること、④購入時に需要者は原告標章ないし被告標章に注目すること等の理由から原告雑誌と被告雑誌を混同するおそれがあると認定した。

【コメント】

1 書籍（雑誌）の題号の一部が2条1項1号所定の「商品の表示」に該当しうるか

裁判実務上（書籍の）題号や（映画の）タイトルは、書籍や映画を特定する

ものであっても、通常は、商品の出所や営業主体を識別する表示として認識されるものではないとの解釈がなされる傾向にある（小野編・新注解(上)191頁参照）、①判例コメント・23＝「マクロス事件」、知財高判H17・10・27裁判所HP同事件（控訴審）、②東京地決H2・2・28判タ723号276頁「究極の選択事件」等参照）。

しかし、書籍の題号や映画のタイトルなどであっても定期的に刊行されたり、シリーズとして継続して連続放映・配給されるような場合には、商品表示性が認められる場合がある。

たとえば、「ファイアーエンブレム事件」（原審：東京地判H14・11・14判例不正競業法224ノ643頁、控訴審：東京高判H16・11・24裁判所HP参照）においては、原告の題号がゲームソフトのシリーズものとして付されたものであり、原告が製造販売するゲームソフトの題号である「ファイアーエンブレム」が原告のゲームソフトであることを示す周知商品表示である旨の認定がなされている（小野編・新注解(上)193頁・194頁参照）。

本件においても、（原告雑誌の題号の一部であるものの）原告標章が、Ⓐ取引者や需要者にとって特に注意を惹くものであるものであり、Ⓑ長期的かつ独占的に使用してきたことをもって原告の商品を表示するものとして認定されたといえる。

2　原告標章は、普通名詞または雑誌の内容を説明する単語に該当しないか

商標審査基準（改訂12版）においては、商標が、需要者に書籍の題号として認識され、かつ、当該題号が特定の内容を認識させるものと認められる場合には、商品の内容を認識させるものとして、商品の品質を表示するものとされ、原則、自他識別力が否定されるとの運用がなされている（第1・五・3(1)(エ)）。

本件裁判においても、被告は、「HEART」が普通名詞であるまたは原告雑誌の内容を説明する単語にすぎないから商品表示とはなり得ない旨の主張がなされた。

裁判所は、これに対し、「『HEART』とは、一般に、『心臓、胸』『思いやりの心、愛情』『興味、関心、勇気』『中心、核心』を意味する英単語であり、循環器疾患に係る医療やそれに関連する事項を直ちに連想させるものではない」。「循環器疾患に係る医療やそれに関連する事項を題材とした雑誌を刊行す

るに当たり、『HEART』の文字を使用することが必須であるとか、これを用いない誌名を創作することが困難であるなどといえないことは、多言を要しない」と指摘し、原告標章の識別力を肯定し、被告の上記主張を否定している。

3 参考（控訴審における判断）

本件判決（第一審）後、控訴人（被告）は、被告雑誌の題号を「Heart」に変更し（頭文字の「H」以外を小文字にし）、継続して被告雑誌を販売し続けたため、被控訴人（原告）は、控訴審において附帯控訴を行い、元の被告標章を控訴人標章1と指定し、上記変更後の標章を控訴人標章2と指定（追加）したうえで、かかる標章使用行為に対して差止請求および損害賠償請求を行った。

控訴審は、原審の判断を維持し（理由をそれほど多く追加することなく）ほぼ同様の理由から、①被控訴人標章（原告標章）は、被控訴人の商品表示として需要者に広く認識されており、②控訴人標章は、1および2ともに被控訴人標章と類似の商品表示であり、③控訴人の行為は、被控訴人雑誌と混同を生じさせるものと結論づけた（被告標章2についても、「eart」の部分も小文字でありながら従前の大文字とほとんど同じ大きさであり、「H」だけ大文字を使用することに格別の特徴や意味を見いだせないことから、被告標章1と同様に被控訴人標章（原告標章）と類似するとした）。

（白木裕一）

HEART事件

被告雑誌目録

　　　　　　　　被告刊行の下記雑誌
　　　　　　　　　　　記

題　　号　　『HEART』
発行態様　　平成23年9月号を創刊号とする月刊誌
主な対象読者　　循環器疾患に係る医療に従事する看護師

被告標章目録

原告標章目録　　　　　　　　旧原告標章目録

▶判例コメント・51

【事件名】　アルミホイール形態模倣事件
【判決裁判所】　大阪地方裁判所（平成24年(ワ)第3604号）
【判決年月日】　平成24年12月20日
【不正競争行為】　2条1項1号・3号
【出典】　裁判所HP
【請求の内容】　被告商品の譲渡等差止め、被告商品等廃棄、損害賠償、謝罪広告掲載
【結論】　請求棄却

【事案の概要】
　原告は、平成22年3月1日から自動車用ホイール（商品名「ジェイ　ジェイクロモ」。以下、「原告商品」という）を販売している。
　被告は、平成23年6月頃から、自動車用ホイール（商品名「ロクサーニ　ベルテックス」。以下、「被告商品」という）を販売している。
　原告は、被告の行為が、2条1項3号の形態模倣、同項1号の混同惹起行為に当たるとして、被告の行為の差止め、被告商品等の廃棄、損害賠償、および、謝罪広告の掲載を求めている。

【争点】
　被告商品は、原告商品の形態を模倣したものか。

【判旨】
　争点について、以下のとおり判断した。
1　原告商品の形態と被告商品の形態
　被告は、「ディスク面だけでなく、リムや双方の構造の溶接形態も対比すべきである」と主張したのに対して、裁判所は、「いずれの点も一見しただけでは、その違いが需要者や取引者にとって容易に看取できないだけでなく、後述のとおり……、ディスクの表面の形態が実質的に同一であるとはいえないことからすれば、それ以上にリムの形態や、リムとディスクの溶接形態を検討する必要はない」としたうえで、ディスク表面の形態について、次のとおり認定・

判断した。

2　原告商品と被告商品との対比
(1)　共通点
「被告商品と原告商品の各ディスク表面における形態は、以下の点で共通することが認められる。
① ディスク中心部からリムに向けて放射状に10本のスポークが設けられている。
② 各スポーク（スポークの本体であり、正面側頂部を切削することによって生じた銀色の装飾面をいうものではない）が縦長『Y』字状である。
③ 各スポークのリム側が二叉である。
④ 各スポークのディスク中心部寄りの基部がやや末広がり状である。
⑤ 各スポークの左右肩部に段が設けられている。
⑥ 縦長『Y』字状の各スポークの直線部中央には細溝が形成されている。
⑦ スポーク間に形成される孔が弾丸状に形成されている。
⑧ ディスク中心部のセンターボア周りにボルト用の穴（大穴）と排水用の穴（小穴）が同心円上（状）に各5個穿設されている。
⑨ 飾りボルトが各スポーク間に2個ずつ配設されている。
⑩ 全体が黒色と銀色のツートンカラーである」。

(2)　相違点
「被告商品と原告商品の各ディスク表面における形態は、以下の点で相違することが認められる。
① ディスクの正面側頂部における装飾面の形状が、原告商品では『X』字であり、各スポークにあるのに対し、被告商品では『V』字状装飾面であり、隣り合うスポークに跨っている。
② 各スポークのリム側の正面側頂部における装飾面の先端形状は、原告商品では尖っており、被告商品では平坦である。
③ 各スポークのディスク中心部よりの正面側頂部における装飾面の先端形状は、原告商品では片矢印状、被告商品では矢印状である。
④ 各スポークのリム寄りにある穴の大きさ及び形状は、原告商品では小さな涙滴状であるのに対し、被告商品では大きな略二等辺三角形である。

⑤　縦長『Y』字状の各スポークの直線部中央にある細溝の幅は、被告商品の方が原告商品よりも約2倍大きいものである。

⑥　隣り合うスポークのセンターボア側広がり部の長さ及び広がり角度、ボルト用の大穴が装飾面の『X』字又は『V』字装飾面に掛かっているか否か、『X』字又は『V』字状装飾面の先端がセンターキャップへ向かう傾斜、センターボア側広がり部の間における溝の形状、センターボアキャップの形態が異なる。

⑦　飾りボルト2個の配設位置が、各スポーク間において、原告商品ではスポーク寄り、被告商品では略均等間隔に配設されている」。

3　対比判断

(1)　共通点

裁判所は、従来から他社が販売していた商品の形態（乙11、乙12、乙13）について検討し、乙11について共通点①④⑥⑧⑩を備え、乙12について共通点②③を備え、乙13について共通点⑤を備えるとして認定した。

また、共通点⑨はありふれた形態であることについて争いがないとした。

そのうえで、原告が、原告商品の形態の最大の特徴と主張する共通点⑤⑥⑩について、「これらの構成自体は同種商品に見られる構成であるから、これらの構成を備えているというだけで法2条1項3号による保護の対象となる形態であるとはいいがたい。したがって、これらの点において共通するからといって実質的に同一の形態であるということはできない」、「原告商品と被告商品の各ディスク表面における形態には、一見して識別することのできる明らかな相違点があることからすれば、そもそも上記の共通点があることのみをもって実質的に同一の形態であるとはいえない」と判示した。

(2)　相違点

相違点について、裁判所は、相違点④⑤⑦は「それ自体として、それほど大きな印象を与えているとは認められない」としたうえ、「相違点①から③まで及び⑥は、互いに相まって異なる印象を与えているということができる。これらの相違点は、各ディスク表面の各スポークの正面側頂部を研磨して形成された銀色の装飾面の形状が商品全体に異なる印象を与えているということができ、特に商品全体の印象に大きく影響すると認められる中心部の形態において

異なる印象を与えるものである」と判断した。

　裁判所は、その根拠として、原告商品の特徴点と被告商品の特徴点を、詳細に検討している。

　　(A)　**原告商品の特徴点**

　「原告商品は、ディスク表面上に長短２種類の『Ｘ』字状装飾面（ｘ１、ｘ２）を看取することができるものである（相違点①）。また、長短の『Ｘ』字の先端は、いずれも片矢印状で尖っており、鋭利な印象を与える（相違点②、③）。特に、中心部に向けられた長い『Ｘ』字の先端は、５対の松葉の先端が中央に集中しているように、先端が特に強調されているうえ、短い『Ｘ』字の足の上に重なるような印象を与えている。これらの結果、原告商品から受ける全体的印象は、鋭利で繊細、かつ重層的な（装飾面が重層し、下層部に五芒星の形態を窺うことができる。）ものとなっている」。

　　(B)　**被告商品の特徴点**

　「被告商品は、隣り合うスポーク上に、同スポーク間に形成される弾丸状の穴の周囲に沿って、細長い装飾面（ｖ）が10個の『Ｖ』字を形成し、円を描くように均等に配列されている（『Ｖ』字の下が中心部側、上がリム部側に位置するように配列されている。また、『Ｖ』字の下側が隣接し、上部が離れて二叉となっているため、２つの『Ｖ』字の片側ずつが合わさり『Ｙ』字を形成しているように見える……）。『Ｖ』字も２種類あるが、左右反転させると同一形状となる。すなわち、ディスク面の中心付近に、ボルト用の大穴５個と排水用の小穴５個が、円を描くように交互に配列されているところ（配列の状況は、原告商品と同じである。）、ボルト用の大穴は隣り合う『Ｖ』字状装飾面（ｖ）にそれぞれ掛かるように配置され、排水用の小穴は隣り合う『Ｖ』字状装飾面（ｖ）の間に収まるように配置され、ボルト用の大穴により『Ｖ』字状装飾面のディスク中心部寄り先端付近が円弧状に切り欠かれている（相違点⑥）。

　その結果、被告商品は、１種類の『Ｖ』字又は『Ｙ』字を看取することができるにすぎない（相違点①）。

　また、『Ｖ』字状装飾面の先端は、リム側が矩形であり、中心部側も『Ｖ』字の下端であり、鋭利ということはなく、切り欠き部の存在も、むしろ、ボルトを取り囲むように、隣り合う『Ｖ』字がまとまり、よりその先端が鈍い印象

を受ける（相違点②、③）。

これらの結果、被告商品から受ける全体的印象は、より均質で単層的なものとなっている」。

(3) 判断

裁判所は、「これらの相違点は、原告商品と被告商品とを対比して観察した場合に一見して明らかに看取することができるものであって、需要者が通常の用法に従った使用に際して知覚によって極めて容易に認識することができる差異である。これらの差異による結果として、商品全体から受ける印象も明確に異なるものとなっている」として、「原告商品と被告商品の各ディスク表面の形態が実質的に同一のものであるということはできない」と判断した。

【コメント】

1 判断手法

本判決は、不正競争防止法2条1項3号の「模倣」における実質的同一性（同法2条5項）の有無が争われた事案である。

実質的同一性の判断にあたっては、従来から、①原告商品・被告商品それぞれの形態の特定、②形態の共通点および相違点の認定、③実質的同一性の判断（対比判断）という判断手法が用いられてきた。本判決も、同一の判断手法を用いている。

2 実質的同一性の判断

実質的同一性の判断にあたっては、両商品の形態を対比的に観察したうえで、全体としてその印象を比べて（全体的観察）実質的に同一か否かを決することになる。そして、注目される程度が大きい部分（需要者が目につきやすい部分、需要者が注目する部分・印象が強い部分、構成上の重要な部分など）の形態が共通するか相違するかは大きなウエイトをもって判断され、注目される程度が少ない部分（需要者が看取できない部分、同種商品に見られる形態、ありふれた形態、機能および効用を発揮するために不可避的に取らざるを得ない形態等）の形態が共通するか相違するかは小さなウエイトをもって判断される。

3 本判決の判断枠組み

本判決では、共通点①②③④⑤⑥⑧⑩については、同種商品にみられる形態であり、共通点⑨はありふれた形態であると認定したうえで、共通点⑤⑥⑩が

アルミホイール形態模倣事件

原告商品と被告商品とで共通するからといって実質的同一性は認められないとし、相違点①②③は原告商品の特徴点であり、相違点①②③⑥は被告商品の特徴点であり、これらの相違点から異なる印象を受けるとして実質的同一性を否定している。

(室谷和彦)

原告商品（商品名　ジェイ　ジェイ　クロモ）

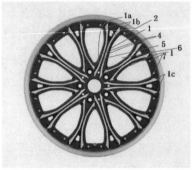

被告商品（商品名　ロクサーニ　ベルテックス）

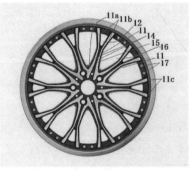

▶判例コメント・52

【事件名】　コイル状ストラップ付タッチペン事件
【判決裁判所】　東京地方裁判所（平成23年(ワ)第36736号）
【判決年月日】　平成24年12月25日
【出典】　判時2192号122頁、判タ1407号308頁
【不正競争行為】　2条1項3号
【請求の内容】　損害賠償
【結論】　一部認容

【事案の概要】
　コイル状ストラップ付タッチペンの販売業者である原告が、同種商品を販売する被告に対し、形態模倣商品を理由に2条1項3号・4条に基づく損害賠償請求を求めた事案である。

【争点】
1　2条1項3号による保護が及ばないとされる「ありふれた形態」または同号括弧書「当該商品の機能を確保するために不可欠な形態」に該当するか。〔否定〕
2　被告商品が原告各商品に依拠して作成されたものとして、形態模倣に該当するか。〔肯定〕

【判旨】
1　原告各商品および被告商品の共通点・相違点
(1)　共通点
　原告各商品と被告商品は、次の点で共通している。
　①全体形状、②構成部位、③ペン先の形状、④円錐形状部の形状等、⑤タッチ部の形状、⑥ペン胴の形状、⑦ペン胴の外周面の滑り止め部の存在、⑧ペン尻の形状、⑨張出部の形状、⑩薄板部の形状、⑪空間部の位置、⑫ストラップの構成、⑬コイル部の接合部、⑭コイルの形状

(2)　相違点
　原告各商品と被告商品は、次の点で相違している。

①タッチペンの寸法、②コイル部の長さ、③ペン胴の外周部の文字表示の有無、④タッチペンの滑り止め部の形態、⑤ペン尻の張出部の形態および、⑥ペン尻の薄板部の突起の位置、⑦コイルの接合部の固定方法

2 「ありふれた形態」について

(1) 法2条1項3号の規定の趣旨

「他人が資金、労力を投下して商品化した商品の形態を他に選択肢があるにもかかわらずことさら模倣した商品を、自らの商品として市場に提供し、その他人と競争する行為」について「模倣者においては商品化のための資金、労力や投資のリスクを軽減することができる一方で、先行者である他人の市場における利益を減少させるもの」で、「事業者間の競争上不正な行為として位置付けるべきもの」であるから、「『不正競争』として規制」したものとされる。

(2) 「商品の形態」と判断手法

上記趣旨から、「商品の形態」とは「商品全体の形態をいい」、「必ずしも独創的なものであることを要しない」が、「商品全体の形態が同種の商品と比べて何の特徴もないありふれた形態である場合」は、特段の資金や労力をかけることなく作り出すことができるものであるから、「同号により保護される『商品の形態』に該当しないと解すべき」とされる。

「ありふれた形態であるか否かは、商品を全体として観察して判断すべき」で、「全体としての形態を構成する個々の部分的形状を取り出してそれぞれがありふれたものであるかどうかを判断し、その上で、ありふれたものとされた各形状を組み合わせることが容易かどうかによって判断すること」は相当ではないとされる。

(3) 被告の主張に対する判断

(A) 同業他社による商品販売

問題とされた原告各商品（以下、「原告各商品」という）の販売開始前から、ゲーム機本体に収納可能なタッチペンをコイル状ストラップと結合させた商品が複数の同業他社により販売されていたとの被告の主張に対し、被告主張の各商品について、全体として形態が相違するかどうかをそれぞれ認定し、いずれも形態が相違するものとして、ありふれた形態の根拠と認めなかった。

(B) 一般消費者による作品製作

原告各商品の販売開始前から、一般消費者がゲーム機本体に収納可能なタッチペンをコイル状ストラップと結合させた作品を自ら製作してインターネット上で公表していたとの主張に対し、上記同様、各商品について、全体として形態が相違するかをそれぞれ認定し、ありふれた形態の根拠と認めなかった。

(C) 結論

「ゲーム機本体に収納可能なタッチペンをコイル状ストラップと結合させたことを特徴とする商品には、タッチペンを構成するペン先、ペン胴及びペン尻、コイル状ストラップのコイル部を構成するコイル、接合部等の形状、材質等において多様な選択肢があり得る」とし、被告による「ありふれた形態」との主張を排斥した。

3 商品の機能を確保するために不可欠な形態かどうか

(1) 被告の主張

被告は、原告各商品の形態は、「商品の機能を確保するために不可欠な形態」であると主張した。

その理由は、「原告各商品の機能は、①タッチペンの紛失・落下を防止すること、②ストラップが操作の妨げにならないように伸縮すること、③タッチペンがゲーム機本体に収納可能であることにあるところ、上記①の機能を確保するために『タッチペンにストラップを連結する形態』を、上記②の機能を確保するために伸縮性のあるストラップとして『コイル状ストラップ』を、上記③の機能を確保するために『純正タッチペンに類する形態』を採用することは不可欠であるから」とする。

(2) 被告の主張に対する判断

判決は「ゲーム機本体に収納可能なタッチペンをコイル状ストラップと結合させたことを特徴とする商品には、タッチペンを構成するペン先、ペン胴及びペン尻、コイル状ストラップのコイル部を構成するコイル、接合部等の形状、材質等において多様な選択肢があり得る」ので、上記被告の理由①から③の機能を確保するための具体的な形態として、原告各商品の形態を必然的に採用せざるを得ないものと認めることはできないとし、原告各商品の形態について、2条1項3号により保護される「商品の形態」に該当することを認めた。

4 形態の実質的同一性の有無

(1) 形態の同一性

複数の原告商品の形態と被告商品の形態との実質的同一性について、次のように判断する。

・共通点①から⑭のとおりの構成態様を有する点で共通
・タッチペンの寸法が、わずかに短い程度でほとんど同一
・コイル状ストラップが、主マツバ紐と、コイル部と、従マツバ紐とで構成され、さらに、そのコイル部が、伸縮可能なコイルとその両端に固定された二つの接合部とで構成されているという具体的な構成において両者は共通し、その接合部の形態においても、原告商品の接合部が円錐台形状であるのに対し、被告商品の接合部が外周面に１本の線が形成された樽形または俵形であるという点で差異（相違点⑦）があるが、その差異は注意して観察しなければ気づかない程の微差
・原告各商品および被告商品から受ける商品全体としての印象が共通すること

(2) 相違点についての判断

これに対し、相違点②から⑥については「商品の全体的形態に与える変化に乏しく、商品全体からみると、ささいな相違にとどまるものと評価すべき」で、「形態の実質的同一性の判断に影響を及ぼすものではない」とした。

5 依拠の有無

(1) 依拠の認定

被告が、商品開発時に、問題とされた原告商品について形態に依拠して作成したかどうかについて、判例は、以下の５点から、「開発時において、原告のウェブサイト等や市場を通じて、被告商品と同種の……ライセンス商品である原告商品に接することがあったものといえる」とし、依拠を認めた。

・原告各商品と被告商品の形態が実質的に同一であること
・原告は、いずれもライセンス商品として、各商品をそれぞれ販売し、また、原告のウェブサイト等において、その宣伝広告を行ってきたこと
・原告各商品は、主要な部分で形態を共通にすること
・原告各商品は、被告商品の販売開始前の間に、累計55万6000本販売されており、そのうち、問題とされた原告商品について販売数量は合計18万5694本に及ぶこと

・被告の業務内容がゲーム機のアクセサリー類の開発・販売という点で、原告の業務内容と競合する関係にあること
  (2) **被告の反論**
    (A) **原告とは無関係に開発したとの主張**
  被告の、原告各商品の販売開始前から「ゲーム機本体に収納可能なタッチペン」および「コイル状ストラップを連結した商品」を開発して販売し、その商品開発の延長線上において、原告各商品の存在とは無関係に、その形態を参考とすることなく被告商品を開発したとの主張に対し、①被告が、原告各商品の販売開始前から、商品を独自に開発していたことを裏づける客観的な証拠がないこと、②被告商品と同種の商品であり、かつ、ライセンス商品である原告各商品が、被告商品の販売開始前に多数販売されすでに市場において広く流通していたものと認められること、③被告商品と原告各商品の形態が実質的に同一であることから、被告は、被告商品の開発時において、原告のウェブサイト等や市場を通じて、問題とされた原告商品に接することがあったものと認めるのが自然とした。
    (B) **多数の事業者が販売し広く普及していたとの主張**
  被告商品の販売が開始されたころには、多数の事業者が、ゲーム機本体に収納可能なタッチペンとコイル状ストラップを連結した形態の商品を販売し、市場において、収納可能なタッチペンとコイル状ストラップを連結した形態の商品は、多数の事業者が販売し、同種商品の標準的な形態・一般的な形態として広く普及していたなどとして、原告各商品の形態に依拠して開発されたものでないとの主張について、ゲーム機本体に収納可能なタッチペンをコイル状ストラップと結合させたことを特徴とする商品には、タッチペンを構成するペン先、ペン胴およびペン尻、コイル状ストラップのコイル部を構成するコイル、接合部等の形状、材質等において多様な選択肢があり得るものとして、被告の主張を否定した。

【コメント】

1 「ありふれた形態」

2条1項3号の趣旨について、従来の裁判例と同様の理解に立つものである(**判例コメント・30**＝ヌーブラ事件Ⅱ)。

従来の裁判例では、本件裁判例と同様の趣旨を認定し、①「先行者において特段の資金・労力を要さずに容易に作り出せるような、特段の特徴もない同種の商品に共通するごくありふれた形態」は保護に値せず、②「同種の商品の機能・効用を発揮するため不可避的に採らざるを得ないような形態」については、商品の形態を超えて同一の機能・効用を有する同種の商品そのものの独占を招来することとなり、複数の商品の市場における競合を前提としてその競争のあり方を規制する法の趣旨に反するので、保護の対象から除外する、との結論が導かれている（東京地判H13・9・6判時1804号117頁・判タ1107号297頁「宅配鮨事件」）。

2　「商品の形態」の判断手法

　「商品の形態」について2条4項が定義をしているが、「商品の形態」をどのように判断するか、また保護の対象とされない「ありふれた形態」をどのように判断するかについては、明文がなく、裁判例の蓄積によらざるを得ない。本裁判例は、全体の印象をもって観察すると述べており、この点についても、従来の裁判例を踏襲したものである。

　その判断手法は参考となるが、本件で問題となった製品は、携帯型ゲーム機に収納できる商品で小さいものであり、商品を全体的に判断せざるを得ないとの趣旨は一層妥当すると考えられる。

3　模倣性

　2条5項で「模倣する」ことの定義が示されており、「他人の商品の形態に依拠して、これと実質的に同一の形態の商品を作り出すことをいう」とされる。

　本件裁判例も、同規定に沿った形で認定がなされている。

　上記「ヌーブラ事件Ⅱ」判決では、「模倣性」について、「当該他人の商品形態に依拠して、これと形態が同一であるか実質的に同一といえるほどに酷似した形態の商品を作り出すことを意味し、商品形態が実質的に同一であるといえるためには、商品の基本的形態のみならず具体的形態においても実質的に同一であることが必要」としている。商品の基本的形態のほか、具体的形態も商品の形態を構成する要素とみており参考となる。

（山口　崇）

判例コメント・52

原告商品

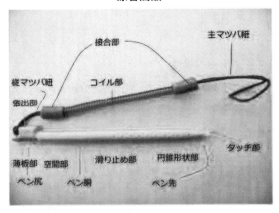

被告商品

425

▶判例コメント・53

【事件名】　眼鏡タイプルーペ事件
【判決裁判所】　知的財産高等裁判所（平成24年(ネ)第10069号）
　　　　　　　原審：東京地方裁判所（平成22年(ワ)第42141号）
【判決年月日】　平成24年12月26日
　　　　　　　原審：平成24年7月30日
【出典】　判時2178号99頁、判タ1408号235頁
　　　　　原審：判タ1390号345頁
【不正競争行為】　2条1項1号
【請求内容】　被控訴人商品の譲渡等の差止め
【結論】　控訴棄却
　　　　　原審：請求棄却

【事案の概要】
　本件は、控訴人（第一審原告）が、被控訴人ら（第一審被告ら）に対し、控訴人が販売する控訴人商品1ないし3の商品（以下、「控訴人商品」と総称する）に共通する形態は、控訴人の商品等表示として需要者の間に広く認識されているものであるところ、被控訴人Aが被控訴人Bの運営するショッピングサイトを通じて販売する被控訴人商品の形態はこれと類似するものであるから、被控訴人らが被控訴人商品を販売することは、控訴人商品との混同を生じさせるものであり、2条1項1号の不正競争に該当すると主張して、3条1項に基づき、被控訴人商品の製造、販売等の差止めを求める事案である。
　本件は、原審が、原告商品（控訴人商品）が特別顕著性を有しない（商品等表示性を否定）として請求を棄却したため、原告が控訴したものである。

【争点】
　控訴人商品の商品形態の商品等表示性の有無

【判旨】
　1　商品の形態と商品等表示性
　本判決は、商品形態が商品等表示に該当するための要件について以下のとお

り判示した。

「不正競争防止法2条1項1号は、他人の周知な商品等表示と同一又は類似の商品等表示を使用することをもって不正競争行為と定めたものであるところ、その趣旨は、周知な商品等表示の有する出所表示機能を保護するため、周知な商品等表示に化体された他人の営業上の信用を自己のものと誤認混同させて顧客を獲得する行為を防止することにより、事業者間の公正な競争を確保することにある。

同号にいう『商品等表示』とは、『人の業務に係る氏名、商号、商標、標章、商品の容器若しくは包装その他の商品又は営業を表示するもの』をいう。商品の形態は、商標等と異なり、本来的には商品の出所を表示する目的を有するものではないが、商品の形態自体が特定の出所を表示する二次的意味を有するに至る場合がある。そして、このように商品の形態自体が特定の出所を表示する二次的意味を有し、不正競争防止法2条1項1号にいう『商品等表示』に該当するためには、①商品の形態が客観的に他の同種商品とは異なる顕著な特徴を有しており（特別顕著性）、かつ、②その形態が特定の事業者によって長期間独占的に使用され、又は極めて強力な宣伝広告や爆発的な販売実績等により（周知性）、需要者においてその形態を有する商品が特定の事業者の出所を表示するものとして周知になっていることを要すると解するのが相当である」。

2　控訴人商品の形態

控訴人は、控訴人商品の商品等表示として機能する形態として、控訴人商品が、「①耳と鼻に掛ける眼鏡タイプの形態からなるルーペであり（特徴①）、②そのレンズ部分は眼鏡の重ね掛けができる程度に十分大きい一対のレンズを並べた略長方形状の形態（特徴②）という共通形態を備えている」と主張した。

これに対し、判決は、控訴人商品に共通する形態について、次のように判示した。

「……控訴人商品は、いずれも、①2本のつる（テンプル）と鼻パッドが設けられ、つる（テンプル）を耳に、鼻パッドを鼻に掛けて使用する眼鏡型の形態を有する、物を拡大して見るために使用される拡大鏡（ルーペ）であり、②レンズ部分の中央の縦線状のスジ（窪み）の左右にレンズが設けられ、レンズ部分全体の大きさは、横約106㎜、縦約41〜47㎜で、眼鏡の上に重ね掛けして

使用可能なものである。

　したがって、控訴人商品は、控訴人が共通形態として主張する特徴①（耳と鼻に掛ける眼鏡タイプの形態からなるルーペであること）を備え、特徴②のうち、そのレンズ部分が眼鏡の重ね掛けができる程度に十分に大きい一対のレンズを並べた形態であることをいずれも共通して備える形態であるということができる」。

　「そして、控訴人商品1は、レンズ部分が略長方形状の形態ということができ、控訴人商品2も、レンズ部分の左右下隅が丸みを有するものの略長方形状といえなくもないが、控訴人商品3は、レンズ部分の左右下隅が丸みを有する形状となっている上に、下辺中央部に半円状の切り欠き部分を有しており、略長方形状とはいい難いものである。いずれにせよ、控訴人商品1ないし3の共通形態として、レンズ部分が略長方形状の形態であるということは困難である」。

　「以上のとおり、控訴人商品の共通形態は、『耳と鼻に掛ける眼鏡タイプの形態からなるルーペであり、そのレンズ部分は眼鏡の重ね掛けができる程度に十分大きい一対のレンズを並べた形態』であるということができる」。

3　控訴人商品の共通形態の特別顕著性

　「……眼鏡タイプのルーペは、種々の形態があるルーペの1つとして、控訴人以外の会社からも販売されており、①耳と鼻に掛ける眼鏡タイプの形態からなるルーペであり、②一対のレンズを並べて眼鏡と重ね掛けができるようにした商品も販売されている」。

　「以上によれば、控訴人商品の共通形態のうち、耳と鼻に掛ける眼鏡タイプの形態からなるルーペであり、そのレンズ部分は一対のレンズを並べた形態であり、眼鏡に重ね掛けができるという点については、従前、他社製品にもみられたものであるということができ、客観的に他の同種商品とは異なる顕著な特徴を有しているということはできない。

　なお、控訴人商品の共通形態のうち、レンズ部分が『眼鏡の重ね掛けができる程度に十分に大きい』一対のレンズを並べた形態である点については、エッシェンバッハ社や池田レンズ等の他社製品であるルーペに、全く同一のものは見当たらない。しかし、……、一対のレンズを眼鏡の上から重ね掛けするとい

う発想の商品もみられるところであり、また、『眼鏡タイプのルーペ』として種々の形態のものが販売され、流通しており、そのレンズの大きさも様々であることに照らすと、控訴人商品のレンズが『眼鏡の重ね掛けができる程度に十分に大きい』一対のレンズを並べた形態であることによって、需要者において控訴人商品につき格段の強い印象が生じるものとはいえない。よって、上記レンズの大きさの点を理由として、控訴人商品の共通形態が、客観的に他の同種商品とは異なる顕著な特徴を有することになるということはできない」。

また、老眼鏡を同種商品とみた場合にも商品等表示性が肯定されるとの控訴人の主張に対しては、市場における控訴人商品の取扱い状況によれば、控訴人は、控訴人商品を、ルーペとして販売し、宣伝しているものの、オンラインショッピングサイトで老眼鏡に分類されて宣伝販売されている例があること、ウェブサイト広告においては、広く同種商品を紹介する目的で、控訴人商品を老眼鏡と同種商品として取り上げている例があること、小売店等においては、眼鏡と控訴人商品を近接した場所で販売している例も多いこと、老眼鏡とルーペはいずれも高齢者が近くの小さい文字等が見にくい場合に用いるという点では機能上の共通点があることを指摘したうえで、次のように判示した。

「……これらの事情に照らせば、控訴人商品は、市場において、それが老眼鏡と同種商品ではなく、異なる種類の商品であることが明確に区別して販売されているとはいえず、需要者においても、老眼鏡と明確に区別して認識しているとはいえない。そうすると、控訴人商品が独特の形態的特徴を有するか否かを判断するについて、ルーペを原則としつつも、市場において同種商品とされることがある老眼鏡の形態との比較をすることも許されるというべきである。

そして、ルーペを同種商品とみた場合に、控訴人商品の共通形態が、客観的に他の同種商品とは異なる顕著な特徴を有しているということができない……し、老眼鏡を同種商品とみた場合にも、控訴人が控訴人商品の共通形態であると主張する特徴①及び特徴②は、老眼鏡が有する形態……に類似し、これと客観的に異なる顕著な特徴を有しているということはできない。

したがって、控訴人商品の共通形態が客観的に他の同種商品とは異なる顕著な特徴を有しているということはできない」。

本判決は、以上のように判断して、控訴人商品の商品形態の商品等表示性を

否定し、控訴人の控訴を棄却した。

【コメント】

1 商品等表示性

本判決は、2条1項1号の「商品等表示性」の有無が争われた事案である。

商品形態を商品等表示として主張する場合の要件事実は、次のとおりである。

Ⓐ 原告商品の形態が、原告の商品等表示であること。

Ⓑ Ⓐの事実が、需要者の間に広く認識されていること(差止請求の場合、事実審の口頭弁論終結時が基準となるが、先使用の抗弁(19条1項3号)がある)。

Ⓒ 被告が、被告商品を販売等していること。

Ⓓ 被告商品の形態が、原告商品の形態と同一・類似であること。

Ⓔ 原告の商品と混同を生じさせること。

また、商品の形態が商品等表示性を獲得する要件として、従来の多数の裁判例が、本判決のように、①特定の商品形態が同種の商品と識別し得る独自の特徴(特別顕著性)を有しており、かつ、②その形態が特定の事業者によって長期間独占的に使用され、または極めて強力な宣伝広告や爆発的な販売実績等により、需要者においてその形態を有する商品が特定の事業者の出所を表示するものとして周知になっていること(周知性)が必要としている。

2 本件事案について

本件で、控訴人が控訴人商品の商品等表示として主張した形態は、「①耳と鼻に掛ける眼鏡タイプの形態からなるルーペであり(特徴①)、②そのレンズ部分は眼鏡の重ね掛けができる程度に十分大きい一対のレンズを並べた略長方形状の形態(特徴②)という共通形態」という、抽象的で、眼鏡タイプのルーペの形態を広い範囲で包含するようなものであった。控訴人がこのような主張をしたのは、被控訴人製品が、控訴人製品と異なり、樹脂製リム(レンズ枠)でレンズが囲まれた形態をしているためであったと考えられる。

さらに、判決が認定した控訴人商品の共通形態は、控訴人の主張からレンズ部分が「略長方形状の」という部分を除いた「耳と鼻に掛ける眼鏡タイプの形態からなるルーペであり、そのレンズ部分は眼鏡の重ね掛けができる程度に十

分大きい一対のレンズを並べた形態」というものであり、控訴人の主張する共通形態よりも一層広いものとなった。その結果、一見、控訴人製品や被控訴人製品とは全く違う形態の製品までもが、控訴人商品の共通形態を有することとなった。

　そうすると、本件で、特別顕著性が認められないことは、当然の帰結といえる。

　また、このような共通形態について商品等表示性を認めると、本来、特許権や意匠権で一定期間に限定して保護すべき形態について、半永久的に保護を与える結果にもなりかねない。この点に鑑みても、本件で、特別顕著性が認められないとの判断は妥当といえる。

（面谷和範）

原告商品1

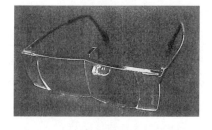

原告商品2

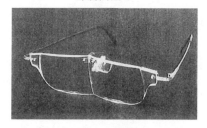

原告商品3

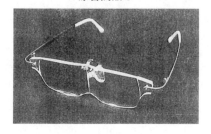

被告商品

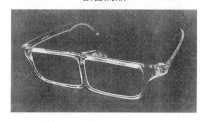

有機EL素子事件

> ▶判例コメント・54

【事件名】　有機EL素子事件
【判決裁判所】　知的財産高等裁判所（平成24年(ネ)第10059号）
　　　　　　　原審：東京地方裁判所（平成22年(ワ)第5719号）
【判決年月日】　平成25年3月25日
　　　　　　　原審：平成24年5月29日
【出典】　裁判所HP
　　　　　原審：裁判所HP
【不正競争行為】　2条1項15号
【請求内容】　差止請求、損害賠償請求とも棄却した原審に対し、損害賠償請求に係る部分の取消し（控訴）
【結論】　控訴棄却
　　　　原審：請求棄却
【事案の概要】

　化学品の製造業者である被告は、特定の燐光性の発光材料と特定の化合物（以下、「本件化合物」という）を含む正孔輸送層を組み合わせた有機EL素子の発明について特許の設定登録を受けていた（以下、「本件特許」という）。そして、電気・電子製品の製造業者であるSDI社が製造した有機EL素子（以下、「本件有機EL素子」という）には、正孔輸送層に特定の燐光性の発光材料と本件化合物が含まれていた。そこで、被告は、SDI社に対し、SDI社が製造した本件有機EL素子は被告の本件特許を侵害するものである旨の告知（以下、「本件告知」という。なお、本件告知の具体的内容は不明であるが、判旨からこのような内容の告知であったと推測される）を行った。

　これに対して、本件有機EL素子に用いられた材料をSDI社に供給した原告が、被告の当該告知は原告に対する2条1項15号所定の不正競争行為（営業誹謗行為）に該当する旨主張し、損害賠償を求めるとともに、本件告知行為の差止めを求めた。なお、原告および被告は、正孔輸送材料を含む有機EL素子の材料の市場において激しく競争しており、SDI社は、両者共通の顧客であった。

原審は、本件有機EL素子は、本件特許の技術的範囲に属するが、本件特許は無効であるから、本件告知行為は虚偽の事実の告知である。本件告知行為は、原告製品が本件特許権侵害の原因となっているとの事実の告知であると認められるから、原告の「営業上の信用を害する」事実の告知といえる。したがって、本件告知行為は2条1項15号所定の不正競争行為に該当するが、被告に過失があるとは認められないとして損害賠償請求を棄却し、差止めの必要性は認められないとして差止請求も棄却した。

　これに対して原告が、損害賠償請求に係る部分の取消しを求めて控訴したのが本件である。

【争点】

　本件告知行為は原告の「営業上の信用を害する」事実の告知に該当するか。〔否定〕

【判旨】

　「本件告知行為のように、特許権者が当該特許の第一次被疑侵害者に対してする権利行使は、第一次被疑侵害者が被疑侵害品を製造、譲渡等した行為が特許権を侵害するということを内容とするものであり、被疑侵害品の材料納入業者の行為が特許権を侵害するということを内容とするものではないから、特段の事情が認められない限り、材料納入業者の『営業上の信用を害する』ものとはいえない。特許権者の第一次被疑侵害者に対する権利行使によって、第一次被疑侵害者が特許侵害品の製造を中止するなどして、結果として、材料納入業者が材料の納入中止を余儀なくされ、営業上の不利益を受けることはあり得るが、特許権者の権利行使が材料納入業者の営業上の信用を害するものでなければ、そのような営業上の不利益は、不正競争防止法2条1項14号〔現15号〕による保護の対象外のものというほかない」と判示した。

　そして、「化学会社が供給する材料自体について、抵触のおそれのある特許が存在するという場合であれば、当該材料が特許侵害品でないことにつき、電子・電気製品の製造業者が材料メーカーを信頼するということはあり得るとも考えられるが、本件のように、当該材料を用いて製造した製品について、抵触のおそれのある特許が存在するという場合については、当該材料と別の材料とを組み合わせて製造したデバイスが特許侵害品となる可能性がある以上、電

子・電気製品の製造業者が材料メーカーを信頼して何ら材料の化学組成を知らずに材料の供給を受けるとは考え難い」、「仮に、……被告とSDI社が、本件告知行為の時点において、本件有機EL素子を構成する正孔輸送材料が原告製品であることを認識して」いたとしても、「そのことから直ちに、本件告知行為が原告の『営業上の信用を害する』事実の告知であるということはできない。なぜなら、……本件有機EL素子を製造したSDI社の行為が本件特許権を侵害することが事実であるとすれば、本件有機EL素子を構成する正孔輸送材料が本件発明の構成要件を充足していることは、その材料提供者が誰であれ、当然のこと」だからである、「本件発明は、その構成からも明らかなように、特定の燐光性の発光材料と特定の化合物を含む正孔輸送層を組み合わせた有機EL素子の発明であることは明らかであり、正孔輸送層の材料の発明ではない」とし、「その他に、本件告知行為が原告の『営業上の信用を害する』事実の告知であると評価し得る特段の事情は認められない」とした。

【コメント】

　一般的に、権利侵害警告が営業誹謗行為に当たるのではないかとして問題となるのは、これが第一次被疑侵害者（製造業者または輸入業者）に対して行われた場合においてではなく、第一次被疑侵害者から被疑侵害品を購入して販売等する第二次被疑侵害者に対して行われる場合である。

　本事例は、第一次被疑侵害者に対してなされた権利侵害警告が、被疑侵害品の材料納入業者に対する営業誹謗行為に当たるかが問題とされたという点で特徴のある事案であり、本判決が、特段の事情が認められない限りとの含みを残しつつ、第一次被疑侵害者に対する権利侵害警告は被疑侵害品の材料納入業者に対する営業誹謗行為とはならないとしていることから、実務上、第一次被疑侵害者に対して権利侵害警告を行う場合であっても、第三者に対する営業誹謗行為に該当しうる特段の事情がないかについて検討する必要性があると思われる。

　　　　　　　　　　　　　　　　　　　　　　　　　　　（大塚千代）

▶判例コメント・55

【事件名】　PSE表示事件
【判決裁判所】　知的財産高等裁判所（平成24年(ネ)第10096号）
　　　　　　　　原審：大阪地方裁判所（平成22年(ワ)第6028号）
【判決年月日】　平成25年3月28日
　　　　　　　　原審：平成24年9月13日
【出典】　裁判所HP
　　　　　原審：判時2182号129頁、判タ1392号304頁
【不正競争行為】　2条1項14号
【請求の内容】　被告製品の製造等の差止め、廃棄請求および損害賠償
【結論】　控訴棄却
　　　　　原審：請求棄却
【事案の概要】

　控訴人（原告）は、被控訴人（被告）に対し、主位的に、被告製品が控訴人の特許権を侵害するものとして、特許権100条1項・2項に基づく被告製品の製造等の差止め、廃棄等を求めるとともに、不法行為に基づく損害賠償として1億2000万円およびこれに対する遅延損害金の支払を求め、予備的に、電気用品安全法所定の義務を履行した場合に付すことができるPSE表示を同法所定の検査を受けずに被告製品に付して販売した行為が2条1項14号所定の行為（品質等誤認惹起行為）に該当するものとして、4条に基づき、損害額82億5260万円の一部である1億2000万円およびこれに対する遅延損害金の支払いを求めた（予備的な請求は、損害賠償請求のみ）。

　原審は、特許権侵害に関する主位的請求について、被告製品は控訴人の特許発明の技術的範囲に属しないと判断し、不正競争行為に関する予備的請求については、型式変更前の被告旧製品について得たPSE表示を型式変更後の被告新製品に付して販売した行為は、不正競争行為に該当し、この行為につき被控訴人に過失は認められるものの、損害の発生が認められないとして、控訴人の請求をいずれも棄却した。

控訴人は、上記予備的請求の限度で不服を申し立てた。

【争点】

1　PSE表示を付した被控訴人製品の販売が品質等誤認惹起行為に該当するか。

2　被控訴人の不正競争行為により控訴人に損害が発生しているか。

【判旨】

1　争点1——PSE表示を付した被控訴人製品の販売が品質等誤認惹起行為に該当するか

(1)　PSE表示は、2条1項14号の「品質」に該当すること

　原審は、以下のとおり判示し、PSE表示が2条1項14号の「品質」に該当する以上、被告（被控訴人）製品の販売が同号所定の不正競争行為（品質等誤認惹起行為）に該当する旨結論づけた（控訴審の判決においても結論の理由づけに変更はない）。

　「そして、電気用品安全法によれば、PSE表示は、同法の規定する技術基準に適合している旨同法所定の適合性検査で証明されたことを示す表示であるが、『構造又は使用方法その他の使用状況からみて特に危険又は障害の発生するおそれが多い電気用品』である特定電気用品の1つである電子ブレーカにとって、不正競争防止法2条1項13号〔現14号〕の規定する『品質』についての表示に該当するといえる。

　したがって、被告新製品が、適合性検査の受検、証明書の交付及び保存といったPSE表示を付すための手続要件を満たしていないにもかかわらず、被告が旧表示を付した被告新製品を販売してきたことは、品質について誤認させるような表示をした商品を譲渡したものとして、不正競争防止法2条1項13号〔現14号〕の定める不正競争行為（品質等誤認惹起行為）に該当する」。

(2)　需要の喚起の有無は、2条1項14号の「品質の表示」の該当性に影響を与えないこと

　原審は、以下のとおり判示し、需要の喚起の有無は2条1項14号の「表示」の該当性に影響を与えるものではなく、PSE表示が2条1項14号の「品質」に該当する旨結論づけた（控訴審の判決においても結論理由づけに変更がなされていない）。

「……被告は、電気ブレーカの需要者が着目するのはその性能であり、PSE表示が需要を喚起することは考えられないため、PSE表示の要件を満たさずにこれを付していたとしても、不正競争行為（品質等誤認惹起行為）には当たらない旨主張する。

しかし、本件においてPSE表示が現に需要を喚起するものであったかは、争点5（不正競争行為による損害の有無）との関係で有意な指摘であるものの、被告新製品の正面視で視界に入る位置にPSE表示が付されている以上、不正競争防止法2条1項13号〔現14号〕上の「表示」を満たすことは否定できないし、また、PSE表示自体が、特定電気用品である電子ブレーカにとって、同号の規定する「品質」についての表示であることを否定する根拠にもならない」。

2　争点2──被控訴人の不正競争行為により控訴人に損害が発生しているか

(1)　原審の判断

原審は、原告と被告が販売する製品が事業者を対象に、電気代の基本料金を低減することを目的とした製品であり、いずれも大阪市を本店所在地としているうえ、双方の電子ブレーカを取り扱う販売代理店があったとして、両者が競合関係にあることを認定していながら、以下の理由から、原告において営業の損害が発生したとは認められない旨判示した。

「……しかしながら、被告新製品に付されたPSE表示である旧表示は、被告製品の正面視で視界に入る位置にあるとはいえ、右側で中央よりやや上の部位に小さく表示されているにとどまり、他にも製品名、販売元、定格電流値などが表示されている中で、特に目立つ態様とはいえないこと、電子ブレーカは、一般家庭での使用は予定されておらず、低圧電力を利用する事業者が、電気代の基本料金を削減するというメリットと、電子ブレーカ導入の費用とを対比の上、導入する製品であること、被告製品の営業、宣伝時に利用される広告（甲4）も、被告製品の導入によって電気代の基本料金を大幅に削減できることを強調した製品説明がなされる一方、PSE表示への言及はないこと、同広告には、被告製品の写真こそ掲載されているが、PSE表示部分はかろうじて確認できる程度の小ささで写っているにとどまり（甲4）、需要者の目を惹く態様

とはいえないこと、被告あるいはその販売代理店が、事業者に対して被告製品の営業を行うに際し、PSE表示に言及したり、PSE表示を付した被告製品の現物を示すなどした事実は認められないこと、以上の点を指摘することができる。これらを総合すると、被告新製品に旧表示を表示して販売することは、形式的には、不正競争行為に当たるとしても、被告新製品に旧表示が付されたことによって被告新製品に対する需要が喚起されたとはいえず（前記認定のような電子ブレーカの取引実態からすると、需要喚起の有無は、最終需要者である事業者の観点から決すべきである。）、したがって、原告が販売機会を喪失する等して営業上の利益を侵害され、損害を被ったとの関係を認めることはできない」。

(2) **控訴審の判断**

控訴審は、控訴人が損害の発生の有無につき下記の２つの主張について以下のとおり判示し、いずれも排斥し、控訴人の主張に理由がなく控訴人に金銭をもって賠償すべき損害が発生したものと認められない旨結論づけ、控訴を棄却した。

① 被控訴人（被告）新製品については、本来PSE表示を付すことができず、販売すること自体が許されないのであって、被控訴人（被告）新製品にPSE表示（旧表示）がなければ、需要者が被控訴人（被告）新製品を購入することができなかったのであるからその販売分の損害を控訴人（および競合他社）が被った（主張Ⅰ）。

② 被控訴人と控訴人が市場において競合関係にある場合には控訴人の損害の発生を事実上推定されるべきである（主張Ⅱ）。

(A) **主張Ⅰ（被控訴人新製品が全く販売できなかった旨の主張）に対する判断**

「……特に、①被告製品を製造する宇賀神電機株式会社は、被告旧製品について、経済産業大臣の登録を受けた財団法人電気安全環境研究会（JET）の適合性検査を受け、適合性検査証明書（旧検査証明書）の発行を受けていたこと、②被控訴人及び宇賀神電機株式会社が、被告旧製品から、過電流引き外し機構の型式を変更した被告新製品に切り換えるに当たり、改めて適合性検査を受けなかったのは、その必要があると認識していなかったままであった、すなわち、単なる過失によるものであったこと、③その後、宇賀神電機株式会社

は、被告新製品につき改めて適合性検査を受ける必要があることを認識するや、速やかにJETに対する適合性検査を申込み、そのわずか8日後には、被告新製品につき新検査証明書の発行を受けていること、以上の事実に照らすと、被控訴人又は宇賀神電機株式会社としては、被告旧製品について適合性検査を受けたのと同様に、速やかに新たな適合性検査を受け、数日後に発行されたであろう新たなPSE表示をした被告新製品を販売したと想定するのが合理的であり、そうだとすると、被控訴人が被告新製品を長期にわたって販売できなかったと認めることはできないというべきであるから、その販売分に対応する損害を控訴人が被ったとは認めがたい」。

(B) 主張Ⅱ（競合関係に基づき事実上損害発生が推定される旨の主張）に対する判断

「……しかしながら、競合他社に損害が発生するかどうかは、品質等誤認惹起行為の内容や、その行為が販売にどのように影響を及ぼすか等を含めて総合的に判断すべきであって、訴訟の当事者が競合関係にあるという事実だけから直ちに損害の発生を事実上推認すべきであるとする控訴人の主張は採用しがたい。なお、控訴人が主張する裁判例は、本件とは事例と異にするものである」。

【コメント】

1 2条1項14号所定の「品質について誤認を生ぜしめる表示」の意義

品質について誤認を生ぜしめる行為は、直接品質を誇大または虚偽に広告する場合のみならず、間接的に公私の施設（研究所、商工会議所、博覧会等）における専門技術者などに品質を保証させるなどの手段により誇大または虚偽の効果を生み出す場合がある（小野編・新注解(上)694頁）。

後者のように、間接的に品質を誤認させる行為が問題となった事例としては、級別の審査および認定を受けなかったにもかかわらず、清酒に「清酒特級」の表示を貼付した行為につき、たとえ、その品質が実質的に清酒特級に劣らない優良なものであっても、品質を誤認させる行為に該当するとした「清酒特級事件」（最判S53・3・22刑集32巻2号316頁）がある。

また、上記【判旨】1(2)のとおり、原審・控訴審を通じて、需要の喚起の有無（不正競争行為による損害の有無）は、2条1項14号の「品質の表示」の該当性に影響を与えないことを明らかにされている。

2　原告（控訴人）の損害の発生を妨げうる2つの事情について

　原審および控訴審を通じて、原告（控訴人）と被告（被控訴人）の間で競合関係があることを認定されていながら、①品質を誤認させる表示が需要喚起に結びついていないこと、および②被告において手続違背に気づいていれば、速やかに新たな適合性検査を受け、数日後に発行されたであろう新たなPSE表示をした被告新製品を販売したと想定するのが合理的であると認められることの2つの事情から、原告における損害の不発生を認定しているものということができる。

　そして、本件においては、①の事実を推認しうる事情として、Ⓐ表示の態様が目立つものではないこと、およびⒷ営業・宣伝時における広告において表示について（積極的に）言及していないことなどがあげられている。

　また、本件においては、②を推認し得る事情としてⒸ被告（被控訴人）において故意ではなく過失により適合性検査等の手続を履行していなかったこと、Ⓓ適合性検査を実施していないことにつき、認識した後に速やかに新検査を実施し短期間で新検査証明書を受けられていること等があげられている。

　これらの事情は、本件のようなPSE表示の事案に限らず専門技術的な機関による手続に違背し間接的に品質を誤認させる行為が生じた場合に、競業他社（本件では、控訴人）において損害が発生しているか否かの1つのメルクマールになりうるものと思慮される。

（白木裕一）

▶判例コメント・56

【事件名】　MCP事件
【判決裁判所】　東京地方裁判所（平成24年(ワ)第36238号）
【判決年月日】　平成25年11月21日
【出典】　裁判所HP
【不正競争行為】　2条1項1号
【請求内容】　名称、商号、標章の使用差止め
【結論】　使用差止めを一部認容

【事案の概要】

　原告メディカル・ケア・プランニング株式会社（以下、「原告メディカル」という）および原告MCP株式会社（以下、「原告MCP」という）が、被告株式会社MCP（以下、「被告」という）が原告らの周知の営業表示（原告メディカル商号、原告メディカル標章、原告MCP商号、原告MCP標章）と類似する営業表示を使用して、原告らの営業と混同を生じさせていると主張し、2条1項1号に基づき、①「メディカルケアプランニング」または「MEDICAL CARE PLANNING」の名称の使用、②被告商号および「MCP」の文字を含む標章および被告標章の使用の差止めを求めた事案である。

【争点】

1　原告らの営業表示が周知であるかどうか。
2　被告の営業表示が原告らそれぞれの営業表示と類似するかどうか。
3　被告がその営業表示を使用する行為が原告らの営業と混同を生じさせるかどうか。

【判旨】

1　争点1——原告らの営業表示が周知であるかどうか

(1)　原告メディカル商号および原告メディカル標章

　①原告メディカルの施設の種類、所在地および数に加えて、②業界紙等に掲載された原告メディカルの記事の内容や頻度、③原告メディカルが配布した事業案内、施設案内および自社情報誌の内容、配布対象、地域および数、④原

の役員が行った講演会等が行われた地域および頻度、参加者の属性や人数等からすれば、原告メディカル商号は、原告メディカルの営業主体性を示すものとして、被告の営業地域内（全国）の需要者である介護事業者およびその周辺業者に広く認識されていると認められる。

また、原告メディカル標章は、これが記載された事業案内等の配布地域等に照らすと、関東地方の需要者に広く認識されていると認められるが、他の地域において広く認識されているとまでは認め難い。

(2) 原告 MCP 商号および原告 MCP 標章

原告 MCP の施設の種類、所在地および数に加えて、業界紙等において掲載された原告 MCP の記事や広告の内容や頻度、原告 MCP が配布した事業案内や施設案内の内容、配布対象、地域および数、原告 MCP の職員が業界団体の副会長等に就任したこと等からすれば、原告 MCP の営業主体性を示すものとして、原告 MCP 商号は福島県と埼玉県および群馬県内の、原告 MCP 標章は福島県内の需要者に広く認識されていると認められるが、いずれも他の地域において広く認識されているとは認め難い。

(3) 被告の主張に対する判断

被告は、「介護事業の利用者や取引業者が認識するのは商号ではなく施設名称である」と主張したが、裁判所は、「少なくとも被告の需要者である介護事業者や医療関係者等は、原告らと同業者又は関連する業界の者であるから、施設の名称のみならず経営主体を示す商号も認識するのが通常である」とし、被告の上記主張を排斥した。

2 争点2──被告の営業表示が原告らそれぞれの営業表示と類似するかどうか

(1) 原告メディカルの営業表示

(A) 原告メディカル商号と「メディカルケアプランニング」「MEDICAL CARE PLANNING」

原告メディカル商号の要部は、「メディカル・ケア・プランニング」の部分であり、「メディカルケアプランニング」との名称は、原告メディカル商号の要部と外観、称呼および観念のいずれもが同一または類似するから、両者は類似する。また、「MEDICAL　CARE　PLANNING」の名称は、平易な英単語

により構成され、原告メディカル商号の要部と称呼および観念が同一または類似するから、両者は類似する。

なお、「被告は、『メディカル』、『ケア』、『プランニング』は、いずれも一般的な用語であって特別の顕著性がないと主張する」が、裁判所は、「原告メディカル商号は、これらの語を組み合わせ、全体としてまとまりよく構成されているのであって、営業主体であることの識別力があると認められる」とし、被告の上記主張を排斥した。

　(B)　原告メディカル標章と被告商号および「MCP」の文字を含む標章

原告メディカル標章と被告商号は、いずれも要部が「MCP」であり、両者は類似する。これに対して、「MCP」の文字を含む標章は、その具体的な構成が明らかではなく、これに接した需要者が「MCP」の部分だけに注目するとは限らないのであって、その要部が「MCP」の部分であるとは認められず、原告メディカル標章の要部と外観、称呼および観念が同一または類似するということはできないから、両者は類似しない。

　(C)　原告メディカル標章と被告標章

原告メディカル標章と被告標章は、いずれも要部が「MCP」であり、両者は類似する。

(2)　**原告 MCP の営業表示**

　(A)　原告ＭＣＰ商号と被告商号および「ＭＣＰ」の文字を含む標章

原告 MCP 商号と被告商号は、いずれも要部が「MCP」であり、両者は類似するが、「MCP」の文字を含む標章は、その要部が「MCP」とはいえず、原告 MCP 商号と類似しない。

　(B)　原告ＭＣＰ商号と被告標章

原告 MCP 商号と被告標章は、いずれも要部が「MCP」であり、両者は類似する。

　(C)　原告ＭＣＰ標章と被告商号

原告 MCP 標章と被告商号は、いずれも要部が「MCP」であり、両者は類似する。

　(D)　原告ＭＣＰ標章と被告標章

原告 MCP 標章と被告標章は、いずれも要部が「MCP」であり、両者は類

似する。

3 争点3——被告がその営業表示を使用する行為が原告らの営業と混同を生じさせるかどうか

「原告らは医療介護複合施設の運営管理等を業とし、被告は介護事業者等向けの不動産仲介業や介護、医療施設の設計施工等を業としているのであり、原告らと被告は、いずれも介護や医療に関係する業務を営んでいるから、被告が『メディカルケアプランニング』又は『MEDICAL CARE PLANNING』（小文字の表記を含む。）の名称、被告商号及び被告標章などの営業表示を使用する行為は、原告メディカルの営業と混同を生じさせ、また、被告が被告商号及び被告標章などの営業表示を使用する行為は、原告MCPの営業と混同を生じさせる」と判示した。

なお、被告は、「親会社であるイー・ライフの顧客のみを対象として営業をしているから、混同のおそれはないと主張する」が、裁判所は「被告が親会社の顧客のみを対象として営業しているものであるとしても、原告らと被告は、いずれも介護や医療に関係する業務を営んでいて、その需要者が重複する」ことを理由に被告の上記主張を排斥した。

4 結論

本判決は、原告らが、それぞれの営業表示が周知性を獲得した範囲内（原告メディカルの商号は全国、原告メディカルの標章は関東、原告MCP商号は福島県と埼玉県および群馬県内の、原告MCP標章は福島県内）において、被告の不正競争により営業上の利益が侵害されるおそれがあることを認めた。

よって、原告メディカルの請求のうち、各種広告、インターネットのホームページ等の方法で、老人介護に関連する事業の営業表示として、原告メディカル商号に類似する「メディカルケアプランニング」等の名称を使用すること、関東地方において原告メディカル標章に類似する被告商号および被告標章を使用することの差止めを認め、原告MCPの請求のうち、上記事業の営業表示として、福島県、埼玉県および群馬県内において原告MCP商号に類似する被告商号および被告標章を使用すること、福島県内において原告MCP標章に類似する被告商号および被告標章を使用することの差止めを認めた。

【コメント】

1　原告らの営業表示が周知であるかどうか（争点1）

2条1項1号は他人の商品等表示として「需要者の間に広く認識されているもの」であるという要件を課しており、これを周知性という。「周知」であるとは、「特定の者の商品あるいは営業であることを示す表示であることが、相当範囲の需要者の間に広く知られている客観的な状態」をいう（小野編・新注解(上)268頁）。この周知性は相対的なものであり、一定の状態に対する事実認定の問題であるが、原告は、少なくとも、需要者の対象を特定し、どの地域において周知となったか否かを基礎づける具体的事実を主張し、立証する必要がある。

本判決では、原告メディカルの商号、標章、原告MCPの商号ごとに、施設の種類、所在地および数に加えて、営業表示に関する事実（①業界紙等に掲載された記事の内容や頻度、②原告らが配布した事業案内、施設案内および自社情報誌の内容、配布対象、地域や数、③原告の役員の講演会等が行われた地域および頻度、参加者の属性や人数等）を詳細に認定し、それぞれ周知性の認められる地域を認定している。

2　被告の営業表示が原告らそれぞれの営業表示と類似するかどうか（争点2）

2条1項1号は、「同一若しくは類似の商品等表示」の使用等の要件を課しており、これを類似性という。類似性について、細部に至るまでの同一を要せず、要部（主要部分）という概念を用いて、要部が外観、呼称および観念が同一または類似するかどうかを判断することが基本であるが、商標法の類似と異なり、不正競争防止法においては、「両主体の地理的位置、従前の関係、表示選択の動機、表示に現れた悪意、主体営業の対比」等も考慮すべきであるという指摘もある（小野編・新注解(上)328頁）。

本判決では、原告らの商号および標章と被告の商号および標章の要部を認定し、外観、称呼および観念の観点から、それぞれ同一性を判断している。

3　被告がその営業表示を使用する行為が原告らの営業と混同を生じさせるかどうか（争点3）

2条1項1号は、「他人の商品又は営業と混同を生じさせる行為」という要件を課しており（混同性）、需要者に対して混同を生じさせることが必要であ

る。混同は、現実に混同が発生している必要はなく、混同が生じるおそれがあることで足りると解されている（松村・法理と実務242頁）。混同のおそれは、営業の同種性と表示の近似性が強ければ、強いほど、その危険が強くなり、各取引事情の下で具体的に判断されるが、「当該商品または役務の需要者中の平均人を基準として、該表示の類似の程度、商品や営業の類似の程度、競業関係の有無（近似性）等の要因を考慮し、取引の実情を参酌して行うべき」とされている（松村・法理と実務242頁）。本判決でも、原告らと被告は、「いずれも介護や医療に関係する業務を営んでいる」こと（競業関係あり）を指摘し、混同の存在を肯定した。

　なお、本判決では、被告は親会社の顧客のみを対象としていることから、混同のおそれがないと主張したものの、原告も被告も、いずれも介護や医療に関係する業務を営んでおり、その需要者が重複することから、混同のおそれを肯定し、被告の当該主張を排斥した。

（細井大輔）

原告メディカル標章

原告 MCP 標章

被告標章

▶判例コメント・57

【事件名】　マグセライド脱臭フィルター事件
【判決裁判所】　東京地方裁判所（平成23年(ワ)第40428号、平成24年(ワ)第5243号）
【判決年月日】　平成26年5月16日
【出典】　裁判所HP
【不正競争行為】　2条1項14号
【請求内容】　（本訴事件）被告製品の販売等の差止め、損害賠償、（反訴事件）営業誹謗行為の差止め、損害賠償
【結論】　一部認容（本訴・反訴とも）

【事案の概要】

　X（本訴原告・反訴被告）は、各種脱臭装置の販売等を業とする株式会社である。Xは、脱臭装置の販売等を業とするY_1（本訴被告・反訴原告）が販売する「脱臭装置『カルモアマグセライド』に装着される『マグセライド脱臭フィルター』」（以下、「被告商品」という）のカタログ・資料・Y_1のウェブサイトに掲載された表示（以下、「本件表示」という）が、被告商品の品質および性能に関しそれらを誤認させるものであり2条1項14号の不正競争行為に該当するとして、被告商品の販売等の差止め等を求め、さらにY_1およびY_1の代表取締役であったY_2と、Y_1の代表取締役であるY_3（以下、$Y_1 Y_2 Y_3$をあわせ「Yら」という）に対し、4条、民法719条1項に基づき（Y_2およびY_3に対しては選択的請求として会社法429条1項および430条に基づき）1億8210万円の支払いを求めた（本訴事件）。

　これに対し、Y_1がXに対し、Xが作成した被告製品に関する報告書（以下、「本件報告書」という）の配布および取引先に対する告知行為が、Y_1の営業上の信用を害する虚偽の事実の告知等であり、2条1項14号所定の不正競争に該当するとして、これら行為の差止めおよび1500万円の損害賠償を求めた（反訴事件）という事案である。

　本訴事件においては、特に「触媒」という用語の使用について化学的正確性が問題となった。以下、この点を中心に品質等誤認表示該当性についてのみ記

載する。

【争点】
　本件表示が品質等誤認表示に該当するか。〔一部肯定〕

【判旨】
1　判断基準について
　2条1項14号の趣旨に照らせば、「ある表示が同号所定の『その商品の原産地、品質、内容、製造方法、用途若しくは数量……について誤認させるような表示』」（品質等誤認表示）に該当するか否かについては、当該事案における表示の内容や取引の実情等の諸般の事情を考慮したうえで、当該商品の取引者、需要者に商品の品質、内容等につき誤認を生じさせるおそれがあるか否かという観点で判断するのが相当である」との基準を示した。

2　本件表示1ないし6について
　本判決は、本件表示1ないし6について被告商品の化学的性質を示し、脱臭方法等を化学的に説明する表示であるとして、取引者・需要者が一般的知見もしくは実験結果等により化学的に裏づけられているものと認識される蓋然性が高いといえ、被告商品の性質や脱臭方法等の説明がこのような裏づけや説明可能性を欠くと品質誤認に該当するとした。
　そして、被告商品において脱臭剤として用いられるマグセライドは本件表示1ないし6において表示されるような性質を有するものとして知られていないとして一般的知見の裏づけはないとした。
　また、実験結果等による裏づけ・説明可能性の有無について、実験結果より油脂成分の分解促進は認められるとしたものの、触媒作用に関する表示につき、「触媒化学」という文献の定義を示したうえで、次のような判断を示した。
　「ある物質が化学的にみて『触媒』に当たると評価されるためには、化学反応において、当該物質が作用することにより、化学反応のルートの創造や既存ルートの活性エネルギーの低下等を引き起こし、反応速度を増大させることを要するものと解することができる」。「しかし、マグセライドが上記のような化学反応ルートの創造や既存ルートの活性エネルギーの低下を引き起こし、反応速度を増大させていることをうかがわせる証拠はない。むしろ、マグセライドはハニカム構造を有するものであることから、その比表面積値が大きく……、

サラダ油成分をその表面に捕捉・吸着するものであること……から、マグセライドの表面においてサラダ油成分が広く吸着され、サラダ油成分と酸素及び水との接触機会が増大することにより、単に大気中にサラダ油が放置された場合と比較して自動酸化反応が促進されているものと認めるのが相当である。そして、マグセライドにおける油脂成分の分解反応の促進が、上記のような機序によるものであるとすれば、これは、マグセライドが、その構造上の特性から、酸化分解反応の機会を増大させたというにとどまるものであって、マグセライドが酸化分解反応に作用し、反応速度を増大させているものとみることはできない。そうすると、マグセライドのこのような特性を捉えて、これを『触媒』と評価することは、『触媒』の上記定義に沿わないものというべきである」。

「本件表示において、マグセライドが『触媒』である旨の表示は、『触媒作用による吸着＋分解』……『触媒作用による酸化分解・加水分解でH_2O、CO_2、低級アルコールなどの低分子ガスまで分解されて排出』等、酸化・加水分解と関連付けて表示され、又は、マグセライドが臭気・油脂を酸化・加水分解する旨の表示と併せて表示されているものであるところ、被告商品の需要者は、本件表示のうち、『触媒』部分のみを読むのではなく、これらの表示の前後を含め、カタログ、資料又はウェブページ全体を併せて読み、その内容を理解するものと解される。そうすると、マグセライドが『触媒』である旨の表示は、その他の表示と相俟って、需要者において、臭気・油脂成分の酸化・加水分解反応に作用し、反応を促進するという意味において『触媒』に当たると表示したものと理解されるのが通常であると解されるのであるから、マグセライドが、このような作用とは別の、自動酸化では説明しきれない反応を生じさせるものであるとしても、これをもって、マグセライドが本件表示１ないし６で表示されているところの意味においての『触媒』に当たると結論付けることはできない」。

このようにマグセライドの作用が触媒の化学的定義に沿わないものであると解される以上、これを「触媒」と呼ぶことは化学的正確さを欠くものであって、適切ではなく、マグセライドに、本件表示１ないし６に表示されている意味において触媒作用があると評価することはできないものであるとして、「本件表示１ないし６のうち、マグセライド又はその主成分である含水珪酸マグネ

シウム粘土鉱物が『触媒』である旨を表示した部分及び被告商品において『触媒作用』による分解が行われる旨を表示した部分……は、いずれも化学的にみて正確さを欠くものであって、被告商品の需要者に、被告商品の品質等につき誤認を生じさせるものに当たると認められる」と判断した。

【コメント】

　本判決は、品質誤認表示該当性について具体的な事案として参考となるものであるが、本件表示について、厳密な意味での化学的正確性を欠くことをもって品質誤認表示該当性を認めた点で特徴がある。

　品質等誤認表示に該当するか否かについて、本判決は、「当該事案における表示の内容や取引の実情等の諸般の事情を考慮したうえで、当該商品の取引者、需要者に商品の品質、内容等につき誤認を生じさせるか否かという観点で判断」するという基準を示している。

　この点、表示により客観的に誤認を生ぜしめるに足りる表示であることが認定されれば「誤認させるような表示」となるが、これは個々具体的に決するほかはない。そして、その際の考慮要素として表示の内容や取引実情等の諸般の事情を考慮すること、そして取引者や需要者において誤認するか否かを検討することは妥当といえる。

　これまでの裁判例からも、品質等を裏づける事実が実証されたといえるか否かあるいはその証明の程度も、当該商品や役務の性質、用途、対象となった表示の内容、需要者の商品や役務の選択動機として作用される品質の評価等によって左右されるということがいえ、本判決の基準と同様の考え方であると思われる。

　一方、本判決の具体的な判断においては、本判決は、厳密に化学的に正確な表示ではないという点をもってマグセライドを「触媒」と呼ぶことは適切ではなく「誤認させるような表示」と判断している。

　被告製品は脱臭フィルターであり、自己再生をすることにより長期間効果が持続するということを謳っているものである。そのため、脱臭原理として、「反応の前後でそれ自身は変化せず、反応促進に繰り返し使用できる物質」である「触媒」が使用されていることは需要者にとって製品の購入における判断に重要といえる。しかし、反応速度の増加が、化学反応ルートの創造や既存

ルートの活性エネルギーの低下等により引き起こされるものである点については、需要者等にとって被告商品の購入の判断のために重要ではないとも思われる。

マグセライドは、油脂成分の分解促進効果があるのであり、マグセライド自身は変化しないのであるから、これを「触媒」と表示しても需要者等にとって品質誤認をしたことにはならないといえるとも考えられるため被告商品の取引者・需要者が脱臭装置の選択動機について、どの程度脱臭原理について「化学的に正確」な情報を重視するのかという観点からの検討がされていない点において、本判決には疑問がある。

（永田貴久）

▶判例コメント・58

【事件名】　ハッピー★ベアー事件
【判決裁判所】　大阪地方裁判所（平成25年(ワ)第7604号）
【判決年月日】　平成26年8月21日
【出典】　裁判所HP
【不正競争行為】　2条1項3号
【請求内容】　被告商品の販売等差止め、損害賠償
【結論】　差止請求認容、損害賠償請求一部認容

【事案の概要】
　原告が、被告商品（ハッピー★ベアー：ピンク、ベージュ、ブラウン）について、原告商品（シュエッティーベア：マネしておしゃべりぬいぐるみVer.5）の形態を模倣したものであり、その販売は2条1項3号の不正競争行為に当たるとして、被告に対し、3条1項および同条2項に基づき被告商品の販売等差止めおよび廃棄を求めるとともに、5条2項に基づく損害賠償等の支払を求めた事案である。

【争点】
　被告商品は、原告商品の形態を模倣したものか。

【判旨】
1　形態模倣行為の判断規範
　「商品形態の模倣を不正競争行為と定める趣旨は、資金、労力を投入して新たな商品の形態を開発した者を、資金、労力を投入せず、形態を模倣することでその成果にただ乗りしようとする者との関係において保護しようとする点にあるから、前記不正競争行為が成立するためには、保護を求める商品の形態が、従前の同種の商品にはない新たな要素を有し、相手方の商品がこれを具備するものであると同時に、両者の商品を対比し、全体としての形態が同一といえるか、または実質的に同一であるといえる程度に酷似していることが必要であり、これらが認められる場合に、後者が前者に依拠したといえるかを検討すべきものと解される」。

2　原告商品の開発、被告商品の販売

(1)　原告商品の開発

　原告は、平成23年7月頃から、人の言葉を録音して再生し、頭を上下させる「おしゃべりギミック」を内蔵した「テディベア」タイプの小熊のぬいぐるみ「シュエッティーベア」を製造販売していた。その後、原告は、言葉を再生する機能を有する、新しい外装のぬいぐるみとして、「シュエッティーベアVer.2」の製造販売を始め、その後もぬいぐるみの色目やアクセサリーに変化を加えた商品を開発し、平成25年1月以降、「シュエッティーベア」のVer.5である原告商品を販売した。

(2)　被告商品の販売

　被告は、平成24年9月から平成25年4月分まで、原告から、原告商品を含む「シュエッティーベア」を仕入れ、小売店等に卸して販売していた。

　被告は、中国のメーカーに依頼して、人の言葉を録音して再生する装置を入れた熊のぬいぐるみを製造させることを決め、平成25年5月10日頃から、取引先に対し、被告商品が、大人気の原告商品を、被告オリジナルでリニューアルしたものである旨の宣伝も行い、平成25年6月1日から被告商品の販売を開始した。

3　実質的同一性の判断

(1)　原告商品の特徴が、「当該商品の機能を確保するために不可欠な形態」であるとの主張について

　「被告が類似商品と指摘するものが原告商品より以前に存在したと認めるに足る証拠はなく、また、熊のぬいぐるみであれば、……原告商品の形態を備えることが不可欠といえるものではないことは明らかであり、原告商品の具体的形態からしてもありふれたものとまではいえず、……開発の経緯に照らしても」、原告商品の形態は、2条1項3号の保護の対象となるものといえると判示した。

(2)　実質的同一性について

　裁判所は、原告商品と被告商品の基本的形態について、「形態全体にわたり多数の共通点が認められ、できあがった原告商品と被告商品の全体の寸法もほぼ同じであることからすれば、本体の形状はほぼ同一であるといえる」と判示

した。そして、具体的形態について、「原告商品及び被告商品のいずれも、ぬいぐるみ全体の印象を決める毛の形状や長さは、約10～12mmの緩い巻が入ったもので、顔の印象を決める目や口鼻部の作りは、口鼻部が毛の短い乳白色の布で顔から約30mm突出して作られ、目と目の間隔は41から43mm、目鼻として用いられている部材の形状、黒色の刺繍により鼻の部材の下側中央部分から左右下方にそれぞれ伸びる逆U字形状（左右全体にはW字形状）に形成されている口など、ほぼ共通しており、乳白色の布の大きさ、毛の長さがわずかに異なるものの、被告が指摘する鼻の刺繍の長さはその差異を認識することは困難であり、いずれも些細な違いといえ、ぬいぐるみの顔の印象がこれにより異なるものではなく、原告商品と被告商品とは、全体のつくり、顔のつくりにおいて酷似している」と判示した。

また、原告商品と被告商品の相違点である「附属品、毛の色、左足の裏部分の刺繍の形状」については、「附属品は多少のバリエーションがあるのが通常であること」、「毛の色や足裏の刺繍も同様に、同じ商品であってもバリエーションとして異なる色、刺繍があることは一般的に認められることであり、各商品の需要者たる消費者が異なる商品として覚知する要素ではない」、「底面部の形状の相違は、本体を裏返さなければ確認することができないもので、消費者が通常商品を使用する状態においてその違いは認識できないものであり、商品の形態といえるものではない」として、これらの相違点については実質的同一性を否定するものではないとした。

さらに、「手の長さ、耳の付け根の長さ、しっぽの太さ」については「多少異なることが認められる」としつつ、手の長さの違いは見た目では判断できない程度のものであり、耳の付け根の長さおよびしっぽの太さについても、全体を覆う毛の長さで隠されていることもあり、大きな相違と捉えられるものではなく、その違いが全体の印象を相違ならしめるものではない、としてこれらの相違点を考慮しても、原告商品と被告商品は、実質的に同一であるといえると判示した。

4 模倣性（依拠性）

①原告商品と被告商品の形態は実質的に同一であること、②被告は一定期間、原告商品を含む被告商品を継続的に仕入れた後に被告商品を開発し、その

際、取引先に対しては、原告商品の代替品であるが割安であるとして、あるいは原告商品のリニューアルであるとして、購入を勧めていること、③同じ熊のぬいぐるみであっても、布型の構成、枚数、形状は、業者によって異なるところ、原告商品を構成する布型と被告商品を構成する布型は、多少異なる点を除くと、枚数や形状は、ほぼ同一であることから、「被告商品は、原告商品の形態に依拠して製作されたものと認めるのが相当である」と判断した。

5　結　論

以上のことから、判決は、被告の被告商品の販売が2条1項3号の不正競争行為に当たると判断した。

【コメント】

1　本件は、一見、ありふれた形態とも思える原告商品の形態模倣事件であるが、裁判所は、類似商品が原告商品より以前に存在したと認めるに足る証拠はなく、また、熊のぬいぐるみであれば、原告商品の形態を備えることが不可欠といえるものではないことは明らかであり、原告商品の具体的形態からしてもありふれたものとまではいえないと判断している。ただ、「類似商品が原告商品より以前に存在したと認めるに足る証拠はなく」との判示をみると、被告の立証次第では、結論が変わる可能性はあるように思われる。

2　また、本判決の特徴的な点としては、形態模倣行為の判断規範として、「保護を求める商品の形態が、従前の同種の商品にはない新たな要素を有し、相手方の商品がこれを具備するものであると同時に」という事実の主張立証責任を原告に負わせる規範を立てている点である。

2条1項3号は平成17年に現在の条文に改正されたが、改正前は同号の商品形態から「同種商品が通常有する形態」が除外する旨規定されており、「ありふれた形態」もこの除外される形態に含まれると解され、原告、被告のいずれが立証責任を負うのか解釈が分かれていたが、実際の訴訟では、平成17年改正前後も含め、専ら被告が「ありふれた商品形態」であることを主張立証することが多かったように思われる。

しかし、本判決では、原告商品が「従前の問題の商品にはない新たな要素を有」することも請求原因事実であるとしており、これが原告商品が「ありふれた商品形態」でないことと同義であるとすれば、従来の訴訟実務とは異なるこ

とになる。

　確かに、2条1項3号の趣旨からすれば、「ありふれた商品形態」の商品はそもそも保護を受けないという点に着目すれば、同号の保護を受ける原告において自己の商品が「ありふれた商品形態」でないことを主張・立証すべきであるようにも思われる。

　しかし、原告が自己の商品が「ありふれた商品形態」でないことを立証することは容易ではない。また、日本で商品を最初に販売してから3年しか同号の保護を受けることができないところ（19条1項5号イ）、このような立証責任を負わせると同号の予定する迅速な保護を受けることができなくなるおそれがある（松村・法理と実務406頁）。

　したがって、原告に、原告商品が「ありふれた商品形態」でないことの主張立証責任を負わせるのは妥当でなく、「ありふれた商品形態」でないことと「従前の同種の商品にはない新たな要素を有」することが同義であるとすれば、これを請求原因事実とする本件判決の判断にはいささか疑問が残る。

（藤原正樹）

原告商品

被告商品

▶判例コメント・59

【事件名】　ブルーレイディスク事件
【判決裁判所】　東京地方裁判所（平成25年(ワ)第21383号）
【判決年月日】　平成27年2月18日
【出典】　判時2257号87頁、判タ1412号265頁
【不正競争行為】　2条1項15号
【請求内容】　差止め、損害賠償
【結論】　差止認容、損害賠償棄却
【事案の概要】

　被告はブルーレイディスク（以下、「BD」という）に関する標準必須特許の保有会社により設立された上記特許のパテントプールを管理・運営する米国法人である。原告はBDを販売する株式会社である。

　被告は、自社が管理する特許権の特許権者ら（以下、「被告プール特許権者」という）からの委託に基づき、原告の取引先の小売店3社に対し、平成25年6月4日付けで、被告の管理する特許権（以下、「本件特許権」という）に係るライセンスを受けていないBDの販売は特許権侵害を構成し、特許権者は小売店に対し差止請求権および損害賠償請求権を有すること、および、その販売の停止を求める旨の通知書（以下、「本件通知書」という）を送付した（以下、「本件告知」という）。

　なお、上記特許権者らは、BDの標準規格の策定団体が公開しているBD規格に完全に準拠した製品の製造等について興味を有している者に対して、その標準必須特許につき、公正、合理的、かつ、非差別的な条件（Fair、ReasonableandNon-Discriminatoryterms。以下、「FRAND条件」という）でライセンスを付与する意思があることを宣言していた（以下、「FRAND宣言」という）。

　本件は、原告が、被告に対し、本件告知は、被告プール特許権者が差止請求権を行使することは権利の濫用として許されないのに、差止請求権があるかのように告知することは、2条1項15号の虚偽の事実の告知に該当すると主張して、3条1項に基づき、告知・流布行為の差止めおよび4条に基づき、損害賠

償金1億1000万円およびこれに対する遅延損害金を求めた事案である。
【争点】
1　本件告知が虚偽の事実の告知に当たるか。
2　差止めの必要性
3　4条に基づく損害賠償請求権の有無
【判旨】
　1　争点1──本件告知が虚偽の事実の告知に当たるか
　(1)　「競争関係」について
　被告がパテントプールを管理・運営する事業者であり、BDを販売している事業者ではないので「競争関係」の要件を満たさないとの被告の主張について、本判決は、被告は、「BDの販売を行っているパナソニックやソニー……の参加する被告パテントプールを管理・運営するパテントプール団体であり、被告プール特許権者からの委託を受けて本件告知を行ったのであるから……競業者である被告プール特許権者のいわば代理人的立場にある者として、原告との間に競争関係を認めることができ」るとした。
　(2)　「営業上の信用を害する」について
　本件告知には、原告の名称自体が記載されておらず、原告の営業上の信用を害しないのではないかという点について、本判決は「原告が小売店に販売する原告製品は、『TDK』ブランドのBDなのであるから、本件告知に接した小売店は、原告製品の納入業者である原告が他人の特許権を侵害して原告製品を小売店に譲渡したものと認識し、原告の営業上の信用を低下させるものと認められる」とした。
　(3)　「虚偽の事実」について
　知財高決H26・5・16判時2224号89頁（以下、「大合議決定」という）の「FRAND宣言をしている特許権者による差止請求権の行使については、相手方において、特許権者が本件FRAND宣言をしたことに加えて、相手方がFRAND条件によるライセンスを受ける意思を有する者であることの主張立証に成功した場合には、権利の濫用（民法1条3項）に当たり許されないと解される」との決定理由を引き、「被告プール特許権者は、被告パテントプールに属する本件特許権につきFRAND宣言をしているのであるから、FRAND

条件によるライセンスを受ける意思のある者に対して差止請求権を行使することは権利の濫用として許されない」とした。

また、原告製品を販売する小売店に対する差止請求権の行使についても、「原告がFRAND条件によりライセンスを受けた場合には、原告が適法に製造又は輸入した原告製品を小売店が販売することも適法となるのであるから、原告がFRAND条件によるライセンスを受ける意思があると認められる場合には、被告プール特許権者が、原告の製造又は輸入した原告製品を販売する小売店に対し差止請求権を行使することは、権利の濫用となる」と判示した。

そして、本判決は、原告および原告の米国親会社と被告とのライセンス交渉経過などに鑑み、原告はFRAND条件によるライセンスを受ける意思を有する者であると認定し、本件告知は、「虚偽の事実」の告知に当たるものと認定した。

(4) 違法性阻却事由の有無について

被告の「本件告知は正当な権利行使に該当し、違法性が阻却される」との主張について、本判決は「無効事由のある特許権の行使や、FRAND宣言に違反するような特許権の行使は、権利行使の場面においては権利の濫用と認められるのであるから、不正競争の成否の場面においても、同様の基準の下で権利の濫用と認め、不正競争の成立を妨げないものと解するのが相当であり、告知に至る経緯において権利者を保護すべき事情については、差止めの必要性や故意過失の判断に際して考慮すれば足りるというべきである」として、違法性が阻却されない旨判示した。

2　争点2──差止めの必要性

本判決は、「今後同種の告知がなされれば原告は営業上の利益を侵害されるおそれがあると認めるのが相当であるから、原告は、不競法3条1項に基づき、被告に対し、同種の告知又は流布の差止めを求めることができる」とした。

また、被告が、本件告知の後、同様の告知に及んでいない点については、被告が、「過去に不正競争を行い、本訴においてこれが不正競争に該当することを争っているのであるから」、差止めの必要性は否定されないと判示した。

なお、本判決は、付言として「本件口頭弁論終結後に、原告が『FRAND条

件によるライセンスを受ける意思』を喪失したとみられる事情が発生したなど、差止請求権の前提となる事情の変化が生じた場合には、被告は、請求異議の訴え（民事執行法35条）により、差止判決の既判力を排除することができる」と判示している。

3　争点3──4条に基づく損害賠償請求権の有無

本判決は、以下のとおり判示し、虚偽の事実の告知について、被告に故意過失がなかったとして、原告の4条に基づく損害賠償請求を棄却した。

まず、①本判決の採用する解釈は、本件告知後の平成26年5月16日の大合議決定において初めて示されたものであった。

また、②本件告知の時点では、FRAND宣言をしている特許権者による差止請求権の行使に関する地方裁判所レベルの決定と判決が1つずつあったが、「これらの決定及び判決は、特許権者に誠実交渉義務違反があったことを重視しており……、これらの決定及び判決が示した基準を本件にあてはめた場合の結論の予測は困難であった」。

さらに、③上記地裁判決の控訴審である知財高判H26・5・16および大合議決定にあたっては、FRAND宣言された必須特許による差止請求の制限について広く意見を募集したところ、何らかの制限を課すことは相当でない、一定程度の制限がされるべき、差止めは一切認められない、という意見に分かれ、差止請求の制限がされるべきとした場合の法律構成や判断基準についても意見が分かれていた。

これらのことなどから、本判決は、「本判決の採用する法的構成以外にも様々な法的構成が考えられるところであり、本件告知の時点において、相手方がFRAND条件によるライセンスを受ける意思を有するということをもって、直ちに差止請求権の行使が許されないと解することが、確立した法的見解であったということはできないのであるから、被告は、被告プール特許権者の小売店に対する差止請求権の行使が権利濫用として制限され、本件告知が虚偽の事実の告知となることを、本件告知の時点では知らなかったものであり、そのことにつき過失もなかったと認めるのが相当である」と判示した。

【コメント】

1　特許権者による差止請求権の行使の制限について

本判決は、FRAND宣言をしている特許権者による差止請求権の行使の制限に関する大合議決定（知財高決H26・5・16判時2224号89頁）の規範に従い、差止請求が権利濫用に当たるかを大合議決定後に初めて判断した事案であるが、差止請求が権利濫用に当たるかは不正競争防止法に関する論点ではないので、本稿でこの論点に関する判旨については必要な限りでしか触れていない。

2　取引先への侵害告知が事後的に非侵害であることが判明した場合について

本判決を不正競争防止法にかかわる裁判例として紹介する意義は、本件告知が「虚偽の事実」の告知に該当するとして、差止請求を認容しつつも、4条に基づく損賠賠償請求については、虚偽の事実の告知について被告に故意過失がなかったとして、これを棄却した点にある。

本件のように、特許権者である被告が、原告の取引先に対して、侵害警告を行ったが、事後的に非侵害であることが判明した場合、2つの法的判断方法がある。

(1)　違法性阻却の判断の方法

まず、1つめの判断方法は、事後的に非侵害であることや無効であることが判明した場合であっても、特許権者による告知行為がその取引先に対する特許権等の正当な権利行使の一環としてなされたものとであると認められる場合には、違法性を阻却する（東京高判H14・8・29判時1807号128頁「ビデオテープ特許営業誹謗事件（控訴審）」）等の理由で法的責任を否定する判断方法である（違法性阻却の判断方法）。この判断方法で、告知行為は正当な権利行使の一環としてなされたものと判断されれば、告知行為自体が営業誹謗行為とならないため、損賠償請求だけでなく、差止請求も棄却されることになる。

近時、この判断方法による裁判例が複数出されている（**判例コメント・17**＝サンゴ砂事件、**判例コメント・19**＝携帯接楽事件（第一審）、**判例コメント・31**＝動く手すり事件（第一審）等）。

この判断方法の場合、「当該告知文書等の形式、文面のみによって決すべきものではなく、当該告知に先立つ経緯、告知文書等の配布時間、期間、配布先の数、範囲、告知文書の配布先である取引先の業種、事業内容、事業規模、競業者との関係、取引態様、当該侵害被疑製品への関与の態様、特許侵害訴訟へ

の対応能力、告知文書等の配布への取引先の対応、その後の特許権者および当該取引先の行動等」諸般の事情を総合して、侵害警告が正当な権利行使の一環としてなされたか否かが主として問題となる（前掲「ビデオテープ特許営業誹謗事件（控訴審）」）。

(2) **過失論による判断方法**

次に、2つめの判断方法は、営業誹謗行為に該当するとして、損害賠償請求権の存否との関係で過失の有無を判断する方法である（過失論による判断方法）。この判断方法の場合、本来侵害被疑物件が技術的範囲に属するか、本件特許に無効事由がないか等につき、調査検討すべき注意義務に違反したか否かが主として問題となる（岡田春夫「後に無効となった特許権に基づき、競合会社の取引先に対し行った侵害警告につき、過失がないとされた事例——有機EL素子事件——」知財管理63巻3号（2013年）370頁）。前掲「ビデオテープ特許営業誹謗事件（控訴審）」以降も、この判断方法を採用していると思われる裁判例も複数存在する（大阪地判H16・12・16裁判所HP、知財高判H19・9・12裁判所HP、東京地判H24・3・21裁判所HP）

本判決も、この法的判断方法に則り、被告が本件告知をした当時、本件特許権に基づく差止請求権の行使が権利の濫用にならないかどうかについて調査検討すべき注意義務に違反したかどうかという観点から判断しているものと思われる。

(3) **2つの判断方法の関係**

違法性阻却論による判断方法は、特許権者の権利行使を委縮させないため、過失論からは無過失の認定が難しいとしても、違法性等の観点からは正当な権利行使といえることはありうるとの考え方に基づくものであり、違法性阻却論による判断方法を採用し、正当な権利行使と認められない場合であっても、損害賠償請求にあたっては、故意・過失の要件充足性が問題となるので、違法性阻却論による判断方法は過失論による判断方法を排斥するものではない（岡田・前掲371頁）。

(4) **本件における判断方法**

本件では、被告が、本件告知行為は正当な権利行使に該当し、2条1項15号の責任を負わない旨主張しているが、本判決は「告知に至る経緯において権利

463

者を保護すべき事情については、差止めの必要性や故意過失の判断に際して考慮すれば足りる」として、違法性阻却論による判断方法をとっていない。

　これは差止請求が権利濫用に当たるか否かを判断するにあたり、原告と被告との交渉経過をすでに考慮していることから、正当な権利行使か否かを重ねて判断する必要はないとしてこのような判断になったものと思われる。ただ、告知行為が正当な権利行使か否かを判断するにあたっては、原告・被告間の交渉経過だけでなく、取引先の業種、事業内容、事業規模、競業者との関係、取引態様、当該侵害被疑製品への関与の態様なども考慮要素となるのであるから、違法性阻却論による判断方法による判断を示してもよかった事案ではないかと考える。

（藤原正樹）

▶判例コメント・60

【事件名】　レジスター販売先顧客情報事件
【判決裁判所】　知的財産高等裁判所（平成25年㈱第10095号）
　　　　　　　　原審：東京地方裁判所（平成23年㈦第22277号）
【判決年月日】　平成27年2月19日
　　　　　　　　原審：平成25年10月17日
【出典】　裁判所HP
　　　　　原審：裁判所HP
【不正競争行為】　2条1項9号
【請求内容】　損害賠償
【結論】　原判決変更、損害賠償請求一部認容
　　　　　原審：一部認容

【事案の概要】

1　Xは、Y_1を製造会社とするグループの一員である販売会社であり、Y_2はY_1の完全子会社でXと同様の販売会社である。Y_1はグループ全体の業績が低迷したことから、販売会社の統合による再編を計画し、XおよびY_2に対し、Xの事業をY_2に譲渡することを打診した。

　売上げが低迷していたXは、これを受け入れる方向でY_2と協議したものの、譲渡金額等で折り合いがつかず、いったん事業譲渡の話を断った。その後、Xはグループ内の他の販売会社との合併を模索したものの断られた。そのため、XはY_2に対して、事業譲渡協議の再開を申し入れた。しかしXの業績が一段と悪化していたために、Y_2から、まずXを解散したうえで必要な資産の一部をY_2に譲渡することを対案として示された。

　Xは譲渡金額については留保したものの、解散することを決断した。しかし、Xは当該時期に顧客から提訴され、残業代の未払いを原因として発生していた労使紛争について労働基準監督署からも勧告を受けたことから、解散を撤回し、これについてY_2の了解を得た。

　しかし、Xの多数の従業員が平成22年3月31日限りで退職する旨の退職届を

提出したことから、Xは同年4月1日以降の営業活動を断念した。そのうえでXはY_2に対し、従業員の引受けと、修理や交換等の緊急性の高いものに限定した顧客対応業務の一時的な引受けを依頼し、また労使紛争が解決した場合に解散と事業の一部譲渡についての協議を再開することをY_2と合意した。しかし、Xは労使紛争が終了した同年8月に、Y_2に解散と事業の一部譲渡についての協議の再開を申し入れたものの、Y_2はこれを拒絶した。

2　Xは、保有する販売先の名称、連絡先、販売製品や販売時期等の情報から構成される顧客情報（本件顧客情報）について、$Y_1Y_2Y_3$（Y_1の元取締役兼Y_2の代表取締役）、およびY_4（Y_2の取締役）が共同して、2条1項4号ないし9号の不正競争行為を行ったこと等により、損害を被ったと主張して、Y_1ないしY_4に対し、4条または民法709条に基づいて損害賠償請求をした。

3　原審は、Xの元従業員であったA（平成22年3月31日にXを退職し、他の10人の従業員と共にY_2に再就職している）から不正開示行為があり、Y_3およびY_4には、2条1項8号または9号の不正競争行為が成立するとして、Xは、Y_3およびY_4の上記不正競争行為がなければ、Y_2に対して本件顧客情報をその価値相当額で譲渡することができたにもかかわらず、上記不正競争行為により、Y_2が本件顧客情報を取得して譲渡の協議に応じなくなってしまい、本件顧客情報の価値相当額の利益を失ったと認められ、Y_3の上記不正競争行為は、Y_2の職務を行うについてされたものであるとして、Y_2ないしY_4に対する損害賠償請求を一部認容した。他方、Y_1がY_3やY_4の上記不正競争行為についてY_2ないしY_4と共謀したことを認めるに足りる証拠はないとして、Y_1に対する請求を棄却した。

4　この原判決を不服としてY_2ないしY_4が控訴したのが本件である。なおY_1に対する請求棄却は、原判決により確定している。

【争点】
1　本件顧客情報は2条6項の営業秘密に当たるか。
2　Y_3およびY_4の行為は、2条1項9号の営業秘密侵害行為に該当するか。

【判旨】
　　1　営業秘密該当性
　(1)　秘密管理性

①Xは、平成20年頃から、本件顧客情報を管理部の専用パソコン1台（以下、「顧客管理パソコン」という）に集約して、パスワードにより管理していた。②顧客管理パソコンのアクセス権者は、パスワードを知っている管理部所属の従業員4名だけであり、その他の従業員が本件顧客情報を必要とする場合には、所属先の長が管理部に書面で申請して、必要な情報のみを記録したCD等の記憶媒体の送付を受け、受領した旨の返信をする必要があった。

　③管理部は、業務時間外には、錠と警備装置により、錠を開く各鍵と警備を解除するカードキーとを所持する役員および管理部所属の正社員3名以外の立入りが制限され、業務時間内にも、常に管理部所属の従業員4名のうちの誰かが管理部か奥の役員室にいることにより、役員、管理部所属の従業員およびこれらの者に入室を認められた者以外の立入りが制限されていた。④Xは、個人情報保護基本規定や本件就業規則で個人情報を含む本件顧客情報の守秘義務を従業員に課し、業務通達や社内研修で周知に努めていた。

　以上より、「Xは、本件顧客情報に接することができる者を制限し、これに接した者に本件顧客情報が秘密であると認識し得るようにしていたということができるから、本件顧客情報は、Xの秘密として管理されていたと認められる」。

(2) 有用性および非公知性

　「本件顧客情報は、平成22年3月当時、2万6378件に及ぶ販売先の名称、住所、連絡先、販売した時期や製品、価格、リース期間および契約番号等から構成され、一般に知られていなかったこと、本件顧客情報から残リース期間等が少なくなった顧客を抽出して買替えや買増しを勧めると、飛込みで営業を行うよりも、効率良く販売することができたことが認められ、これらによると、本件顧客情報は、原告の事業活動に有用な営業上の情報であって、公然と知られていなかったものであると認められる」。

(3) 結論

　「したがって、本件顧客情報は、営業秘密に当たるというべきである」。

2　Y_3およびY_4の行為は、2条1項9号の営業秘密侵害行為に該当するか

(1) Aについて

Xでは、個人情報保護規定や本件就業規則により、入社時に、「勤務契約書」を差し入れて、退職する前後を問わず、正当な理由なく、顧客情報等を取得したり、業務上知り得たXの機密を他に漏洩しないことを誓約していた。

　しかし、顧客情報を管理する管理部総務課長のAは、平成22年3月26日頃、顧客に対して本件移管を通知する本件通知書の発送作業を行う際に、X従業員B（Aと同様、平成22年3月31日にXを退職し、他のX従業員と共に同年4月1日にY_2に再就職している）に指示して、顧客管理パソコンからパソコンaに本件顧客情報をエクセルファイルの形式で複製させたが、同パソコン内に本件顧客情報が記憶されていることを上司Eに報告しなかった。同月27日にXで開催された社内会議において、パソコンaを本件移管に伴いY_2に引き渡すことが提案された。Aは、同会議に出席していたが、パソコンa内に本件顧客情報が記憶されていることに言及せず、これを知らないEによって、パソコンaをY_2に引き渡すことが決定された。さらに、Aは、本件移管に伴いパソコンaがY_2に引き渡されることを知りながら、本件通知書の発送作業を終えた後においても、パソコンa内に記憶された本件顧客情報を自ら削除することも、Bに指示して削除させることもしなかった。このため、同年4月1日に本件顧客情報のデータが記憶されたままの状態のパソコンaがXからY_2に引き渡された。本件移管後においては、本件顧客情報は、Y_2において、顧客対応業務におけるサービスカードの作成やその本店あるいは柏支店での営業活動に使用された。

　Aによる上記一連の行為は、秘密を守る法律上の義務に違反して、Xの営業秘密である本件顧客情報をY_2に開示する行為であるというべきであるから、2条1項8号に規定する不正開示行為に該当する。

　(2)　Y_3について

　Xのような販売会社における顧客情報は、通常、販売に役立つ営業上の秘密情報として管理されていることが多く、のれんの一部を構成する。加えて、Y_3は、平成21年5月以降、Eとの間で、のれんを含めたXの事業や資産等をY_2で譲り受けるための交渉を行い、Y_4も平成22年3月以降、Y_2による顧客対応業務の引受けに係る作業に従事していたが、本件顧客情報はY_2が引き受けた顧客対応業務において有用なものであったにもかかわらず、本件移管におい

て、XがY₂に対しこれを明示して開示する手続をしていない。また、本件移管後においても、Eは、Y₂から覚書の作成を求められてもこれに応じず、かえって、Y₂に対し、Xの営業権を買い取ることを求めていたのであるから、Y₃およびY₄は、本件顧客情報がXの営業秘密に当たるとの認識を有していたものというべきである。

しかるに、Y₃は、平成22年8月下旬頃、Eから、Y₂の業務の遂行に本件顧客情報がXの許可なく使用されていることについて問い質されたにもかかわらず、本件顧客情報の使用を止めるような対策を何ら講ずることなく、Y₂の柏支店における使用等を継続させていたものであるから、遅くとも同年9月以降、Y₂の代表取締役としての職務を行うにつき、Aの不正開示行為によってY₂に本件顧客情報が開示されたことを知って、もしくは重大な過失により知らないで本件顧客情報を使用したものというべきであり、Y₃の上記行為は2条1項9号の不正競争行為に該当するものと認められる。

(3) Y₄について

Y₄は、Y₂の取締役として、本件移管や本件移管に際してのXの元従業員のY₂での採用にもY₂側の窓口として関与し、平成22年当時はY₂の管理部、本店営業部およびサービス部の部長の職にあった。Y₄は平成22年8月下旬頃、Aから、本件顧客情報をXの許可なく使用しているとしてEに問い質されたことについて報告を受けた後も、Aを始めY₂の従業員らに対し、本件顧客情報の使用の停止を指示することはなく、かえって、Aに対し、「Xのユーザーサポートをするのだから、顧客情報があってもいいだろう」などと述べ、従業員らが今後もY₂の業務の遂行に本件顧客情報を使用することを承認したものである。

Y₂の営業部門を担当する取締役であり、かつ、本件移管やこれに際してのXの元従業員の採用にも関与しているY₄がY₂における本件顧客情報の使用を承認し、実際、その後も同社では本件顧客情報を使用した営業が継続されていることからすると、Y₄においても、遅くとも平成22年9月以降、Y₂における自己の職務の執行につき、Aの不正開示行為によってY₂に本件顧客情報が開示されたことを知って、もしくは重大な過失により知らないで、本件顧客情報を使用したものというべきであるから、Y₄の上記行為は2条1項9号の不正

競争行為に該当するものと認められる。

(4) Y_2について

Y_3はY_2の代表取締役であり、Y_4はY_2の取締役であるが、Y_3の前記(2)の不正競争行為およびY_4の前記(3)の不正競争行為は、Y_2の職務を行うについてされたものであるから、Y_3およびY_4の上記不正競争行為は、Y_2の不正競争行為にも該当するものと認められる。

【コメント】

1 本件は、2条1項9号の該当性が問題となった事案である。同号は、直接的に営業秘密を取得した者から転得して、すでに取得済みの営業秘密について、事後的に「その営業秘密について不正開示行為があったこと若しくはその営業秘密について不正開示行為があったことを知って、または重大な過失により知らないで」、当該営業秘密を使用または開示する行為を不正競争行為とするものである。8号が営業秘密の取得時に不正開示行為についての悪意または重過失を要求しているのに対して、9号は取得した後に不正開示行為について悪意または重過失となった場合を想定している。

2 したがって、まずは直接的に営業秘密を取得した者(本件におけるA)についての「不正開示行為」の有無が問題となる。「不正開示行為」の定義は、2条1項8号および7号に規定されている。

Aについては、就業規則等において、秘密保持義務が定められており、また入社時に、機密を漏洩しないことを誓約しているにもかかわらず、これに反して本件顧客情報をY_2に引き渡したとして、秘密を守る法律上の義務に違反してその営業秘密を開示したと認定されている。

3 典型的な営業秘密侵害の事案では、営業秘密の転得者は取得時から、直接的に営業秘密を取得した者において不正開示行為があったことを認識していることが多く、2条1項8号の適用が争われる。しかし本件では、判旨記載の事実から、Eから本件顧客情報の使用について問い質された後の平成23年9月以降は営業秘密の不正開示行為について悪意または重過失があったとして、Y_3およびY_4のいずれについても2条1項9号が認められている。また、Y_2については、Y_3およびY_4の行為は、Y_2の職務を行うについてされたものであるから、これらの行為は、Y_2の不正競争行為にも該当する、とされている。

4　2条1項9号の不正競争行為については、19条1項6号において適用除外規定が定められている。①取引によって営業秘密を取得していること、②営業秘密の取得時において、不正開示行為があることまたは介在したことを知らないこと、③知らないことに重過失がないこと、④取引によって取得した権原の範囲内において営業秘密を使用または開示すること、がその要件である。

　営業秘密は、取得者においてその提供者が適法に営業秘密の提供を行い得るか判断することが容易ではない。それにもかかわらず、不正開示行為等が介在していれば、営業秘密保有者から警告等を受けることで容易に2条1項9号の要件が充足される。取引によって営業秘密を取得した場合にまでこのような規制をすることは、相当の対価を支払って営業秘密を取得したにもかかわらず、事後的に営業秘密を使用できなくなることになり、営業秘密の取引の安全を害することになる。そのため、上記の要件に該当すれば、不正開示行為等があったとしても営業秘密を使用・開示することができるものとされている。

5　本件については、上告および上告受理申立てがなされたものの、平成27年9月17日にそれぞれ棄却、不受理決定がなされている。

(松田直弘)

●年月日順判例索引●

- 東京地判昭和28・10・20判時15号20頁　*20*
- 静岡地浜松支判昭和29・9・16下民集5巻9号1531頁「ヤマハ事件」　*21*
- 最判昭和34・5・20刑集13巻5号755頁「ニューアマモト事件」　*9*
- 東京地判昭和36・6・30下民集12巻6号1508頁・判時369号30頁「ライナービヤー事件」　*67*
- 東京高判昭和38・5・23東高時報14巻5号136頁　*20*
- 名古屋地判昭和40・8・6判時423号45頁「つゆの素事件」　*20*
- 大阪地判昭和41・3・30判時468号57頁「Five year diary事件」　*19*
- 東京地判昭和41・10・11判タ198号142頁「住友地所事件」　*94*
- 東京地判昭和42・9・27判タ218号236頁「アマンド事件」　*19*
- 最判昭和43・2・27判時516号36頁・判タ219号91頁「氷山印事件」　*13*
- 大阪高判昭和43・12・13判時564号85頁・判タ232号221頁「バイタリス事件」　*12*
- 最判昭和44・11・13判時582号92頁「摂津冷蔵事件」（関連判例1-3）　*14・15*
- 大阪地判昭和45・2・27無体集2巻1号71頁「パーカー事件」　*120*
- 東京地判昭和47・11・27判タ298号435頁「札幌ラーメンどさん子事件」　*94*
- 東京地判昭和48・3・9無体集10巻2号509頁「ナイロール眼鏡事件」　*132*
- 東京地判昭和49・1・30判タ308号274頁「ユアサ事件」　*24*
- 東京高判昭和49・7・29高刑集25巻7号62頁「吉田株式会社事件」　*66*
- 大阪地判昭和49・9・10無体集6巻2号217頁「チャコピー事件」　*71・75*
- 東京地判昭和50・10・6判タ338号324頁「火災感知器付電器時計事件」　*72*
- 最判昭和53・3・22刑集32巻2号316頁「清酒特級事件」　*67・439*
- 東京高判昭和53・5・23刑月10巻4=5号857頁「原石ベルギーダイヤモンド事件」　*232*

- 大阪地判昭和54・6・29特企129号33頁「階段すべり止め事件」　72
- 東京地判昭和55・1・28無体集12巻1号1頁「香りのタイプ事件」　69
- 大阪地判昭和55・5・30特企140号73頁「ミキプルーン事件」　71
- 東京地判昭和56・1・30無体集13巻1号22頁「ロンシャン図柄ハンドブック事件」　4
- 大阪地決昭和56・3・30無体集13巻1号507頁「花柳流名取事件（第一審）」　22
- 大阪高決昭和56・6・26無体集13巻1号503頁「花柳流名取事件（控訴審）」　22
- 名古屋地判昭和57・10・15判タ490号155頁「ヤマハ特約店（第一）事件」　75
- 大阪地判昭和57・12・21特企170号44頁「フルベール事件」　74
- 大阪高判昭和58・3・3判時1084号122頁「通信販売カタログ事件」　179
- 大阪地判昭和58・4・27判タ499号181頁「加圧式ニーダー事件」　74
- 東京地判昭和58・6・27判タ499号166頁「エーゲ海のテーマ事件」　69
- 最判昭和58・10・7民集37巻8号1082頁・判時1094号107頁・判タ513号145頁「マンパワー事件」（関連判例1－2）　11・15・192・408
- 大阪地判昭和58・11・16判タ514号266頁「バタフライバルブ事件」　74
- 大阪地判昭和58・12・23判タ536号273頁　341
- 最判昭和59・5・29民集38巻7号920頁・判タ530号97頁「NFLP事件」（関連判例1－1）　3・4・16・94・408
- 福岡高判昭和61・11・27判タ641号194頁「メガネの松田事件」　20
- 神戸地判昭和61・12・22判例不正競業法874ノ136頁「完全チケット制事件」　179
- 東京地判昭和63・7・1判時1281号129頁「チェストロン事件」　74
- 最判昭和63・7・19民集42巻6号489頁・判時1291号132頁「アースベルト事件」　10・210
- 京都地判平成1・6・15判時1327号123頁・判タ715号233頁「袋帯事件」　250
- 東京地決平成2・2・28判タ723号276頁「究極の選択事件」　410
- 大阪地判平成2・3・29判時1353号111頁「ゲラン事件」　92

- 京都地判平成2・4・25判時1375号127頁「本みりんタイプ事件」　　67
- 東京高判平成3・12・17判時1418号124頁「木目化粧紙事件」　　151
- 名古屋地判平成5・1・29判時1482号148頁「ヤマハ特約店（第二）事件」　　71・75
- 大阪地判平成5・7・27判タ828号261頁「阪急電機事件」　　92
- 東京高決平成5・12・24判時1505号136頁「モリサワタイプフェイス事件」　　65
- 大阪地判平成7・2・28判時1530号96頁「フランジガスケット材事件」　　67
- 大阪地判平成8・4・16知裁集28巻2号300頁・判タ920号232頁「男性用かつら顧客名簿事件」　　210・255
- 大阪地判平成8・9・26判時1604号129頁「ヘアピン事件」　　66
- 大阪地判平成8・12・24特企336号52頁「断熱パネル事件」　　250
- 東京地判平成8・12・25知裁集28巻4号821頁「ドラゴン・ソードキーホルダー事件（第一審）」　　106〜109
- 東京地判平成9・3・7判時1613号134頁・判タ952号284頁「ピアス孔保護具事件」（関連判例3-1）　　37
- 最判平成9・3・11民集51巻3号1055頁「小僧寿し事件」　　101
- 大阪高判平成9・3・25判時1626号133頁「音羽流家元事件」　　22
- 東京地判平成9・6・27判時1610号112頁「ミニチュアリュック事件」　　35
- 大阪地判平成10・1・26裁判所HP「モデルガン事件」　　75
- 東京高判平成10・2・26判時1644号153頁「ドラゴン・ソードキーホルダー事件」（判例コメント1）　　7・36・37・106〜109
- 大阪地判平成10・9・10判時1659号105頁「タオルセット事件」（判例コメント2）　　36・38・111〜116
- 最判平成10・9・10判時1655号160頁・判タ986号181頁「スナックシャネル事件」（関連判例1-4）　　16
- 東京地判平成11・1・28判時1670号75頁・判タ995号242頁「フレッドペリー並行輸入事件」（判例コメント3）　　117〜123
- 東京地判平成11・1・28判時1677号127頁「キャディバッグ事件」　　41・

・東京地判平成11・1・28判時1678号236頁・判タ1001号236頁「キャディ
　バック事件」　94・244
・東京地判平成11・2・19判タ1004号246頁「スイングジャーナル事件」
　238
・大阪地判平成11・3・11判タ1023号257頁「正露丸糖衣A事件」（判例コメ
　ント4）　28・31・33・124〜129
・東京高判平成11・6・15判時1697号96頁「蓄熱材製造方法事件」　398
・東京地判平成11・6・29判時1692号129頁「シチズン腕時計事件」　44
・東京地判平成11・6・29判時1693号139頁・判タ1008号250頁「プリーツ・
　プリーズ事件」（判例コメント5）　7・130〜135
・大阪地判平成11・7・29裁判所HP「自動車補修用塗料事件」　67・75
・横浜地判平成11・8・30LEX DB28052748「コーヒーサーバー顧客名簿営
　業秘密事件（第一審）」　152〜157
・大阪地判平成11・8・31裁判所HP「建設用型枠ノップ事件」　72
・大阪地判平成11・9・16判タ1044号246頁「アリナビッグ事件」（判例コメ
　ント6）　28・31・136〜140
・東京地決平成11・9・20判時1696号76頁「iMac事件」　7
・大阪高判平成11・10・14裁判所HP「タヒボ事件」　19
・東京地判平成11・12・28裁判所HP「日本ゼオン事件」（判例コメント7）
　13・141〜146
・東京高判平成12・2・17判時1718号120頁「空調ユニット事件」　43・
　384
・東京高判平成12・2・24判時1719号122頁「ギブソンギター事件（控訴審）」
　（判例コメント8）　7・147〜151
・東京高判平成12・4・19裁判所HP「フラッドペリー並行輸入事件（控訴
　審）」　122
・東京高判平成12・4・27裁判所HP「コーヒーサーバー顧客名簿営業秘密事
　件」（判例コメント9）　152〜157
・東京地判平成12・6・29判時1728号101頁・判タ1044号221頁　342
・東京地判平成12・7・12判時1718号127頁「猫の恋愛シミュレーションゲー

- ム事件」 *41*
- 大阪地判平成12・7・27裁判所HP「結露水掻取具事件」 *44*
- 東京高判平成12・8・6裁判所HP「魚沼産コシヒカリ事件」 *66*
- 東京高判平成12・9・28裁判所HP「日本ゼオン事件（控訴審）」 *146*
- 大阪地判平成12・10・24裁判所HP「カレンダー事件」 *43*
- 東京地判平成12・10・31判時1750号143頁・判タ1073号207頁「麗姿事件」 *261*
- 大阪地判平成12・11・9裁判所HP「マンハッタン・パッセージ事件」（判例コメント10） *66・158〜162*
- 東京地判平成12・11・13判時1736号118頁・判タ1047号280頁「墓石販売顧客名簿不正持出事件」（判例コメント11） *51・165〜169*
- 富山地判平成12・12・6判時1734号3頁「Jaccs事件」 *87*
- 大阪地判平成12・12・12裁判所HP「複層タイヤ事件」 *398*
- 大阪地判平成12・12・21判タ1063号248頁 *121*
- 東京地判平成12・12・21裁判所HP「虎屋、虎屋黒川事件」 *30*
- 大阪高判平成13・2・8裁判所HP「自動車補修用スプレー塗料事件」 *274*
- 東京地判平成13・2・27裁判所HP「予備校ビラ配布事件」 *75*
- 大阪地判平成13・3・1裁判所HP「環状カッター特許権侵害警告事件」 *74*
- 東京地判平成13・4・24判時1755号43頁・判タ1066号290頁「j-phone事件」 *87・140*
- 東京高判平成13・5・15裁判所HP「麗姿事件（控訴審）」 *261*
- 東京地判平成13・7・19判時1815号148頁・判タ1123号271頁「呉青山学院中学校事件」 *19・29・33・140*
- 東京地判平成13・8・28判時1775号143頁「記者会見営業誹謗事件（第一審）」 *170〜174*
- 東京地判平成13・8・31判時1760号138頁「エルメス・バーキン事件」 *41*
- 東京地判平成13・9・6判時1804号117頁・判タ1107号297頁「宅配鮨事件」 *36・115・424*

- 東京地判平成13・9・20判時1801号113頁・判タ1115号272頁・裁判所HP「ビデオテープ特許営業誹謗事件（第一審）」　72・203・215・286
- 東京地判平成13・10・31判時1776号101頁「メープルシロップ商標権侵害事件」　97
- 東京地判平成14・1・24判時1814号145頁・判タ1120号282頁「ブックオフ事件」（判例コメント13）　9・15・175〜180
- 東京地判平成14・2・25判タ1105号239頁　240
- 東京高判平成14・6・26判時1792号115頁「記者会見営業誹謗事件」（判例コメント12）　73・170〜174・314
- 東京地判平成14・7・15判時1796号145頁・判タ1099号291頁「mp3 ドメイン名事件」（関連判例8-1）　83
- 東京高判平成14・8・29判時1807号128頁「ビデオテープ特許営業誹謗事件（控訴審）」　72・215・378・462・463
- 東京地判平成14・10・1裁判所HP「クレープ原材料配合割合事件」　53
- 東京地判平成14・11・14判例不正競業法224ノ643頁「ファイアーエンブレム事件（第一審）」　410
- 東京地判平成14・12・12判時1824号93頁「無洗米特許事件」　73・215
- 福岡地判平成14・12・24判タ1156号225頁「半導体全自動封止機械装置設計図事件」　47
- 東京地判平成14・12・26裁判所HP「人材派遣会社登録派遣スタッフ名簿事件」（判例コメント18）（中間判決）　51・205〜211
- 東京地判平成15・1・20判タ1123号263頁　240
- 最判平成15・2・27裁判所HP　121
- 大阪地判平成15・2・27裁判所HP「セラミックコンデンサー事件」（判例コメント14）　47・49・54・56・57・182〜187
- 大阪地判平成15・5・1裁判所HP　261
- 東京地判平成15・6・27判時1839号143頁・判タ1143号293頁「アフト事件」（判例コメント15）　13・188〜192
- 東京地判平成15・9・30判時1843号143頁・判タ1144号276頁「サイボウズ虚偽陳述流布事件」（判例コメント16）　74・194〜198
- 東京地判平成15・10・16判時1874号23頁・判タ1151号109頁「サンゴ砂事

・件」（判例コメント17）　　73・199〜204・462
・東京地判平成15・11・11裁判所HP「マクロス事件（保全事件）」　　9・235〜240
・東京地判平成15・11・13裁判所HP・判例百選196頁「人材派遣会社登録派遣スタッフ名簿事件」（判例コメント18）　　205〜211
・東京地判平成16・1・28判時1847号60頁・判タ1157号255頁「携帯接楽事件（第一審）」（判例コメント19）　　73・212〜216・462
・大阪地判平成16・1・29裁判所HP「日本マクセル事件」　　145
・大阪地判平成16・2・19裁判所HP「自由軒事件」　　25
・東京地判平成16・3・5判時1854号153頁・判タ1160号259頁「セイジョー事件」（判例コメント20）　　13・217〜221
・東京地判平成16・3・11裁判所HP「アザレ東京事件（第一審）」　　257〜261
・最判平成16・4・8判時1860号62頁・判タ1151号297頁　　251
・東京地判平成16・4・13判時1862号168頁・判タ1176号295頁・判例百選192頁「ノックスエンタテインメント事件」（判例コメント21）　　51・222〜228
・前橋地判平成16・5・7裁判所HP「『ヤマダさんより安くします！！』表示事件（第一審）」（判例コメント22）　　229〜234
・大阪地判平成16・6・1裁判所HP「ろうそく事件」　　274
・東京地判平成16・7・1裁判所HP「マクロス事件」（判例コメント23）　　30・235〜240・410
・東京地判平成16・7・2判時1890号127頁「ラヴォーグ南青山事件」　　145
・大阪地判平成16・7・15裁判所HP「マクセル事件」（関連判例8-2）　　85・87・140
・東京地判平成16・7・28裁判所HP「自動車つや出し材（鏡面ワックス）事件」　　69
・大阪高判平成16・7・30裁判所HP「イオンブラシ事件」　　44
・東京高判平成16・8・31裁判所HP「携帯接楽事件（控訴審）」　　212
・大阪地判平成16・9・13判時1899号142頁・判タ1168号267頁「ヌーブラ事件Ⅰ」（判例コメント24）　　41・91・94・241〜245・282・403

- 東京地判平成16・9・15裁判所HP「自動車用コーティング材事件（第一審）」　68・270〜276
- 東京高判平成16・10・19判時1904号128頁「『ヤマダさんより安くします！！』表示事件（控訴審）」　233
- 東京地判平成16・10・20裁判所HP「キシリトールガム比較広告事件（第一審）」　74・274
- 大阪地判平成16・11・9判時1897号103頁「ミーリングチャック事件」（判例コメント25）　7・247〜251
- 東京高判平成16・11・24裁判所HP「ファイアーエンブレム事件（控訴審）」　410
- 東京地判平成16・12・15判時1928号126頁・判タ1213号300頁「撃GEKI饅頭事件（第一審）」　261
- 大阪地判平成16・12・16裁判所HP　463
- 東京地判平成17・2・23判タ1182号337頁「アートネイチャー事件」（判例コメント26）　253〜256
- 東京高判平成17・3・16裁判所HP「アザレ東京事件（控訴審）」（判例コメント27）　3・257〜261
- 大阪地判平成17・4・28裁判所HP「ろうそく事件」　67
- 東京地判平成17・5・24判時1933号107頁・判タ1196号294頁「マンホール用足掛具形態模倣事件」（判例コメント28）　7・35・37・263〜268
- 大阪高判平成17・6・21裁判所HP　261
- 知財高判平成17・8・10裁判所HP「自動車用コーティング材事件」（判例コメント29）　68・270〜276
- 大阪地判平成17・8・25判時1931号92頁　308
- 大阪地判平成17・9・8判時1927号134頁「ヌーブラ事件Ⅱ」（判例コメント30）　8・37・39・244・277〜282・423
- 知財高判平成17・9・15裁判所HP「撃GEKI饅頭事件」　261
- 知財高判平成17・10・27裁判所HP「マクロス事件（控訴審）」　235〜240・410
- 知財高判平成17・12・5裁判所HP「フリル付きカットソー事件」（関連判例3-2）　39

- 東京地判平成17・12・13判時1944号139頁・判タ1226号318頁「動く手すり事件（第一審）」（判例コメント31）　72・122・283〜288・462
- 東京地判平成18・1・13判時1938号123頁・判タ1219号299頁「エーザイ医薬品事件（第一審）」（判例コメント32）　8・289〜294
- 大阪地判平成18・1・23裁判所HP　244
- 東京地判平成18・3・24裁判所HP「液晶テレビ事件」　73
- 大阪高判平成18・4・19裁判所HP「ヌーブラ事件Ⅱ（控訴審）」　282
- 知財高判平成18・6・26裁判所HP「動く手すり事件（控訴審）」　283〜288
- 知財高判平成18・9・28裁判所HP「エーザイ医薬品事件（控訴審）」　289〜294
- 知財高判平成18・10・18裁判所HP「キシリトールガム比較広告事件（控訴審）」（判例コメント33）　68・74・296〜301・357
- 富山地高岡支判平成18・11・10判時1955号137頁「氷見うどん事件（第一審）」　323〜328
- 東京地判平成19・3・13裁判所HP「dentsu事件」（関連判例8-4）　88
- 大阪地判平成19・5・24判時1999号129頁「水門開閉装置用減速機事件」（判例コメント34）　49・50・302〜308
- 東京地判平成19・5・25判時1989号113頁・判タ1283号281頁「ローソク事件」（判例コメント35）　309〜315
- 東京地判平成19・5・31裁判所HP「酒類顧客データ事件」　48
- 大阪地判平成19・7・3判時2003号130頁「めしや食堂事件」（判例コメント36）　8・13・316〜321
- 知財高判平成19・9・12裁判所HP　463
- 東京地判平成19・9・26裁判所HP「エーザイ事件」　140
- 大阪高判平成19・10・11判時1986号132頁　128
- 名古屋高金沢支判平成19・10・24判時1992号117頁・判タ1259号327頁「氷見うどん事件（控訴審）」（判例コメント37）　19・66・323〜328
- 大阪高判平成19・12・4裁判所HP「めしや食堂事件（控訴審）」　316〜321
- 東京地判平成20・3・12裁判所HP「スナック　シャネル事件」　140

- 名古屋地判平成20・3・13判時2030号107頁・判タ1289号272頁「バリ取りロボット設計図事件」（判例コメント38）　　47・50・329〜336
- 大阪地判平成20・10・14判時2048号91頁・判タ1317号253頁「マスカラ容器事件」（判例コメント39）　　6・13・337〜343
- 東京地判平成20・11・26判時2040号126頁・判タ1293号285頁「仕入先情報事件」（判例コメント40）　　47・52・344〜350
- 東京地判平成20・12・26判時2032号11頁・判タ1293号254頁「黒烏龍茶事件」（判例コメント41）　　13・134・351〜357
- 東京地判平成21・2・27裁判所HP「マジコン事件」（判例コメント42）　　78・79・359〜363
- 大阪地判平成21・7・23判時2073号117頁「わたなべ皮ふ科事件」　　23
- 東京地判平成21・12・24裁判所HP「ゴヤール事件（第一審）」　　364〜367
- 知財高判平成22・3・29判タ1335号255頁「自動車部品コーティング塗料調整事件」　　69
- 東京地判平成22・4・23判決速報422号13頁「樹液シート事件」　　250
- 東京地判平成22・7・16判時2104号111頁「シルバーヴィラ揖保川事件」　　25
- 東京地判平成22・9・17判時2138号119頁「雄ねじ事件（第一審）」　　375〜379
- 大阪地判平成22・10・21裁判所HP「投資用マンション顧客情報事件」（関連判例4－2）　　58
- 知財高判平成22・11・29裁判所HP「ゴヤール事件」（判例コメント43）　　13・364〜367
- 大阪地判平成22・12・16判時2118号120頁「商品陳列デザイン事件」（判例コメント44）　　8・30・321・369〜374
- 東京地判平成23・2・3裁判所HP「光通風雨戸事件（第一審）」　　388〜392
- 知財高判平成23・2・24判時2138号107頁・判タ1382号335頁「雄ねじ事件」（判例コメント45）　　73・375〜379
- 大阪地判平成23・7・14判時2148号124頁・判タ1378号224頁「バスケット

- 事件」（判例コメント46）　　*43・380～386*
- 東京地判平成23・7・20裁判所HP「常温快冷枕ゆーみん事件」　　*261*
- 知財高判平成23・7・21判時2132号118頁・判タ1383号366頁「光通風雨戸事件」（判例コメント47）　　*55・388～392*
- 大阪地判平成23・8・25判時2145号94頁・判タ1379号227頁「包丁研ぎ器形態模倣事件」（判例コメント48）　　*39・393～399*
- 大阪地判平成23・10・3判タ1380号212頁「水切りざる事件」（判例コメント49）　　*8・39・41・400～404*
- 東京地判平成23・10・13裁判所HP「東京べったら漬事件」　　*66*
- 最判平成23・12・8民集65巻9号3275頁　　*374*
- 東京地判平成24・3・21裁判所HP　　*463*
- 東京地判平成24・4・26裁判所HP「水門凍結防止装置施工事件」（関連判例4－1）　　*50*
- 東京地判平成24・5・29裁判所HP「有機EL素子事件（第一審）」　　*432～434*
- 大阪地判平成24・6・7判時2173号127頁・判タ1393号327頁「HEART事件」（判例コメント50）　　*13・406～411*
- 東京地判平成24・7・30判タ1390号345頁「眼鏡タイプルーペ事件（第一審）」　　*426～431*
- 大阪地判平成24・9・13判時2182号129頁・判タ1392号304頁「PSE表示事件（第一審）」　　*435～440*
- 大阪地判平成24・12・20裁判所HP「アルミホイール形態模倣事件」（判例コメント51）　　*37・413～418*
- 東京地判平成24・12・25判時2192号122頁・判タ1407号308頁「コイル状ストラップ付タッチペン事件」（判例コメント52）　　*39・419～424*
- 知財高判平成24・12・26判時2178号99頁・判タ1408号235頁「眼鏡タイプルーペ事件」（判例コメント53）　　*8・426～431*
- 知財高判平成25・3・25裁判所HP「有機EL素子事件」（判例コメント54）　　*432～434*
- 知財高判平成25・3・28裁判所HP「PSE表示事件」（判例コメント55）　　*68・435～440*

- 知財高判平成25・3・28裁判所HP「電子ブレーカ事件」　*276*
- 大阪高判平成25・4・18裁判所HP　*398*
- 東京地判平成25・7・9裁判所HP　*362*
- 東京地判平成25・7・10裁判所HP「CENTURY21事件」（関連判例8-3）　*86*
- 大阪高判平成25・9・26裁判所HP　*128*
- 東京地判平成25・10・17裁判所HP「レジスター販売先顧客情報事件（第一審）」　*465～471*
- 東京地判平成25・11・21裁判所HP「MCP事件」（判例コメント56）　*13・15・441～446*
- 大阪高判平成26・1・17裁判所HP「HEART事件（控訴審）」　*406～411*
- 東京地判平成26・1・20裁判所HP「FUKI事件」　*261*
- 知財高決平成26・5・16判時2224号89頁　*459・461・462*
- 東京地判平成26・5・16裁判所HP「マグセライド脱臭フィルター事件」（判例コメント57）　*68・447～451*
- 大阪地判平成26・8・21裁判所HP「ハッピー★ベアー事件」（判例コメント58）　*37・452～456*
- 東京地判平成27・2・18判時2257号87頁・判タ1412号265頁「ブルーレイディスク事件」（判例コメント59）　*203・458～464*
- 知財高判平成27・2・19裁判所HP「レジスター販売先顧客情報事件」（判例コメント60）　*465～471*
- 知財高判平成27・4・14判時2267号91頁「TRIPP TRAPP事件」　*7*

あ と が き

　大阪弁護士会の一会派である友新会に属する弁護士が集まり、「不正競争防止法判例研究会」として、毎月1回の定例研究会を開催し、若手弁護士が裁判例の発表を行い、参加者全員で討議を行うというスタイルで研究会を行ってきた。本書は、その研究会の成果をまとめたものである。

　本書は、最新の不正競争裁判例に関して、事案の概要、判例要旨、実務的観点からのコメントをまとめた判例コメント編を中核として編集されており、冒頭の解説編は、不正競争防止法の概要をコンパクトにまとめたものである。

　判例コメント編では、主に、不正競争防止法判例研究会において発表された、平成15年から27年までの重要な裁判例60件を取り上げている。単に判決の要旨を引用するだけでなく、事案を正確に紹介しつつ、実務的な視点での検討を付しており、最近の裁判例の動向を知るうえで有用と思われる。

　解説編は、直近の平成27年までの法改正を反映し、本書第2版（平成15年発行）を全面的に書き替えたものである。また、上記判例コメントで取り上げた最新裁判例のほか、従来の重要な裁判例についても適宜引用して解説している。コンパクトであるため、短期間で不正競争防止法の全体像を見渡すのに有用であるほか、判例コメントに取り上げた裁判例の位置づけを確認するのに役立つものと思われる。

　なお、論述方法やその内容については、編集段階において、ある程度の統一は行っているが、執筆者ごとに必ずしも統一されていない点は、お許しいただきたい。

　本書が、何らかの形で、読者の皆様のお役に立てば幸いである。

　　平成28年7月吉日

　　　　　　　　　　　　　　　　　　　編集代表　室　谷　和　彦

【編集責任者】（50音順）

藤原　正樹　　松田　直弘　　室谷　和彦　　面谷　和範

【執筆者一覧】（50音順）

井上　周一	大塚　千代	川村　和久	神川　朋子	清原　直己
國祐伊出弥	榊原　美紀	阪口　祐康	坂本　優	白木　裕一
永田　貴久	藤原　正樹	細井　大輔	前田　英倫	松田　直弘
松田　誠司	松村　信夫	室谷　和彦	村上　覚朗	面谷　和範
山岸　正和	山口　崇	渡辺　充博		

最新　不正競争関係判例と実務〔第3版〕

平成28年8月31日　第1刷発行

定価　本体4,800円（税別）

編　者　大阪弁護士会友新会
発　行　株式会社　民事法研究会
印　刷　藤原印刷株式会社

発行所　株式会社　民事法研究会

〒151-0013　東京都渋谷区恵比寿3-7-16
〔営業〕TEL 03(5798)7257　FAX 03(5798)7258
〔編集〕TEL 03(5798)7277　FAX 03(5798)7278
http://www.minjiho.com/　　info@minjiho.com

落丁・乱丁はおとりかえします。ISBN978-4-86556-110-4　C3032　￥4800E

カバーデザイン：袴田峯男